Pursuing the Origin of Chemistry Education

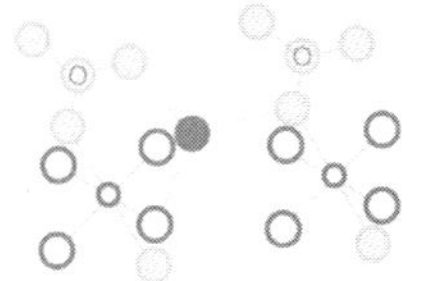

追寻化学教育的本源

化学疑难问题研究

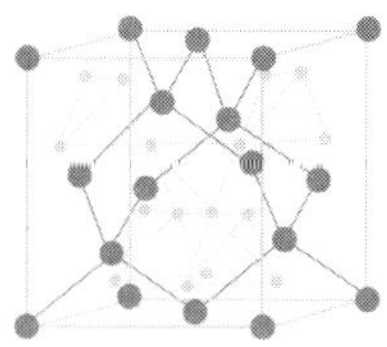
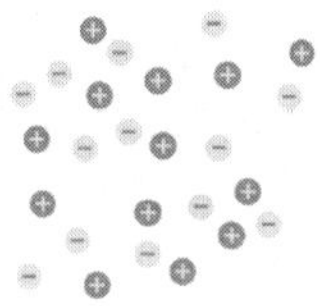

岳文虹 苑凌云◎主　编

李嘉琪 李　鼎◎副主编

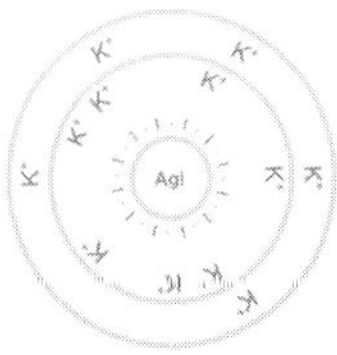
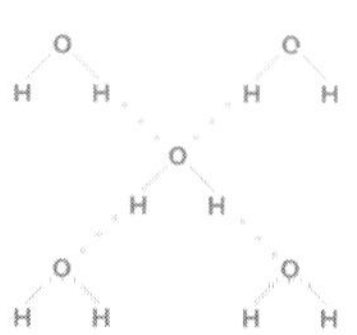
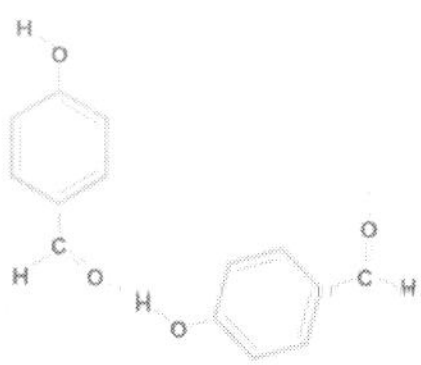
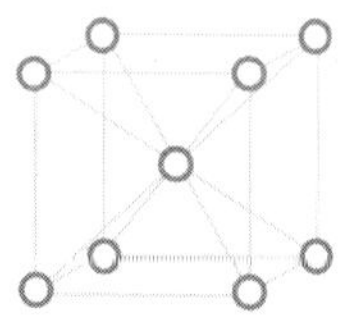

陕西新华出版传媒集团

陕西科学技术出版社

Shaanxi Science and Technology Press

图书在版编目（CIP）数据

追寻化学教育的本源：化学疑难问题研究 / 岳文虹，苑凌云主编．—西安：陕西科学技术出版社，2021.1
ISBN 978-7-5369-7983-3

Ⅰ.①追… Ⅱ.①岳…②苑… Ⅲ.①中学化学课—高中—题解 Ⅳ.①G634.85

中国版本图书馆 CIP 数据核字（2020）第 237977 号

ZHUIXUN HUAXUE JIAOYU DE BENYUAN——HUAXUE YINAN WENTI YANJIU
追寻化学教育的本源：化学疑难问题研究
岳文虹　苑凌云　主编

责任编辑　高　曼　孙雨来
封面设计　米　乐

出 版 者　陕西新华出版传媒集团　陕西科学技术出版社
西安市曲江新区登高路 1388 号陕西新华出版传媒产业大厦 B 座
电话（029）81205187　传真（029）81205155　邮编 710061
http：//www.snstp.com
发 行 者　陕西新华出版传媒集团　陕西科学技术出版社
电话（029）81205180　81206809
印　　刷　凯德印刷（天津）有限公司
规　　格　710 mm×1000 mm　16 开
印　　张　20.5
字　　数　380 千字
版　　次　2021 年 1 月第 1 版
2021 年 1 月第 1 次印刷
书　　号　ISBN 978-7-5369-7983-3
定　　价　69.00 元

前　言

“教而不研则浅，研而不教则空”。本书通过对化学常见疑难热点问题进行解答与汇编，以期向读者展现“真实”的化学。

这些疑难问题源于化学培训中教师问题的整理，源于实际的教学过程，源于“C3H3 化学”微信群、“蓝色极光化学教师”QQ 群所见所闻。解答来源则更广，有大学、中学教材及教学参考，有专业类期刊文献，还有诸多同仁的专著和各类网络资源，在此一并对微信群、QQ 群的同仁和被引用文献的作者及其杂志社表示感谢。

参加本书编写的人员有岳文虹、苑凌云、李嘉琪、李鼎。由于我们水平有限，谬误实在难免，本书对教学纯粹只是起一个“仅供参考”之用。虽然所编拙陋，但毕竟是多年心血，且感觉对实际教学帮助很大，因此希望能使更多需要它的人从中有所受益，同时恳请读者对本书的错误和不足之处提出批评和建议。

说过的话随风而散，留在纸上的方得永存。

前言

[illegible]

目 录

专题一 元素化合物

问题 1 物质的量单位重新修订的背景是什么？国际单位制（SI）的7个基本单位是如何定义的？ …… 1
问题 2 N_A背后所蕴含的“科学认识论”是什么？ …… 3
问题 3 什么是绝对零度？ …… 4
问题 4 所有物质都有三态变化吗？物质只有3种状态吗？ …… 5
问题 5 为什么胶体具有丁达尔效应？如何做好该实验？ …… 7
问题 6 为什么加入电解质溶液或带有相反电荷的胶体粒子可以使胶体聚沉？ …… 8
问题 7 如何判断氧化还原反应能否发生？ …… 10
问题 8 钠的化学性质有哪些？当钠投入滴有酚酞的水中时，为什么先变红后褪色？ …… 11
问题 9 钠与酸的反应一定快于钠与水吗？钠与水反应时究竟发生了什么？ …… 12
问题 10 金属性与金属活动性一样吗？ …… 15
问题 11 为什么钙和水的反应不如钠剧烈？如何认识金属活动性顺序中的反常表现？ …… 16
问题 12 如何理解金属活动性顺序中的“氢”？ …… 18
问题 13 碱金属有负化合价吗？ …… 19
问题 14 为什么钾的密度比钠小？ …… 20
问题 15 为什么钠钾合金可以作原子反应堆的导热剂？ …… 21
问题 16 钠、钾在工业上是如何制得的？ …… 22
问题 17 钠燃烧实验中产生的大量黑色物质是什么？ …… 24
问题 18 碱金属与氧气反应的产物为什么不同？ …… 27
问题 19 如何做好Na_2O_2的趣味小实验（滴水生火、吹气生火）？ …… 29
问题 20 如何理解强电解质的完全电离？ …… 29

问题 21　如何识别 Na_2CO_3 和 $NaHCO_3$？ …… 32
问题 22　为什么 Na_2CO_3 比 $NaHCO_3$ 稳定？ …… 35
问题 23　为什么 $NaHCO_3$ 溶解度比 Na_2CO_3 小？ …… 36
问题 24　为什么向饱和的 Na_2CO_3 溶液中通入 CO_2 难以析出晶体？ …… 38
问题 25　侯氏制碱法的原理是什么？ …… 39
问题 26　为何实验室或生产中常用某些钾盐而非相应钠盐？ …… 44
问题 27　镁与冷水能否发生反应？ …… 45
问题 28　工业上是如何制备镁的？ …… 46
问题 29　$c(H^+)$ 相等的盐酸、硫酸与铝反应的速率为什么会有差异？ …… 48
问题 30　氢氧化铝水溶液呈酸性还是碱性？ …… 49
问题 31　氢氧化铝真的不溶于氨水吗？ …… 50
问题 32　铝热反应的产物氧化铝去了哪里？ …… 51
问题 33　四氧化三铁能与酸反应吗？ …… 52
问题 34　铁的多种氧化物可以相互转化吗？ …… 52
问题 35　如何保存 $FeSO_4$ 溶液？ …… 53
问题 36　$Fe(OH)_2$ 制备中出现的灰绿色物质是什么？如何得到白色 $Fe(OH)_2$？ …… 54
问题 37　如何解释 Fe^{2+}/SCN^- 中加入 H_2O_2 没有变红的异常现象？ …… 55
问题 38　为什么加入 KCl 会使 Fe^{3+}/SCN^- 混合液颜色变浅？ …… 56
问题 39　为什么铁、铜的化合物大多数有颜色？ …… 57
问题 40　合金是混合物吗？合金有没有固定的熔点呢？合金的熔点一定比成分金属的熔点低吗？ …… 59
问题 41　元素的非金属性与其对应单质的氧化性有什么关系？ …… 60
问题 42　强碱性溶液为什么可以用玻璃瓶盛放，而不能用玻璃塞？ …… 62
问题 43　用焦炭还原 SiO_2 制备 Si，产物为什么是 CO？ …… 63
问题 44　工业上如何冶炼铝？ …… 65
问题 45　如何得到硅凝胶和硅胶？ …… 68
问题 46　氯气尾气处理时，为什么不考虑防倒吸？ …… 69
问题 47　滴有酚酞的 NaOH 溶液中加入新制氯水后，褪色的原因是什么？ …… 70
问题 48　饮用水如何消毒？ …… 70
问题 49　如何检验 Cl_2 中含有的 HCl 气体？ …… 71
问题 50　为什么 HClO 的氧化性比其他氯的含氧酸氧化性强？ …… 73
问题 51　实验室用碱和铵盐加热制取 NH_3 时要注意什么问题？ …… 74
问题 52　有关 NO_2 的几个问题。 …… 75

1. NO_2是酸性氧化物吗？ …… 75
2. NO_2可以用浓硫酸干燥吗？ …… 75
3. 充满NO_2的试管倒扣于水中，水面为什么会上升至容器容积的2/3以上？ …… 76
4. NO_2为什么能使余烬木条复燃？ …… 77
问题53 为什么硼酸、次磷酸是一元酸，亚磷酸是二元酸？ …… 77
问题54 含氧酸如何命名？ …… 79
问题55 氧化性酸和酸的氧化性有何区别？ …… 81
问题56 为什么硝酸愈浓氧化性愈强？为什么浓H_3PO_4没有强氧化性？ … 81
问题57 浓HNO_3能氧化Cl^-吗？ …… 83
问题58 Cu与浓HNO_3、稀HNO_3反应后生成溶液的颜色为什么不同？ … 83
问题59 为什么钝化后生成的金属氧化物与酸不反应？ …… 84
问题60 如何界定盐酸、硫酸、硝酸的浓稀界限？ …… 85
问题61 如何书写NH_4HCO_3与少量NaOH溶液反应的离子方程式？ …… 86
问题62 胆矾中加入浓H_2SO_4，浓H_2SO_4显脱水性还是吸水性？ …… 88
问题63 Cu与浓H_2SO_4反应的真实现象是什么？如何解释？ …… 89
问题64 同位素之间的转化属于什么变化？ …… 91
问题65 海水淡化技术有哪些？ …… 92
问题66 工业上如何从海水中提溴？ …… 93
问题67 石油的炼制方法有哪些？目的是什么？ …… 94

专题二 化学反应原理

一、化学反应与能量 …… 97
问题1 如何理解能量？ …… 97
问题2 核能属于新能源吗？ …… 98
问题3 如何理解焓（H）、焓变（ΔH）与反应热（Q）？ …… 99
问题4 如何理解中和热、燃烧热？ …… 101
问题5 中和热的测定中，是否需要采用过量NaOH溶液？ …… 102
二、化学反应速率与平衡 …… 103
问题1 什么是活化能？ …… 103
问题2 催化剂能提高反应的产率吗？ …… 106
问题3 平衡常数K是否有单位？ …… 108
问题4 如何用K值判断化学反应是否进行完全？ …… 108
问题5 如何理解自发反应是在一定条件下进行的？ …… 109

问题 6　熵是什么？…… 112
问题 7　如何理解化学反应自发性与可逆性的关系？…… 113
问题 8　决定强、弱电解质的因素有哪些？…… 114
问题 9　盐类是否都是强电解质？…… 115
问题 10　为什么多元弱酸的各级电离常数逐级减少？…… 116
问题 11　CH_3COOH 和 NaOH 等体积混合，$c(H^+)$ 和 $c(Na^+)$ 哪个大？…… 116
问题 12　升温时 CH_3COONa、Na_2CO_3 溶液的 pH 值如何变化？…… 117
问题 13　如何比较等浓度的 NaF 和 NaCl 溶液中的阴离子浓度？…… 119
问题 14　用热的 Na_2CO_3 溶液可除去废铁屑的油污，油污的成分是什么？…… 119
问题 15　$NaHCO_3$ 溶液和 CH_3COONa 溶液谁的碱性强？…… 120
问题 16　NH_4^+ 与 CO_3^{2-} 能大量共存吗？…… 121
问题 17　为什么不宜比较 Na_2S 溶液中粒子浓度的大小？…… 122
问题 18　$NaHCO_3$、$NaHSO_3$、Na_2CO_3 溶液中粒子浓度大小如何排序？…… 122
问题 19　沉淀转化的离子方程式怎样书写比较规范？…… 124
问题 20　自耦电离与“沉锰”“沉钴”“沉铁（Ⅱ）”。…… 125
问题 21　如何理解溶解度？…… 126
三、电化学…… 127
问题 1　有关 Cu－Zn 原电池的几个问题。…… 127
1. Cu－Zn 单液原电池实验中，Zn 粒表面的黑色物质是什么？…… 127
2. 如何做好 Cu－Zn 原电池实验？…… 128
3. Cu－Zn 原电池为什么能增大 H_2 生成的速率？…… 128
4. 单液原电池中电流迅速衰减的原因是什么？…… 129
5. 如何理解 Cu－Zn 双液原电池中的盐桥？…… 130
问题 2　如何理解电池的自放电现象？…… 132
问题 3　如何保证氢氧燃料电池实验的效果？…… 134
问题 4　怎样利用电极电势来判断原电池的正、负极并计算电动势？…… 135
问题 5　如何理解电化学中的正极、负极、阳极、阴极？…… 135
问题 6　如何正确理解离子的放电顺序？…… 136
问题 7　真的了解精炼铜吗？…… 139
问题 8　电渗析法淡化海水的原理是什么？…… 141
问题 9　析氢腐蚀和吸氧腐蚀能同时进行吗？…… 142
问题 10　O_2 和 H^+ 的放电顺序在原电池和电解池中为什么不同？…… 143
问题 11　纯铁为什么不易生锈？…… 144

专题三 物质结构与性质

一、原子结构与性质…… 146
问题 1 化学的根本任务是什么？…… 146
问题 2 为什么认为宇宙诞生于大爆炸？…… 147
问题 3 原子的最外层电子数为什么不超过 8 个？…… 148
问题 4 书写原子核外电子排布式时，3d 为什么要写在 4s 前面？…… 149
问题 5 碳原子的核外电子有多少种空间运动状态？…… 150
问题 6 铜和钾都只有 1 个 4s 电子，为什么 Cu 不如 K 活泼？…… 151
问题 7 作为与 Zn 同周期紧邻的元素，Cu 为何与 Zn 的活泼性相差甚远？…… 152
问题 8 元素周期律为什么不涉及稀有气体元素的原子半径？…… 153
问题 9 汞为什么在常温下呈液态？…… 155
问题 10 基于电负性理论如何理解 HF 是共价化合物？…… 157
问题 11 如何判断 NCl_3 中各元素的化合价？…… 158
问题 12 F 的电子亲和能比 Cl 小与 F_2 比 Cl_2 活泼的事实是否矛盾？…… 160
问题 13 如何理解对角线规则？…… 161
问题 14 为什么水溶液中 Cu^{2+} 比 Cu^+ 稳定？…… 163
二、分子结构与性质…… 165
问题 1 如何理解 σ 键和 π 键的稳定性？…… 165
问题 2 如何理解 SO_2、O_3、苯中的大 π 键？…… 167
问题 3 如何比较 NH_3 和 NF_3 的键角大小？…… 168
问题 4 NH_3 与 CH_4 究竟谁更稳定？…… 170
问题 5 卤素单质的稳定性和活泼性为什么不一致？怎样理解物质的稳定性与活泼性？…… 171
问题 6 SO_3 中氧硫之间是如何成键的？…… 172
问题 7 如何认识等电子原理？…… 174
问题 8 C_{60} 的分子结构是怎样的？…… 176
问题 9 $CuCl_2$、$CuSO_4$ 溶液是什么颜色？如何认识 $[Cu(H_2O)_4]^{2+}$ 向 $[Cu(NH_3)_4]^{2+}$ 的转化？…… 178
问题 10 胆矾是配合物吗？…… 180
问题 11 金属羰基化合物中，与金属原子结合的是氧原子还是碳原子？… 181
问题 12 影响配合物稳定性的因素有哪些？…… 182
问题 13 如何认识 $[Cu(NH_3)_4]^{2+}$ 的结构？在 $[Cu(NH_3)_4(H_2O)_2]^{2+}$ 中，与 Cu^{2+} 形成的配位键何者更稳定？…… 184

问题 14　配合物的配位数受哪些因素影响？ …… 187
问题 15　为什么 H_2O_2、N_2H_4 是极性分子？ …… 188
问题 16　O_3 是含非极性键的非极性分子吗？ …… 189
问题 17　HF、HCl、HBr、HI 水溶液的酸性为什么依次增强？ …… 190
问题 18　如何认识分子间作用力（范德华力）？ …… 192
问题 19　如何理解氢键？ …… 194
1. 氨水中存在哪些氢键？哪一种氢键更牢固些？ …… 194
2. 如何用氢键解释沸点 $H_2O>HF>NH_3$？ …… 195
3. 如何判断分子间氢键和分子内氢键？ …… 196
4. 氢键对物质性质有哪些影响？ …… 196
5. NH_4F 中存在氢键吗？ …… 198
问题 20　气体在水中的溶解度是由什么决定的？ …… 199
问题 21　为什么硝酸的酸性不如高氯酸强？ …… 200
问题 22　如何理解 H_2SO_4 及 SO_4^{2-} 的结构？ …… 200
三、晶体结构与性质 …… 202
问题 1　玛瑙是晶体还是非晶体？ …… 202
问题 2　如何培养大晶体？ …… 203
问题 3　如何理解晶体的各向异性？ …… 204
问题 4　晶体的 X-射线衍射实验是由它的周期性结构决定的吗？ …… 205
问题 5　为什么说化学键与分子间作用力本质上没有区别？ …… 206
问题 6　如何理解稀有气体是分子晶体？ …… 207
问题 7　SiO_2 晶体中的 Si—O—Si 键角是多少？ …… 208
问题 8　共价晶体键能越大，熔点一定越高吗？ …… 211
问题 9　石墨和金刚石究竟谁的熔点高？ …… 212
问题 10　如何理解石墨晶体中的“金属键”？ …… 217
问题 11　为什么石墨能导电，白石墨不能导电？ …… 219
问题 12　晶格能和离子键有什么区别？ …… 220
问题 13　$MgCl_2$ 的熔点、沸点为什么比 NaCl 低？ …… 221
问题 14　如何理解离子晶体的结构类型取决于离子键的纯粹程度？ …… 223
问题 15　氧化铝中的化学键是什么类型？ …… 224
问题 16　如何判断离子化合物和共价化合物？ …… 226
问题 17　如何理解碳酸盐的热稳定性？ …… 226
问题 18　如何判断原子的配位数？ …… 228
问题 19　晶胞中的原子坐标如何确定？ …… 230
问题 20　如何认识四面体空隙与八面体空隙？ …… 232

专题四　化学实验

问题 1　为什么说化学不再是一门纯粹的实验科学？ …… 236
问题 2　蒸发结晶和冷却结晶的区别是什么？ …… 236
问题 3　降温结晶和重结晶的区别是什么？ …… 237
问题 4　如何洗涤晶体或固体？ …… 238
问题 5　粗盐中能否加入 $Ba(OH)_2$ 既除去 Mg^{2+}，又除去 SO_4^{2-}？ …… 239
问题 6　检验 Cl^- 时，酸化的 $AgNO_3$ 溶液可以排除 SO_4^{2-} 的干扰吗？ …… 240
问题 7　HNO_3 能溶解 AgI 吗？ …… 241
问题 8　“萃取”的真正意义在哪里？ …… 241
问题 9　溴水是什么颜色？ …… 243
问题 10　I_2 和 CCl_4 能用蒸馏法分离吗？ …… 244
问题 11　淀粉遇 I_2 为什么会变蓝？ …… 245
问题 12　碎瓷片为什么可以防暴沸？ …… 247
问题 13　用固体配制一定物质的量浓度的溶液时，量筒一定需要吗？ …… 248
问题 14　量筒量取液体后需要洗涤吗？ …… 249
问题 15　容量瓶定容时玻璃棒可以悬空吗？ …… 250
问题 16　滴液漏斗和分液漏斗有区别吗？ …… 250
问题 17　如何配制酚酞溶液？ …… 253
问题 18　什么是缓冲溶液？ …… 254
问题 19　中和滴定时选择酸碱指示剂的一般原则是什么？ …… 255
问题 20　化学实验中的安全瓶有什么作用？ …… 257
问题 21　什么是过饱和溶液？ …… 258
问题 22　沉淀是如何形成的？ …… 259
问题 23　量气装置如何调压？ …… 262
问题 24　如何判断化学中的非整数数量级？ …… 265
问题 25　如何判断有效数字的位数？ …… 265
问题 26　如何认识电导、电导率、电导滴定？ …… 266
问题 27　冷凝管在使用时，必须采取逆流方式吗？ …… 269
问题 28　如何区别焙烧、煅烧、烧结与灼烧？ …… 270

专题五　有机化学

一、有机化学（必修） …… 280
问题 1　CH_4 和 Cl_2 在加热条件下可以发生反应吗？ …… 280

问题 2　CH_4 易溶于 CCl_4 吗？ …… 282
问题 3　乙烯与氯气还是氯水发生加成反应？常温下能进行吗？ …… 283
问题 4　无水酒精是怎么得到的？ …… 284
问题 5　酒精浓度越高，杀菌效果越好吗？ …… 286
问题 6　乙醇与 Na 的反应是置换反应还是取代反应？ …… 287
问题 7　乙醇是电解质还是非电解质？为什么乙醇羟基中氢原子的活泼性不如水？ …… 288
问题 8　如何改进乙醇的催化氧化实验？ …… 289
问题 9　乙酸乙酯制备中的问题。 …… 289
1. 酯化反应的机理是什么？ …… 289
2. 酯化反应中药品的添加顺序是什么？ …… 291
3. 制取乙酸乙酯时能否用饱和 $NaHCO_3$ 溶液代替饱和 Na_2CO_3 溶液？ …… 292
问题 10　甲酸的沸点为什么比乙醇高？ …… 293
问题 11　无机物存在同分异构现象吗？ …… 294
问题 12　高级脂肪酸是如何界定的？ …… 296
二、有机化学（选修） …… 297
问题 1　环烷烃是饱和烃吗？能发生加成反应吗？ …… 297
问题 2　卤代烃的水解实验能否用碳酸钠溶液代替氢氧化钠溶液？ …… 299
问题 3　如何看待新旧教材中卤代烃消去反应的变更？ …… 302
问题 4　甲酸钠和甲酸与银氨溶液、甲酸钠和甲醛与新制氢氧化铜反应的客观事实是怎样的？ …… 304
问题 5　羧基可以看成是羰基和羟基构成的双官能团吗？ …… 309
问题 6　碳碳双键和醛基共存，加入氧气氧化，二者都会反应吗？ …… 310
问题 7　不粘锅（聚四氟乙烯）何以不粘？它是怎么涂上去的？ …… 312

专题一

元素化合物

问题1 物质的量单位重新修订的背景是什么？国际单位制（SI）的7个基本单位是如何定义的？

图1-1 “国际千克原器”照片

随着新的测量技术的出现以及测量水平的不断提升，原有国际单位制基本单位的定义面临一系列挑战，尤其是质量单位“千克”，其依然通过由铂铱合金（铂90%，铱10%）制成的国际千克原器呈现（如图1-1所示）。但在过去100多年的多次跟踪监测和国际比对中发现，保存于各个国家的千克原器的质量随时间、地点等外部条件的改变而不断发生变化，这种不确定性将导致依赖于质量定义的其他基本单位（如摩尔）发生不确定性变化，并由此给国际贸易高科技产业、人体健康与安全、环境保护以及全球气候研究等带来重大影响，引起了科技界的广泛关注。

2018年11月16日，在法国巴黎凡尔赛举行的第26届国际计量大会（CGPM）上，正式通过了修改部分国际单位制（SI）定义的决议。根据决议，千克、安培、开尔文和摩尔4个SI基本单位的定义改由常数定义，于2019年5月20日起正式生效。这是国际单位制（SI）自1960年以来最大的一次调整，加上此前对时间单位“秒”、长度单位“米”和发光强度单位“坎德拉”的重新定义，至此SI的7个基本单位全部实现由常数定义，保证了SI的长期稳定性和环宇通用性。计量学家一直追求创造一套适用于“万世万民”（For all people，for all time）的计量体系，如今，离这个目标更近了一步：基本单位定义不再受限于任何实体，而取决于事物的基本性质和人类技术的测量能力。就像 1967 年“秒”定义的修订使我们在今天拥有了 GPS 和互联网技术一样，新 SI 将在未来对科学、技术、贸易、健康、环境以及更多领域产生深远影响。可以说，SI 的修订是科学进步的一座里程碑。

7 个基本单位（如图 1－2 所示）新定义如下：

长度（L）单位（米）：光在真空中于（1/299792458）秒内行进的距离。

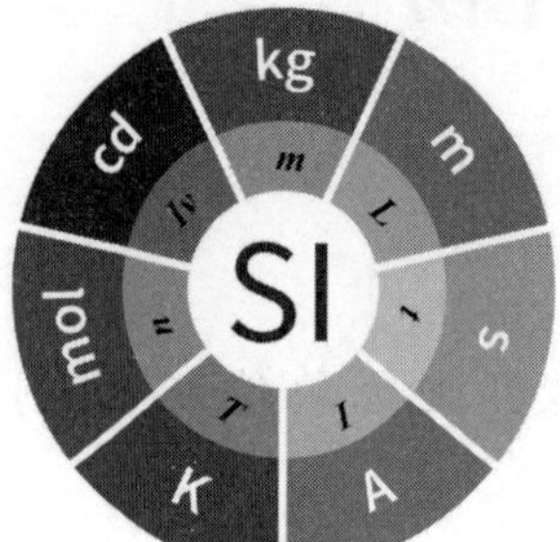

图 1－2　国际单位制（SI）的 7 个基本单位

时间（t）单位（秒）：铯 133 原子基态的 2 个超精细能级间跃迁对应辐射的 9192631770 个周期的持续时间。

电流（I）单位（安培）：某点处 1 s 内通过（1/1.602176634）$\times 10^{19}$个元电荷所对应的电流。

热力学温度（T）单位（开尔文）：1 开尔文是玻尔兹曼常数为 1.380649×10^{-23} J/K 时的热力学温度。

物质的量（n）单位（摩尔）：包含 6.02214076×10^{23}（阿伏伽德罗常量）个基本物质的物质的量。

发光强度（Iv）单位（坎德拉）：一光源在给定方向上发出频率为 540×10^{12} Hz 的单色辐射，且在此方向上的辐射强度为（1/683）kg・m^2/s^3时的发光强度。

质量（m）单位（千克）：普朗克常数为 $6.62607015\times 10^{-34}$ J・s 时的质量。

此次基本单位定义的改变对普通人来说没有太大影响，但会给科学研究、高精尖技术领域、制造业带来更为精确的可能。以果壳作者 Bearkiii 的话来说，这意味着在人类眼中，宇宙的像素又变高了。

比如摩尔的新定义与现行定义并不矛盾，也不会对使用摩尔单位的日常分析测量和生产活动有任何影响。但从计量溯源的角度，以阿伏伽德罗常数定义摩尔（包含 6.02214076×10^{23}个基本物质的物质的量），相较旧定义（1 mol 粒子集合体所含粒子数与 0.012 kg ^{12}C 中所含碳原子数相同，约为 6.02×10^{23}），摩尔的新定义不再通过质量单位“千克”实现，而是直接与阿伏伽德罗常数关联，真正实现了将基本单位定义到基本物理常数上。这样做的最大意义在于今后无论是在地球的任何角落，还是在地球外的某个星球上，针对某个特定物质，所获得的物质的量将完全一致，而这正是计量所追求的准确性和等效性。摩尔重新定义势必对计量科学提出新的挑战，物质的量溯源由原来仅对精确物理测量技术的要求，增加了对精密测量化学的要求，如对物质材料的超高纯制备和分析，对元素同位素组成和相对原子质量的精准测量等，对物质的量溯源途径和溯源体系研究提出了新诉求。摩尔的重新定义将对众多领域的研究发展和科技进步产生长远而深刻的影响，将促进实现生物、材料等领域中更多特性量测量向国际单位制溯源，推动相关基础科学理论的发展、精密测量技术的创新和新学科体系的产生，促进人们对微观世界的深度了解与认知。

参考文献

[1] 任同祥，王军，李红梅. 摩尔的重新定义 [J]. 化学教育（中英文），2019，40（12）：19—23.

[2] 王军，任同祥，王松. 物质的量——摩尔的重新定义 [J]. 中国计量，2018（09）：34—35.

问题 2　N_A 背后所蕴含的“科学认识论”是什么？

彭笑刚先生在其著作《物理化学讲义》中关于对世界的认识有一段非常精辟的论述：“世界上的事物是彼此关联的，与周围完全无关的事物，无法判断它们存在与否，事物的关联决定了世界的复杂性。初看起来，要完全理解一个事物，我们必须要理解整个世界，这无疑是一个让人感到恐怖的画面，科学认识论是人类对自然世界的一个伟大挑战，面对相互关联的世界，科学形成了‘剥洋葱’和‘拼拼图’两种相辅相成的手法（如图 1－3、图 1－4 所示）。

图 1－3 “剥洋葱”思维

图 1－4 “拼拼图”思维

‘剥洋葱’把某一方面从事物及其环境中巧妙地隔离出来，加以深入、细致、系统的研究；‘拼拼图’则把对事物各层面的认识组装到一起，进行创造性关联，从而对事物形成整体、全面、精准的图像。逻辑思维的分析和综合对‘剥洋葱’‘拼拼图’都有一定价值，但科学不会局限于逻辑思维，因为科学必须是创造性地认识世界。

因为世界事物的关联性，科学家不得不采用‘剥洋葱’的方法来探索世界。参与'剥洋葱'的不是一个人，甚至不是同时代、同领域的人，其负面结果必然是肢解人类对世界的认识，所以，'拼拼图'的过程必须创造性地把不同领域、不同时代、不同国度的人们对世界的认识巧妙地结合到一起。

把2个本来是风马牛不相及的领域融为一体，科学家必须面对各自领域不同定量语言的挑战。如果2个领域都是自洽的，并发展到了定量的阶段，一个有趣而且合理的事实是，我们只需要一个常数就可以把2个原本独立的领域完全联系起来！联系2个以上大领域的常数，就是基本常数。比如阿伏伽德罗常数 N_A，它相当于一个比例因子来联系自然界中宏观与微观（原子尺度）的观测，相当于把单个的、肉眼看不见的微粒和大数量的微粒集体、可称量的物质之间建立起了换算关系。未来我们还将学到很多有关这方面的基本常数，比如光在真空中的速度 c、普朗克常数 h、玻尔兹曼常数 k 等。从另一方面看，基本常数的存在告诉我们，世界是统一的，不管从哪里出发，都可能达到一致的认识。"

2个原本独立领域的联系也正如科学与艺术的关系。在现有的认知中，科学与艺术相去甚远，科学属于理工科，艺术属于人文科，科学家往往被想象为一丝不苟、衣着整洁，艺术家却总是不修边幅的形象……二者最大的不同是：科学求真，艺术求美。但无论如何，"自由"是它们共同的源头。因此，一旦涉及自由，科学和艺术就认出了彼此，顶级的科学家和顶级的艺术家就产生了"美就是真"的认同感。只有进入自由境界，科学才能呈现为艺术，人们才能真正领悟什么是科学精神。

参考文献

[1] 彭笑刚．物理化学讲义［M］．北京：高等教育出版社，2012：22—24.
[2] 吴国盛．科学与艺术［J］．读者，2019（19）：24—25.

问题3　什么是绝对零度？

温度是表示物体冷热程度的物理量，微观上来讲是衡量物体分子（原子）热运动剧烈程度的物理量。当我们感到一个物体比较热的时候，就意味着它的分子（原子）在快速运动；当我们感到一个物体比较冷的时候，则意味着其内部的分子（原子）运动速度较慢。我们的身体是通过热或冷来感觉这种运动的，而物理学家则是通过绝对温标来描述和量化温度的。

绝对零度是热力学理论中温度的下限值。热力学温标的单位是开尔文（K），绝对零度就是开尔文温标定义的零点（0 K，相当于－273.15 ℃），代表的是自然界中任意一个系统在平衡条件下可以趋近的最冷状态。例如：让一杯水和一个比它冷的热源接触，直至两者冷热程度相等。这时生活经验告诉我们，水不能再被这个热源冷却了，如果要让这杯水进一步冷却，我们需要更换一个更冷的热源。这样一个个接着换，水的热能会越来越少，所需要的更冷的热源也会越来越冷。到某一时刻，水的热能已经到了极小极小的程度，这时，我们可能面临着找不到更冷的热源来吸走水这最后一点热能的情形。所以，应该存在一个冷到极致而不能再冷的状态，绝对零度就是这个最冷的极限。根据麦克斯韦-玻尔兹曼分布，粒子动能越大，物质温度越高。理论上，若粒子动能低到量子力学的最低点时（原子和分子拥有量子理论允许的最小能量，所有能量形式都取其量子基态），此时物质即达到绝对零度，不能再低。但是事实证明，绝对零度是不可能达到的最低温度，自然界的温度只能无限逼近。科学家在对绝对零度的研究中，发现了一些奇妙的现象。例如，氦本是气体（氦是自然界中最难液化的物质），在－268.9 ℃时却能液化为液体，当温度持续降低时，原本装在瓶子里的液氦会轻而易举地从只有 0.01 mm 的缝隙中溢到瓶外，继而出现喷泉现象，液体的黏滞性也消失了。这些奇妙的现象使得自然界更加朦胧而有趣。

智利天文学家发现了宇宙最冷之地，叫作“布莫让星云”（又称“回力棒星云”），那里的温度为－272 ℃，是目前所知自然界中最寒冷的地方，称为“宇宙冰盒子”。事实上，布莫让星云的温度仅比绝对零度（－273.15 ℃）高将近 1 ℃。那么，布莫让星云为何如此寒冷？研究认为：布莫让星云是气体和尘埃组成的云团，是从一颗正在死亡的恒星中以大于 150 km/s 的速度喷溅出来形成的星云。由于急速膨胀需要能量，而周围没有任何热源，只能消耗内能，所以布莫让星云内部温度不断下降，最终达到接近绝对零度的状态。这个“热度”是作为宇宙起源的大爆炸留存至今的热度，是证明大爆炸理论最显著有效的证据之一。

参考文献

彭笑刚．物理化学讲义［M］．北京：高等教育出版社，2012．112．

问题 4　所有物质都有三态变化吗？物质只有 3 种状态吗？

物质在一定温度、压强下所处的相对稳定的状态叫作物质的聚集态。气态、液态、固态是通常意义下物质的三态，相应的物质分别称为气体、液体、固体，它们是以分子或原子为基元的 3 种聚集状态。例如：水汽、水、冰是常见的同一物质的三态；氧、氢、氦等在常温下是气态，只在极低温度下才是液态或固态；金、钨等在常温下是固态，只在极高温度下才是液态或气态。固态物质的分子或原子只能围绕各自的平衡位置微小振动，所以固体有一定的形状、大小；液态物质的分子或原子没有固定的平衡位置，但还不能分散远离，所以液体有一定体积，形状随容器而定，易流动，不易压缩；气态物质的分子或原子做无规则热运动，无平衡位置，也不能维持在一定距离，所以气体没有固定的体积和形状，自发地充满容器，易流动，易压缩。但并不是所有的物质都有三态变化，如碳酸氢铵只有固态，一些有机物也只有固态。

除上述三态外，在极高温下电离的气体成为由离子和电子组成的等离子体，称为物质的第四态，这是宇宙中普遍存在的物质聚集状态。另在超高压、超高温下原子结构被破坏，原子外围的电子被挤压到原子核范围，这种状态称为超固态，亦称为物质的第五态。

此外，很少见到的一些物质状态还包括玻色-爱因斯坦凝聚态、费米子凝聚态、奇异物质、液晶、超液体等。液晶由于在日常生活中的广泛应用而被大家熟知。那么，什么是液晶呢？

我们常见的物体具有 3 种相态，即固相、液相和气相，在外界条件发生变化时（如压力或温度发生变化），物质可以在 3 种相态之间发生转换，即发生所谓的相变。大多数物质发生相变时直接从一种相态变化到另一种相态，中间没有过渡态生成。而某些物质的晶体受热熔融，或者在溶剂溶解过程中，虽然失去了固态的大部分性质，外观呈现液体的流动性质，但是仍然保留了一定程度分子排列的有序性，具有部分晶体性质，这种过渡相态被称为液晶态。液晶是介于固态和液态之间的流体，其多数为脂肪族、芳香族和甾族化合物。目前已经发现有数千种有机化合物具有液晶态。1968 年，在美国 RCA 公司（收音机与电视的发明公司）的沙诺夫研发中心，工程师们发现液晶分子会受到电压的影响，电压可以改变液晶分子的排列状态，让射入的光线产生偏转。利用这一现象，RCA 公司发明了世界上第一台液晶显示屏。此后，液晶显示技术被广泛应用在电子产品中，例如计算器、电子表、手机屏幕、医用仪器，等等。另外，液晶还被广泛应用于许多尖端新技术领域中，如软件复制以及检测器、感受器等，并被广泛应用于分析化学、合成化学中。

参考文献

[1] 王燕红．品疑难问题　思科学本质［J］．中学化学教学参考，2015（23）：38—40.

[2] 课程教材研究所．物质结构与性质教师教学用书［M］．北京：人民教育出版社，2007：52.

[3] 课程教材研究所．有机化学基础教师教学用书［M］．北京：人民教育出版社，2007：134—135.

问题5 为什么胶体具有丁达尔效应？如何做好该实验？

胶体的概念是19世纪60年代初由英国科学家格雷哈姆（T. Graham）提出的，他在研究各种物质在水溶液中的扩散性质及能否通过半透膜时发现，有些物质，如某些无机盐、糖和甘油等，在水中扩散很快，容易通过半透膜；而另一些物质，如蛋白质、明胶和硅胶类水合氧化物等，扩散很慢或不扩散。前者容易形成晶态，他将其称为晶质；后者不易形成晶态，多呈胶态，他将其称为胶体。

胶体的性质之一是会发生丁达尔效应。丁达尔效应是指当一束光通过胶体时，可以看到一条光亮通路的现象。那么，分散系中为什么只有胶体具有明显的丁达尔效应呢？这是和微粒粒子直径大小相关联的。

在光的传播过程中，当光线照射到粒子时，如果粒子直径大于入射光波长的很多倍，发生光的反射；如果粒子直径小于入射光的波长，则发生光的散射。光的散射是指光通过不均匀介质时一部分光偏离原方向传播的现象，这时观察到的是光波环绕粒子而向其四周放射的光，称为散射光或乳光。散射光有不同的类别，如丁达尔散射、分子散射等。丁达尔效应是光的丁达尔散射现象。在分散系中，胶体粒子直径的范围是1～100 nm，溶液粒子直径的范围小于1 nm，浊液粒子直径的范围大于100 nm。浊液粒子直径颗粒太大，发生的只有光的反射而没有散射。胶体粒子的直径一般不超过100 nm，小于可见光的波长（400～700 nm），因此，当可见光透过胶体时会产生明显的散射作用，这时的粒子就好像一个发光体，无数发光体散射的结果就形成了光亮的通路。而对于溶液，虽然分子或离子的直径更小，但因散射光的强度随散射粒子体积的减小而明显减弱，因此溶液对光的散射作用很微弱。此外，散射光的强度还随分散系中粒子浓度的增大而增强，因此，在进行观察丁达尔效应的实验时，胶体中粒子的浓度不宜太小。

除粒子大小、粒子浓度外，丁达尔效应还受到光源的影响。丁达尔效应要求用可见光作为光源，教学中通常选择的是激光笔。但要注意的是，不同的有色溶液对激光笔的颜色具有选择透过性，某些溶液由于颜色间的相互作用也可能产生光亮的通路从而影响判断，所以具体教学时要考虑这些问题，以免造成知识的负迁移。一般来说，紫光对身体有害，通常不要选用，如果用红色激光笔，可选溶液有$K_2Cr_2O_7$、$FeCl_3$溶液，可选用的胶体有$Fe(OH)_3$胶体、$Al(OH)_3$胶体或肥皂水；若用绿色激光笔，可选溶液有$CuSO_4$溶液、$CuCl_2$溶液、NaCl溶液及$KMnO_4$溶液，可选用的胶体有$Al(OH)_3$胶体或肥皂水。还有，对配好的溶液而言，减少对其的扰动或放置一段时间后再做丁达尔效应的实验效果会更好。

还需要强调的是，丁达尔效应不仅仅与分散质粒子大小有关，还受到浓度及光源的影响，因此当外界环境（如浓度、光源）不同时，胶体分散系可能没有丁达尔效应，非胶体体系也可能有丁达尔效应，只是一般而言胶体分散系的丁达尔效应比较强。还有，丁达尔效应是判别胶体和溶液（大分子溶液除外）最简便的物理方法，但在日常生活中我们遇到的许多能产生丁达尔效应的分散系（如豆浆、牛奶、云、雾、分散有灰尘的空气等）并不一定在任何时候、任何状况下都是胶体，因为丁达尔效应并非是胶体特有的性质。例如一种分散系中分散质的粒子直径有 1～100 nm 之间，也有大于 100 nm 的，也能产生丁达尔效应，但这种分散系并不是胶体。日常生活中我们看到的能产生丁达尔效应的体系绝大多数属于这种情况。

参考文献

[1] 课程教材研究所．人教版化学必修 1 教师教学用书 [M]．北京：人民教育出版社，2019：25－26.

[2] 王祖浩．苏教版化学必修 1 教师教学用书 [M]．南京：江苏凤凰教育出版社，2020：44.

[3] 吴星．中学化学疑难辨析 [M]．南京：江苏教育出版社，2012：36－37.

[4] 李俊生，赵琳，孙晶，等．对丁达尔效应的研究 [J]．化学教学，2014(01)：44－47.

[5] 肖中荣．开发教材实验　促进知识生成 [J]．中学化学教学参考，2015(3)：24－26.

问题 6　为什么加入电解质溶液或带有相反电荷的胶体粒子可以使胶体聚沉？

分散系中，当分散剂是水或其他液体时，如果按照分散质粒子的大小来分类，可以把分散系分为溶液、胶体和浊液。其中，胶体粒子的大小在 1～100 nm 之间。应该注意的是，胶体和其他分散系的差异不仅仅是粒子大小的不同，其结构的差异性也很大，比如溶液中的离子或分子通常是比较简单的个体，但胶体中胶团的结构却较为复杂。下面就以 AgI 胶体为例来说明胶体的形成及其结构。

将 $AgNO_3$ 稀溶液与 KI 稀溶液混合，发生反应：$AgNO_3 + KI \xlongequal{} AgI$（胶体）$+ KNO_3$，此时会有若干个（假设为 m 个）AgI 分子聚集形成非常小的不溶性微粒，直径在 1～100 nm 之间，它们是分散质的核心，称为胶核。胶核在水溶液中并不会单独存在，而是会进行选择性吸附。实验表明，胶核的选择性吸附与组成有关，且其优先吸附浓度较高的离子。例如制备 AgI 时，如果 KI 过量，胶核就会优先吸附 n 个 I^- 带负电荷；反之，若 $AgNO_3$ 过量，则吸附 n 个 Ag^+ 带正电荷（n 的数值远小于 m）。当 KI 过量时，由于此时胶核吸附了 I^- 带负电，所以溶液中的部分 K^+ 又会通过静电作用吸附在带负电的胶核周围，这些 K^+ 与胶核表面吸附的 I^- 离子共同组成吸附层，较紧密地被束缚在胶核周围，与胶核构成胶粒。而较外层的 x 个 K^+，由于受到弱的静电作用，疏松地分布在胶粒周围，称为扩散层。胶粒与扩散层合在一起称为胶团（也称为胶束）（如图 1－5 所示）。在胶体中胶粒是独立运动单位，因此胶粒带电，但整个胶团呈电中性。在外电场作用下，胶粒向某一电极移动时，扩散层的离子则移向另一电极。胶团没有固定的直径和质量，同一种胶体的 m 值也不固定，且不同胶体的胶团有各种不同的形状，例如聚苯乙烯胶体的胶团接近球状，而氢氧化铁胶体的胶团为针状，五氧化二钒胶体的胶团为带状等。

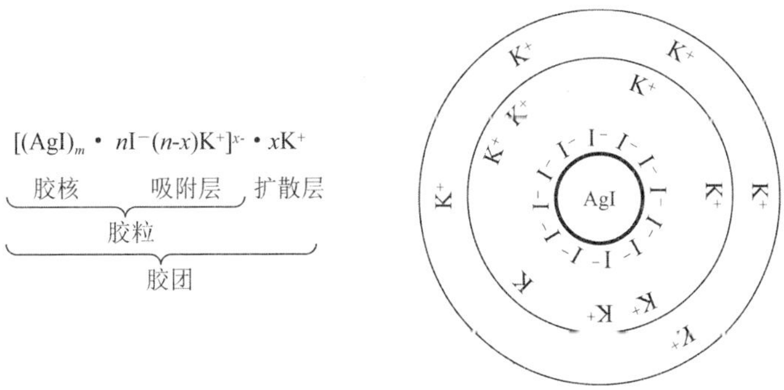

图 1－5 碘化银“胶团”结构示意图

由于胶粒的复杂结构，使得它处于不稳定状态，因此有相互聚结而聚沉的趋势。但实际上经过纯化的胶体往往可以保存数日甚至更长时间也不会沉降析出，这主要是由于同一体系胶粒带有同种电荷，相互排斥，阻止了胶粒的靠近和聚集。另外，胶粒和胶团都是溶剂化的（即外围包裹着水分子），水化膜犹如一层弹性隔膜，起到了防止运动中的胶粒在碰撞时相互聚集变大的作用。

胶体的稳定性是相对的，通常加入电解质溶液或带有相反电荷的胶体粒子时都可以使胶体发生聚沉。

1. 电解质对胶体的聚沉作用

在胶体体系中，加入少量电解质后，增加了体系中的离子浓度，将有较多的扩散层离子被挤入吸附层，从而减少甚至完全中和胶粒所带的电荷，使胶粒之间的相互斥力减少甚至丧失，这会导致胶粒聚集变大，最终引起胶体的聚沉。

需要注意的是，胶体中加入的电解质只有达到一定浓度，才会引起胶体的聚沉，以电泳为例来说明这个问题。例如，在 $Fe(OH)_3$胶体的电泳实验中，“U形管上方用少量导电液使电极与胶体分开，避免胶体粒子与电极直接接触”，那么，此时加入的少量导电液会不会使 $Fe(OH)_3$胶体聚沉呢？答案是否定的。实际上，加入电解质使胶体聚沉对电解质溶液的浓度是有要求的，使一定量的胶体在一定时间内完全聚沉所需电解质的最小浓度，称为临界聚沉浓度，又称为聚沉值。例如，要使 Al_2O_3 正电胶体发生聚沉，所需 KNO_3 的最小浓度为 60 mmol/L，NaCl 的最小浓度为 43.5 mmol/L，因此，在 $Fe(OH)_3$胶体电泳实验中，“U形管上方的少量导电液”一般选用的是 1 mmol/L 的 KNO_3（或 NaCl）溶液，由于浓度小，NO_3^-（或 Cl^-）又是一价离子，其浓度和电荷都不足以使 $Fe(OH)_3$胶体发生聚沉。同时也有实验证明，加入电解质，会对电泳产生显著影响，如果外加电解质过多，电泳速度会降低，甚至变成零，此时胶体就发生了聚沉现象。

2. 胶体的相互聚沉作用

将两种带相反电荷的胶体以适当比例混合也会发生聚沉，因其所带电荷相反、电性相互抵消，所以胶粒间的相互斥力会减少或消失，从而形成较大颗粒，产生聚沉。

此外，某些物理因素也有可能促使胶体聚沉，如光、电、热等效应。

参考文献

[1] 刘德群. 胶体粒子的结构与胶体的聚沉 [J]. 中学化学教学参考，2003(04)：7.

[2] 傅献彩. 物理化学（下册）[M]. 5版. 北京：高等教育出版社，2006：407—408，430—442.

问题7 如何判断氧化还原反应能否发生？

氧化性弱的物质能和某一还原剂反应，那么氧化性强的物质是不是也会和这个还原剂反应？化学中氧化还原反应的发生和哪些因素有关？如何判断一个氧化还原反应能否发生？

首先，氧化还原反应进行的程度与反应中氧化剂和还原剂的强弱有关。氧化剂的氧化性越强，还原剂的还原性越强，氧化还原反应进行得越完全。1个氧化还原反应是由2个“半反应”（又称为电极反应）组成的，其反应倾向及完全程度可通过2个半反应电极电势的差值即电动势来判断（详见本书“电化学”问题4. 怎样利用电极电势来判断原电池的正、负极并计算电动势?）。电极电势是氧化剂和还原剂强弱的重要定量标度，电动势是氧化还原反应进行程度的重要度量。在标准电极电势（用“φ^θ”表示）表中，φ^θ大的电对中的氧化型物质能氧化φ^θ小的电对中的还原型物质，2个电对的φ^θ差值越大，即电动势E^θ越大，反应的倾向和完全程度越大。影响电动势的因素有电极本身的性质、温度、介质、离子浓度、选择性吸附等。

另外，在上述因素中，浓度对电动势的影响贯穿于中学氧化还原反应学习的始终，比如，浓硝酸、浓硫酸的氧化性强于稀硝酸、稀硫酸等。此外，在有H^+或OH^-参加的氧化还原反应中，由于H^+或OH^-会在电对的半反应中出现，因此溶液酸碱性的改变也会使氧化剂的氧化性或还原剂的还原性发生改变，从而导致该电对的电极电势发生改变，电极电势的差值（电动势）随之改变，进而影响氧化还原反应进行的程度，甚至改变反应的方向。例如，氯气在碱性环境下会发生歧化反应生成氯离子和次氯酸根，氯离子和次氯酸根又能在强酸性环境下发生归中反应生成氯气；中学常用酸性$KMnO_4$溶液作氧化剂，酸性环境就是为了增强$KMnO_4$的氧化性。另外，溶液酸碱性不同也可能对氧化还原反应产物造成影响，如：

酸性条件：$2MnO_4^- + 6H^+ + 5SO_3^{2-} = 2Mn^{2+} + 5SO_4^{2-} + 3H_2O$

中性条件：$2MnO_4^- + H_2O + 3SO_3^{2-} = 2MnO_2\downarrow + 3SO_4^{2-} + 2OH^-$

碱性条件：$2MnO_4^- + 2OH^- + SO_3^{2-} = 2MnO_4^{2-} + SO_4^{2-} + H_2O$

总之，氧化还原反应的方向是强氧化剂与强还原剂反应生成弱氧化剂与弱还原剂。氧化还原反应能否发生，即氧化还原反应的方向性问题通常用标准电极电势来进行判断。一般说来，氧化性弱的物质能和某一还原剂反应，那么氧化性强的也会和这个还原剂反应。需要注意的是：标准电极电势是热力学数据，与反应速率无关，不能保证动力学性质与热力学性质不发生冲突。

参考文献

[1] 北京师范大学，华中师范大学，南京师范大学无机化学教研室．无机化学（上册）[M]．4版．北京：高等教育出版社，2003：361.

[2] 吴星．中学化学疑难辨析 [M]．南京：江苏教育出版社，2012：83—86.

问题8 钠的化学性质有哪些？当钠投入滴有酚酞的水中时，为什么先变红后褪色？

钠能与许多气体发生反应：①在空气中120 ℃时着火，160 ℃以下氧气不足时反应的主要产物是Na_2O，250～300 ℃与足量氧气反应生成的是Na_2O_2和少量的NaO_2；②与H_2在室温下不反应，在隔绝空气并加热的条件下反应生成 NaH；③与 N_2 通常不反应，但有在放电条件下与 N_2 反应生成氮化钠和叠氮化钠的报道；④钠能在 CO_2 中燃烧，生成碳酸钠和碳。另外，有在撞击条件下钠与 CO_2(s) 反应发生爆炸生成碳化钠的报道。

钠能与 H_2O 反应，也能与酸、盐溶液反应。此外，钠还能与熔融碱反应，如：$Na+KOH \rightleftharpoons K+NaOH$；$2Na+NaOH \xlongequal{} Na_2O+NaH$。

钠投入滴有酚酞的水中时，为什么先变红，过一段时间又会褪色呢？

这是因为在 pH＜9.1 的溶液中，酚酞主要以各种无色物质形式存在；在 pH＞9.1 的碱性溶液中，主要为红色醌式结构；但在足够浓的碱性溶液中，又转化为无色的羧酸盐式的三价阴离子。将钠投入水中后，随着反应的进行，溶液的碱性逐渐增强，因此溶液会先变红，过一段时间后又褪色。

参考文献

课程教材研究所．人教版化学必修 1 教师教学用书［M］．北京：人民教育出版社，2019：62.

问题 9　钠与酸的反应一定快于钠与水吗？钠与水反应时究竟发生了什么？

实验显示：①c(HCl)≈0.50 mol/L 时，钠与盐酸反应速率最快；②c(HCl)＜0.50 mol/L 时，随着盐酸浓度增大，钠与盐酸反应速率加快；③c(HCl)＞0.50 mol/L 时，随着盐酸浓度增大，钠与盐酸反应速率反而减慢。另外，当 c(HCl)＜0.50 mol/L 时，钠与水反应速率慢于钠与盐酸反应速率；当 c(HCl)＞1.0 mol/L 时，钠与水反应速率快于钠与盐酸反应速率；④相同大小的金属钠与 H_2O、稀盐酸（如 1 mol/L 的盐酸）、稀氢氧化钠溶液（如 1 mol/L的氢氧化钠溶液）反应时，现象没有明显差别。

由上可见，钠与酸的反应不一定快于钠与水的反应。那么，钠与水反应时究竟发生了什么？

帕维尔·琼沃思（Pavel Jungwirth）（论文《钠和钾遇到水的瞬间发生了什么》的作者）的同事菲利普·梅森（Philip Mason）决定通过实验找出钠和水反应的真实原理。在最初的实验中，他使用了固体钠，但由于钠在空气中极易被氧化，其遇水后被氧化了的钠不会发生剧烈反应，为了探明钠与水反应的真实原理，梅森最终使用了一种在室温下为液态的钠钾合金进行实验。

研究者借助高速摄像机发现，在钾钠合金液滴从注射器滴入水中短短的 0.4 ms 后，反应就开始了。反应时合金液滴表面向外喷射，形成“尖刺”状，现象十分剧烈。在 0.3～0.5 ms 之间，这个带有“尖刺”的金属液滴周围局部水溶液呈现出深蓝色和紫色（如图 1－6 所示）。由于这个过程发生得太快了，因此不可能是由反应放热引发的。

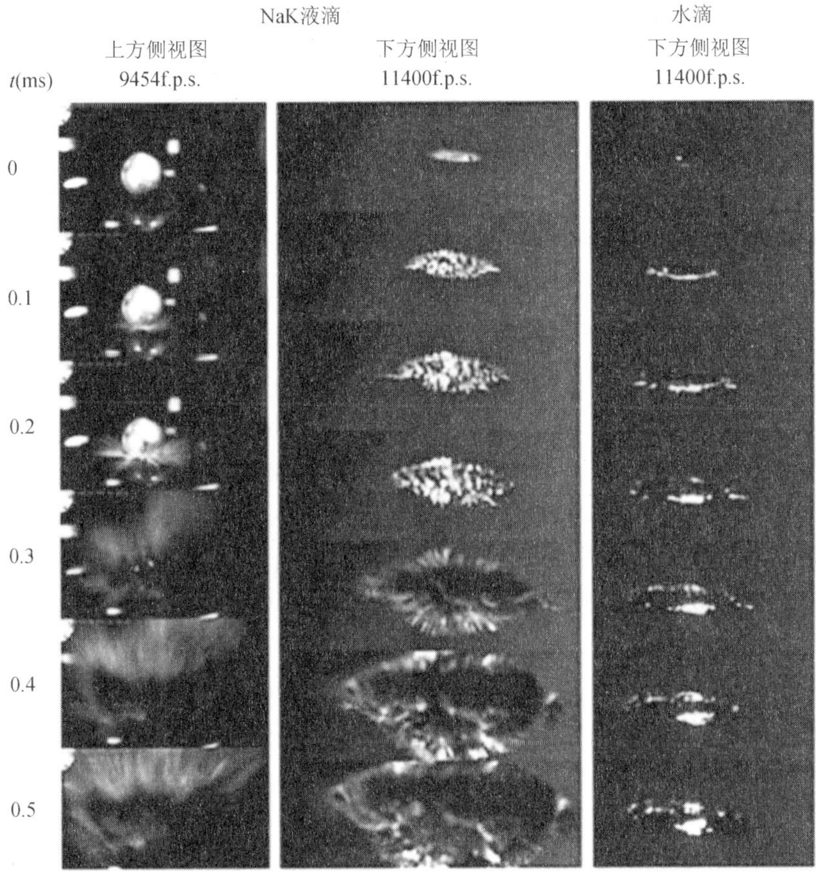

图 1－6　实验中拍摄到的钠钾合金液滴入水中时的变化，右侧为作为对照的水滴

为了探明上述反应初期剧烈现象的真相，琼沃思的同事弗兰克·尤利格（Frank Uhlig）利用计算机模拟了由 19 个钠原子组成的原子簇的反应，上述现象背后的原因终于得以显现：这些原子簇表面的钠原子会在几皮秒（10^{-12} s）的时间内失去 1 个电子，这些电子进入水中被水分子包围，形成“溶剂化电子”（这与之前高速摄像机捕获溶剂化的电子会呈现出深蓝色的影像是相符的）。当这些电子离开金属进入水中时，钠原子簇就变成了一堆带正电的钠离子。这些离子彼此之间会产生强烈的排斥作用，这种排斥力转化为动能，就引发了“库伦爆炸”（Coulomb explosion）。密歇根州立大学无机化学家詹姆斯·戴伊（James Dye）表示：“我已经进行了许多次这样的实验展示，我也很想知道究竟为什么金属钠会在水面上‘跳舞’，这篇论文对这一反应的早期阶段给出了完整而有趣的解释。”也就是说，碱金属遇水发生“爆炸”并不仅仅是因为反应中释放出了氢气。最终结果确实是这样，但是在反应刚开始阶段还有更加有趣的事情：电子急速外流，在电斥力的驱动下，碱金属随之发生“爆炸”。

上文对钠与水反应历程的检测证明，钠在水或酸中发生的反应与镁、铝等不同。活泼金属（如镁、铝）与盐酸的反应可视为 2 个过程，即金属失去电子形成金属阳离子和酸溶液中的 H^+ 得电子形成 H_2，这 2 个过程在金属的表面同时发生。当盐酸的浓度一定时，生成 H_2 的速率取决于金属给出 e^- 的能力，金属越活泼，还原性越强，越容易失去 e^-，则反应速率越快；金属一定时，反应速率取决于金属表面 H^+ 的多少，即溶液中 $c(H^+)$ 的大小，$c(H^+)$ 浓度越大，反应越快。金属钠与水或酸反应时与镁、铝不同，钠不再等氧化剂（H_2O 和 H^+）来争夺电子，而是自己主动抛出大量电子，那么此时溶液中的各种氧化剂（H_2O 和 H^+）得电子的概率将不再是由得电子的能力（即氧化性）来决定，而是由各种氧化剂微粒的数目来决定。通常稀溶液中，包括稀的酸溶液、稀的碱溶液，其中最多的还是 H_2O 分子，因此在争夺电子时，H_2O 分子以绝对的数量优势赢得胜利，这也是为什么 $c(H^+)$ 相差悬殊的 H_2O、1 mol/L的盐酸、1 mol/L 的氢氧化钠溶液与金属钠反应时却没有明显差别的原因。所以可以理解为：当钠、镁、铝与水或酸反应时，最终溶液中谁得到电子？钠反应时以量取胜（水多，水更易得到电子），镁、铝反应时以质取胜（酸比水更易电离出氢离子，更易得到电子）。

那么，钠与浓盐酸的反应为什么还不如稀盐酸剧烈呢？原因可能是因为在钠表面生成的 NaCl 在浓盐酸中溶解度很小，会附着在钠的表面，使钠不能及时扩散溶解，阻止了钠失去电子反应的进行。这类似于金属钙与水的反应（详见本书“元素化合物”问题 11：为什么钙和水的反应不如钠剧烈？如何认识金属活动性顺序中的反常表现？）。

参考文献

[1] 吕梅，袁兰．化学教学中研究性学习案例——钠与水、酸反应实质初探[J]．成都教育学院学报，2002（03）：12－20.

[2] 赵贤祥．金属钠与盐酸反应的实验研究 [J]．化学教育，2017（15）：66－67.

[3] Philip E. Mason，Frank Uhlig，Václav Vaněk，et al. Coulomb explosion during the early stages of the reaction of alkali metals with water [J]. Nature Chem，2015，7，250－254.

问题 10 金属性与金属活动性一样吗?

金属性与金属活动性是 2 个不同的概念，我们在中学阶段常把这 2 个概念混为一谈，实际上二者是有区别的。

金属性是对元素而言的，是指元素的气态原子失去电子变成气态阳离子倾向的大小，是元素原子的性质，定量判断标准是电离能（符号为 I）。表 1-1 中列出了常见金属元素的第一电离能（I_1），第一电离能越小，元素的原子越易失去电子，该元素的金属性越强。除了第一电离能数据外，金属性通常还可以依据金属的最高价氧化物的水化物的碱性强弱，以及金属与水或酸反应置换出氢气的难易程度等作出强弱判断。

表 1-1 常见金属元素的第一电离能 I_1

元素	Li	Na	K	Mg	Ca	Al	Mn	Fe
I_1/(kJ·mol^{-1})	520.3	495.8	418.9	737.7	589.8	577.6	717.4	759.4
元素	Cu	Zn	Ag	Au	Pt	Hg	Sn	Pb
I_1/(kJ·mol^{-1})	745.5	906.4	731.0	890.1	870	1007.0	708.6	715.5

金属活动性（活泼性）是对单质而言的，指的是金属单质在水溶液中的性质，是在标准状态（298 K、1.01×10^5 Pa、溶液中所有离子浓度均为 1 mol/L）下，金属单质在水溶液中失去电子生成水合金属阳离子的倾向，排序依据是金属的标准电极电势（符号为 φ^θ），它不但与金属失电子能力有关，还与金属的原子化焓及金属离子的水合能有关。从热力学角度来看，金属单质 M 在水溶液中变成水合离子 M^{n+}(aq) 的过程可分成以下几步：首先，固体金属 M 变成气态金属原子 M (g) 所消耗的能量叫作原子化焓（或升华焓）；其次，气态金属原子 M (g) 电离成气态金属离子 M^{n+}(g) 所消耗的能量叫作电离能；最后，气态金属离子 M^{n+}(g) 与水分子结合形成水合离子 M^{n+}(aq) 所释放的能量叫作水合能（见图 1-7）。因此，金属的活动性（活泼性）是其单质“综合素质”的表现。另外，以标准电极电势为标准的金属活动性顺序有一定的适用范围，金属的标准电极电势是在水溶液中测定的，因此，它一般只适用于水溶液体系中金属与其他金属离子（或 H^+）之间能否发生置换反应的判断，不适用于高温和干态。例如：工业上可用 Na 与 KCl 发生置换反应制取金属 K：$KCl(l)+Na(l)\longrightarrow NaCl(l)+K(g)$，这是因为 K 的沸点比 Na、NaCl、KCl 的沸点都低，且高于 Na、NaCl、KCl 的熔点，在一定温度下，K 因达到沸点而挥发，以蒸气的形式脱离了反应体系，从而使反应向右进行。这里不能套用金属活动顺序表的规律来进行解释。

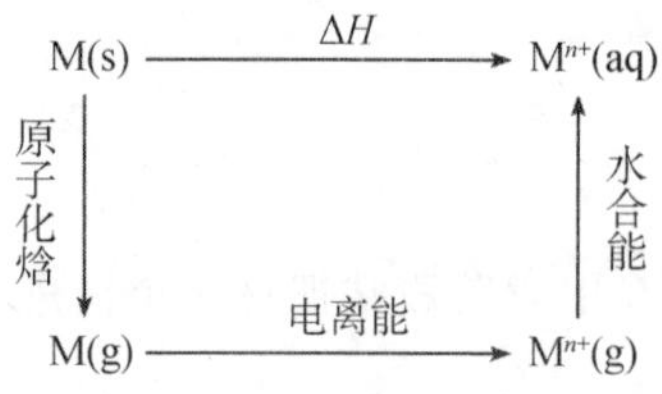

图 1-7　金属单质生成水合离子的热力学循环

还有，即使是在水溶液体系中金属与其他金属离子（或 H^+）之间的置换反应，也有一些特例存在。例如，按照金属活动性顺序，铜与盐酸不能发生置换反应，但实际上 Cu 从浓盐酸中可以置换出氢气却是实验事实，它的反应方程式是 $2Cu+4HCl$（浓）$\xlongequal{\triangle}2H[CuCl_2]+H_2\uparrow$。这个反应之所以能发生，是因为生成了 $[CuCl_2]^-$，而不是我们常见的水合铜离子，这与盐酸的浓度、反应温度有关。再如，金属活动性顺序中，锡（Sn）排在铅（Pb）的前面，但 Pb 在 3 mol/L 的 Sn^{2+} 溶液中，却可以发生反应 $Pb+Sn^{2+}\xlongequal{}Sn+Pb^{2+}$。这是因为金属活动性顺序是在标准状态下，金属单质生成低价水合离子的活动顺序，标准状态时，$\varphi^\theta(Sn^{2+}/Sn)=-0.1364\ V$，$\varphi^\theta(Pb^{2+}/Pb)=-0.1263\ V$，锡（Sn）可以把 Pb^{2+} 置换出来，但由于二者的标准电极电势极为接近，平衡常数很小（K 约为 3），当 Sn^{2+} 的起始浓度为 3 mol/L 时，不再是标准状态，此时电极电势发生改变，导致反应逆向进行。相比之下，绝大多数金属置换反应的标准电极电势相差较大，反应的平衡常数 K 值很大，因此反应进行得较完全，不存在因浓度改变而引起反应方向改变的可能性。这也可类比于在沉淀溶解平衡中，如果 2 个难溶物的溶度积相差不是很大，存在 K_{sp} 更小的难溶物向 K_{sp} 较小的难溶物转化的可能。

参考文献

[1] 吴星．中学化学疑难辨析 [M]．南京：江苏教育出版社，2012：114—117.
[2] 吴俊明．化学的活性思维及其教学 [J]．化学教学，2019 (8)：3—8.
[3] 王祖浩．苏教版化学必修 1 教师教学用书 [M]．南京：江苏凤凰教育出版社，2020：12.

问题 11　为什么钙和水的反应不如钠剧烈？如何认识金属活动性顺序中的反常表现？

为什么钙的金属活动性强于钠，和水的反应却不如钠剧烈？这要从金属活动性顺序表的发展历史谈起。金属活动性顺序表最早是由俄国化学家贝开托夫于 1865 年整理得出的，依据的是单质置换能力的大小（Na 排在 Ca 的前面）。这种依据的顺序表可以反映出不同金属与其他物质作用时反应的剧烈程度，被称为动力学金属活动性顺序表。后来，随着化学的发展，科学家又提出根据电极电势的大小对金属活动性进行排序，这种用以判断反应趋势而非反应剧烈程度的顺序表被称为热力学金属活动性顺序表。我国现行的中学化学教材均采用热力学金属活动性顺序表，依据的是标准电极电势大小（标准电极电势越小，金属活动性越强，顺序越靠前）。动力学活动性顺序表中，将 K、Ca、Na 这些排在前三位可以和水迅速反应的金属称为极活泼金属；将从 Mg 到 Pb 这些一定条件下能和水反应的金属称为较活泼金属；将排在氢元素后面的金属称为不活泼金属。从热力学活动性顺序来看：$\varphi^{\theta}(Ca^{2+}/Ca) = -2.866$ V，$\varphi^{\theta}(Na^{+}/Na) = -2.713$ V，所以 Ca 应该排在 Na 前，这是因为 $\Delta G = \Delta H - T\Delta S$，在同类型反应进行比较时，熵变一般对 ΔG 贡献较小，因此 ΔG 的大小主要由 ΔH 来决定，ΔH 负值越小，ΔG 负值越小，从热力学角度看该金属活动性越强。在金属单质反应转变为水合金属阳离子的过程中，ΔH 是由原子化焓、电离能、水合能三部分组成的（详见本书“元素化合物”问题 10. 金属性与金属活动性一样吗？图 1－7）。由于 Ca 的水合能（$\Delta H = -1615$ kJ/mol）远小于 Na 的水合能（$\Delta H = -420$ kJ/mol），所以在热力学金属活动性顺序中 Ca 排在 Na 前，但动力学金属活动性反而是 Na 更强。例如钠、钙与水的反应，因为钠的熔点为 97.8 ℃，钠与水反应放出的热量可使钠熔化，增大了钠与水的接触面积；而钙的熔点为 845 ℃，在水中 Ca 与水反应生成的 $Ca(OH)_2$ 为微溶物，会附着在 Ca 表面，阻碍 Ca 和水的接触，使反应难以进行，所以 Na 与水的反应更剧烈。因此，电极电势是热力学范畴的问题，速率快慢是反应动力学的问题，不能混为一谈。除此之外，Li 标准电极电势也小于 Na、K，这是因为 Li^{+} 的半径更小，水合能更负，所以从热力学角度 Li 的金属活泼性更强；如果将 Li、Na、K 分别投入水中，Li 的反应速率却比 Na、K 慢。从动力学角度分析其惰性的原因可能是：①锂的熔点比钠和钾的高（锂的熔点是 180.5 ℃，钠的熔点是 97.8 ℃，钾的熔点是 63.65 ℃），反应产生的热量不足以使锂熔化，固态锂与水的接触面不如液态的大；②Li^{+} 的水合半径大（Li、Na、K 的近似水合离子半径分别为 340 pm、276 pm 和 232 pm），移动缓慢，难以扩散到溶液本体中去，致使反应速率减慢；③反应生成溶解度较小的 LiOH 容易包覆在金属锂的表面，阻碍锂与水的进一步作用（文献记载，粉末状的锂同水会发生爆炸反应）。还有，金属活动顺序表中 Al 排在 Fe 前，但二者与酸的反应速率却是 Fe 更快，这是因为 Al 表面通常会生成一层致密的氧化膜阻碍其与酸的反应。另外，金属活动顺序表表明金无法与盐酸反应，但胶体状态的金却能溶于盐酸，这是因为胶体状态的金有很大的表面能。由此可见，动力学角度的反应速率会受到很多因素的制约，如反应物的纯度、表面状况、聚集状态和反应条件（如温度、浓度），等等。

参考文献

[1] 郭为，卢伟．指向深度学习的高中化学事实性知识内涵探究及教学建议——以“钠及其化合物”为例 [J]．化学教学，2019 (8)：52—56.

[2] 吴星．中学化学学科理解：疑难问题解析 [M]．上海：上海教育出版社，2019：143—147.

[3] 张青莲．无机化学丛书（第一卷） [M]．北京：科学出版社，1998：295—297.

[4] 刘新锦．无机元素化学 [M]．2 版．北京：科学出版社，2010：4—5.

问题 12　如何理解金属活动性顺序中的“氢”？

我们在初中就已经讲过用金属活动性顺序来判断某些反应能否发生，但是，很多同学存在疑问，金属活动性顺序表中的（H）究竟是什么形式的氢？

前面我们提过，金属活动性顺序表是依据标准电极电势大小（如表 1 - 2 所示）排序的，是热力学研究的反应能否发生问题的范畴，而不是动力学研究的反应速率问题的范畴。

在表 1 - 2 中，我们看到（H）的标准电极电势为 0.00，那是因为到目前为止，我们还不能从实验或理论上直接测定或计算单独电极的电极电势，只能测得由两个电极组成的电池的总电动势。在实际应用中，我们只需知道与任意一个选定的作为标准的电极相比较时的相对电动势，就可以利用相对电动势求出两个半电池组成电池的电动势。

表 1 - 2　金属活动性顺序表中单质的标准电极电势一览表

金属	K	Ca	Na	Mg	Al	Zn	Fe	Sn	Pb	(H)	Cu	Hg	Ag	Pt	Au
φ^θ/V	−2.93	−2.87	−2.71	−2.36	−1.66	−0.76	−0.44	−0.14	−0.13	0.00	+0.34	+0.79	+0.80	+1.20	+1.69

注：φ^θ越小，对应单质的还原性越强。

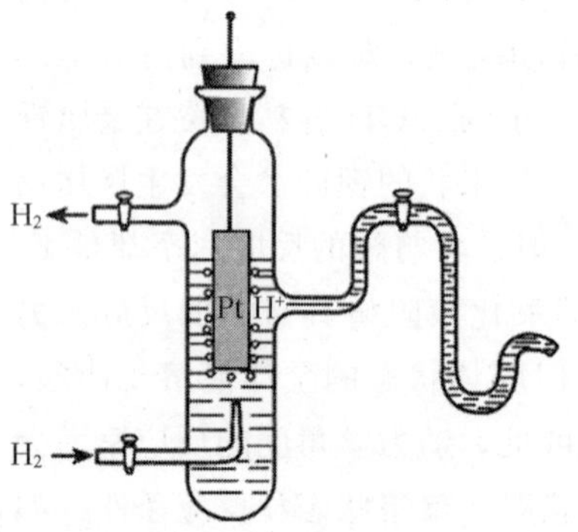

图 1 - 8　标准氢电极

1958 年，IUPAC（国际纯粹与应用化学联合会）正式规定采用标准氢电极作为标准电极，电极的氢标电势（表 1 - 2 所给数据）就是所给电极与同温下的标准氢电极组成的电池的电动势。

标准氢电极的结构（如图 1 - 8 所示）是：把镀有铂黑的铂片插入 $c(H^+)$ 为 1 mol/L 的酸性溶液中，并不断用氢气冲打铂片，直至铂片在 1 atm 的氢气流中达到饱和。这样的氢电极即为标准氢电极，标准电极电势记为 0.00。

这种氢气不是我们所说的普通氢气，而是被具有很强吸附能力的铂吸附了的活性氢，我们可把活性氢暂记成 H_2^*。氢气所处环境不同，其性质也会发生变化，例如：H_2^* 可以从硫酸铜溶液中置换出金属铜，普通氢气则不能；H_2^* 可以同氧气迅速化合，普通氢气不可以。于是我们清楚了：金属活动性顺序中的氢既不是氢原子（H），也不是普通氢气（H_2），而是具有化学活性的处于特定环境下的活性氢（H_2^*）。

参考文献

[1] 刘怀乐．例谈化学教师的科学素养 [J]．中学化学教学参考，2015（12）：1—4.

[2] 傅献彩．物理化学（下册）[M]．北京：高等教育出版社，2006：77，485—486.

问题 13 碱金属有负化合价吗？

碱金属性质非常活泼，易与活泼的非金属单质反应生成离子化合物（但锂的某些化合物有共价性）。在空气中，碱金属表面会迅速罩上一层氧化物，锂的表面还有氮化物生成；钠、钾在空气中加热可以燃烧，铷、铯常温下遇空气立即燃烧。此外，碱金属均能与水反应，反应的剧烈程度各不相同：锂的电极电势虽然比铯更负，但由于锂的熔点较高且氢氧化锂溶解度小易覆盖在锂的表面，因而锂与水反应还不如钠剧烈；钠与水反应放出的热使钠融化成小球；钾与水反应能燃烧；铷、铯与水剧烈反应并发生爆炸。综合上述实验现象，再结合碱金属的电负性和电极电势可知，碱金属在固态和水溶液中都是强还原剂，通常表现为正化合价，但碱金属不是没有负化合价存在。碱金属的一个有趣的性质便是，能获得电子生成非常活泼的负离子 M^-。这是因为碱金属得到 1 个电子后，s 轨道全充满了，这种结构的稳定性虽比 8 电子构型差些，但比只有半充满的 s 轨道要稳定些，所以在特殊条件下碱金属能形成负离子。如气态钠中存在着稳定的 Na^- 离子。另外，在下列反应中也有 Na^- 生成：$2Na + Cryp$（穴醚）$+ xNH_3(l) \rightleftharpoons [Na(Cryp)]^+[Na(NH_3)_x]^-(s)$。经 X 射线分析证实，其中 Na^- 在形式上对应于 NaCl 中的 Cl^-。

附：穴醚，又称隐烷，整个分子呈三维结构，是一类人工合成的，可以与阳离子发生配位的双环和多环多齿配体。它可以将底物分子容纳在里边，形如空穴，故得名“穴醚”。相较单环的冠醚（见图 1-9），穴醚对底物分子的选择性更强，形成的穴醚配合物更加稳定。最为常见且最为重要的穴醚是 $N[CH_2CH_2OCH_2CH_2OCH_2CH_2]_3N$（如图 1-10 所示），俗称［2.2.2］-穴醚。唐纳德·克拉姆、让-马里·莱恩和查尔斯·佩德森致力于对穴醚和冠醚的研究，由此开创了超分子化学的先例，获得了 1987 年的诺贝尔化学奖。

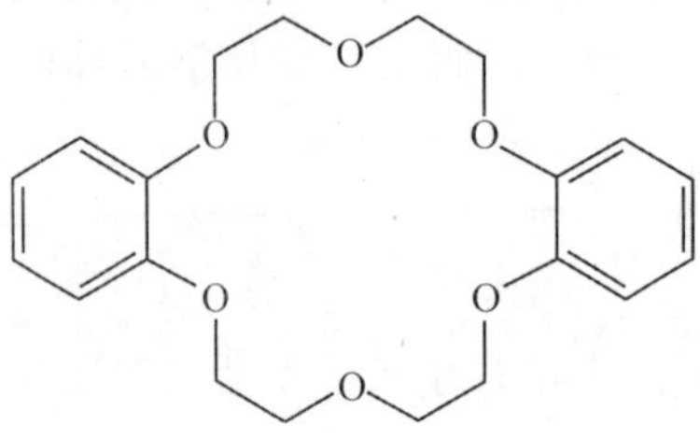

图 1-9 “冠醚（二苯并-18-冠醚-6）”结构示意图

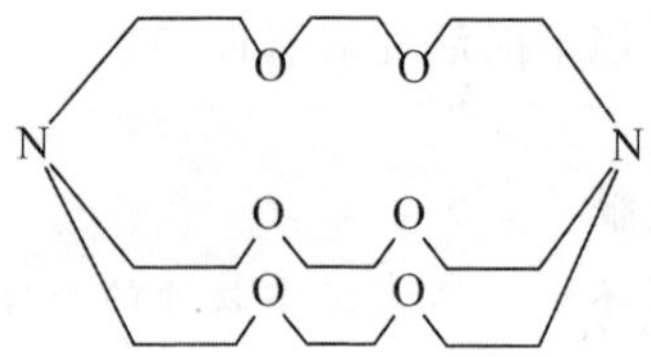

图 1-10 “穴醚（［2.2.2］-穴醚）”结构示意图

参考文献

北京师范大学，华中师范大学，南京师范大学无机化学教研室．无机化学（下册）[M]．4 版．北京：高等教育出版社，2003：651—652.

问题 14 为什么钾的密度比钠小?

通常情况下，同主族元素单质的密度随着原子序数的增大而增大。但常温时，钠的密度为 0.971 g/cm³，钾的密度为 0.86 g/cm³。为什么钾的密度会出现反常呢?

钠、钾的晶胞均属于体心立方堆积（如图 1-11 所示），每个晶胞含有 2 个原子。密度的计算公式为：

$$\rho=\frac{m}{V}=\frac{2M}{\left(\sqrt{\frac{16}{3}}r\right)^3\times N_A}$$

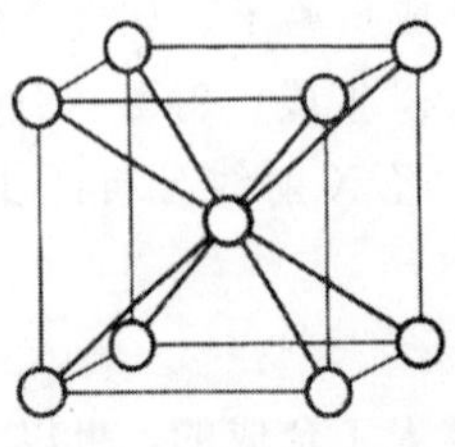

图 1-11 体心立方晶胞示意图

据计算公式可知：单质的密度由相对原子质量和原子体积 2 个因素决定。相对原子质量增大使密度增大，而电子层的增加使原子体积增大导致密度减小。碱金属族元素的单质随着原子序数的增大，密度整体呈现递增规律，就是由于相对原子质量增加所起的作用超过（或者抵消了）原子半径（或原子体积）增加的作用。但对于钾、钠来说，$r(Na)=0.186$ nm，$r(K)=0.227$ nm，通过计算发现体积增大的效应大于相对原子质量增加产生的影响，因此钾的密度反而比钠小。

问题 15 为什么钠钾合金可以作原子反应堆的导热剂？

金属钠的用途有很多：钠能从钛、锆、铌、钽等金属的化合物中把它们置换出来；能用于制造过氧化钠等钠的化合物；电力工业上能用于制钠灯，钠灯的优点是能在不降低照明水平的前提下减少能源消耗；核工业上钠钾合金还可用作原子反应堆的导热剂。

什么是原子反应堆？原子反应堆是核电站的心脏，它的工作原理是这样的：原子由原子核与核外电子组成，原子核由质子与中子组成。当铀 235 的原子核受到外来中子轰击时，1 个原子核会吸收 1 个中子分裂成 2 个质量较小的原子核，同时放出 2～3 个中子。裂变产生的中子又去轰击另外的铀 235 原子核，引起新的裂变。如此持续进行就是裂变的链式反应。链式反应产生大量热能，用循环水（或其他物质，又叫“导热剂”或“冷却剂”）带走热量才能避免反应堆因过热烧毁。导出的热量可以使水变成水蒸气，推动汽轮机发电等。人类第一台原子反应堆由美籍意大利著名物理学家恩利克·费米领导的小组，于 1942 年 12 月（曼哈顿计划期间）在世界顶级学府芝加哥大学建成，命名为“芝加哥一号堆（Chicago Pile－1）”。第一台原子反应堆的出现，开启了人类利用原子能的时代，芝加哥大学也因此成为人类“原子能诞生地”。我国核技术研究起步于 20 世纪 50 年代，如今在工业、农业、医疗、环境、考古等众多领域的应用越来越广泛。近年来，我国核技术应用产值年均增长率均超过 20%，产值已超 3000 亿元，被认为是核技术应用发展速度最快的国家。

在推进核能可持续发展的过程中，必须高度重视核安全、核安保工作。其中，反应堆不会爆炸的关键原因之一是：导热剂要能不断地把反应堆内核裂变反应产生的巨大热量带出，使反应堆内的温度控制在所需范围内。导热的过程实际上就是“热量传递”。在自然界中，热量传递是一种普遍存在的现象。两物体间或同一物体的不同部位间，只要存在温差，且两者之间没有隔热层，就会发生热量传递，直到各处温度相同为止。热量传递有热传导、对流传热和辐射传热 3 种基本方式：热传导依靠物质的分子、原子或电子的移动和振动来传递热量，常见的例子是金属物体通过金属内部自由电子的运动将热量从温度高的地方传递到温度低的地方；对流传热依靠流体微团的宏观运动来传递热量，所以它只能在流体中存在，并伴有动量传递，如水壶里的水能同时烧开就是对流导热的常见例子；辐射传热是通过电磁波传递热量，不需要物质作媒介，是一种非接触式传热，如保温瓶胆镀银，就是为了减少由辐射传热造成的热损失。

原子反应堆导热剂因为其工作环境的特殊性，需要具备良好的传热性、流动性，高沸点、低熔点、对热和辐射有良好的稳定性等特点。钠钾合金做导热剂的优点有：室温下为液态，因此可以对流导热；有大量的自由电子，可以热传导；有高热容量、低蒸气压等。它的缺点是有一定的腐蚀性，会使回路管道因质量迁移而堵塞，另外，钠吸收中子后还可产生强放射性的^{24}Na，因此使用时需要十分注意。此外，原子反应堆常见的导热剂还有：液体冷却剂——轻水、重水；气体冷却剂——二氧化碳、氦气等，它们均各有优缺点，被广泛应用于不同类型的原子反应堆中。

参考文献

课程教材研究所．人教版化学必修 1 教师教学用书［M］．北京：人民教育出版社，2019：62.

问题 16　钠、钾在工业上是如何制得的？

人类大约在 5000 年以前就开始使用金属材料了（见表 1－3），金属在人类文明发展史中有着不可替代的作用。那么，钠和钾这类极活泼的金属在工业上是如何制得的呢？

表 1－3　人类最早冶炼金属的历史年代表

金属	元素符号	最早冶炼年代
金	Au	前 4500 年
银	Ag	前 4000 年
铜	Cu	前 6000 年
锡	Sn	前 5000 年
铁	Fe	前 500 年
锌	Zn	约 500 年
铝	Al	1825 年
镁	Mg	1792 年
钠	Na	1807 年
钙	Ca	1808 年
钾	K	1807 年

工业上金属钠的制法很多：有碳还原碳酸钠法、电解熔融 NaOH 法等。目前世界上钠的工业生产多数用电解熔融氯化钠的方法，反应通常在电解槽里进行，如下图所示：

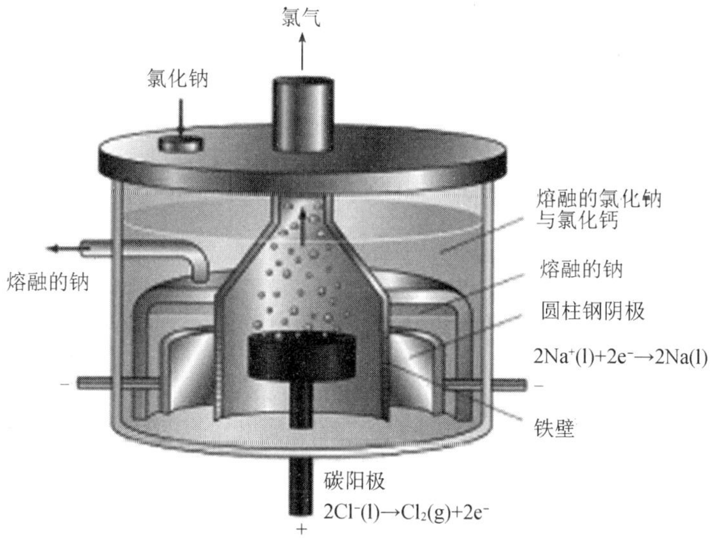

图 1－12 电解熔融氯化钠示意图

电解熔融氯化钠的工作原理：氯化钠的熔点为 801 ℃，加热至熔融态在技术上有难度，且生产成本太高，因此工业上通常用质量分数为 40％的氯化钠和 60％的氯化钙混合，从而降低熔融所需的温度（混合后熔点为 580℃）。同时，由于温度大大降低，炉内蒸气压也大大减小，有效减缓了高温高压给设备带来的压力。电解时，阳极发生反应：$2Cl^-(l)-2e^-$ ══ $Cl_2(g)$，生成的氯气由钟罩导出，经氯压机压缩为液氯，储入钢瓶；阴极发生反应：$2Na^+(l)+2e^-$ ══ $2Na(l)$，$Ca^{2+}(l)+2e^-$ ══ $Ca(l)$，由于液态物质密度小于熔盐，所以浮在阴极熔盐上方聚于环形槽内，经左侧导管流入收集器内，然后把熔融的金属混合物冷却到 105～110 ℃，金属钙呈晶体析出，经过滤就可以把金属钠与金属钙分离。

大部分很活泼的金属（如锂、钠、钙等）都是电解其熔融盐制备的，但钾等少数极活泼金属却不是。由于钾在熔融氯化钾中的溶解度较大，不能浮在电解槽的上部加以分离收集；且在熔融盐温度下钾易挥发，增加了不安全因素（与氧气有发生剧烈爆炸的可能），故不采用电解法制钾。工业上是利用金属钠来置换挥发性较强的 K、Rb、Cs 等活泼金属。如：在制备钾时，用钠与熔融 KCl 发生置换反应生产钾，由于钾沸点比钠低，反应得到的钾蒸气可不断脱离平衡体系逸出，即利用了“熵增”来驱动反应。可表示为：Na(熔融)＋KCl(熔融) ══ NaCl(熔融)＋K(g)。

参考文献

[1] 郭为，卢伟．指向深度学习的高中化学事实性知识内涵探究及教学建议——以“钠及其化合物”为例 [J]．化学教学，2019 (8)：52—56.

[2] 严宣申，王长富．普通无机化学 [M] .2 版．北京：北京大学出版社，2016：12.

[3] 课程教材研究所．人教版化学必修 1 教师教学用书 [M]．北京：人民教育出版社，2019：63.

问题 17　钠燃烧实验中产生的大量黑色物质是什么？

钠在空气中的燃烧是高中化学认识碱金属性质的一个重要实验，该实验操作简单，现象明显，火、烟、色俱全，因此中学常把此实验作为演示实验。中学阶段对此实验现象的描述为：钠与氧气剧烈反应，发出黄色火焰，生成一种淡黄色固体。但在实验过程中发现，现象不尽如此。

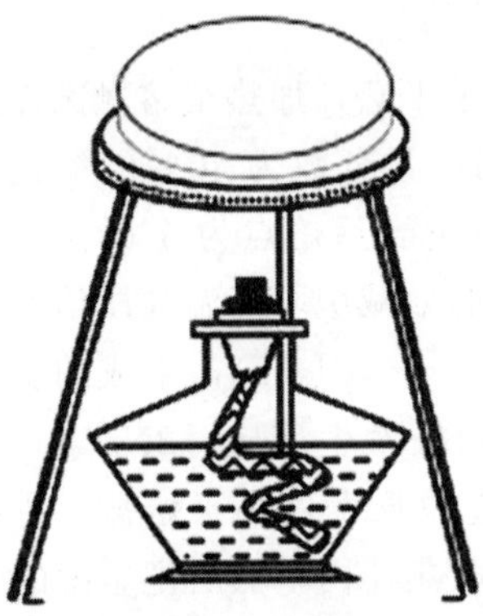

图 1－13　钠燃烧装置图

有文献记载，用以下方法操作钠在空气中的燃烧实验（实验装置如图1－13 所示）：点燃酒精灯，将 2 mm 厚的铝片（起隔热作用，防止钠燃烧导致局部过热而使培养皿炸裂）在酒精灯上先加热 10 s，接着放于培养皿（透明玻璃材质，便于观察实验现象）上，并预热，同时切取黄豆大小的金属钠块（擦干钠块表面煤油并切除表面氧化层后）放在培养皿上铝片的正中央处。此过程中的实验现象为：钠很快熔化成半球状，约 4 s 后半球面变黑，20 s 后开始冒火星，并迅速剧烈燃烧，同时产物迅速由黑色转化为棕色再至黄色的珊瑚状固体，最后变成带有少许黄色的白色固体（与现行演示视频现象一致）。

在这一过程中，最终产物本来应该是淡黄色的 Na_2O_2，为什么会出现黑色—棕色—黄色的颜色变化？最终出现的白色固体又是什么呢？

许多文献对此异常现象的解释为：①金属钠原子间的间隙为 0.85 Å，煤油分子间的间隙约为 0.18 Å，由于钠通常保存在煤油中，此时煤油分子可扩散入钠原子的间隙中，所以黑色固体很可能是钠中残留的煤油不完全燃烧或者钠与空气中的 CO_2 发生反应置换出碳单质所致；②通常认为最终的白色固体是生成的 Na_2O_2 与空气中的 CO_2 反应生成的 Na_2CO_3。

为了验证上述解释是否合理，闽南师范大学化学与环境学院的郑少绵老师将钠置于纯氧中燃烧（装置如图 1－14 所示），实验现象为：钠很快熔化成半球状，约 65 s 后半球面变黄，接着从黄色球面的中心开始变黑，冒火星，并迅速剧烈燃烧，少量黑色熔融状物质溢出铝片平面，流到玻璃管壁，同时很快由黑变棕再变黄，又很快变成略带黄色的白色固体；铝片上的产物也迅速由黑色转化为棕色再变为黄色的珊瑚状固体，最后生成带有少许黄色的白色固体。另外，铝片上的产物比流到玻璃管壁上的产物颜色变化所需时间长（由于玻璃管壁温度较低，所以冷却较快，颜色变化迅速）。

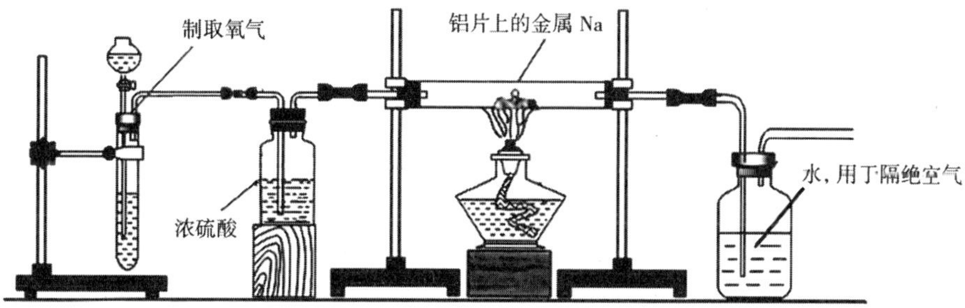

图 1－14 纯氧下钠燃烧实验装置图

通过这一实验我们发现，钠在纯氧中燃烧仍然发生的这一系列颜色变化应该和空气中的 CO_2 无关。那么，黑色固体是残留煤油的作用吗？通过查阅资料可知：煤油的燃点为 180～310 ℃，钠燃烧时的温度为 500～1000 ℃，所以当钠燃烧时，煤油早已燃尽或挥发；另外，煤油燃烧不充分时会产生黑烟，但是本实验全程只产生白烟并无黑烟，所以黑色物质并不是残留煤油燃烧不充分引起的。

这一现象目前较合理的解释为：Na_2O_2 在不同温度下会呈现不同颜色，白色状态是 Na_2O_2 的最稳态。根据相关文献，在空气中加热 Na_2O_2 粉末至熔融态，观察到的实验现象为：白色固体边缘和中间开始出现少量淡黄色，然后颜色加深并转化为浅棕色，再熔化为液体状，这一过程产生大量气体，气体能使带火星的木条复燃。由此可见，加热 Na_2O_2 粉末到熔融态（熔点为 675 ℃）时发生的变色现象与钠在空气中燃烧及冷却到室温时发生的一系列变化的颜色相同，顺序相反。而且，实验过程中有氧气产生，说明 Na_2O_2 在高温条件下会发生分解，因此钠在氧气中燃烧生成的白色固体也是 Na_2O_2，并且可能混有 Na_2O_2 受热分解产生的白色 Na_2O。另外，相关资料也能佐证这一点：

（1）B. 涅克拉索夫著《普通化学教程》下册 712 页："很纯的 Na_2O_2 是无色的，但是出售的成品通常带有淡黄色（当加热时颜色更深）。"

（2）《化学辞典》第 284 页："Na_2O_2，黄白色粉末，加热时变黑，熔点为

460 ℃（分解）。”

（3）工业上制 Na_2O_2 的方法：将金属钠加热至熔化，通入一定量的已除去 CO_2 的干燥空气，加热并维持温度在 453～473 K 之间，钠即被氧化成 Na_2O，进而增加空气流量，并迅速升温至 573～673 K，可制得淡黄色粉末 Na_2O_2。

由此可见，工业上制备 Na_2O_2 时严格控制温度，可能是避免温度过高，Na_2O_2 发生分解，从而混入杂质。

那么，中学教学中钠的燃烧实验如何操作有比较好的演示效果呢？

结合上述分析，参考部分文献，可如下进行钠的燃烧实验：预热坩埚 1 min，再投入已除尽表面氧化膜的绿豆大小的金属钠，燃烧时教师可将坩埚倾斜，学生就可以观察到明显的燃烧现象，最终得到纯净的淡黄色固体，周边只有少许（甚至几乎没有）黑色物质出现。

附：Na_2O_2 的颜色

物质的颜色有约定俗成的 2 种概念：一种是化学意义上的纯物质。如 Na_2O_2，它的聚集体是白色，但单个晶体是无色。这正像 NaCl 一样，我们见到的 NaCl 是白色，它的晶体却是无色的。这是因为光在通过大颗粒晶体时，绝大部分的光只在晶体小部分表面上发生反射与散射，这少部分的反射和散射光较难察觉，因此这些晶体是无色的；光通过粉末时，由于粉末颗粒小、表面积大，会把光向各个方向以所有波长反射出去，这时观察者看到的就是白色的固体。另一种是实际意义上的化学产品。如 Na_2O_2 化学试剂几乎都是不纯品，呈淡黄色。按部颁标准，化学纯试剂 Na_2O_2 所含的 Na_2O_2 不少于 87%，分析纯试剂 Na_2O_2 所含的 Na_2O_2 不少于 94%。可见，说 Na_2O_2 是白色、淡黄色、黄色并不矛盾，它是针对不同场合而言的。只是为了在教学上既趋于统一，又符合实际（亲眼看到的 Na_2O_2），还是以说“Na_2O_2 是淡黄色固体”为好。

另外，物质的颜色是由多种复杂因素造成的，已发现一些无机化合物的颜色，往往随温度的升高而变深。如 HgO、Fe_2O_3 加热时颜色由红色变为黑色；加热 Pb_3O_4、PbO、$K_2Cr_2O_7$ 时颜色由橙黄色变成红棕色等。因此，Na_2O_2 随温度的升高颜色逐渐加深至棕色、黑色的事实，正是这个规律的又一佐证。

参考文献

［1］夏建华，宫朋飞．基于翻转课堂的科学探究典型案例研究——以“探究钠燃烧实验中黑色产物的成因”为例［J］．化学教学，2015（2）：36—39.

［2］刘怀乐．格致 求索 鼎新——中学化学教学文集［M］．重庆：重庆出版社，2013：8.

［3］朱明斌，杨茵．钠燃烧异常现象探究［J］．化学教学，2008（10）：7—9.

[4] 郑少绵，陈裕森，陈国良，等. 钠燃烧实验系列问题的探究 [J]. 化学教学，2017 (06): 79—82.
[5] 陈瑞雪，冯清华. 钾燃烧条件及产物组成的实验探究 [J]. 化学教育（中英文），2017，38 (17): 64—66.
[6] 北京师范大学，华中师范大学，南京师范大学无机化学教研室. 无机化学（上册）[M]. 4 版. 北京：高等教育出版社，2003：655.

问题 18 碱金属与氧气反应的产物为什么不同？

碱金属是指在元素周期表中 IA 族除氢（H）外的 6 种金属元素，即锂（Li）、钠（Na）、钾（K）、铷（Rb）、铯（Cs）、钫（Fr）。碱金属元素最外层都只有 1 个电子，且原子半径在同周期元素中最大，因此金属性很强，性质非常活泼，且随着核电荷数的递增，表现出一定的相似性和递变性（见表 1－4）。

表 1－4 碱金属元素的基本性质

性质	锂	钠	钾	铷	铯
离子半径/pm	60	95	133	148	169
金属半径/pm	152	186	227	248	266
I_1/(kJ/mol)	520	496	419	403	376
I_2/(kJ/mol)	7298	4562	3051	2633	2230
密度/(g/cm)	0.534	0.971	0.86	1.532	1.873
熔点/K	453.69	370.96	336.8	312.04	301.55
沸点/K	1620	1156	1047	961	951.5

碱金属与氧可以形成多种有趣的二元化合物，有普通氧化物 M_2O、过氧化物 M_2O_2、超氧化物 MO_2 和臭氧化物 MO_3 等，它们均为离子型化合物。最多变的是 Cs，它能形成化学计量比范围从 Cs_7O 到 CsO_3 的 9 种化合物。当碱金属在足量空气中燃烧时，主要产物取决于金属的性质：锂的主要产物是 Li_2O（白色），钠主要生成 Na_2O_2（淡黄色）加上一些 Na_2O（白色），钾、铷和铯则生成超氧化物 KO_2（淡黄—橙黄色）、RbO_2（深棕色）、CsO_2（橘黄色），在适当条件下这 5 种金属所有的纯化合物 M_2O，M_2O_2 和 MO_2 均可制得。另外，除锂外，干燥的碱金属氢氧化物固体与臭氧（O_3）反应，产物在液氨中重结晶可得到臭氧化物晶体：$6MOH(s)+4O_3(g)=\!=\!=4MO_3(s)+2MOH\cdot H_2O(s)+O_2(g)$。

为什么不同的碱金属与氧气反应生成的产物不同呢？

从结构角度看，Li^+ 的半径很小，因此正电荷相对集中，相较其他碱金属离子具有很强的极化能力。假设 Li 在空气中燃烧生成过氧化物或超氧化物，Li^+ 会对 O_2^{2-} 或 O_2^- 产生强烈的极化作用，可以从它们之中夺取一个 O_2^- 生成稳定的普通氧化物 Li_2O，而使另一个氧原子从 O_2^{2-} 或 O_2^- 中游离出来，结合形成氧分子而逸出，所以锂在空气中燃烧只会生成稳定的 Li_2O。另外，碱金属氧化物的晶体类型均为离子晶体，各类氧化物的稳定性与阳离子的性质（电荷、半径、电子层结构）和阴离子的特性（O^{2-}，O_2^-，O_2^{2-} 的热化学半径分别为 156 pm，163 pm，180 pm）有关，符合阴、阳离子相互匹配的原则。当阴、阳离子具备一定的“匹配”条件时，对应的物质更稳定。“匹配”条件一般遵循如下经验规则：半径较小的阳离子趋向与半径较小的阴离子相结合，半径较大的阳离子易与半径较大的阴离子相结合；价数高的阳离子趋向于与价数较高的阴离子相结合，价数低的阳离子易于与价数低的阴离子相结合；半径小的离子趋向与价数高的异性离子相结合。根据以上经验规则可知，半径小的 Li^+ 与半径小、价数高的阴离子 O^{2-} 相匹配，易生成稳定的化合物 Li_2O；K、Rb 和 Cs 的离子半径分别为 133 pm、148 pm 和 169 pm（见表 1－4），它们与半径大的阴离子 O_2^- 更易匹配，生成稳定的 KO_2、RbO_2 和 CsO_2；Na^+ 半径介于 Li^+ 和 K^+ 之间，与半径大但价数高的阴离子 O_2^{2-} 更易结合生成 Na_2O_2；而臭氧阴离子则易被半径大的金属阳离子匹配才能稳定，因此碱金属与氧气反应生成的产物有所不同。

从热力学角度看，燃烧产物可从燃烧反应的能量变化中推测。燃烧反应的 ΔG 越负，产物越稳定，越倾向于生成此种产物。由于熵变一般对 ΔG 贡献较小，因此 ΔG 的大小主要由 $\Delta_{f\,m}^{\theta}H$ 来决定。例如：$\Delta_f H_m^{\theta}(Li_2O) = -598.7$ kJ/mol，$\Delta_f H_m^{\theta}(Li_2O_2) = -26.4$ kJ/mol，生成 Li_2O 的 $\Delta_f H_m^{\theta}$ 更负，所以 Li_2O 更稳定。而且，573 K 时 Li_2O_2 会发生分解，所以 Li 在空气中燃烧只生成 Li_2O；$\Delta_f H_m^{\theta}(Na_2O) = -376$ kJ/mol，$\Delta_f H_m^{\theta}(Na_2O_2) = -430$ kJ/mol，$\Delta_f H_m^{\theta}(NaO_2) = -389.2$ kJ/mol，其中生成 Na_2O_2 的 $\Delta_f H_m^{\theta}$ 更负，因此钠在空气中燃烧主要生成 Na_2O_2。此外，通过焓变计算，可得到不同碱金属氧化物的稳定性关系为：$Li_2O > Na_2O > K_2O > Rb_2O > Cs_2O$；$Li_2O_2 < Na_2O_2 < K_2O_2 < Rb_2O_2 < Cs_2O_2$，$LiO_2 < NaO_2 < KO_2 < RbO_2 < CsO_2$。因此，不同碱金属与氧气反应生成的产物不同。

参考文献

[1] 吴星．中学化学学科理解：疑难问题解析［M］．上海：上海教育出版社，2019：224－226．

[2] 胡宗球．无机化学（下册）［M］．北京：科学出版社，2014：194－198．

[3] 刘新锦．无机元素化学［M］．2 版．北京：科学出版社，2010：2－8，

18－19.

[4]［英］格林伍德，厄恩肖．元素化学（上册）[M]. 李学同等，译．北京：高等教育出版社，1996：135－140.

问题 19 如何做好 Na_2O_2 的趣味小实验（滴水生火、吹气生火）?

化学是一门以实验为基础的学科，趣味化学实验能够起到激发学生学习兴趣的作用。例如 Na_2O_2 的趣味实验可以设计为"滴水生火"和"吹气生火"。

"滴水生火"的实验操作：在石棉网上放一团包有 Na_2O_2 的棉花（石棉网能隔热且便于观察，石棉网四周的铁丝网可以稍稍向上折起，固定棉花，保证安全），然后用胶头滴管吸取少量水滴向棉花中的 Na_2O_2，即可看到棉花剧烈燃烧。该实验成功需注意以下几点：①Na_2O_2 不能变质且适当多放，如果药品已经发白或结块了，实验效果可能不好。②脱脂棉不用很多，但要使它尽量松散，且做成空心球状，留 1 个孔加水用。③水不需太多，加 2～3 滴，对准过氧化钠粉末即可。

"吹气生火"的实验操作：石棉网上放一团尽量松散且空心处放入分析纯的 Na_2O_2 的棉花，然后用一支长玻璃导管对准 Na_2O_2 吹气（主要成分是 CO_2），棉花就会剧烈燃烧。

上述实验的原理：水与 CO_2 均能与 Na_2O_2 发生氧化还原反应且放出大量的热，由于棉花的着火点较低，放出的热量在棉花中大量累积不能及时释放就会引发燃烧，又因为反应放出氧气，所以燃烧现象较为剧烈。

问题 20 如何理解强电解质的完全电离?

在我们常见物质的固、液、气 3 种状态中，液态（溶液是液态混合物）是化学的核心系统。从微观角度看，液态之所以有别于固态和气态，是因为液体独特的分子间的相互作用。一方面，这种相互作用足够强，能够给液态系统提供可以利用的能量（热能）和介质熵而进行各式各样的化学变化；另一方面，这种相互作用又不像在固态中那样强，因而液态系统可以具有类似气态的灵活性和多样性。因此，从一定意义上讲，理解液态和溶液的性质是宏观化学的一个核心问题。

古时的人们已经知道盐能够溶于水中，并学会"煮海为盐"。可以说，从测定盐在水中的浓度开始，人们就已经开启了对溶液性质的探究之旅。但是真正系统研究溶液，明确地提出"电离假说"并在今天仍保有一定先进性的是瑞典化学家阿累尼乌斯的电离理论。他成功地应用前人的实践成果，结合本人的研究经验，于1887年发表了《关于溶质在水中的离解》的著名论文。文中提道："由于水的作用，电解质在溶液中具有2种不同的形态，非活性的分子形态，活性的离子形态。溶液稀释时，活性形态的数量增加，所以溶液导电性增大。"这一结论的发现，与当时被奉为金科玉律的法拉第的"离子是在电流的作用下产生的"电离理论背道而驰，一时间舆论哗然，瑞典国内几乎没有人支持他的假说。在阿累尼乌斯的四处奔走下，这一假说最终获得了著名学者奥斯特瓦尔德和范特霍夫的支持。随着科学技术的不断发展，特别是对原子内部结构的逐步探明，电离学说最终被人们所接受。阿累尼乌斯因此获得了1903年诺贝尔化学奖。

高中阶段接触经典电离理论主要是涉及"强、弱电解质"内容的学习，高中对强电解质的定义是"在水溶液中完全电离的电解质"。那么，强电解质在水溶液中完全电离如何理解？在其他溶液中强电解质仍然是完全电离吗？要想探明这2个问题，需要弄清以下概念：一是溶液"浓度"和"活度"的差别；二是"拉平效应"和"区分效应"。

1. "浓度"和"活度"

根据现代物质结构理论，强电解质在溶液中是全部电离的，其电离度应为100%，但是，根据溶液导电性实验测得的强电解质在溶液中的电离度都小于100%（称为"表观电离度"）。其原因为：强电解质在溶液里是完全电离的，但电离产生的离子由于带电而相互作用，每个离子都被异性离子包围，形成了"离子氛"（如图1-15所示），阳离子周围有较多的阴离子，阴离子周围有较多的阳离子，使得离子在溶液中不是完全自由的。在通过电流时，溶液中的阳离子向阴极移动，但它的离子氛却向阳极移动，加之强电解质溶液中的离子较多，离子间平均距离小，离子间吸引力和排斥力比较显著等因素，离子的运动速度显然比毫无牵挂来得慢一些。因此溶液的导电性就比完全电离的理论模型要弱一些，产生不完全电离的假象。为定量描述强电解质溶液中离子间的牵制作用，引入了活度的概念。

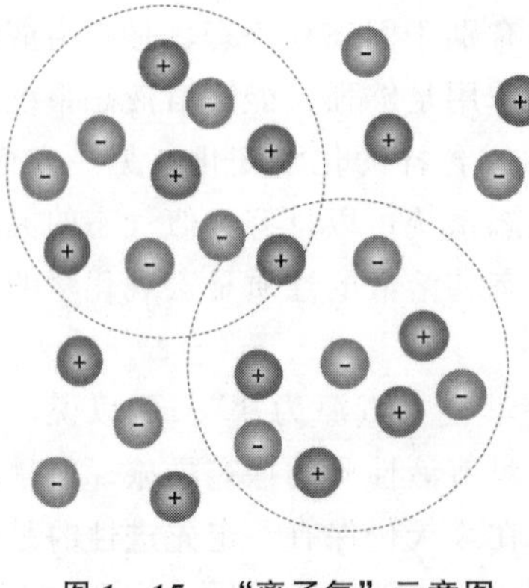

图1-15 "离子氛"示意图

活度（Activity）是单位体积溶液在表观上所含的离子浓度，即某物质的"有效浓度"。活度 a 与实际浓度 c 的关系为：$a=fc$，式中的 f 称为活度系数，它反映了电解质溶液中离子相互牵制作用的大小，溶液越浓，离子电荷越高，离子间的牵制作用越大，f 就越小，活度和浓度的差距就越大，反之亦然。当溶液稀释时，离子间相互作用极弱，$f \rightarrow 1$，这时，活度与浓度基本趋于一致。在溶液中，由于单个离子的活度系数无法从实验中测得，一般取电解质的 2 种离子的活度系数的平均值，称为“平均活度系数”。平均活度系数通常可从化学手册中查到。一般来讲，溶液越浓，离子电荷越高，温度越高，离子间的相互作用越强烈，溶液偏离理想溶液的程度就越大，活度系数越小，活度与浓度的差距就越大。

综上所述，电解质溶液的浓度和活度之间一般是有差别的。严格地说，实际计算时都应该使用活度，但对于稀溶液、弱电解质溶液、难溶强电解质溶液等离子浓度很低的溶液，由于 f 值十分接近 1，在作近似计算时，通常可以直接用浓度进行计算。但在精确计算，如溶液酸度、离子强度以及速率常数、平衡常数等计算中都应该使用活度。

2. “拉平效应”和“区分效应”

根据酸碱质子理论，一种物质在某种溶液中表现出的酸或碱的强度，不仅与酸碱的本质有关，也与溶剂的性质有关。即：水并不是唯一的溶剂，若用 S 代表任一溶剂，酸 HB 在其中的离解平衡可表示为 $HB+S \rightleftharpoons HS^{+}+B^{-}$。

如 $HClO_4$、H_2SO_4、HCl 和 HNO_3 在高中阶段是典型的强酸，但实验证明，它们酸的强度其实是有差别的，其强度顺序为 $HClO_4 > HCl > HNO_3 > H_2SO_4$（一级电离）。可是在水溶液中我们看不到它们的强度差别，这是因为这些酸在水溶液中给出质子的能力都很强，水的碱性已足够接受这些酸给出的质子，只要这些酸的浓度不是太大，则它们都会与水作用，全部转化为 H_3O^{+}，即 $HClO_4+H_2O = H_3O^{+}+ClO_4^{-}$ 等，也即它们的酸的强度全部被拉平到 H_3O^{+} 的水平。这种将不同强度的酸拉平到溶剂化质子（这里是水化质子 H_3O^{+}）水平的效应，称为拉平效应。具有拉平效应的溶剂称为拉平溶剂。在这里水就是 $HClO_4$、H_2SO_4、HCl 和 HNO_3 的拉平溶剂。

但如果将上述 4 种酸放在冰醋酸中，它们的强度就有了差别，即这 4 种酸可以被冰醋酸区分开来。

$HClO_4+HAc \rightleftharpoons H_2Ac^{+}+ClO_4^{-}$　　$K_a=1.6\times10^{-6}$

$H_2SO_4+HAc \rightleftharpoons H_2Ac^{+}+HSO_4^{-}$　　$K_a=6.3\times10^{-9}$

$HCl+HAc \rightleftharpoons H_2Ac^{+}+Cl^{-}$　　$K_a=1.6\times10^{-9}$

$HNO_3+HAc \rightleftharpoons H_2Ac^{+}+NO_3^{-}$　　$K_a=4.2\times10^{-10}$

这种能区分酸（或碱）强弱的作用叫区分效应，具有区分效应的溶剂叫区分溶剂。例如冰醋酸是上面 4 种酸的区分溶剂。

又如在水溶液中，HCl 和 HAc 的强度不同，但在液氨中二者的强弱差异消失，即被液氨拉平到 NH_4^{+} 的强度水平，因此液氨是 HCl 和 HAc 的拉平溶剂，水是 HCl 和 HAc 的区分溶剂。

溶剂的拉平效应和区分效应与溶质和溶剂的酸碱相对强度有关。在分析化学中，利用溶剂的拉平效应和区分效应，可使某些在水溶液中不能进行的酸碱滴定，在非水溶剂中可以进行。例如，某些二元中强酸的一级电离和二级电离由于水的拉平效应相差太小，无法用强碱在水中对其一级电离和二级电离终点进行滴定。此时可改用无水乙醇作为溶剂，在乙醇的区分效应下，酸的两级电离程度差别较大，此时滴定终点也就容易被区分了。

参考文献

[1] 彭笑刚．物理化学讲义 [M]. 北京：高等教育出版社，2012：243.
[2] 北京师范大学，华中师范大学，南京师范大学无机化学教研室．无机化学（上册）[M]. 4 版．北京：高等教育出版社，2003：318－319.

问题 21　如何识别 Na_2CO_3 和 $NaHCO_3$？

Na_2CO_3 又叫纯碱，俗称苏打。无水 Na_2CO_3 是白色粉末或细粒，加热至 851 ℃时熔化而不分解。Na_2CO_3 吸湿性很强，吸湿后可结成硬块。Na_2CO_3 以水合物存在的形式主要有 $Na_2CO_3 \cdot H_2O$、$Na_2CO_3 \cdot 7H_2O$、$Na_2CO_3 \cdot 10H_2O$。透明晶状的 $Na_2CO_3 \cdot 10H_2O$ 在干燥空气中易失去结晶水而变成粉末，主要转变成 $Na_2CO_3 \cdot H_2O$。日常的食用碱主要是 $Na_2CO_3 \cdot 10H_2O$，俗称洗涤碱。我国内地的盐碱湖中有 Na_2CO_3，低温时，湖面上会析出晶体，叫作天然碱。在人工合成纯碱之前，古人就发现某些海藻晾晒后，烧成的灰烬中含有碱类，用热水浸取、滤清后可得褐色碱液用于洗涤。这是最早人类应用天然碱的记载。此外，Na_2CO_3 在工业中还有非常广泛的用途，例如：Na_2CO_3 是制玻璃、造纸、肥皂、洗涤剂、纺织、制革、石油、染料、食品等工业的重要原料；在工业上纯碱可代替 NaOH 来中和酸，冶金工业用作助熔剂，水净化中作软化剂；还被用作机械零件表面的去油剂，制钠的其他化合物等。

$NaHCO_3$ 俗称小苏打，也叫生碳酸钠、重碱或酸式碳酸钠。它是发酵粉的主要成分，也是制灭火剂或清凉饮料等的原料，在橡胶工业中用作发泡剂。$NaHCO_3$ 是白色粉末，在水中的溶解度比碳酸钠略小，水溶液呈弱碱性，固体 $NaHCO_3$ 受热即分解，直接加热 $NaHCO_3$ 溶液时，$NaHCO_3$ 也会发生分解，但分解不完全。Na_2CO_3 溶液或结晶碳酸钠吸收 CO_2 可制得 $NaHCO_3$，$NaHCO_3$ 也是氨碱法制纯碱的中间产物。

那么，如何识别 Na_2CO_3 和 $NaHCO_3$ 呢？

方法 1：Na_2CO_3 晶体在空气里很容易失去结晶水（风化），表面失去光泽而逐渐发暗，并渐渐碎裂成粉末；$NaHCO_3$ 是一种细小的白色晶体，因此从外表观察：$NaHCO_3$ 晶体更为细小绵密，Na_2CO_3 固体颗粒较 $NaHCO_3$ 稍大。分

别拿起装有 Na_2CO_3 和 $NaHCO_3$ 的试剂瓶，用力摇晃，Na_2CO_3 固体摇晃后产生一种轻微而清脆的药品与试剂瓶碰撞、摩擦的声音，而 $NaHCO_3$ 粉末却几乎听不到声音。

方法 2：逐滴加入盐酸，理论上立即产生气泡的是 $NaHCO_3$ 溶液。但是实验发现，不论是 Na_2CO_3 还是 $NaHCO_3$ 溶液，刚开始滴入盐酸时都有气泡产生。为什么 Na_2CO_3 溶液滴入少量盐酸也会立即产生气泡呢？这是由于盐酸滴入后，会造成溶液局部酸性较强，导致 CO_3^{2-} 直接结合较多 H^+ 生成 CO_2，与理论预测出现偏差。文献表明，若想用盐酸鉴别 Na_2CO_3 溶液和 $NaHCO_3$ 溶液，要注意控制浓度，即选用饱和 Na_2CO_3 溶液，控制盐酸的 pH 在 0.5～1.0 之间，此时实验现象与理论预测一致。

方法 3：用加酚酞的方法可以鉴别同浓度的 Na_2CO_3 和 $NaHCO_3$ 溶液，二者均变红，但 Na_2CO_3 溶液的红色更深。

方法 4：加入 $BaCl_2$ 或 $CaCl_2$ 溶液，理论上产生沉淀的是 Na_2CO_3 溶液。

实验验证：①分别向 1 mL 1 mol/L Na_2CO_3 和 $NaHCO_3$ 溶液中各加2 mL 饱和 $CaCl_2$ 溶液。现象相同点：均有白色沉淀生成（与理论预测不一致）；不同点：Na_2CO_3 溶液中白色沉淀多，$NaHCO_3$ 溶液中白色沉淀少，且一段时间后在 $NaHCO_3$ 溶液中产生大量气泡。②分别向 1 mL 0.02 mol/L Na_2CO_3 和 $NaHCO_3$ 溶液中加入 2 mL 0.04 mol/L $CaCl_2$ 溶液，前者出现白色沉淀，后者无现象。将 $NaHCO_3$ 和 $CaCl_2$ 溶液浓度依次减小，发现浓度越小越不容易产生沉淀，也越难产生气体。

通过上述实验我们发现，实际情况与理论预测出现了偏差，$NaHCO_3$ 和 $CaCl_2$ 溶液的浓度处于常量时，也可以生成沉淀，并伴有气泡产生。这是什么原因呢？

在 $NaHCO_3$ 溶液中，存在以下平衡：$HCO_3^- + H_2O \rightleftharpoons H_2CO_3 + OH^-$，$HCO_3^- \rightleftharpoons CO_3^{2-} + H^+$，由于上述过程生成的 H^+ 和 OH^- 能继续反应，所以 2 个过程会互相促进。把上述过程加和，最后可得到 $2HCO_3^- \rightleftharpoons H_2CO_3 + CO_3^{2-}$，求得 $K = 1.3 \times 10^{-4}$，远大于 HCO_3^- 的电离和水解平衡常数（至少 3 个数量级），所以 $NaHCO_3$ 溶液中的 CO_3^{2-} 和 H_2CO_3 的实际浓度远远大于只考虑其水解和电离影响所计算出来的数值，可见这一平衡对溶液性质的影响非常重要，不可忽略。由于其形式类似水的自耦电离，所以也可以称其为 HCO_3^- 的自耦电离。因此，当常量的 $NaHCO_3$ 溶液和 $CaCl_2$ 溶液混合时，由于 HCO_3^- 自耦电离产生的 CO_3^{2-} 浓度较大，所以会与 Ca^{2+} 结合生成 $CaCO_3$ 沉淀，促进 HCO_3^- 的自耦电离平衡向右移动，发生反应：$Ca^{2+} + 2HCO_3^- = CaCO_3 \downarrow + CO_2 \uparrow + H_2O$，所以我们看到了白色沉淀和气泡。

那么，到底能否用 $CaCl_2$ 溶液鉴别 Na_2CO_3 和 $NaHCO_3$ 呢？多篇化学文献对这个问题的研究经历了漫长的过程，笔者将肖中荣和陈进前老师发表在《中学化学教学参考》上有关“用氯化钙溶液能否区别碳酸钠溶液和碳酸氢钠溶液?”的综述摘录如下：

1. 主观猜测阶段

一些教师和教辅资料主观认为，能用 $CaCl_2$ 溶液鉴别 Na_2CO_3 溶液和 $NaHCO_3$ 溶液。因为根据复分解反应的条件判断，$CaCl_2$ 和 Na_2CO_3 能生成 $CaCO_3$ 沉淀，而 $CaCl_2$ 和 $NaHCO_3$ 则不能反应。

2. 观察沉淀阶段

有的教师在实验中发现，向 Na_2CO_3 和 $NaHCO_3$ 溶液中分别滴加 $CaCl_2$ 溶液，均能生成白色沉淀，故不能用 $CaCl_2$ 溶液鉴别碳酸钠溶液和 $NaHCO_3$ 溶液。

3. 计算沉淀阶段

有的教师通过理论计算发现，当 $NaHCO_3$ 的浓度≤0.05 mol/L、$CaCl_2$ 溶液的浓度≤2×10^{-3} mol/L 时，二者反应难于观察到浑浊，否则可以生成沉淀。上述结果用实验进行了证实，$CaCl_2$ 溶液能否区别碳酸钠溶液和碳酸氢钠溶液与浓度有关。

4. 观察气体阶段

有的教师还发现，当 $CaCl_2$ 和 $NaHCO_3$ 浓度很低时（均低于 0.1 mol/L），不能观察到生成的 CO_2 气体；而较高浓度的 $NaHCO_3$（≥0.9 mol/L）与 $CaCl_2$（≥0.3 mol/L）反应能生成 CO_2 气体；$CaCl_2$ 和 Na_2CO_3 反应始终无气体生成，可据此鉴别 Na_2CO_3 溶液和 $NaHCO_3$ 溶液。

5. 测定压强阶段

有的教师用手持技术测定不同浓度 $CaCl_2$ 和 $NaHCO_3$ 反应生成 CO_2 的压强，并计算出生成 CO_2 的平衡常数，得出结论：在常量范围内，$CaCl_2$ 和 $NaHCO_3$ 反应不仅有沉淀生成，还会产生较多的气泡（必要时用 70 ℃水浴加热），而 $CaCl_2$ 和 Na_2CO_3 反应始终无气体生成，可据此鉴别 Na_2CO_3 溶液和 $NaHCO_3$ 溶液。

上述体现了人们认识化学知识的一般过程：主观臆想—粗略定性—理论定量—精确定量。

综上可知：用 $CaCl_2$ 溶液区别 Na_2CO_3 溶液和 $NaHCO_3$ 溶液是有一定条件限制的，需要看判断时选择的方法和依据是什么。如测定压强需要手持技术、观察沉淀产生与浓度有关，观察气泡与浓度和温度有关等。如果有合适的条件和方法，用 $CaCl_2$ 溶液鉴别 Na_2CO_3 和 $NaHCO_3$ 溶液还是可行的。

参考文献

[1] 钱胜．触摸化学的温度：中学化学教学反思 [M]．重庆：重庆出版社，

2017：244.
[2] 肖中荣，陈进前．让学生理解碳酸氢钠和氯化钙能反应 [J]．中学化学教学参考，2015（1—2）：46—48.
[3] 王磊，李川，胡久华．核心素养导向的化学教学实践与探索 [M]．北京：北京师范大学出版社，2018：74—75.
[4] 杨友智．用互滴法真能鉴别 Na_2CO_3 溶液和稀盐酸吗？ [J]．化学教学，2011（07）：75—76.
[5] 陈越峰，吴文中．微观表征碳酸氢钠溶液中的离子行为 [J]．中学化学教学参考，2017（11）：42—45.

问题 22　为什么 Na_2CO_3 比 $NaHCO_3$ 稳定？

“稳定”是中学阶段常用到的一个词，可用来描述物质发生化学反应的难易。在不同情境中有不同的含义，因此会受到不同因素的制约。这些情境通常可以分为 2 类：当物质不与其他物质反应，仅自身发生变化，这时反应的难易程度仅由其本身的性质决定，比如热稳定性；当物质与其他物质发生反应时，这时反应的难易程度与其本身和其他反应物的性质都有关系，比如酸碱稳定性、氧化还原稳定性、耐腐蚀性等。值得注意的是，物质稳定性描述的是发生反应的趋势，是属于热力学范畴的内容，与反应速率没有必然联系。

我们通常所说的“Na_2CO_3 比 $NaHCO_3$ 稳定”，指的是二者的热稳定性，即反应难易仅由自身性质决定。分别加热 Na_2CO_3 和 $NaHCO_3$ 时，Na_2CO_3 不易分解，热稳定性更强。Na_2CO_3 的熔点是 851 ℃，超过熔点时 Na_2CO_3 才会稍稍分解。而 $NaHCO_3$ 超过 50 ℃即开始分解，温度升高，分解速率加快。从图 1－16 可知，在 170～180 ℃，约经过 35 min，$NaHCO_3$ 即全部分解为 Na_2CO_3。

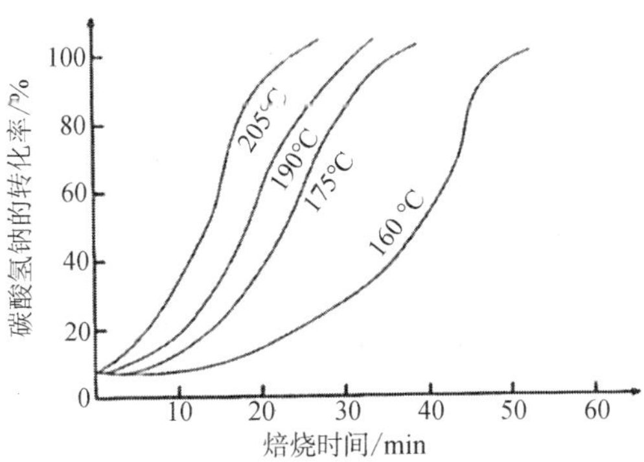

图 1－16　$NaHCO_3$ 分解转化率随焙烧时间、温度变化曲线图

为什么 Na_2CO_3 比 $NaHCO_3$ 稳定？一般来说，物质的热稳定性与下列因素有关：物质的内部结构、极化力与变形性。

1. 物质的内部结构

物质的热稳定性与化学键的强弱有关，键长越短，化学键越强，物质的热稳定性越好。Na_2CO_3 和 $NaHCO_3$ 在分解过程中均需断裂 C—O 键。根据价层电子对互斥理论，CO_3^{2-} 为平面三角形，存在四中心六电子的大 π 键；HCO_3^- 含有三中心四电子的大 π 键，其中一个 C—O 键为单键，键更弱，易断裂，导致了 $NaHCO_3$ 的热稳定性差。

2. 极化力与变形性

物质的热稳定性还与物质分子或离子的极化力与变形性有关。一般来说，如果阳离子对阴离子的极化力越大，或阴离子的变形性越大，该物质的结构就越不稳定，热稳定性就越差。CO_3^{2-} 空间构型为平面三角形，3 个 C—O 键相同，碳原子带部分正电荷，氧原子带部分负电荷。但是在碳酸的酸式盐中，由于 CO_3^{2-} 周围的 H^+ 对带部分负电荷的氧原子有极化作用，导致氧原子会稍偏离碳原子而亲近 H^+，使得 C—O 键变长而变弱，更易断裂发生分解（见图 1－17）。

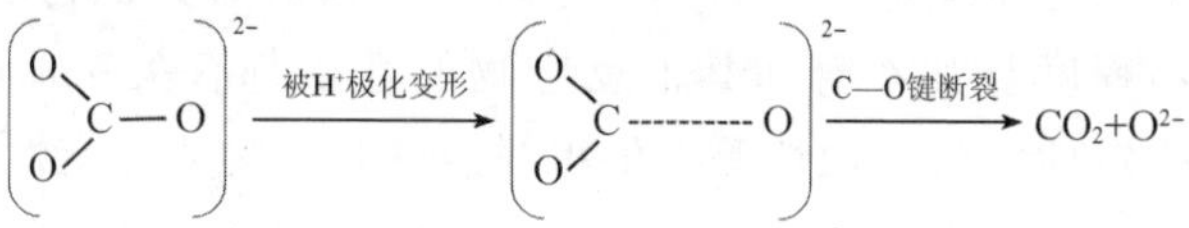

图 1－17　CO_3^{2-} 被极化变形分解示意图

参考文献

[1] 郭为，卢伟．指向深度学习的高中化学事实性知识内涵探究及教学建议——以“钠及其化合物”为例［J］．化学教学，2019（8）：52—56．

[2] 课程教材研究所．人教版化学必修 1 教师教学用书［M］．北京：人民教育出版社，2019：45．

[3] 胡宗球．无机化学（下册）［M］．北京：科学出版社，2014：78—82．

[4] 吴星．中学化学学科理解：疑难问题解析［M］．上海：上海教育出版社，2020：37．

问题 23　为什么 $NaHCO_3$ 溶解度比 Na_2CO_3 小？

物质在溶剂分子作用下溶解的过程受诸多宏观与微观因素的影响，较为复杂。对于盐类的溶解性大小可以用热力学原理进行解释。盐类在溶解过程中：

$A_mB_n(s)=A^{n+}(aq)+B^{m-}(aq)$，$\Delta G=\Delta H-T\Delta S$

ΔG 越负，该盐越易溶。温度一定时，ΔG 的大小与 ΔH 与 ΔS 有关。

一般来说，盐溶解时晶格被破坏，ΔS 升高，同时溶剂粒子由于静电作用力在溶剂中呈规则取向又导致 ΔS 降低，二者共同的结果使得溶解过程的熵效应 ΔS 很小，可以忽略。此时 $\Delta G \approx \Delta H$，所以热效应 ΔH 成了影响盐类溶解度的主要因素。

盐类大多数是离子化合物，包括 $NaHCO_3$ 和 Na_2CO_3 在内。离子化合物的溶解过程可以认为：首先是离子晶体中的正、负离子克服离子键的引力，从晶格中解离下来成为阴、阳离子，然后进入水中与极性水分子结合成水合离子（如图 1－18 所示）。

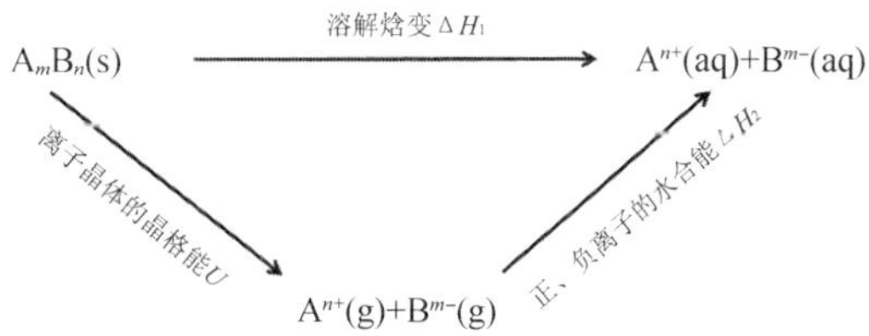

图 1－18 离子化合物溶解过程示意图

因此，如果在水合过程中放出的能量 ΔH_2 足以抵偿或超过破坏晶格所需要的能量 U，则 ΔH_1 越负，由于此时 $\Delta G \approx \Delta H_1$，则该盐越易溶。这一推论与大多数盐类溶解的实际情况相符（如表 1－5 所示）。

表 1－5 碱金属氟化物在水中溶解热力学参数表

物质	LiF	NaF	KF	RbF	CsF
水合能 $\Delta H_2/(kJ \cdot mol^{-1})$	−103	−921	−837	−808	−779
晶格能 $U/(kJ \cdot mol^{-1})$	1039	919	817	779	730
溶解焓变 $\Delta H_1/(kJ \cdot mol^{-1})$	5	−2	−20	−29	−49
溶解度/$(mol \cdot L^{-1})$	0.1	1.1	15.9	12.5	24.2

但是，上述判断方法在对大部分正盐及其酸式盐溶解度做比较时出现了问题，这是由于这些盐溶解过程中熵效应较大，所以此时 ΔS，不仅不能忽略，甚至它们的熵效应占据了主导地位。ΔS 越大，ΔG 越负，该盐越易溶。而且，一般来讲，酸式盐的溶解产物更多，混乱度更大，所以酸式盐的溶解熵变远远大于其正盐的溶解熵变，这就导致了大部分酸式盐的溶解度大于其正盐的溶解度，比如 $Ca(HCO_3)_2$ 的溶解度大于 $CaCO_3$。

物质世界如此复杂，例外之中还有例外，$NaHCO_3$ 的溶解度小于 Na_2CO_3。这又是什么原因呢？

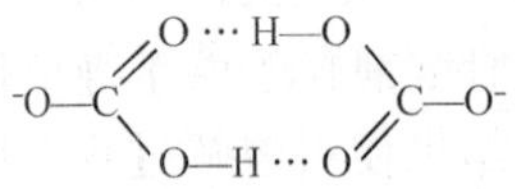

图 1-19　HCO_3^- 双聚体示意图

这是因为 $NaHCO_3$ 中存在氢键，HCO_3^- 通过氢键形成双聚或多聚离子（如图 1-19 所示），导致破坏晶格结构所需晶格能 U 更大，从而阻碍下一步水化过程的发生。当破坏晶格所需要的能量 U 大于水合过程中放出的能量 ΔH_2，就使得溶解焓变 $\Delta H_1>0$。因此，在 Na_2CO_3 和 $NaHCO_3$ 溶解度的比较中，焓变因素又一次占据了上风，所以 $NaHCO_3$ 比 Na_2CO_3 更难溶。（$NaHCO_3$：溶解焓变 $\Delta H_1=18.7$ kJ/mol，溶解熵变 $\Delta S=48.52$ J/(mol·K)；Na_2CO_3：溶解焓变 $\Delta H_1=-25.7$ kJ/mol，溶解熵变 $\Delta S=-73.9$ J/(mol·K)。注意，焓变数值与熵变数值相差 3 个数量级）。

参考文献

[1] 郭为，卢伟．指向深度学习的高中化学事实性知识内涵探究及教学建议——以“钠及其化合物”为例 [J]．化学教学，2019 (8)：52－56.

[2] 胡宗球．无机化学（下册）[M]．北京：科学出版社，2014：84－86，166.

问题 24　为什么向饱和的 Na_2CO_3 溶液中通入 CO_2 难以析出晶体？

20 ℃时，Na_2CO_3 的溶解度是 21.5 g，$NaHCO_3$ 的溶解度是 9.6 g，由于 $NaHCO_3$ 溶解度小于 Na_2CO_3，所以向饱和 Na_2CO_3 溶液中通入 CO_2 时，理论上会析出 $NaHCO_3$ 晶体。但是实验显示，若向提前配制好的饱和 Na_2CO_3 溶液（配制方法：室温下，向烧杯中加入蒸馏水，然后加入 Na_2CO_3 固体搅拌，至固体不再溶解，过滤，制得饱和 Na_2CO_3 溶液）中通入纯净的 CO_2（制取方法：$CaCO_3$ 和稀盐酸反应，然后通过饱和 $NaHCO_3$ 溶液除去 HCl），持续通 20 min左右，并没有观察到白色晶体析出。为什么实验现象会与理论预测不一致呢？

分析此实验难以成功的原因之一是，室温下配制的所谓“饱和”Na_2CO_3 溶液很可能并没有真正饱和。另一个原因是由于 CO_2 在水中的溶解度小，通入的 CO_2 只有少部分与饱和 Na_2CO_3 溶液反应，大部分又从溶液中逸出了。

因此，要想成功做好此实验需注意几点：一是正确配制饱和 Na_2CO_3 溶液。可先在煮沸的蒸馏水中加入较多 Na_2CO_3 粉末配成 Na_2CO_3 浓溶液，然后冷却至室温后过滤，滤液即为饱和 Na_2CO_3 溶液；二是将通入 CO_2 气体的导管伸入试管底部，以增加 CO_2 气体与饱和 Na_2CO_3 溶液接触的时间，使二者充分反应。实验表明，如此操作 15 min 左右即有较多量的白色细小晶体析出（注：若事先在饱和 Na_2CO_3 溶液中加入少量 75％的酒精，析出效果会更好）。通过对白色晶体的热分解及 CO_2 检验实验，证明该晶体确实为 $NaHCO_3$。

参考文献

黄金泉．对教学中几个疑问的探讨与思考［J］．化学教学，2015（3）：82—85.

问题 25　侯氏制碱法的原理是什么？

侯氏制碱法的目的是得到 Na_2CO_3。Na_2CO_3 有什么用？为什么要制备它呢？

Na_2CO_3 俗称纯碱或苏打，是最基本的化工原料之一。不同的历史时期，用途有所变化。在很早以前，人们需要 Na_2CO_3 主要用于洗濯和制造玻璃。美国曾将 Na_2CO_3 产量的 40％用于发酵粉配方，15％用于化学试剂生产，12％用于化学制药，10％用于灭火器中。现在，Na_2CO_3 大量用于玻璃、搪瓷、肥皂、造纸、纺织和有色金属的冶炼（如图 1－20 所示）。

纺织

造纸

制皂

制玻璃

图 1－20　碳酸钠的用途

Na_2CO_3 在生活、生产中的需求量很大，但早期用碱的来源，不外是植物灰和碱湖水中的天然碱，但天然碱的产量和纯度，都不能满足人们的日常需要。Na_2CO_3 的工业制法，历史上经历了 3 个阶段：

1. 硫酸钠法或路布兰（N. Leblanc）法

这种制备方法最早是法国人路布兰在1791年提出的。反应如下：$2NaCl+H_2SO_4 \xlongequal{\triangle} Na_2SO_4+2HCl$，$Na_2SO_4+2C \xlongequal{700\sim1000℃} Na_2S+2CO_2\uparrow$，$Na_2S+CaCO_3 \xlongequal{\triangle} Na_2CO_3+CaS$。这种方法的主要过程在固相中进行，生产成本高，产品质量差。

2. 氨碱法或索尔维（E. Solvay）法

1861年比利时工程师索尔维提出了新的制碱方法——氨碱法，1867年正式命名为索尔维法。这种生产方法用食盐、石灰石和氨为原料，在气、液两相或气、液、固三相之间进行，工艺流程如图1－21所示。其先将NH_3通入饱和食盐水制成氨盐水，再向氨盐水中通入CO_2来获得$NaHCO_3$沉淀（模拟实验现象如图1－22所示）；析出的$NaHCO_3$经过滤分离，再煅烧转化成产品纯碱。其中，"碳酸化"过程所需的CO_2，既来自煅烧石灰石，又循环利用了煅烧$NaHCO_3$过程中产生的CO_2。由于索尔维法可以连续生产，生产能力大，原料利用率高，产品质量好，到20世纪初几乎完全取代了路布兰法，成为近代制碱工业的基础。

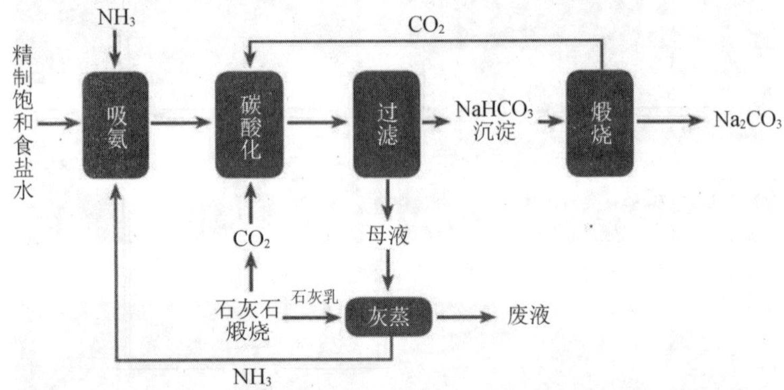

图1－21　索尔维法的基本工艺流程

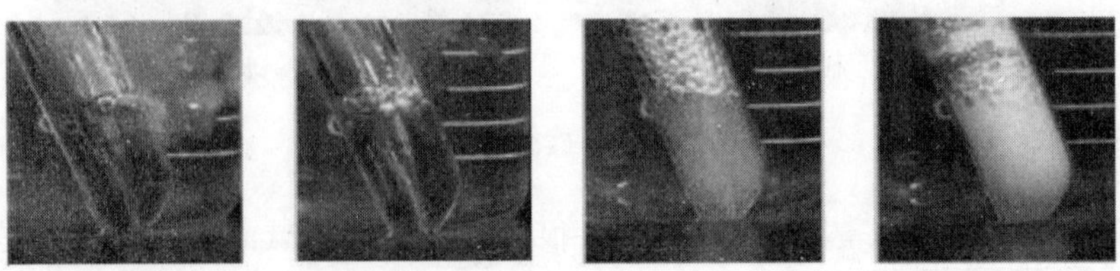

开始反应　　15 min　　30 min　　45 min

图1－22　模拟索尔维法（滴有酚酞的氨盐水通入CO_2在不同反应时间下的反应现象）

索尔维法的主要反应有：$NaCl+NH_3+CO_2+H_2O \xlongequal{} NaHCO_3\downarrow+NH_4Cl$，$2NaHCO_3 \xlongequal{\triangle} Na_2CO_3+H_2O\uparrow+CO_2\uparrow$，$CaCO_3 \xlongequal{高温} CaO+CO_2\uparrow$，$CaO+H_2O \xlongequal{} Ca(OH)_2$，$2NH_4Cl+Ca(OH)_2 \xlongequal{} CaCl_2+2NH_3\uparrow+2H_2O$。

索尔维法的优点是：技术成熟，原料来源丰富且价廉，生产中产生的 NH_3 和 CO_2 可以回收利用。缺点是：食盐的利用率低，仅有 70%，约有 30% 的 NaCl 留在了 NH_4Cl 母液中。且氨损失大，副产品 $CaCl_2$ 用处不大。

3. 联合制碱法或侯氏联碱法

20 世纪初的中国，纯碱完全依赖进口。第一次世界大战期间，纯碱的进口价格一度上涨七八倍，对我国的国计民生造成了很大影响。1941 年，我国著名化工学家侯德榜（见图 1-23）优化并改进了索尔维法，取得了巨大成功，并将其命名为侯氏联碱法。

图 1-23 侯德榜（1890—1974）

侯氏制碱法与合成氨联合生产，充分利用合成氨工业提供的氨气、二氧化碳等原料，因此也称为“联合制碱法”，其工艺流程如图 1-24 所示。它的最大特点是：滤去 $NaHCO_3$ 晶体后的母液是含有大量 NH_4Cl 的 $NaHCO_3$ 饱和溶液，这时不用石灰回收氨，而是加入食盐使母液中的 NH_4Cl 结晶出来作为氮肥，并将最后留下的含有 NaCl 的母液循环使用再来制碱，把食盐的利用率从原来的 70%一下子提高到 98%，同时把用途较少、产值较小的副产品 $CaCl_2$ 改换为有用的主产品 NH_4Cl。需要特别说明的是：虽然侯氏制碱法是对索尔维法的改进，但在当时，掌握索尔维制碱法的国家为了独享技术成果，采取了严密的保密措施，许多研究此技术的专家都以失败告终。最终，侯德榜经过数百次实验，揭开了索尔维法的神秘面纱，将制碱技术发展到新的水平。但不同于索尔维法发明者的垄断行为，侯德榜将制碱法的全部技术和自己的实践经验写成专著《纯碱制造》，于 1933 年在美国以英文出版，让世界各国人民共享这一科技成果，赢得了国际化工界的高度评价。

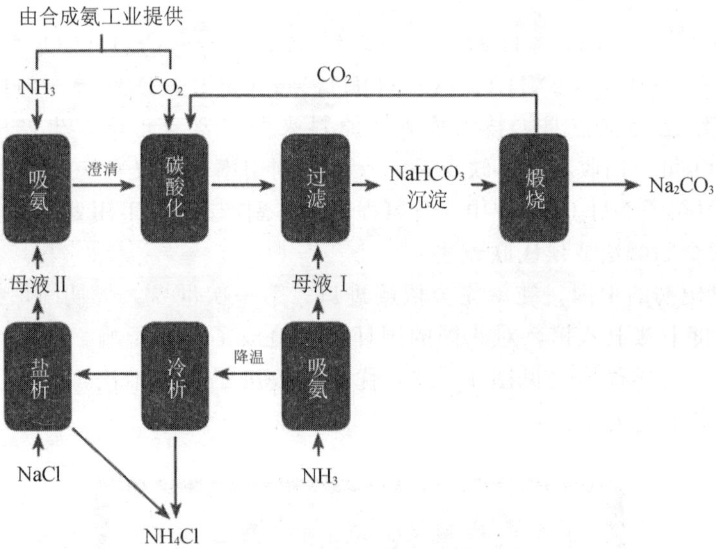

图 1-24 侯氏制碱法工艺流程图

下面，我们就来详细分析一下侯氏制碱法的思路和生产原理。

首先，要制得纯碱，考虑到设备耐受力和生产成本问题，最好在水溶液中发生此反应。由于 $NaHCO_3$ 在溶液中溶解度较小，所以可以先通过复分解反应制得 $NaHCO_3$，再利用其不稳定性分解得到纯碱。要在水溶液中得到 $NaHCO_3$ 沉淀，显然需要大量 Na^+ 和 HCO_3^-。钠元素在自然界中资源的存在形式主要是 NaCl，因此应以 NaCl 作为钠离子的基础原料。已知饱和 NaCl 溶液中 NaCl 的物质的量浓度为 5.4 mol/L，$NaHCO_3$ 饱和溶液的物质的量的浓度约为 1 mol/L。因此，从 NaCl 溶液中析出 $NaHCO_3$ 晶体的关键在于如何得到较高浓度的 HCO_3^-。就 HCO_3^- 的基本来源而言，显然与 CO_2 有关。但 CO_2 微弱的溶解性以及弱酸性都不足以提供较高浓度的 HCO_3^-，为了促进 CO_2 向 HCO_3^- 的转化，理应加碱。这就涉及高中常用碱 NaOH、$Ca(OH)_2$ 和氨水的选择，微溶的 $Ca(OH)_2$ 得不到高浓度的 HCO_3^-；NaOH 价格高，且钠源已由食盐提供；最终能供选择的可溶性碱就只有氨水了。标准状况下 CO_2 饱和溶液的物质的量的浓度约为 0.076 mol/L，标准状况下氨水饱和溶液的物质的量的浓度约为 18 mol/L，因此向氨水中通入 CO_2 是产生较高浓度的 HCO_3^- 的基本原则，也就形成了制碱过程通气的先后顺序，即向饱和 NaCl 溶液中通入氨气直至达到饱和，然后再通入 CO_2。由于 $NaHCO_3$ 饱和溶液的物质的量的浓度约为 1 mol/L，而 NH_4HCO_3 饱和溶液的物质的量的浓度约为 2 mol/L，因此，Na^+ 将优先与 HCO_3^- 结合以 $NaHCO_3$ 晶体的形式析出。

从氨盐水中析出 $NaHCO_3$ 的理想思维模型如图 1－25 所示：

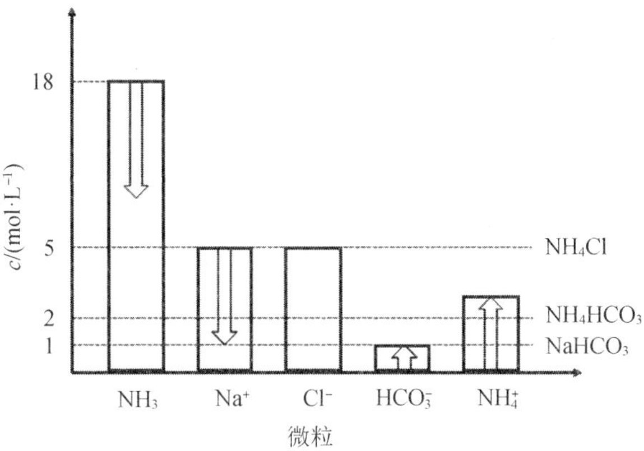

图 1－25 从氨盐水中析出 $NaHCO_3$ 的理想思维模型

实验室中以氨盐水为起点【假设 $c(NH_3)=18$ mol/L、$c(Na^+)=5$ mol/L、$c(Cl^-)=5$ mol/L】，持续地向其中通入 CO_2，随着 NH_3 与 CO_2 的反应，$c(NH_4^+)$ 和 $c(HCO_3^-)$ 逐渐升高，同时 $c(NH_3)$ 逐渐下降。受 $NaHCO_3$ 溶解度的影响，当 $c(HCO_3^-)$ 达到 1 mol/L 时，即有 $NaHCO_3$ 析出。

随着 $NaHCO_3$ 固体的析出，$c(Na^+)$ 将不断降低，同时 $c(NH_4^+)$ 升高。当 $c(Na^+)$ 低于 1 mol/L 时，就需补充 NaCl 以促进 $NaHCO_3$ 的生成。同时，在加入 NaCl 前，应考虑用适当的方式分离出部分 NH_4Cl（直接作为化学肥料，满足农业生产所需）。

不能从铵盐水中直接制得 Na_2CO_3 的原因有二：一是饱和 Na_2CO_3 溶液的物质的量的浓度约为 2 mol/L，欲从溶液中析出 Na_2CO_3 晶体，对溶液中 Na^+ 和 CO_3^{2-} 的浓度要求都比较高。二是 CO_2 与 $NH_3 \cdot H_2O$ 反应生成的主要是 NH_4HCO_3，而不是 $(NH_4)_2CO_3$，这与碳酸、氨水酸碱性的相对强弱有关。

侯氏制碱法的优点是提高了食盐的转化率，缩短了生产流程，减少了对环境的污染，同时 NH_4Cl 可作为化工产品或化肥。但该法也有不足之处：一方面，生产中不可避免地会排放碱渣；另一方面，联合制碱在建纯碱厂的同时需建氨厂，建设投资较大。若能合理地解决这些问题，此法将更趋完美。

参考文献

[1] 江敏．学科思维与社会生活的融合——兼谈“氨碱法制碱”的教学与思考[J]．中学化学教学参考，2015（17）：1—5.

[2] 北京师范大学，华中师范大学，南京师范大学无机化学教研室．无机化学

（下册）[M]. 4 版．北京：高等教育出版社，2003：664—665.
[3] 大连理工大学无机化学教研室．无机化学 [M]. 5 版．北京：高等教育出版社，2006：392.
[4] 张青莲．无机化学丛书（第一卷）[M]. 北京：科学出版社，1998：454—456.
[5] [英] 格林伍德，厄恩肖．元素化学（上册）[M]. 李学同等，译．北京：高等教育出版社，1996：144.
[6] 课程教材研究所．普通高中教科书．必修（第一册）[M]. 北京：人民教育出版社，2019：35.
[7] 普通高中教科书．选择性必修 1 化学反应原理 [M]. 济南：山东科学技术出版社，2019：131—135.

问题 26　为何实验室或生产中常用某些钾盐而非相应钠盐？

碱金属盐中，钠盐与钾盐性质相似，且钠、钾元素在地壳中含量丰富，因此常用的碱金属盐是钠盐和钾盐，但钠盐价格通常要便宜些，故一般尽量使用钠盐而非钾盐。但也有些情况例外。例如，化学实验或化工生产中常用 $KMnO_4$、$KClO_3$，而非 $NaMnO_4$、$NaClO_3$；化学分析中常用的标准试剂许多是钾盐而不是钠盐，如用邻苯二甲酸氢钾标定碱溶液，用 $K_2Cr_2O_7$ 标定还原剂的浓度等；配制炸药时，用 KNO_3 和 $KClO_3$ 而不用 $NaNO_3$ 和 $NaClO_3$，这些试剂在特定情形下的选择都和钠盐的强吸湿性有关。一般来说，正离子半径越小，电荷越高，对水分子的吸引力越大，形成结晶水合盐类的倾向越大。因此，碱金属离子从 Li^+ 到 Cs^+ 其水合能力是逐渐降低的。事实上碱金属盐类中，锂盐几乎全部是水合的，钠盐约有 75％是水合的，钾盐有 25％是水合的，铷盐和铯盐很少带有结晶水。可见，钠盐保存不如钾盐方便。再如，以 $KMnO_4$ 为例，其制备工艺中最经典的制法是把 MnO_2 和 KOH 在空气中反应得到 K_2MnO_4，然后电解 K_2MnO_4，得到 $KMnO_4$ 和 KOH，再重结晶分离，成本非常低廉。但是高锰酸钠不可以这么做，原因在于 $NaMnO_4$ 的溶解度远远高于 $KMnO_4$，电解后无法分离 $NaMnO_4$ 和 NaOH。工业上制备 $NaMnO_4$ 的方法通常是：MnO_2 和 NaOH 反应得到锰酸钠，然后通 Cl_2，氧化得到 $NaMnO_4$ 和副产物 NaCl，再重结晶除去 NaCl。所以在价格方面，$NaMnO_4$ 的价格是 $KMnO_4$ 的 20～30 倍。因此，实际中选用钾盐还是钠盐，与其在自然界的储量、成本、性能等因素有关。顺便提及，钠盐、钾盐并非都易溶于水，如强氧化剂 $NaBiO_3$ 难溶于水，而 $KClO_4$ 则微溶于水，只能说大多数钠盐、钾盐因其晶格能小等原因易溶于水。

参考文献

[1] 唐隆健．对若干化学具体问题的深度思考及启示 [J]. 中学化学教学参考，2019 (4)：40.

[2] 宋天佑．无机化学教程 [M]. 北京：高等教育出版社，2012：355.

[3] 北京师范大学，华中师范大学，南京师范大学无机化学教研室．无机化学（下册）[M]. 4 版．北京：高等教育出版社，2003：660.

问题 27 镁与冷水能否发生反应？

新切开并去掉了油脂的镁屑，在常温常压下，可与纯水作用生成 H_2，由于生成不溶的 $Mg(OH)_2$膜，反应会自动停止，在温度更高时镁的化学活性会增强。在第二次世界大战时，曾经把水蒸气通过热金属镁来发生反应制取气象气球所需的氢气：$Mg+2H_2O(g)\xlongequal{\triangle}Mg(OH)_2+H_2\uparrow$。气象气球是一种廉价的无动力升空设施，它用橡胶或聚酯薄膜材料制成球皮，充入氢气或氦气，可以携带仪器升空，进行高空气象观测。可见，镁与冷水可以发生反应，但速率较慢。注意，能否反应和反应快慢是两回事，前者是热力学问题，与时间无关；后者考虑的是反应速率的问题，是动力学范畴。

基于热力学角度，$\varphi^\theta(Mg^{2+}/Mg)=-2.36\ V$，$\varphi^\theta(H_2O/H_2)=-0.83\ V$，镁与水反应的倾向很大。通常条件下，未经碾磨的镁粉和未经擦拭的镁条与冷水均不反应，这是因为镁表面有一层保护膜（难溶于水的镁的碱式碳酸盐膜），去除这层保护膜后，镁与冷水有明显的反应，可以看到有大量细腻的氢气泡产生，还可使酚酞变红。但室温时，由于生成物 $Mg(OH)_2$会沉积在镁表面形成致密薄膜，几分钟后反应就停止了；如果给反应混合液加热，水的电离度增大，$Mg(OH)_2$的溶解度增大，薄膜逐渐溶解，这样镁与水的反应又会重新进行。待反应生成的 $Mg(OH)_2$在溶液中再度达到饱和，重新沉积在金属镁表面，此时反应又会趋于停止。因此，镁无论与冷水还是沸水作用，都只能观察到氢气的产生，看不到 $Mg(OH)_2$沉淀生成。

参考文献

[1] 张青莲．无机化学丛书（第二卷）[M]. 北京：科学出版社，1998：117—119.

[2] 王云生．有关镁条与冷水反应现象的讨论．

[3] 傅献彩．物理化学（下册）[M]. 北京：高等教育出版社，2006：486.

问题 28 工业上是如何制备镁的?

镁是10种常用有色金属之一，蕴藏量丰富，在地壳中的含量为2.1%～2.7%，在所有元素中排第八位，在金属元素中排第六位，仅次于铝、铁、钙、钠、钾（如图1-26所示）。我国镁资源极为丰富，镁矿类型全、分布广，总储量占世界22.5%，居世界第一。

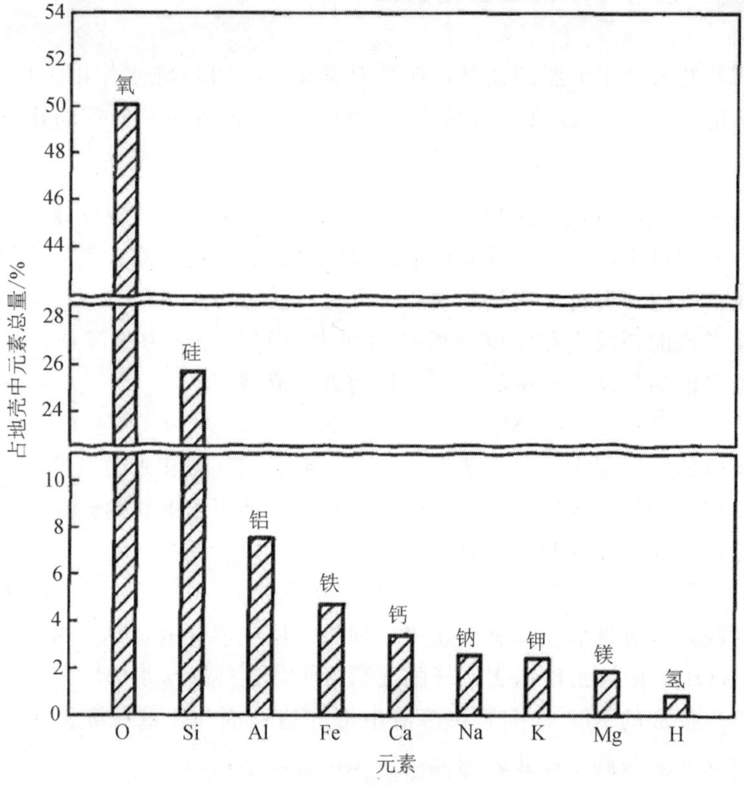

图1-26 地壳中常见元素的蕴藏量

镁是活泼金属，工业上是如何炼镁的呢？自1808年英国化学家戴维从氧化镁中制得单质镁以来，镁的冶炼方式经历了化学法（用钠和钾置换）、熔融盐电解法和热还原法（据还原剂的不同可分为硅热法、铝热法、碳热法和碳化物热还原法等）等阶段。目前工业上炼镁主要采用皮江法（热还原法的一种）和电解法。

1. 皮江法

皮江法是以发明者皮江（L. M. Pidgeon）的名字命名的，是硅热法炼镁的经典方法，也是当前使用最广泛的炼镁方法，其冶炼的金属镁的产量约占我国镁总产量的 95%，占世界镁总产量的 83%。此法具有建厂快、投资少、可利用多种热源、产品质量好等优点。皮江法生产金属镁以白云石（主要成分为 $CaCO_3 \cdot MgCO_3$）为原料，硅铁为还原剂，萤石（主要成分为 CaF_2）为催化剂。煅烧、粉磨后压制成球，称为球团。将球团装入还原罐中，加热到 1200 ℃，内部抽真空至 13.3 Pa 或更高，则产生镁蒸气。镁蒸气在还原罐前端的冷凝器中形成结晶镁，亦称粗镁。再经熔剂精炼，产出商品镁锭，即精镁（如图 1－27 所示）。

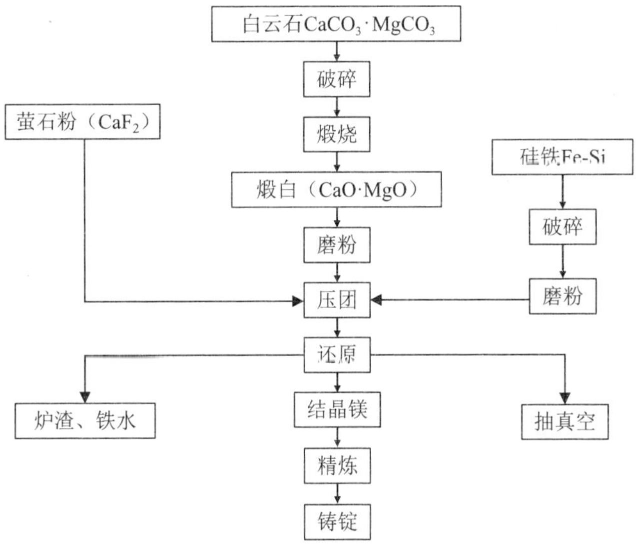

图 1－27 皮江法炼镁流程图

皮江法炼镁主要化学方程式为：

（1）白云石煅烧：$CaCO_3 \cdot MgCO_3 \xlongequal{1100\sim1200℃} CaO \cdot MgO$(煅白)$+2CO_2\uparrow$

（2）还原反应：$2CaO \cdot MgO + Si(Fe) \xlongequal{1200℃} 2Mg\uparrow + 2CaO \cdot SiO_2 + (Fe)$

2. 电解法

氯化熔盐电解法包括氯化镁的生产及电解制镁 2 大过程。该方法又可分为以菱镁矿（菱镁矿含 $MgO>45\%$、$CaO<1.5\%$、$SiO_2<1.5\%$）为原料的无水氯化镁电解法和以海水为原料的无水氯化镁电解法。

中国有丰富的菱镁矿资源，自 50 年代起就采用菱镁矿炼镁法生产金属镁。采用菱镁矿为原料不仅能提供优质的炼镁原料，还能利用电解的副产物氯气。

中学阶段，我们接触最多的是以海水为原料制取无水氯化镁。海水中镁的含量较为丰富，含镁约 0.13%，每年从海水中生产 1 亿 t 金属镁，经过 100 万年海水中镁的浓度也不过减少 0.01%。海水提镁是未来炼镁工业发展的方向。

海水提镁的方式之一（如图 1－28 所示）是将海水抽入反应槽，加入石灰乳，使镁转换为 $Mg(OH)_2$ 沉淀，再加入盐酸转换为 $MgCl_2$ 溶液，蒸发溶液后，得到 $MgCl_2 \cdot 6H_2O$ 晶体，随后在干燥 HCl 气流（必要时可加入脱水剂）中脱水，以防 $MgCl_2$ 水解生成碱式氯化镁 Mg(OH)Cl，最后得到的无水 $MgCl_2$ 经电解制得 Mg 和 Cl_2。镁因在高温下能与 O_2、N_2、CO_2 等气体发生反应，故需在 H_2 氛围中冷却；氯气可用来制盐酸，再循环利用。

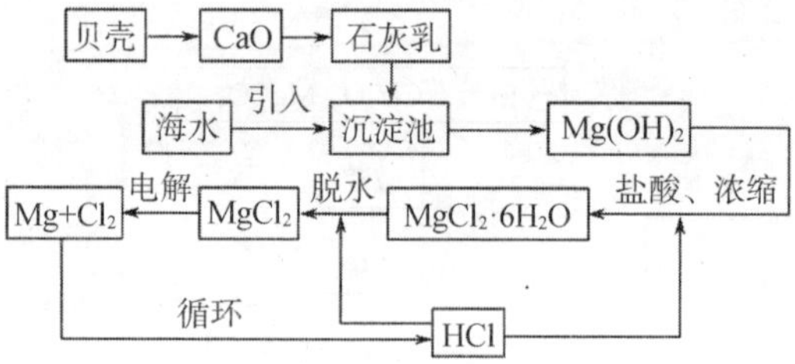

图 1－28 海水提镁工艺流程图

另外还需注意的是，海水提镁选用熟石灰，不仅仅是 $Ca(OH)_2$、NaOH、KOH 等常见碱价格的原料成本问题，还基于其副产品 $CaCl_2$、NaCl、KCl 在当下的经济价值差别较大。其中，$CaCl_2$ 可广泛用作干燥剂、保湿剂、融雪剂等，市场销量很大，价值可观。因此，选用熟石灰在母液中沉镁是综合效益的考量。此外，用贝壳生产熟石灰不具有现实意义，当前沿海地区很少这样做。一是贝壳来源有限、人工收集成本高，贝壳用于工艺品制作可获得更好的经济回报；二是过去用贝壳生产熟石灰是受限于运输成本高，当前交通发达，直接购买内陆产的熟石灰成本反而更低、更合算。

参考文献

[1] 陆燕海．知识与工艺并举 科学与技术交融——以苏教版“镁的提取及应用”教学分析为例 [J]．中学化学教学参考，2018 (8)：1—5.

[2] [美] 金格瑞，鲍恩，乌尔曼．陶瓷导论 [M]．2 版．清华大学新型陶艺与精细工艺国家重点实验室，译．北京：高等教育出版社，2010：5.

问题 29 $c(H^+)$ 相等的盐酸、硫酸与铝反应的速率为什么会有差异？

稀盐酸和稀硫酸都是非氧化性酸，在水溶液中都能完全电离出氢离子。但是实验表明，当 $c(H^+)$ 相等的稀盐酸、稀硫酸与铝反应时，稀盐酸与铝反应的速率远远大于稀硫酸。两溶液中阳离子完全相同，这种差异显然是 Cl^-、SO_4^{2-} 的不同造成的。

研究发现：金属除了可以被空气氧化形成氧化膜，也可以被水溶液中溶解的氧气，或者水溶液中的水氧化，形成氧化膜。铝表面的氧化膜不仅能被 H^+ 破坏，也能被酸溶液中的阴离子破坏，不同的阴离子破坏能力不同。就 Cl^- 和 SO_4^{2-} 而言，Cl^- 对氧化膜的破坏能力更强。具体表现在以下几个方面：①阻止氧化膜的形成。Cl^- 可以取代氧化膜中的氧原子吸附在氧化膜上，使具有保护作用的氧化膜变为可溶性的氯化物；另外，金属表面的水分子由于静电作用力定向排列，使得氧原子靠近金属表面，形成氢氧化物膜，使金属表面的保护膜加厚，Cl^- 可以移向金属表面，把密集层中的水分子替换出来，阻止氢氧化物膜的形成，从而加快反应速率。②破坏已生成的氧化膜。氧化膜表面存在膜孔或裂缝，Cl^- 相较其他阴离子更易穿过，使得致密的氧化膜呈胶状分散，进而又增加了 Cl^- 的穿膜机会。Cl^- 进入金属铝表面可使铝的活性大增，形成多个微电池（氧化膜为原电池的正极），加速了金属与稀盐酸的反应。③Cl^- 有较强的配位能力。Cl^- 易与 Al^{3+} 形成配离子 $[AlCl_4]^-$，也会使氧化膜破坏。综上几个原因，使得铝与稀盐酸反应速率较稀硫酸快。

另外还需要补充说明的是：Cl^- 的这种特性也是铝制容器不能长期存放咸的食物的原因。

参考文献

[1] 向太平．对铝与盐酸反应中灰色物质的探究 [J]. 化学教学，2004 (3)：11—12.

[2] 吴星．中学化学疑难辨析 [M]. 南京：江苏教育出版社，2012：49—51.

问题30 氢氧化铝水溶液呈酸性还是碱性？

氢氧化铝既能与酸反应又能与碱反应生成盐和水，因此是两性氢氧化物。水溶液中氢氧化铝可发生如下电离：$H^+ + AlO_2^- + H_2O \rightleftharpoons Al(OH)_3 \rightleftharpoons Al^{3+} + 3OH^-$。那么，氢氧化铝的水溶液究竟呈酸性还是碱性？

经查阅：氢氧化铝的 $K_a = 6.0\times10^{-12}$，$K_b = 5.0\times10^{-9}$。可看出氢氧化铝的碱式电离比酸式电离稍强，所以其碱性略强于酸性，溶液呈弱碱性。

另外，采用不同实验方法制得的氢氧化铝有可能组成不同，pH 不同。如氢氧化铝饱和溶液其 pH 值约为 8.3，如果在铝盐溶液中加碱，得到的是白色无定形氢氧化铝胶状沉淀，其含水量不定，组成也不均匀，统称为水合氧化铝。水合氧化铝静置后，可慢慢失水转化为结晶的偏氢氧化铝 AlO（OH），其 pH 值约为 7.9。总之，氢氧化铝的水溶液呈弱碱性。

参考文献

[1] 任雪明，吴文中．高中化学教学疑难问题研析［M］．杭州：浙江教育出版社，2015：7—9.

[2] 熊绍良．实验探究氢氧化铝水溶液的酸碱性［J］．化学教育，2011，32（11）：77—78.

问题31　氢氧化铝真的不溶于氨水吗？

铝位于元素周期表金属和非金属分界线附近，因此兼有金属性和非金属性。氢氧化铝作为铝的化合物，在一定程度上也表现出两性，高中阶段通常描述其化学性质为：氢氧化铝既能与酸反应，又能与强碱反应。实验时发现，氢氧化铝确实不易溶于弱碱溶液（例如氨水）。那么，氢氧化铝为什么在强碱、弱碱溶液中的溶解性不同？氢氧化铝一定不能溶于氨水吗？

首先，我们需要明确氢氧化铝易溶于强碱（例如：氢氧化钠溶液）是由于生成了配合物 $[Al(OH)_4]^-$，从而使沉淀溶解。而配合物能否形成与中心离子和配离子的匹配程度有关，从群论来说符合“宇称定律”。铝作为主族元素，原子半径小，若氨分子作为配体，其在空间上的位阻极大，无法形成配合物。因此，氢氧化铝易溶于氢氧化钠溶液而难溶于氨水。

那么，氢氧化铝一定不溶于氨水吗？

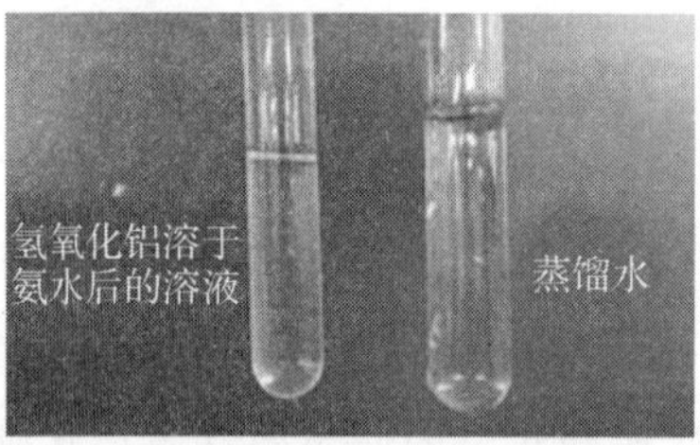

图 1-29　氢氧化铝溶于氨水，与蒸馏水对比图

这个结论不是绝对的，氢氧化铝易溶于强碱是因为铝离子与氢氧根生成了配离子。在氨水中，铝离子虽然不易和氨分子形成配离子，但若氨水浓度足够大，能电离出足量的氢氧根离子，这时，氢氧化铝就有溶解的可能。文献表明：不论理论计算，还是实验验证，纯净的氢氧化铝确实可溶于浓氨水（如图 1-29 所示）、微溶于稀氨水、难溶于极稀的氨水。

但是，如果氢氧化铝是由氨水和铝盐反应制得的，其相较由强碱和铝盐反应制得的氢氧化铝更难溶于氨水，这是由于体系中已经有大量的铵根离子，产生了同离子效应，从而抑制新加入氨水的电离，使得氨水不能产生足够的 OH^- 去和氢氧化铝反应。

参考文献

[1] 钟辉生，何宁东．氢氧化铝真的不溶于氨水吗［J］．中学化学教学参考，

2014 (6): 70—71.
[2] 陈玉良．氢氧化铝是否溶于氨水的理论探讨 [J]. 四川教育学院学报, 2007 (05): 109—110.
[3] 许国忠, 申于明．铝跟氨水反应初探 [J]. 化学教学, 2000 (05): 42—43.

问题 32 铝热反应的产物氧化铝去了哪里?

钢轨的焊接方法有 4 种：电弧焊法、接触焊法、气压焊法和铝热焊法。其中，铝热焊法已被国内外公认为是一种高效的理想快速焊接方法，是我国无缝线路连接焊头的唯一有效的焊接方法。

铝热焊法（如图 1－30 所示）的原理是利用铝和氧化铁高温反应释放大量的热将铁熔化成铁水（体系温度可高达 3273 K 以上）来进行焊接。那么，铁水连接钢轨时，反应的另一种产物氧化铝去了哪里呢?

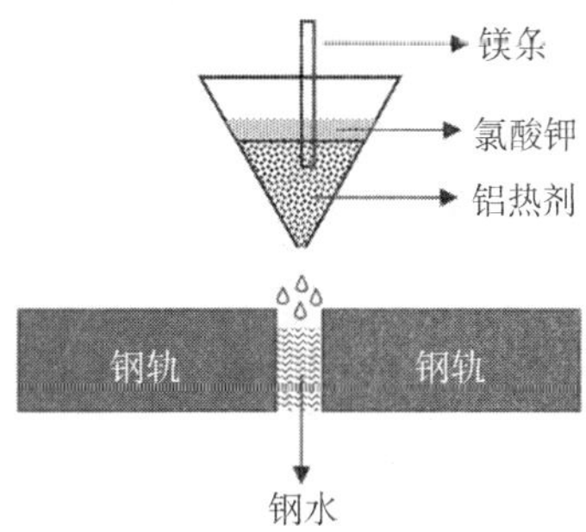

图 1－30 铝热法焊接原理

其实，实际焊接时，反应的原料并不仅仅是铝和氧化铁，还有一些其他合金添加物。该反应的主要产物为液态铝热钢和氧化铝熔渣，即铁元素被还原成高温的铝热钢水，铝被氧化成氧化铝熔渣。反应过程中，高温下熔化了的合金添加物与反应生成的铁水形成铝热钢液，由于其密度大，沉于坩埚底部，反应生成的氧化铝熔渣和其他焊渣较轻浮在上部。在很短时间内，高温的铝热钢液熔化坩埚底部的自熔塞，浇铸到与钢轨外形尺寸一致的砂型和已局部预热的待焊钢轨形成的封闭空腔中，与熔化的钢轨共同结晶、冷却。

在铝热焊接砂型中，有一个储存铝热钢水的空腔叫作冒口，冒口的主要作用是存储在铝热钢水凝固过程中由于体积变化而需要补偿的金属液，以防止在焊筋中出现收缩类缺陷。此外，冒口还有排气及汇集浮渣和非金属夹杂物的作用。因此，铝热法焊接钢轨时，反应的产物氧化铝并不曾进入钢轨，而是被冒口汇集处理掉了。

另需要说明的是，铝热焊法虽然原理简单，但要做到焊接迅速、质量可靠，还是很困难的。现在世界上最好的钢轨是国产的，但国内所用的铝热剂和模具却主要是法国和德国的产品，希望不久的将来一切都可以由我国自主完成。

问题 33　四氧化三铁能与酸反应吗？

Fe_3O_4，俗称氧化铁黑、吸铁石、黑氧化铁，为具有磁性的黑色晶体，故又称为磁性氧化铁，通常用作颜料和抛光剂，也可用于制造录音磁带和电讯器材，是中学阶段唯一可被磁化的铁化合物。Fe_3O_4 中的 Fe 具有不同的氧化态，过去曾认为它是 FeO 和 Fe_2O_3 的混合物，但经 X 射线研究证明，Fe_3O_4 是反式尖晶石结构，是一种混合价态（Fe^{II}/Fe^{III}）的氧化物。尖晶石的通式是 $M^{II}M_2^{III}O_4$，根据不同价态的正离子所占位置不同，可分为常式尖晶石、反式尖晶石。常式（normal）尖晶石中，氧化物离子形成立方密堆积晶格，其中 M^{II} 离子占据四面体位置，M^{III} 离子占据八面体位置；反式结构中，一半 M^{III} 离子占据四面体位置，同时 M^{II} 离子和另一半 M^{III} 离子占据八面体位置（如图 1－31 所示），因此，反尖晶石 Fe_3O_4 的结构式可表示为 $Fe^{III}[(Fe^{II}Fe^{III})O_4]$。

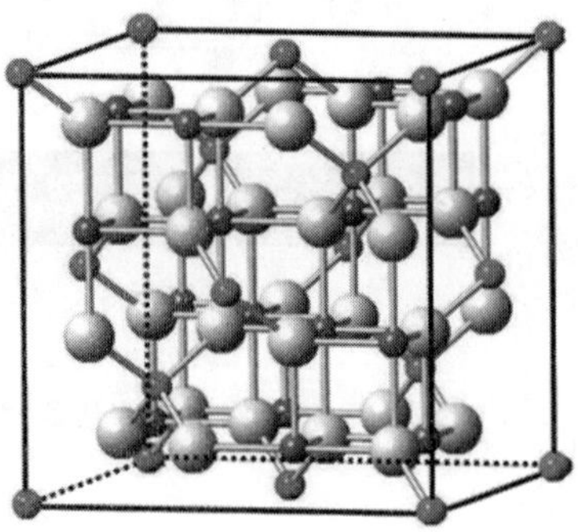

图 1－31　Fe_3O_4 的反尖晶石结构

四氧化三铁溶于酸，不溶于水、碱液及乙醇、乙醚等有机溶剂中，但天然的四氧化三铁不溶于酸，潮湿状态下在空气中易被氧化成 Fe_2O_3。对于 Fe_3O_4 的性质，尤其是与酸的反应原理目前还有争议，因此反应 $Fe_3O_4 + 8HCl = FeCl_2 + 2FeCl_3$ 在大型的正规考试或考查中不宜涉及。

参考文献

北京师范大学，华中师范大学，南京师范大学无机化学教研室．无机化学（下册）[M]．4 版．北京：高等教育出版社，2003：770－771．

问题 34　铁的多种氧化物可以相互转化吗？

铁有 3 种氧化物：FeO、Fe_3O_4 和 Fe_2O_3。

FeO 是在低氧分压下加热铁得到的，也可在真空中加热草酸铁（Ⅱ）制得。但它在低于 848 K 时不稳定，发生歧化反应生成 Fe 和 Fe_3O_4。

Fe_3O_4 是混合价态氧化物，可由铁在氧气中加热，或将水蒸气通过赤热的铁，或由 FeO 部分氧化，或由 Fe_2O_3 加热到 1673 K 以上制得。

Fe_2O_3有多种变体，其中最重要的是 α -型和 γ -型，将 Fe_3O_4 氧化可制得 γ-Fe_2O_3，真空中加热 γ - Fe_2O_3 又转变成 Fe_3O_4，空气中加热 γ - Fe_2O_3 到 673 K 以上转变为 α - Fe_2O_3。

FeO、Fe_3O_4 和 γ - Fe_2O_3 能够互相转换是由于它们在结构上的相似性引起的，这 3 种化合物都是以氧原子为基础的立方密堆积晶格（α - Fe_2O_3 是六方密堆积晶格），在 FeO 中，Fe^{II} 离子占据八面体位置并由于氧化而引起化学计量数发生变化，部分 Fe^{II} 离子被 2/3 数目的 Fe^{III} 离子所取代，继续氧化则产生 Fe_3O_4，其中 Fe^{II} 离子处在八面体位置，而 Fe^{III} 离子既分布在八面体位置又分布在四面体位置，最后，进一步氧化到 γ - Fe_2O_3，里面的阳离子全部是Fe^{III} 离子，它们随机地分布在八面体和四面体中。还需要说明的是：在氧化过程中，当氧晶格接纳的铁原子数减少时，晶格本身始终保持完整无损，只是稍微有点收缩而已。

参考文献

[1] 北京师范大学，华中师范大学，南京师范大学无机化学教研室．无机化学（下册）[M]．4 版．北京：高等教育出版社，2003：770—771.

[2] [英] 格林伍德，厄恩肖．元素化学（下册）[M]．李学同等，译．北京：高等教育出版社，1996：256—257.

问题 35 如何保存 $FeSO_4$ 溶液？

保存 Fe^{2+} 盐溶液时应放入几颗铁钉来防止氧化，同时加足够浓度的相应酸。那么加入的酸除了抑制 Fe^{2+} 水解外，还有其他作用吗？同时加入的铁和酸会发生反应吗？

经查阅资料，得知：

在酸性环境中：$2Fe^{3+} + Fe = 3Fe^{2+} \quad E_1^\theta = 1.218\ V$；

$4Fe^{2+} + 4H^+ + O_2 = 4Fe^{3+} + 2H_2O \quad E_2^\theta = 0.458\ V$。

在碱性环境中：$2Fe(OH)_3 + Fe = 3Fe(OH)_2 \quad E_1^\theta = 0.327\ V$；

$4Fe(OH)_2 + O_2 + 2H_2O = 4Fe(OH)_3 \quad E_2^\theta = 0.961\ V$。

E_1^θ（酸性）$> E_1^\theta$（碱性），说明在酸性环境中铁单质更易将 Fe^{3+} 还原为 Fe^{2+}；E_2^θ（酸性）$< E_2^\theta$（碱性），说明在酸性环境中 Fe^{2+} 更不易被氧化。

综上所述，亚铁盐溶液在酸性条件下有更好的动力学稳定性，配制 $FeSO_4$ 储备液的时候，主要需注意调节溶液的 pH 值。文献表明，铁粉在 pH＝3～4 的酸性溶液中，与 H^+ 的反应速率非常慢，且存在限度。达到平衡后，剩余的酸仍可使溶液保持一定的酸度，抑制 Fe^{2+} 被氧化。当然，长时间放置亚铁储备液，依然会被氧化变质。另外，实验表明，直接用酸和铁粉得到的亚铁盐溶液，保存时间更长，因此，亚铁盐溶液最好是现配现用。

参考文献

[1] 北京师范大学，华中师范大学，南京师范大学无机化学教研室．无机化学（下册）[M]. 4 版．北京：高等教育出版社，2003：772.

[2] 徐路遥．硫酸亚铁溶液的保存探究 [J]. 化学教与学，2016（08）：93—95.

问题 36 $Fe(OH)_2$制备中出现的灰绿色物质是什么？如何得到白色 $Fe(OH)_2$？

铁是变价金属元素的代表，可以发生铁（Ⅱ）和铁（Ⅲ）的转化。例如制备 $Fe(OH)_2$时，往往得不到纯净的 $Fe(OH)_2$白色沉淀，而是会在空气中迅速变成灰绿色，最终转化为红褐色的 $Fe(OH)_3$。那么，这一过程中出现的灰绿色物质是什么？目前关于这个问题有很多观点：

（1）$Fe(OH)_2$和 $Fe(OH)_3$按照一定比例组成的混合物；

（2）$Fe(OH)_2$在大量硫酸根存在的情况下形成 $Fe_6(SO_4)_2(OH)_4O_3$，这是一种灰绿色的不溶性配合物；

（3）$Fe(OH)_2$的水合物；

（4）白色 $Fe(OH)_2$吸附溶液中的 Fe^{2+}形成的灰绿色物质。

关于这 4 种说法，学术界已经展开了很多讨论。现逐一分析如下：第 1 种，根据调色理论可知，由白色到红褐色的转变过程中不可能出现灰绿色，所以这种说法不合理；第 2 种，认为 SO_4^{2-} 的存在导致生成了灰绿色物质，但有学者做了 $FeCl_2$、$Fe(NO_3)_2$和 NaOH 溶液反应的实验，同样有灰绿色物质存在，所以这种说法也不对；第 3 种，有学者认为 $Fe(OH)_2$低温下结晶水会增加，使颜色变绿，对体系加热后会失去结晶水，颜色又会由绿变白。对这种理论的解释和验证是一个困难的过程，但徐建飞老师在验证第 4 种说法合理性的时候，间接否定了第 3 种说法。他认为灰绿色物质是白色 $Fe(OH)_2$吸附溶液中过量的 Fe^{2+}导致的，所以只要 NaOH 溶液大大过量于 $FeSO_4$溶液，理论上就可以制得白色的 $Fe(OH)_2$。因此他做了多组对照实验以期找到制备 $Fe(OH)_2$的最佳实验条件，通过实验发现选用试剂浓度不同，得到的灰绿色物质的量也不同，而实验条件均是常温，因此并不涉及温度变化造成结晶水含量的变化从而导致宏观显色的问题，所以第 3 种说法也不合理，至少不是主要因素。综上，经过排除，推断 $Fe(OH)_2$转化为 $Fe(OH)_3$过程中看到的灰绿色极有可能是白色 $Fe(OH)_2$吸附溶液中的 Fe^{2+}造成的。

那么，如何才能制得白色的 $Fe(OH)_2$ 沉淀呢？

白色 $Fe(OH)_2$ 的制备应该是受多种因素影响的复杂问题，因此可从多种角度去考虑。2019 人教版和 2019 鲁科版教师教学用书基于防止 O_2 的干扰，提供了几种思路：① 在新制的 $FeSO_4$ 溶液中加入少量铁粉；② 通过将 NaOH 溶液煮沸的方法减少溶解在溶液中的 O_2 含量；③ 将胶头滴管伸入液面以下，减少带入空气中的 O_2。

基于以上思路，具体可如下操作。方法 1：将饱和 $FeSO_4$ 溶液加水稀释 1～3 倍（目的是减小 $FeSO_4$ 溶液的密度，避免生成的固体浮在溶液表面被氧化），加热煮沸，然后加入过量的 NaOH 浓溶液，即可观察到白色 $Fe(OH)_2$ 沉淀。方法 2：将吸有饱和 $FeSO_4$ 溶液的滴管直接插入热的浓 NaOH 溶液的底部，缓慢挤压。另结合徐建飞老师的对比实验，主要基于减少 Fe^{2+} 吸附的角度，还可以采取的操作方法是：在试管中加入 5 mL 8 mol/L 煮沸的 NaOH 溶液，用毛细滴管吸取 0.1 mol/L 已加入少量铁粉的 $FeSO_4$ 溶液，滴管尖端插入液面以下，慢慢挤一点，移动位置后再挤一点……来尽可能避免 Fe^{2+} 过量被吸附的问题。另外，吴文中老师通过胶体吸附理论证实了上述操作的合理性，同时，他还提出：快速反应，排除 O_2 和 Fe^{3+} 等杂质会更有利于白色 $Fe(OH)_2$ 的形成。

参考文献

[1] 徐建飞，张平，杜淑贤．制备氢氧化亚铁实验方案再探究 [J]．化学教学，2015 (07)：54—57.

[2] 吴文中．氢氧化亚铁变为灰绿色的理论探究——由一次意外的实验引起的思考与分析 [J]．化学教学，2016 (09)：60—63.

[3] 课程教材研究所．人教版化学必修 1 教师教学用书 [M]．北京：人民教育出版社，2019：94.

问题 37 如何解释 Fe^{2+}/SCN^- 中加入 H_2O_2 没有变红的异常现象？

$FeCl_2$ 溶液中滴入 KSCN 溶液，再加入 H_2O_2，正常情况下出现血红色，但在分组实验中发现，有的小组实验出现了血红色逐渐褪去，且有气泡产生的异常现象。那么，这一现象产生的原因是什么呢？

通过调查不同实验小组的具体实验操作，血红色最终存在与否应与 H_2O_2 的用量有关。正常情况下，H_2O_2 只氧化 Fe^{2+}，从而使生成的 Fe^{3+} 与 SCN^- 作用产生血红色；但 H_2O_2 过量后，有可能继续与还原性稍弱的 SCN^- 发生氧化还原反应，导致 SCN^- 无法与 Fe^{3+} 结合显色，因此会看到血红色褪去的现象。

另外，Fe^{2+} 与 H_2O_2 组成的体系，又称芬顿试剂，常用于进行化学氧化的废水处理，H_2O_2 在 Fe^{2+} 的催化作用下能生成强氧化性的羟基自由基，可有效地处理含硝基苯、ABS 等有机物的废水以及用于废水的脱色、除恶臭等。因此，也完全存在 KSCN 被芬顿试剂氧化的可能性。

此外，部分实验小组还观察到实验过程中有气泡产生，这是由于生成的 Fe^{3+} 可以催化 H_2O_2 分解的缘故。因此气泡的主要成分为 O_2，但也可能伴有 KSCN 被氧化的气体产物。

因此，Fe^{2+} 向 Fe^{3+} 的转化用 H_2O_2 作氧化剂时，需要注意 H_2O_2 应适量，否则就可能有异常现象发生。

参考文献

杭伟华．用实验解决化学问题　让意外生成价值——Fe^{2+} 与 Fe^{3+} 相互转化实验探究．化学教学，2016（6）：46—48.

问题 38　为什么加入 KCl 会使 Fe^{3+}/SCN^- 混合液颜色变浅？

$Fe^{3+}+nSCN^- \rightleftharpoons Fe(SCN)_n^{(3-n)}$，$n=1\sim6$。从 Fe^{3+} 和 SCN^- 反应的离子方程式中可以看出，K^+ 和 Cl^- 都没有参与反应，加入 KCl 不会引起 Fe^{3+}/SCN^- 平衡的移动，Fe^{3+}/SCN^- 溶液的颜色似乎不应该发生变化。但事实上，加入 KCl 后会使 Fe^{3+}/SCN^- 溶液的颜色变浅，这是为什么呢？

实际上，这种颜色的变化不是由于平衡的移动，而是由于“盐效应”引起的。往弱电解质的溶液中加入与弱电解质没有相同离子且与平衡无关的强电解质时，由于溶液中离子总浓度增大，在静电作用下，阳离子周围形成阴离子氛，阴离子周围形成阳离子氛（详见本书“元素化合物”问题 20. 如何理解强电解质的完全电离？中的图 1-15“离子氛”示意图），由于离子的不断运动，离子间相互牵制作用增强，使得弱电解质解离的阴、阳离子结合形成分子的机会减小，从而使弱电解质分子浓度减小，离子浓度相应增大，弱电解质解离度增大，这种效应称为盐效应。在上述可逆反应中，溶液中由于加入了能完全电离的 KCl，导致溶液中离子浓度大大增加，阴、阳离子氛的形成及离子运动使得离子间相互牵制作用增强，使平衡体系中 Fe^{3+} 与 SCN^- 结合成 $Fe(SCN)_n^{(3-n)}$（血红色）的机会减少，因此，溶液的红色变浅。

此外，由于 $Fe^{3+}+nCl^- \rightleftharpoons [FeCl_n]^{3-n}$（$n=1\sim4$），其中 $[FeCl_n]^{3-n}$ 为黄色，加入 KCl 后，导致 $[FeCl_n]^{3-n}$ 的浓度增大，溶液由血红色向黄色转变，故呈现 Fe^{3+}/SCN^- 溶液颜色变浅的现象。

问题 39 为什么铁、铜的化合物大多数有颜色?

铁、铜在元素周期表中属于过渡元素，过渡元素易形成配合物，大多数过渡元素的配合物都会呈现一定的颜色，例如蓝色的 $[Cu(H_2O)_4]^{2+}$，深蓝色的 $[Cu(NH_3)_4]^{2+}$，血红色的 $Fe(SCN)_3$。那么，这些配合物为什么会呈现一定的颜色呢?

物质显色的原因是光与物质相互作用通过观察者的视觉系统而产生的印象，配合物显示的颜色通常为吸收光的补光。比如：配离子 $[Ti(H_2O)_6]^{3+}$ 的吸收光谱在蓝绿区，所以，该配离子为其补色呈现淡紫色。配合物的晶体场理论用 d—d 跃迁很好地解释了大多数过渡元素配合物呈现一定颜色的原因。

晶体场理论研究的主要对象是过渡金属离子配合物。该理论认为，中心金属离子原来 5 个能量相同的 d 轨道在配体负电荷场的作用下，要发生能级分裂，从而引起 d 电子重新排布。其中一种能级分裂的结果如图 1－32 所示。

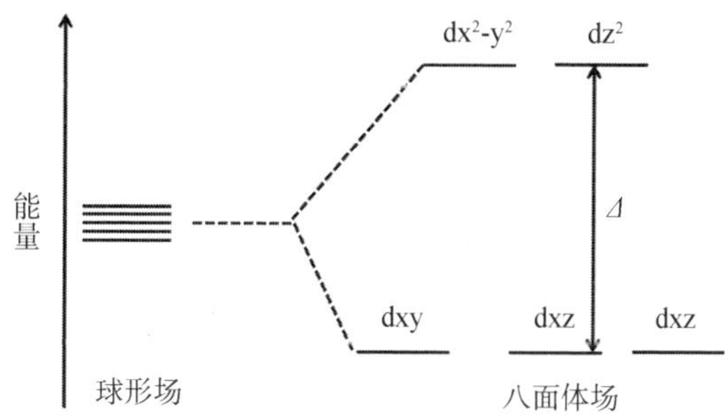

图 1－32 d 轨道在晶体场中的能级分裂

对于 d 轨道有电子但没有充满的金属离子（d^{1-9}），d 轨道上的电子吸收光能后会从低能级的 d 轨道向高能级的 d 轨道跃迁，这种跃迁称为 d—d 跃迁，所需的能量称为分裂能，用“Δ”表示，其能量差在 10000～30000 cm，相当于可见光的波长，因此人类眼睛可以看到金属离子的颜色。

d 轨道分裂能 Δ 不同，金属离子的电子在发生 d—d 跃迁时吸收光的波长也不同，导致物质最终呈现的颜色不同。分裂能 Δ 的大小主要由金属离子的价态、电子构型以及配体的种类决定。例如：d^0、d^{10} 等电子构型的离子，它们没有 d 电子或 d 轨道已充满，不能发生 d—d 跃迁，这样的离子就没有颜色，如 Al^{3+}、Zn^{2+}、Ag^+、Pb^{2+} 等。再如：$[Fe(H_2O)_6]^{3+}$ 呈淡紫色，而 $[Fe(H_2O)_6]^{2+}$ 呈浅绿色，则是由于金属离子的价态不同导致 d 轨道的分裂能不同（$[Fe(H_2O)_6]^{2+}$：$\Delta=124$ kJ/mol，$[Fe(H_2O)_6]^{3+}$：$\Delta=164$ kJ/mol）；$[Cu(H_2O)_4]^{2+}$ 和

$[Cu(NH_3)_4]^{2+}$的颜色差异则是由于配体不同导致分裂能不同。

需要注意的是，许多可溶性铁（Ⅲ）盐的水溶液中，铁（Ⅲ）以$[Fe(H_2O)_6]^{3+}$的形式存在。$[Fe(H_2O)_6]^{3+}$呈淡紫色，为什么通常我们看到的溶液却是棕黄色？这和铁（Ⅲ）盐溶于水后发生水解作用有关，其涉及的水解平衡有：

$$[Fe(H_2O)_6]^{3+} \rightleftharpoons [Fe(H_2O)_5OH]^{2+} + H^+$$

$$[Fe(H_2O)_5OH]^{2+} \rightleftharpoons [Fe(H_2O)_4(OH)_2]^+ + H^+$$

$$2[Fe(H_2O)_6]^{3+} \rightleftharpoons [Fe_2(H_2O)_8(OH)_2]^{4+} + 2H^+ + 2H_2O$$

第3个平衡实质上是水解反应后发生缔合作用产生的双聚体，为棕黄色。

当溶液的酸性较强时（$pH<0$），水解平衡向左移动，Fe^{3+}主要以淡紫色的$[Fe(H_2O)_6]^{3+}$离子存在。如果pH提高到2～3时，水解趋势就很明显，聚合倾向增大，溶液颜色为棕黄色。随着pH继续升高，溶液由棕黄色逐渐变为红褐色，最后析出红褐色的氢氧化铁沉淀。

此外，工业盐酸中通常溶有少量的氯化铁而呈黄色，有人误认为是水合铁离子的颜色，但$[Fe(H_2O)_6]^{3+}$呈浅紫色，且在强酸性环境下不会产生棕黄色的双聚体。因此，此处的黄色其实是杂质$[FeCl_4]^-$的颜色。

需要补充说明的是，d－d跃迁只是配合物显色的原因之一，还有许多离子的颜色不是由于d－d跃迁引起的。例如稀土离子的颜色多由f电子的跃迁（f－f跃迁或d－f跃迁）引起，大体上与d－d跃迁相似；$Fe(SCN)_n^{3-n}$等离子的颜色由中心原子与配体之间发生电荷的迁移引起，简称荷移色。电荷迁移是配位键中的电子吸收能量后由配位原子的定域轨道转移到中心原子的定域轨道（或者相反的过程）引起的，这使得原子之间的电荷密度发生变化，产生荷移光谱。电荷迁移引起的光的吸收通常是宽泛的吸收带，而且光的吸收强度较大，从而使离子呈现很深的颜色，例如我们熟悉的$Fe(SCN)_3$为血红色。还有，荷移色并不仅仅发生在配合物中，一些有色的含氧酸根离子，如CrO_4^{2-}（黄色）、MnO_4^-（紫色）等，它们的颜色也被认为是电荷迁移引起的。在MnO_4^-离子中，Mn－O之间有较强的极化作用，当MnO_4^-吸收部分可见光，会发生O^{2-}离子的负电荷（电子）向Mn（Ⅶ）跃迁，从而使得MnO_4^-呈紫色。

参考文献

[1] 北京师范大学，华中师范大学，南京师范大学无机化学教研室．无机化学（上、下册）[M]．4版．北京：高等教育出版社，2003：168－183，185，773.

[2] 吴星．中学化学疑难辨析[M]．南京：江苏教育出版社，2012：25－28.

[3] 王荣顺．结构化学[M]．北京：高等教育出版社，2003：185－189.

[4] 张祖德．无机化学 [M]．合肥：中国科学技术大学出版社，2008：512.
[5] 大连理工大学无机化学教研室．无机化学 [M]．5 版．北京：高等教育出版社，2006：557.

问题 40 合金是混合物吗？合金有没有固定的熔点呢？合金的熔点一定比成分金属的熔点低吗？

我们将 2 种或 2 种以上的金属或以金属为基体添加其他非金属通过合金化工艺（熔炼、机械合金化、烧结、气相沉积等）形成的具有金属特性的金属材料叫合金。人类生产合金是从制作青铜器（Cu－Sn 合金）开始的。我国是世界上最早研究和生产合金的国家之一，商朝农业和手工业的快速发展，标志着我国青铜文化进入灿烂时期。

那么，合金是混合物吗？合金有没有固定的熔点呢？合金的熔点一定比成分金属的熔点低吗？

其实，大多数合金是混合物，但不是一般概念上的混合物。还有少数合金是化合物。合金的形成是非常复杂的过程，常见的合金可以分为 3 种类型：

(1) 混合物合金（共熔混合物）：当液态合金凝固时，构成合金的各组分分别结晶而成的合金，如焊锡、铋镉合金等，都属于混合物合金。以混合物合金中的低共熔混合物为例，当 2 种金属按一定组成比共熔时，其熔点总比任一组分金属的熔点要低，当组成为某一定值时，熔点最低，此熔点即为最低共熔温度，对应此熔点的一定组成的混合物称为低共熔混合物。如铋的熔点为 544 K，镉的熔点为 594 K，含 40% Cd 和 60% Bi 的混合物为低共熔混合物，其熔点为 413 K。低共熔混合物是一种非均匀混合物，在显微镜下观察铋和镉的低共熔混合物，发现它是由铋和镉的极细微的晶体互相紧密混合而成，其他组成比的铋镉混合物则为含铋和镉的大颗粒晶体，散布在铋镉微细晶体中。焊锡也是低共熔合金，含锡 63%，含铅 37%，低共熔温度为 454 K（纯铅熔点为 600K，纯锡熔点为 505 K）。

(2) 固溶体合金：类似相似相溶原理，2 种或多种晶体结构类型相同的金属，熔融时能够互相溶解，凝固时也能保持互溶状态的称为固溶体合金。固溶体合金中，仍保持了溶剂金属的晶格类型和组织结构的均匀性。通常，当组成金属原子半径相似、单质晶格相似、组成元素的化学性质相似时，液态合金凝固可以形成固溶体合金，如金银合金等。

(3) 金属化合物（金属互化物）合金：当形成合金的元素其电子层结构、原子半径和晶体类型相差较大时，各组分容易相互化合形成金属化合物合金，此时合金为纯净物。金属化合物合金的晶体类型不同于它的组分金属，自成新相。有的结构可找到离子晶体或共价晶体的相关晶型，有的则是独特的结构类型，如NaTl晶胞是CsCl晶胞的8倍超构；$MgCu_2$（如图1-33所示）是拉维斯相（Laves phase）的一个例子（2019年课标全国Ⅰ卷35题考查内容）。

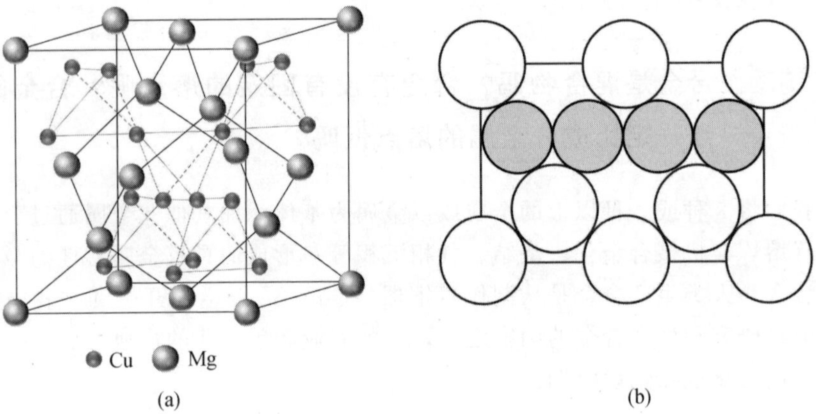

图1-33 $MgCu_2$的拉维斯结构（图b为体对角面截图）

结构决定性质，合金中存在的作用力是金属键，由于不同金属阳离子和自由电子的相互影响，金属键相较其纯组分强度减弱，导致合金的熔点低于其原组分的熔点。但这只是一般规律。在合金的3种类型中，只有混合物合金形成低共熔体的合金相时，才具有熔点低于成分金属的特点；固溶体合金熔点通常介于组成金属单质熔点之间；金属化合物合金，由于是纯净物，所以有固定熔点，且熔点往往高于成分金属单质的熔点。

所以，合金有纯净物，也有混合物；有的没有固定熔点，有的有固定熔点，如钠钾合金当成分确定时存在固定熔点，如K78%、Na22%的钠钾合金熔点为−11 ℃，K56%、Na44%的钠钾合金熔点为19 ℃。另外，合金的熔点不一定比成分金属的熔点低。

参考文献

[1] 钱胜．触摸化学的温度：中学化学教学反思［M］．重庆：重庆出版社，2017：85.

[2] 北京师范大学，华中师范大学，南京师范大学无机化学教研室．无机化学（下册）［M］．4版．北京：高等教育出版社，2003：645，920.

问题41 元素的非金属性与其对应单质的氧化性有什么关系？

非金属性和氧化性是中学化学常用到的2个概念，这2个概念研究对象不同，非金属性是对元素的原子而言，氧化性研究对象是元素对应的单质。

元素的非金属性是指在化学反应中元素的原子吸引电子的能力，是原子的本质属性。它的强弱只与原子结构（如核电荷数、核外电子排布、价电子数、原子半径等）有关，与外部因素无关，通常用电负性来判断元素非金属性的强弱。电负性是表征非金属元素原子吸引电子能力相对强弱的物理量，电负性越大，吸引电子的倾向越大，非金属性越强。现行电负性数据主要是依照 L. C. 鲍林提出的标度，根据热化学数据和分子的键能，指定 F 的电负性为 4.0、Li 的电负性 1.0，通过计算得到其他元素的相对电负性（如图 1 - 34 所示）。此外，实际教学中，元素的非金属性强弱判据还有生成气态氢化物的难易程度和气态氢化物的稳定性，以及最高价氧化物对应水化物的酸性强弱等。

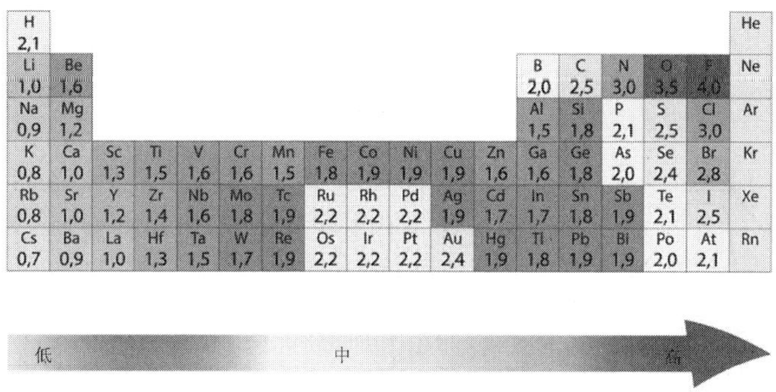

图 1 - 34　元素电负性汇总图

元素对应单质的氧化性体现在该物质与其他物质共同发生氧化还原反应时，该物质得电子的难易程度。反应的难易程度与其本身和其他反应物的性质都有关系，而不仅仅取决于其自身。这和元素的非金属性强弱仅由自身结构决定，与外界因素无关是截然不同的。物质的氧化性通常用标准电极电势（φ^θ）来判断，属于热力学范畴的问题。标准电极电势越大，物质的氧化性越强。影响电极电势的因素有电极的本性、温度、介质、离子浓度等。

通常而言，元素的非金属性越强，它对应单质的氧化性越强，但也存在例外。比如，Cl 的电负性是 3.0，O 的电负性是 3.5，因此非金属性：O＞Cl。这一点在 $HClO$、ClO_2等物质的化合价中也有所体现，在这些氧和氯形成的化合物中，氯元素是正价、氧元素为负价，也就是说，氧原子吸引电子的能力比氯原子强，因而氧元素的非金属性强于氯元素。但是，它们对应单质的电极电势分别为 $\varphi^\theta(Cl_2/Cl^-)=1.36$ V，$\varphi^\theta(O_2/H_2O)=1.23$ V，这表明单质的氧化性：$Cl_2>O_2$。关于这个问题，我们可以通过下面 2 个实验事实的比较来说明这一结论的正确性。我们都知道，Cl_2与水在光的照射下有 O_2生成，说明 Cl_2 可以把 O_2从水中置换出来。另外，工业中可以用催化氧化法生产 Cl_2，该法利

用 $CuCl_2$、KCl、$FeCl_3$ 等作催化剂，O_2 作氧化剂，将 HCl 氧化生成 Cl_2。该反应是可逆反应，需在高温条件下进行，且平衡转化率很低。所以，通过比较二者相互制备条件的难易可以看出，Cl_2 氧化性比 O_2 略强。

还需要强调的是，在厘清这些问题时注意不要把它们和反应活性（动力学范畴）混淆，反应活性一定程度上可认为是反应速率的大小，受温度、浓度、催化剂、反应物接触面积等因素影响。例如，Cl_2 和 H_2 的反应在光照下可以进行，且速率极快；而 O_2 和 H_2 的反应却需要点燃才能发生。这是因为 Cl_2 分子中含氯氯单键，O_2 分子中含氧氧双键，氧氧双键键能更大，断裂较为困难，因此 Cl_2 的反应活性强于 O_2。再如，非金属性：N>P，但 N_2 的反应活性却不如磷单质活泼，因为 N_2 中含氮氮三键，具有很强的化学惰性，而常见的磷单质——白磷分子结构为正四面体形（如图 1－35 所示），发生化学反应需要断裂P—P单键，因此化学性质更为活泼。虽然这里举的 2 个例子都谈到了键能，但并不代表反应活性只需键能来判断（详见本书“分子结构与性质”问题 5：卤素单质的稳定性和活泼性为什么不一致？怎样理解物质的稳定性与活泼性?）。

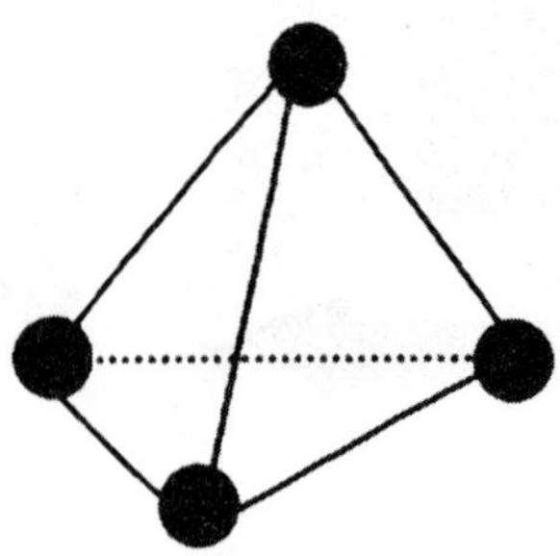

图 1－35　白磷分子结构示意图

总之，非金属性是对元素的原子而言，氧化性和反应活性是针对元素对应的单质而言。非金属性与外界因素无关，而氧化性和反应活性与外界因素有关，外界条件的复杂性决定了非金属单质的氧化性和反应活性的不确定性，因此，研究相关问题时需要具体情况具体分析。

参考文献

吴星．中学化学学科理解：疑难问题解析［M］．上海：上海教育出版社，2019：55－60．

问题 42　强碱性溶液为什么可以用玻璃瓶盛放，而不能用玻璃塞？

普通玻璃是用 Na_2CO_3、$CaCO_3$ 和 SiO_2 共熔后得到的，所以玻璃的主要成分是 Na_2SiO_3、$CaSiO_3$ 和 SiO_2。经高温烧结后的 SiO_2，表面光滑致密，虽然是酸性氧化物，却很难和强碱性溶液发生反应，因此可以用玻璃瓶盛放强碱性溶液。但玻璃瓶塞就不同了，为了盖严，玻璃塞与玻璃瓶之间要有很好的吻合度，所以二者的接触面必须打磨，打磨后的玻璃很容易与强碱性溶液发生反应，生成有黏性的 Na_2SiO_3，使瓶塞与瓶壁粘连，导致使用时瓶塞无法打开。

从物理化学的角度来看：物质表面层的分子与内部分子周围的环境不同。内部分子四周邻近分子相同，所受的作用力是对称的，各个方向的力彼此抵消；但表面层的分子，一方面受到本相内物质分子的作用，一方面又受到性质不同的另一相中物质分子的作用，此时由于表面层分子周围所受的力场是不均衡的，所以会产生表面张力和表面能，因此表面层的性质与内部不同。且对于一定质量的物体，比表面积越大，其总表面能越大，从而导致该物质的物理化学性质会发生巨大差异。上述打磨过的玻璃和未打磨过的光滑的玻璃由于比表面积不同，表面能不同，导致了反应活性的不同，即磨砂面的比表面积更大，活性更高，更易反应。此外，对于打磨过的玻璃而言，由于不规整的表面会存在多种位置，例如平台、阶梯、空洞、折皱等，使表面力场变得不均匀，这些不同的几何形态同样会直接影响到表面的使用性能、催化作用等，从而造成与光滑表面化学性质上的差异。

参考文献

傅献彩．物理化学（下册）[M]．北京：高等教育出版社，2006：311—357.

问题43 用焦炭还原 SiO_2 制备 Si，产物为什么是 CO？

用焦炭还原 SiO_2，发生反应 $SiO_2 + 2C \xlongequal{高温} Si + 2CO\uparrow$。很多同学存在疑问：氧化产物为什么是一氧化碳，可以生成二氧化碳吗？这个问题可以借助埃林汉姆图（Ellingham diagram）来解决。

埃林汉姆图（见图 1 - 36）是热力学中用于说明物质稳定性对温度依赖性的图表，最先由英国物理化学家哈罗德·埃林汉姆于 1944 年制作，故得名埃林汉姆图。该图通常被用于分析、评估还原金属氧化物的难易程度，因此在冶金过程中可作为重要参考。冶金过程还常涉及硅、碳等元素的氧化，所以埃林汉姆图中不光有金属元素。值得注意的是，这种分析本质上依据的是热力学原理，未考虑动力学因素，由该图预计顺利进行的反应，实际历程可能会很慢。

那么，用埃林汉姆图如何来看焦炭还原 SiO_2 的反应呢？

氧化物（M_xO_y）还原经常用 C 或 CO 作还原剂，这一过程可看作氧原子离开 M，同时 C 或 CO 接受氧原子变成 CO 或 CO_2 的反应，可理解为是 M 和 C 或 CO 对氧原子的竞争。为衡量不同元素与氧的亲和能力，以确定氧化物的稳定顺序，埃林汉姆将相应氧化反应的 $\Delta_r G_m^\theta$ 对温度作图，得到如图 1 - 36 所示的线性关系。

关于埃林汉姆图，需作以下几点说明：

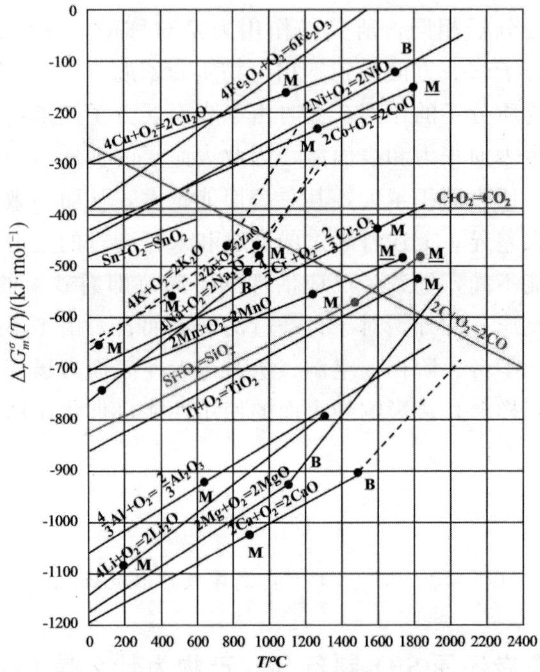

图 1-36　埃林汉姆图（M、B 为金属的熔点，M 为氧化物的熔点）

（1）图中的化学方程式统一规定 O_2 的系数为“1”，即当有 1 mol 反应发生时，均转移 4mol 电子。在此前提下，当 $\Delta_r G_m^\theta$ 越小（即在埃林汉姆图中的位置越低），该反应越易发生，生成的氧化物越稳定。

（2）在冶金（本文为“制取粗硅”）的过程中，通常会涉及以下 3 种气体计量数发生不同变化的反应：

a. $\frac{2x}{y}M(s)+O_2(g)\xlongequal{}\frac{2}{y}M_xO_y(s)$

反应 a 的气体分子数减少，$\Delta_r S_m^\theta$ 减小，随着温度的升高，$\Delta_r G_m^\theta$ 逐渐增大，因此图 1-36 中直线斜率大多数为正值；

b. $C(s)+O_2(g)\xlongequal{}CO_2(g)$

反应 b 的气体分子数不变，$\Delta_r S_m^\theta\approx 0$，随着温度的升高，$\Delta_r G_m^\theta$ 基本保持不变，故在图中是一条水平的直线；

c. $2C(s)+O_2(g)\xlongequal{}2CO(g)$

反应 c 的气体分子数增加，$\Delta_r S_m^\theta$ 增大，随着温度的升高，$\Delta_r G_m^\theta$ 逐渐减小。

（3）各反应的 $\Delta_r G_m^\theta$ - T 关系基本是线性的，但发生相变处直线发生转折，这是因为相变时存在熵变。

对于反应 SiO_2+2C ═══ $Si+2CO$，可以将其看作是反应式 c－a 所得，因此该反应的 $\Delta_rG_m^\theta=\Delta_rG_m^\theta(c)-\Delta_rG_m^\theta(a)$。当 $\Delta_rG_m^\theta<0$，反应可自发进行。由图 1－36 可知，当埃林汉姆图中 a 式“$Si+O_2$ ═══ SiO_2”对应线段位于 c 式“$2C+O_2$ ═══ $2CO$”对应线段之上时，即温度大约在 1600 ℃以上时，该反应可以发生。

同样，从埃林汉姆图上也可以分析出该反应能否生成 CO_2，即“SiO_2+C ═══ $Si+CO_2$”能否发生。该式可看作是反应式 b－a 所得，因此该反应的 $\Delta_rG_m^\theta=\Delta_rG_m^\theta(b)-\Delta_rG_m^\theta(a)$。但由于图中 b 式“$2CO+O_2$ ═══ $2CO_2$”对应线段恒在 a 式“$Si+O_2=SiO_2$”对应线段之上，因此恒有 $\Delta_rG_m^\theta>0$，所以该反应无法发生。

参考文献

傅献彩．物理化学（上册）[M]．5 版．北京：高等教育出版社，2005：361－362.

问题 44 工业上如何冶炼铝？

铝是轻金属，在地壳中的含量居第 3 位，仅次于氧和硅，是地壳中含量最丰富的金属元素。铝具有十分重要的商业地位，在航空、建筑、汽车 3 大重要工业中发挥着重要作用，其应用之广仅次于钢铁，为第 2 大类金属。

那么，工业上是如何冶炼金属铝的呢？

史前时代，人类就已经使用含铝化合物的黏土（$Al_2O_3\cdot 2SiO_2\cdot 2H_2O$）制作陶器，但由于铝化合物的氧化性很弱，不易被还原，因而迟迟不能分离出金属铝。1825 年，丹麦科学家奥斯特把钾溶在水银里，再用得到的钾汞齐与无水 $AlCl_3$ 反应，终于制得了金属铝。1854 年，德国化学家德维尔成功地用钠代替钾来还原 $AlCl_3$ 制备金属铝，这种方法更为方便、成本更低，但冶炼工艺仍然十分昂贵。19 世纪 80 年代以前，铝的价格一直都比黄金还贵，法国皇帝拿破仑三世就曾在宴会上自己使用铝制叉子，给客人们使用纯金餐具来彰显地位；1855 年巴黎博览会上，铝与王冠上的宝石一起展出，特注明“来自黏土的白银”；1889 年，门捷列夫因为成功编制了第一张元素周期表，得到了伦敦化学会赠送的铝合金制成的花瓶和杯子，以示对他的鼓励和嘉奖。19 世纪末，由于生产工艺的发展，铝的价格成千倍跌落，首先是 19 世纪 70 年代西门子改进了发电机，提供了廉价的电力；其次是法国的埃罗和美国的霍尔于 1886 年分别采用电解法制铝。这奠定了铝的工业制法，铝开始大规模生产，铝制品得以广泛进入千家万户。

而电解法制铝的原料——氧化铝，通常从铝土矿中提纯得到。

铝土矿的主要成分是 Al_2O_3（含有 Fe_2O_3、SiO_2 等杂质），这是生产金属铝的最佳原料，也是铝土矿最主要的应用领域，占世界铝土矿总产量的 90% 以上。中学阶段，我们学习从铝土矿中提纯氧化铝的工艺如图 1 - 37 所示，但实际上，工业中通常采用拜耳法对铝土矿进行纯化。

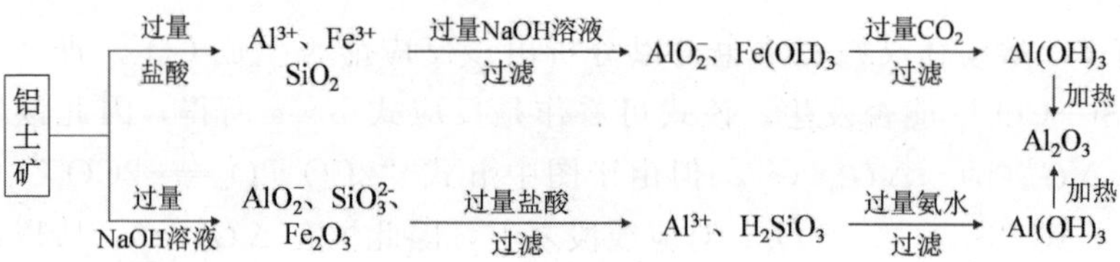

图 1 - 37　从铝土矿中提取氧化铝的工艺流程

拜耳法由 K. J. 拜耳在 1889—1892 年提出而得名，100 年来已经有了许多改进，但习惯仍然沿用“拜耳法”这个名字。拜耳法处理低硅铝土矿时，流程简单，作业方便，产品质量高，经济效果远超其他方法。全世界的氧化铝和氢氧化铝，90%以上用拜耳法生产。拜耳法的生产工艺如下：

先将铝土矿粉碎成直径为 30 mm 左右的颗粒，用水冲洗掉颗粒表面的杂质，再在一定压力下，将颗粒加入热的 NaOH 溶液中，Al_2O_3 和 NaOH 经反应“溶出”。其方程式为：$Al_2O_3+2NaOH+3H_2O=2NaAl(OH)_4$。

溶出过程中，杂质 Fe_2O_3 不与 NaOH 溶液反应，最终形成红色的固体沉淀，称作赤泥；杂质 SiO_2 可与 NaOH 反应：$SiO_2+2NaOH=Na_2SiO_3+H_2O$，当 Na_2SiO_3 浓度超过溶液的平衡浓度后，Na_2SiO_3 与 $NaAl(OH)_4$（铝酸钠）反应生成水合铝硅酸钠析出，与无法碱溶的杂质 Fe_2O_3 一起进入赤泥。其化学反应为：$xNa_2SiO_3+2NaAl(OH)_4 \rightarrow Na_2O \cdot Al_2O_3 \cdot xSiO_2 \cdot nH_2O\downarrow+2xNaOH$。式中，$x$ 值为 1.7 左右，从化学方程式中可以算出，铝土矿中每反应 1 kg SiO_2 就有 1 kg Al_2O_3 和 0.608 kg Na_2O 因反应生成水合铝硅酸钠而损失掉，因此拜耳法适用于处理低硅优质铝土矿。

将赤泥过滤后，铝酸钠留在上层清液中，加水稀释并冷却，铝酸钠发生水解：$NaAl(OH)_4=Al(OH)_3\downarrow+NaOH$，加入纯 Al_2O_3 粉末作为晶种，会析出白色 $Al(OH)_3$（此法也可改进为通入过量 CO_2：$NaAl(OH)_4+CO_2=Al(OH)_3\downarrow+NaHCO_3$）。过滤掉生成的 $Al(OH)_3$ 后，浓度较高的 NaOH 溶液可循环利用，再处理其他铝土矿，已生产出的 $Al(OH)_3$ 经高温煅烧，得到 Al_2O_3：$2Al(OH)_3\xlongequal{高温}Al_2O_3+3H_2O$。

Al_2O_3 可通过霍尔-埃罗法电解制取金属铝（如图 1 - 38 所示）。将 Al_2O_3 和冰晶石（Na_3AlF_6）混合加热至熔化作为电解液（Al_2O_3 的熔点约为 2045 ℃，混合物的熔点可降至 1000 ℃左右），通电后，阴极 Al^{3+} 得电子变成熔融态铝，阳极碳失去电子，和 Al_2O_3 中的氧最终生成 CO_2。高温下，铝水密度约为 2.3 g/cm³，电解液密度约为 2.1 g/cm³，因此铝水往下沉，顺管道流出，实现分离。这种方法生产的铝纯度可达 99%。如果用钠等活泼金属进一步还原，可得到更纯的 99.99%的铝。

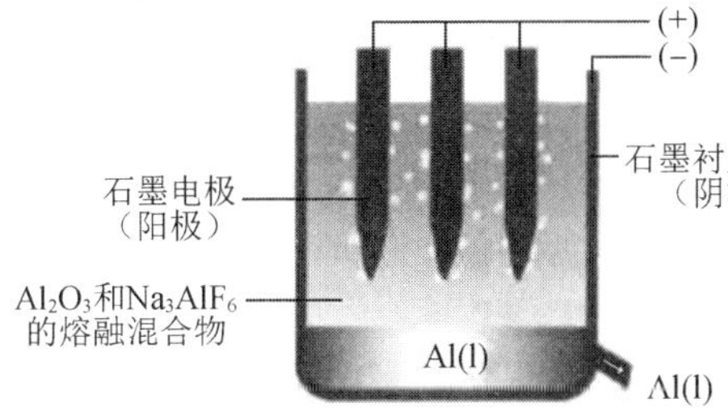

图 1－38　霍尔-埃罗法示意图

霍尔-埃罗法降低了铝的成本，因此一直沿用至今。此法中，电的成本占了 20%～40%，所以电解铝的工厂一般建在电力资源和铝土矿资源发达的地区。美国约 5%的电力用于电解铝，可见铝的重要性；中国的电解铝工业发展也很迅速，目前是世界上电解铝产量最大的国家，占到全球的 15%。

综上，工业上冶炼铝的方法总结如下：

(1) 拜耳法：从铝土矿中得到 Al_2O_3。

溶解：将铝土矿溶于 NaOH(aq)，$Al_2O_3 + 2NaOH + 3H_2O \xlongequal{} 2NaAl(OH)_4$；

过滤：除去残渣 Fe_2O_3、硅铝酸钠等；

酸化：向滤液中通入过量 CO_2：$NaAl(OH)_4 + CO_2 \xlongequal{} Al(OH)_3\downarrow + NaHCO_3$；

过滤、灼烧 $Al(OH)_3$：$2Al(OH)_3 \xlongequal{高温} 3Al_2O_3 + 3H_2O$。

(2) 霍尔-埃罗法：电解 Al_2O_3-冰晶石熔融物制备铝单质。

$2Al_2O_3$（熔融）$\xlongequal[冰晶石]{通电} 4Al + 3O_2\uparrow$

另外还需要补充一点，铝单质实际上还可以通过电解 $AlCl_3$－NaCl 熔盐制备。中学阶段，我们通常认为 $AlCl_3$是分子晶体，熔融态无法导电，因此不能在电解槽中电解。这并不是绝对的。近年来，电解 $AlCl_3$－MCl 熔盐（M 为碱金属）制备铝的方法已经比较成熟。在该熔盐中，铝元素主要以 $AlCl_4^-$ 和 $Al_2Cl_7^-$ 的形式存在，电解时发生的主要反应有：

阳极：$12AlCl_4^- - 6e^- \xlongequal{} 6Al_2Cl_7^- + 3Cl_2\uparrow$；阴极：$8Al_2Cl_7^- + 6e^- \xlongequal{} 14AlCl_4^- + 2Al$。

相比于传统的电解氧化铝-冰晶石法制备铝单质，该方法生产效率高，且可以节约28%的电能。

参考文献

[1] 吴星．中学化学学科理解：疑难问题解析 [M]．上海：上海教育出版社，2019：230—234.

[2] 兰建祥．步步质疑 层层驱动——对铝土矿提纯问题的“同题求异”教学 [J]．化学教学，2015（3）：24—27.

[3] 胡宗球．无机化学（下册）[M]．北京：科学出版社，2014：180.

[4] 任雪明，吴文中．高中化学教学疑难问题研析 [M]．杭州：浙江教育出版社，2015：183—184.

[5] 普通高中教科书．选择性必修 1 化学反应原理 [M]．济南：山东科学技术出版社，2019：42.

问题 45 如何得到硅凝胶和硅胶？

硅酸是白色粉末状固体，不溶于水，酸性比碳酸弱，$K_{a1}\approx10^{-10}$，$K_{a2}\approx10^{-12}$，不能使指示剂变色。中学阶段通常用 Na_2SiO_3 溶液和酸性物质反应制备 H_2SiO_3，H_2SiO_3 在水溶液中会自行聚合，在一定条件下可以形成果冻状的硅凝胶。实验室可通过多种方法制备硅凝胶：

（1）把纯净的 CO_2 气体持续通入盛有饱和 Na_2SiO_3 溶液的试管中，开始没有任何生成白色胶状沉淀的迹象，振荡试管后静置数分钟后，溶液逐渐浑浊，最后试管内溶液冻结在一起，成为一块果冻状的硅凝胶。

（2）取 3 mL 饱和 Na_2SiO_3 溶液于试管中，向试管中滴加 2 mL 饱和 $NaHCO_3$ 溶液，振荡试管，溶液逐渐变浑浊，最后试管内溶液冻结，制得果冻状的硅凝胶（说明：H_2CO_3 的 $K_{a1}\approx10^{-8}$，$K_{a2}\approx10^{-11}$，因此酸性 $H_2CO_3>H_2SiO_3>HCO_3^->HSiO_3^-$。此反应之所以能用 $NaHCO_3$ 溶液制出 H_2SiO_3，主要是由于生成硅酸凝胶使溶液中离子浓度减小的缘故）。

（3）向 10 mL 20%的 Na_2SiO_3 溶液中逐滴加入 1.5 mL 6 mol/L 的盐酸，出现白色浑浊后，再慢慢滴加 0.5 mL 该浓度盐酸，边滴边振荡，可得白色硅凝胶。

（4）向 10 mL 20%的 Na_2SiO_3 溶液中逐滴加入 3 mL 饱和 NH_4Cl 溶液，边滴边振荡，可得白色硅凝胶。

在上述实验中，一开始生成的 H_2SiO_3 不会立即沉淀，而是以单分子硅酸的形式存在。单分子硅酸可溶于水，随反应的进行，单分子硅酸逐渐缩合成多硅酸，形成硅酸溶胶。这是一种胶体，当溶胶浓度足够大时，就得到半固体物质——硅酸凝胶，即硅凝胶。硅凝胶呈胶冻状，软而透明，不是常规意义上的“沉淀”，它的组成较为复杂，往往随生成条件而改变，可看成是无定形 SiO_2 的水合物，通式为 $x\mathrm{SiO_2} \cdot y\mathrm{H_2O}$。

将硅凝胶充分洗涤除去可溶性盐类，再干燥脱去水分后，即成为多孔性稍透明的白色固体，称为硅胶。由于其内表面积很大（800～900 m^2/g），因此是很好的干燥剂、吸附剂及催化剂载体。吸水后的硅胶可再烘干后多次重复使用，在实验室中常被用作高级精密仪器的防潮剂。硅酸凝胶烘干前还可用粉红色的氯化钴溶液浸泡制成变色硅胶，干燥的硅胶呈无水 Co^{2+} 的蓝色，吸湿后呈 $[Co(H_2O)_6]^{2+}$ 的粉红色，这种变色硅胶可以指示硅胶的吸湿状态，使用十分方便。

参考文献

[1] 蒯世良. 硅酸凝胶的制备 [J]. 化学教育，1981 (01)：46.

[2] 朱正德. 从制备硅酸凝胶的实验探究谈“强酸制弱酸”规律 [J]. 化学教学，2013 (05)：49—50.

[3] 胡宗球. 无机化学（下册）[M]. 北京：科学出版社，2014：169.

[4] 北京师范大学，华中师范大学，南京师范大学无机化学教研室. 无机化学（上册）[M]. 4 版. 北京：高等教育出版社，2003：578—579.

问题 46 氯气尾气处理时，为什么不考虑防倒吸？

在有气液接触的实验装置中，通常要考虑因倒吸带来的安全问题。实验过程中的倒吸现象大致可分为 2 类：

(1) 需要加热制取气体（且涉及气体要通过液相或者用排水法收集气体）的实验中，若加热不均匀就会产生倒吸现象，如制取氧气、氯气等。

分析：反应结束时，一旦停止加热，试管内温度降低，管内气体压强减小，发生倒吸，因此需要先撤去气液接触装置，再停止加热。

(2) 极易溶于水的气体（如 NH_3、HCl 等）进入溶液发生反应或进行尾气处理时，反应液或用于尾气处理的水会被倒吸入前面的装置中。

原因：NH_3、HCl 等气体在水中的溶解度太大，气体迅速溶解，使得导管中气体的压强小于外界大气压，进而发生倒吸。

总之，倒吸是由于实验装置内部气压下降和外界迅速形成巨大的压强差所致。

Cl_2不倒吸的原因是由于气体逸散溶解的速率较慢且与碱液反应比较温和，

因此导管内外不会迅速产生巨大的压强差。

此外，CO_2、H_2S 等气体溶解度均不大，碱液吸收时不会产生倒吸现象，理论上都无须防倒吸。

问题 47 滴有酚酞的 NaOH 溶液中加入新制氯水后，褪色的原因是什么？

高中阶段学生往往会遇到这一探究性习题：用胶头滴管将新制氯水慢慢滴入含酚酞的 NaOH 稀溶液中，当滴入最后一滴氯水时红色完全褪去，试分析上述现象产生的原因并设计实验进行验证。

褪色的原因可能是氯水中的 HCl、HClO 中和了 NaOH，也可能是氯水中的 HClO 将酚酞氧化。想验证具体原因，可以向已褪色的溶液中继续滴加 NaOH 溶液，若溶液变红，是因为 NaOH 被中和而褪色；若溶液不变红，是因为酚酞被氧化而褪色。

查阅文献，氯水使含酚酞的 NaOH 溶液褪色的原因有 3 种：可能是 NaOH 被中和，可能是酚酞被氧化，或者二者兼而有之。这与 NaOH 溶液、酚酞溶液的用量有关。例如：氯气遇“滴有 1 滴 NaOH 溶液和 1 滴酚酞溶液的滤纸”反应后均变为无色，若仅是 NaOH 被中和，向滤纸上滴加 1 滴 NaOH 溶液，滤纸应该变红；若仅是酚酞被氧化，向滤纸上滴加 1 滴酚酞溶液，滤纸应该变红。但向滤纸上分别滴加 1 滴 NaOH 溶液和 1 滴酚酞溶液，发现 2 片滤纸均未变红，这说明了 NaOH 和酚酞均已被消耗。通常，指示剂只滴 1～2 滴，因此褪色的原因主要取决于 NaOH 溶液的用量（浓度和体积）。

参考文献

[1] 王文娟，魏锐，于成玉．基于自封袋和塑料点滴板的氯气性质实验设计 [J]. 化学教育，2017，38 (17)：60—63.

[2] 马佩强，孟静．对一道流行习题的质疑和探究 [J]. 中学化学教学参考，2013 (08)：53—54.

问题 48 饮用水如何消毒？

安全饮用水是人类生存的基本需求。城市中的供水水源一般部分来自地下水，部分来自江河湖泊，这些取自自然界的水多半都不能直接饮用，需要经过混凝沉淀、过滤、消毒、除臭除味等一系列流程方可进入千家万户。那么，饮用水是如何消毒的呢？

最初，世界各国的饮用水消毒主要用液氯，消毒的主要作用是杀灭可引起霍乱、伤寒、痢疾等疾病的病菌。液氯是迄今为止最常用的消毒方法，其特点是成本低、工艺成熟、效果稳定可靠。但是，由于加氯法一般要求不少于30 min的接触时间，接触池容积较大，且氯气是剧毒危险品，存储氯气的钢瓶为高压容器，有潜在威胁，所以需要按安全规定兴建氯库和加氯间。此外，氯还会使水中的有机物氯化，产生的有机氯化物 $CHCl_3$（氯仿）等是潜在的致癌物质，危害人体健康。鉴于此，世界各国开始陆续开发、采用新的自来水杀菌消毒剂，如臭氧（O_3）、二氧化氯（ClO_2）、高铁酸盐（Na_2FeO_4、K_2FeO_4）等。

臭氧技术是既古老又崭新的技术，1840 年由德国化学家发明，1856 年被用于水处理消毒。臭氧氧化性强，能杀死水中的细菌，且没有副作用。目前，臭氧消毒被广泛用于水处理、空气净化、食品加工、医疗、医药、水产养殖等领域。

1900 年有地区开始实验尝试用 ClO_2 消毒，1944 年 ClO_2 被大规模用于尼亚加拉瀑布水厂以控制酚味和臭味，1950 年 ClO_2 开始逐渐应用于饮用水消毒领域，1970 年被广泛接受为饮用水消毒剂。ClO_2 杀菌、漂白能力均优于 Cl_2，消毒能力是等质量 Cl_2 的 2.63 倍。但因 ClO_2 成本高，国内许多水厂近几年试行以二氧化氯-液氯组合消毒，取得了显著效果。

紫色的 Na_2FeO_4、K_2FeO_4 溶于水后呈紫红色（像 MnO_4^- 溶液的颜色），其中铁元素处于最高价，有强氧化性，可以有效杀灭水中的病菌和病毒。与此同时，高铁酸盐自身被还原成 $Fe(OH)_3$。$Fe(OH)_3$ 是品质优良的无机絮凝剂，能通过吸附除去水中的微细悬浮物。此外，高铁酸盐在整个消毒和净化过程中，不产生任何致癌、致畸物质，因此被公认为绿色消毒剂。

上述消毒方法都属于化学消毒。此外，饮用水消毒还可以采用物理消毒法，如煮沸、紫外线照射、超声波等。

参考文献

课程教材研究所．人教版化学必修 1 教师教学用书 [M]. 北京：人民教育出版社，2019：66.

问题 49　如何检验 Cl_2 中含有的 HCl 气体？

中学阶段，我们知道要想除去 Cl_2 中的 HCl 气体可以通过饱和 NaCl 溶液。但若想要检验 Cl_2 中的 HCl，不少同学却犯了难，实际上可以采用一种现代仪器分析方法——气相色谱法来检验。那么，它的工作原理是怎样的呢？

气相色谱法是以气体为流动相的色谱分析方法，主要用于分离分析易挥发的物质。气相色谱法是重要的分离分析方法之一，在医药卫生、石油化工、环境监测、生物化学等领域都有广泛的应用。

气相色谱仪（如图 1－39 所示）是利用色谱分离技术和检测技术，对多组分的复杂混合物进行定性和定量分析的仪器。气相色谱中的流动相（或活动相）是载气，通常使用惰性气体（如 He）或难于反应的气体（如 N_2、H_2 等）；固定相则由一薄层液体或聚合物附着在一层惰性的固体载体表面构成，固定相装在由玻璃或金属制成的一根空心管柱内（称为色谱柱）。工作时（见图 1－40），首先将分析样品在进样口中气化，由微量注射器“注射”进入进样器后，被载气携带进入色谱柱。由于样品中各组分在色谱柱中的流动相（气相）和固定相（液相或固相）间分配或吸附系数存在差异，在载气的冲洗下，待分析的气体样品与色谱柱壁相互作用，使得不同的物质在不同的时间被洗脱出来，最终各组分在色谱柱中得以分离。然后用接在色谱柱后的检测器根据组分的物理化学特性将各组分按顺序检测出来。检测器对每个组分所给出的信号，在记录仪上表现为一个个的峰，称为色谱峰。色谱峰上的极大值是定性分析的依据：从一种物质进样开始到出现色谱峰最大值的时间被称为该物质的保留时间，通过将未知物质的保留时间与相同条件下标准物质的保留时间的比较可以表征出该未知物；而色谱峰所包罗的面积是定量分析的依据，与对应组分的含量有关。一个混合物样品注入后，由记录仪记录得到的曲线，称为色谱图。这样，分析色谱图就可以得到定性分析和定量分析结果。

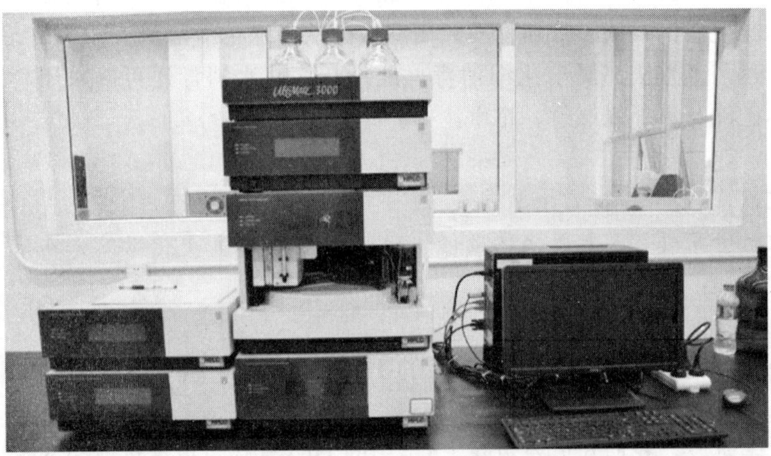

图 1－39　气相色谱仪

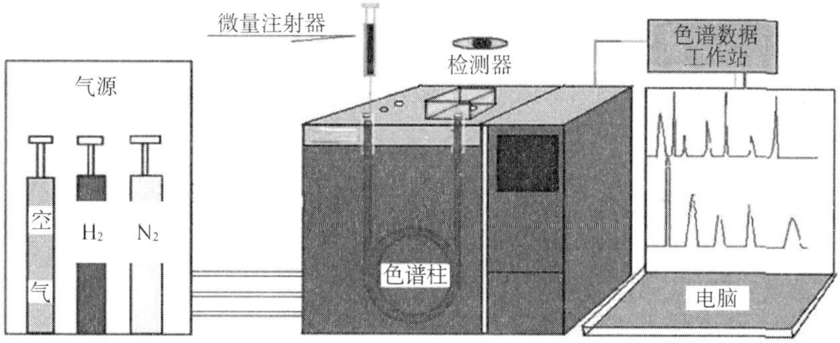

图 1-40 气相色谱法工作原理

问题 50 为什么 HClO 的氧化性比其他氯的含氧酸氧化性强?

通常，同一元素有多种化合价时，价态越高，氧化性越强，例如 Fe(Ⅲ)的氧化性大于 Fe(Ⅱ)，这可以从得失电子的难易程度来解释清楚。可是在氯的一系列含氧酸中，氧化性顺序为 $HClO > HClO_2 > HClO_3 > HClO_4$。那么，为什么 HClO 的氧化性在其一系列含氧酸中最强呢?

从结构来看，含氧酸的氧化性和分子的稳定性有关。一般来说，如果含氧酸分子中的中心原子 R 处于较高价态，分子又不稳定，该含氧酸就有氧化性，且分子越不稳定，氧化性越强。但含氧酸分子的稳定性又与分子中 R—O 键的强度和键的数目有关，键的数目越多，R—O 键的强度越大，断裂这些键就越困难，含氧酸分子就越稳定，就越难以被还原为低氧化态甚至单质。所以，稳定的多变价元素的含氧酸氧化性很弱，甚至没有氧化性。而 R—O 键的强度和数目与 R 的电子构型、氧化态、原子半径、成键情况以及分子中带正电性的氢原子对 R 的反极化作用等因素有关，在 HClO、$HClO_2$、$HClO_3$、$HClO_4$ 系列中，由于酸分子中 R—O 键的数目依次增加，R—O 键的键长减小（如表 1-6 所示），稳定性依次增加，因此，含氧酸氧化性随氯的氧化态的增加而依次减弱。另外，氧化性 $H_2SO_3 > H_2SO_4$（稀）、$HNO_2 > HNO_3$（稀）的原因也是如此。

表 1-6 Cl—O 键的性质

含氧阴离子	Cl—O 键数目	Cl—O 键键长/pm	Cl—O 键键能/(kJ/mol)
ClO^-	1	170	209
ClO_2^-	2	164	244.5
ClO_3^-	3	157	243.7
ClO_4^-	4	145	363.5

参考文献

北京师范大学，华中师范大学，南京师范大学无机化学教研室．无机化学（下册）[M]．4版．北京：高等教育出版社，2003：624—627.

问题51 实验室用碱和铵盐加热制取 NH_3 时要注意什么问题？

氨气，无色气体，有强烈的刺激性气味，密度为0.7710 g/L，比空气小。实验室制备 NH_3 时，可以采用加热浓氨水、浓氨水加固体碱性干燥剂（如NaOH、CaO、碱石灰等）以及碱和铵盐混合加热的方法。需要注意的是，在用碱和铵盐加热制取 NH_3 时，只能选择消石灰和 NH_4Cl 固体（如图1-41所示），这是为什么呢？

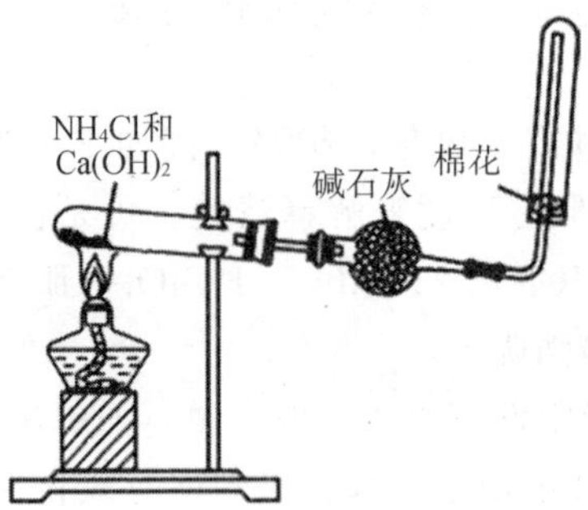

图1-41 实验室制氨气装置示意图

实验室制备 NH_3 用消石灰，消石灰不能用常见的NaOH、KOH代替的原因是：①NaOH、KOH具有吸湿性，易结块，不利于产生 NH_3；②高温下NaOH、KOH会与玻璃中的 SiO_2 发生反应，有较强的腐蚀作用。

制 NH_3 所用铵盐为 NH_4Cl，不能用常见的 NH_4NO_3、$(NH_4)_2CO_3$、$(NH_4)_2SO_4$ 等。因为加热过程中 NH_4NO_3 可能会分解爆炸，产生多种氮氧化物，使得 NH_3 不纯，且极易引发危险；$(NH_4)_2CO_3$ 受热分解产生 CO_2，使 NH_3 中混有较多 CO_2 杂质；$(NH_4)_2SO_4$ 与 $Ca(OH)_2$ 反应生成 $CaSO_4$，反应后呈块状，不利于 NH_3 逸出，且反应后试管难以清洗。

另外，实验室收集 NH_3 时，试管口需要塞一团棉花，目的是防止 NH_3 与空气对流，以便得到较纯净的 NH_3。收集 NH_3 时棉花是不蘸水或稀硫酸的，如涉及尾气吸收，棉花应蘸水或稀硫酸。

还有，此实验是在固相中进行的，物质无法发生电离，故不能写离子方程式。

参考文献

李振国，胡红育．高中化学疑难全解（新课程）[M]．南京：南京师范大学出版社，2006：27—28.

问题 52 有关 NO_2 的几个问题。

1. NO_2 是酸性氧化物吗？

NO_2 是红棕色有毒气体，无色的 NO 在常温下与空气中的氧气迅速化合，生成 NO_2（如图 1－42 所示）。NO_2 与水可生成 HNO_3 和 NO。那么，NO_2 是酸性氧化物吗？

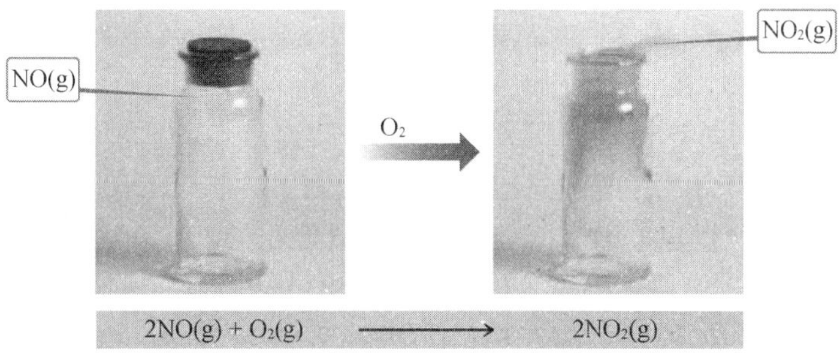

图 1－42　NO 在空气中转化成 NO_2

酸性氧化物的定义为：能与碱反应只生成盐和水的氧化物。此过程中一般没有氧化还原反应的发生。非金属氧化物多数是酸性氧化物，某些过渡金属的高价氧化物（如 CrO_3、Mn_2O_7 等）也是酸性氧化物。那么，如何判断某物质是否属于酸性氧化物呢？一种简单的方法是看这种氧化物是否有相对应的酸，即该酸与酸性氧化物的中心原子价态必须保持一致。如 N_2O_5 对应的酸是 HNO_3、SO_3 对应的酸是 H_2SO_4、SO_2 对应的酸是 H_2SO_3，所以 N_2O_5、SO_2、SO_3 均是酸性氧化物，而氮的含氧酸中没有氮元素呈＋4 价，所以 NO_2 并不是酸性氧化物。

2. NO_2 可以用浓硫酸干燥吗？

浓硫酸是典型的干燥剂，但浓硫酸不能干燥碱性气体和强还原性气体，如 NH_3、HBr、HI、H_2S 等。那么，NO_2 可以用浓硫酸干燥吗？

将 Cu 与浓硝酸反应产生的 NO_2 通入浓硫酸中（见图 1－43），发现红棕色气体并不会逸散出来。约 2 min 后，浓硫酸开始呈浅红棕色，随着气体的通入，颜色逐渐加深。若加热此时的浓硫酸，可以明显看到红棕色的 NO_2 受热逸出，由此可见，NO_2 不能用浓硫酸干燥，因为 NO_2 会被浓硫酸吸收。其吸收方式有：①物理吸收：NO_2、N_2O_4 等以分子的形式溶于浓硫酸，使无色透明的浓硫酸呈明显的浅红棕色；②化学反应：NO_2 可与浓硫酸反应生成亚硝基硫酸（$NOHSO_4$）。

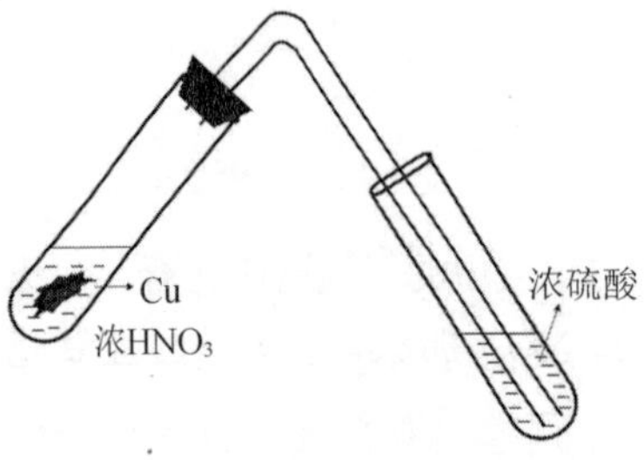

图 1 - 43　反应装置图

实际上，NO_2通常不需要干燥，含有少量水分不会影响它的使用。若实验必须要求无水环境，可选用无水$CaCl_2$干燥NO_2。

另外，NO 不与浓硫酸作用，可以用浓硫酸干燥 NO。但如果 NO 中含有少量NO_2，在用浓硫酸干燥 NO 的过程中，将有少量NO与NO_2一起被浓硫酸吸收而损失：$NO_2+NO+2H_2SO_4 = 2NOHSO_4$（亚硝基硫酸）$+H_2O$。

3. 充满NO_2的试管倒扣于水中，水面为什么会上升至容器容积的 2/3 以上？

二氧化氮溶于水后会发生反应：$3NO_2+H_2O = 2HNO_3+NO$，生成的 NO 难溶于水，所以理论上水面会上升至容器容积的 2/3。但是实验表明，水面上升会远远大于容器容积的 2/3。这是为什么呢？

我们知道，NO_2和N_2O_4存在相互转化：$2NO_2 \rightleftharpoons N_2O_4$（如图 1 - 44 所示），且温度不同，转化率不同（如表 1 - 7 所示）。那么，上述实验现象和此有关吗？

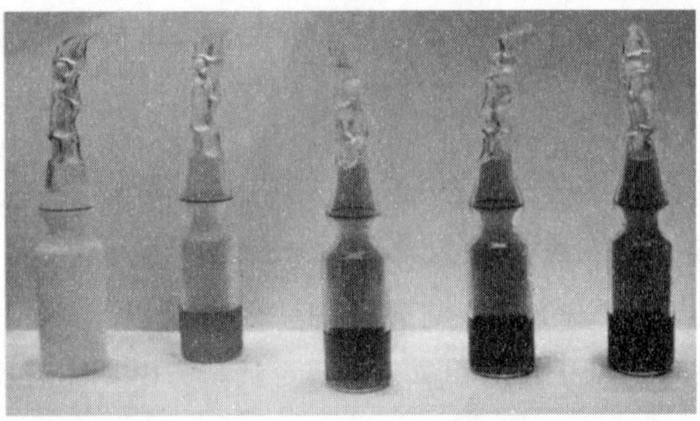

图 1 - 44　NO_2与N_2O_4的转化（从左到右，温度不断升高，NO_2组分逐渐变多）

表 1 - 7　N_2O_4在不同温度下的离解度

温度/℃	26.7	35.4	39.8	49.5	60.2	70.0	80.6	90.5	100.1	111.3	121.5	135.0
离解度/%	19.96	25.65	29.23	40.04	52.84	65.57	76.61	84.83	89.23	92.67	95.23	98.69

从表 1 - 7 可看出，常温下，N_2O_4的离解度大约为 20%，即所谓一试管NO_2，实质上大部分都是N_2O_4，但按反应$3N_2O_4+2H_2O = 4HNO_3+2NO$来看，水面应该上升至容器容积的 1/3，显然也无法解释上述现象。实际上这是由于生成的 NO 会继续与NO_2发生如下反应：$NO+NO_2+H_2O = 2HNO_2$，导致气体被大量消耗，最终水面上升至容器容积的 2/3 以上。

4. NO_2为什么能使余烬木条复燃？

我们知道，纯O_2能使余烬木条复燃，但其实浓度较大的NO_2也能使余烬木条复燃，这是因为余烬所提供的温度可以使NO_2发生分解：$2NO_2 \xlongequal{大于150℃} 2NO+O_2$，所以余烬能在$NO_2$中复燃，终究还是$O_2$在发挥作用。

参考文献

[1] 刘怀乐．NO_2在教学中值得注意的几个问题［J］．中学化学教学参考，2004（Z1）：97－98.

[2] 刘怀乐．格致 求索 鼎新——中学化学教学文集［M］．重庆：重庆出版社，2013：104.

[3] 杨硕．浓硫酸能否干燥NO_2［J］．中学化学教学参考，2019（5）：52.

问题53 为什么硼酸、次磷酸是一元酸，亚磷酸是二元酸？

硼酸（H_3BO_3）（如图1－45所示）和次磷酸（H_3PO_2）是一元弱酸，亚磷酸（H_3PO_3）是二元弱酸，它们并不像化学式所表示的那样可以电离出3个H^+。那么，它们的酸性是如何体现的呢？

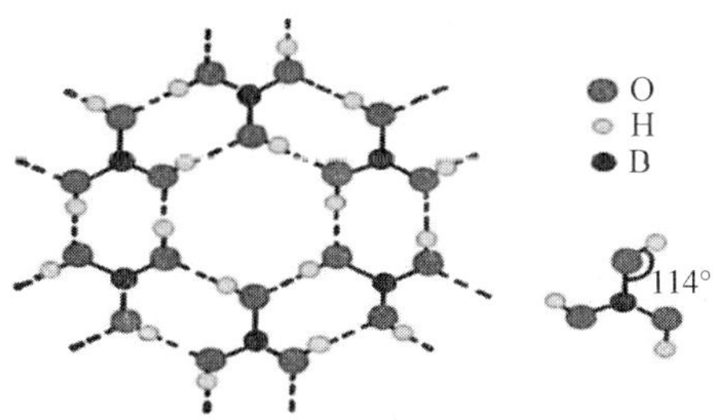

图1－45 硼酸晶体的片层结构

H_3BO_3是一元弱酸（$K_a=7.3\times10^{-10}$，298 K），它电离出H^+的方式不同于其他酸，由于H_3BO_3中的硼原子存在空轨道，是缺电子化合物，因此可以接受水中OH^-提供的孤电子对，从而电离出H^+，是非常典型的路易斯酸，电离方程式可以表示为：$H_3BO_3+H_2O \rightleftharpoons [B(OH)_4]^-+H^+$（如图1－46所示）。

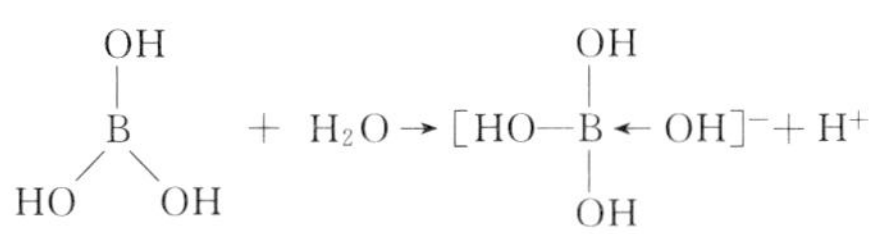

图1－46 硼酸的电离

采用同类电离方式的物质还有以下酸、碱：

$NH_3+H_2O \rightleftharpoons NH_4^+ + OH^-$；$Al(OH)_3+H_2O \rightleftharpoons [Al(OH)_4]^- + H^+$；

$N_2H_4+H_2O \rightleftharpoons [N_2H_5]^+ + OH^-$；$[N_2H_5]^+ + H_2O \rightleftharpoons [N_2H_6]^{2+} + OH^-$等。

H_3PO_2也是一元弱酸（$K_a=1.0\times10^{-2}$，298 K），它体现酸性的方式同大多数含氧酸一样，是酸的中心原子吸引羟基氧的电子，使得羟基氢在水溶液的作用下易电离，从而体现酸性。因此，在此类含氧酸中，只有羟基氢才能体现酸性，且非羟基氧越多，中心原子的正电性越高，R—O—H 中 O 的电子越向 R 偏移，在水分子作用下越易电离出 H^+，酸性越强。通常，非羟基氧的个数和含氧酸的酸性强弱有如下关系（如表 1－8 所示）。而在 H_3PO_2 分子中，由于只有 1 个羟基氢（如图 1－47 所示），且非羟基氧的个数只有 1 个，因此 H_3PO_2是一元弱酸（具体教学中，中强酸通常按弱酸处理，下同）。

表 1－8　非羟基氧个数和含氧酸酸性对应表

非羟基氧个数		0	1	2	3
酸性		弱酸	中强酸	强酸	最强酸
pK_1	Cl	HClO 7.4	$HClO_2$ 2.0	$HClO_3$ −2.7	$HClO_4$ −7
	S	—	H_2SO_3 1.9	H_2SO_4 −2.0	—
	N	—	HNO_2 3.3	HNO_3 −1.3	—

H_3PO_3 是二元弱酸（$K_{a_1}=1.0\times10^{-2}$、$K_{a_2}=2.6\times10^{-7}$），电离方式同 H_3PO_2一样。由于 H_3PO_3分子中有 2 个羟基氢和 1 个非羟基氧（见图 1－47），因此 H_3PO_3是二元弱酸。

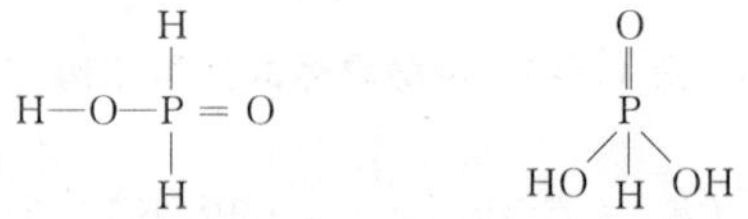

图 1－47　次磷酸和亚磷酸结构示意图

由此可见，酸的元数并不能简单通过酸中氢原子的数目来判断，有机酸更是如此。另外，不同的酸电离方式可能会存在差异，可能是自身电离出 H^+，也可能是与水中的 OH^-结合剩余 H^+所致。

参考文献

[1] 钱胜．触摸化学的温度：中学化学教学反思 [M]．重庆：重庆出版社，

2017：86.
[2] 北京师范大学，华中师范大学，南京师范大学无机化学教研室．无机化学（下册）[M]. 4版．北京：高等教育出版社，2003：546—547，592.
[3] 吴星．中学化学学科理解：疑难问题解析 [M]. 上海：上海教育出版社，2019：102.

问题54 含氧酸如何命名？

含氧酸种类繁多，有原酸、高酸、正酸、亚酸、次酸、偏酸、焦酸、过氧酸、连酸等。这些名称究竟是怎样规定的呢？

1. 原酸、正酸

理论上讲，每种元素都有其“原酸”的形式，如果用“R”表示某元素，若其最高正化合价为$+n$的话，则其原酸的化学式为“$R(OH)_n$”，也可以写成H_nRO_n的形式，如原硅酸H_4SiO_4、原碳酸H_4CO_4、原磷酸H_5PO_5、原碲酸H_6TeO_6、原碘酸H_7IO_7等。

非金属氧化物的水化物为含有1个或多个—OH基团的氢氧化物，作为这类化合物的中心原子，即非金属R，它周围能结合多少个—OH，取决于R($+n$)的电荷数及半径大小。一般说来，R的电荷n越高，半径越大，能结合的—OH数目就越多。但是当R的电荷很高时，其半径往往很小，R原子周围容纳不了“原酸”分子中过多的—OH，就会发生脱水，直到其周围保留的异电荷离子或基团数目既能满足氧化态，又能满足它的配位数，从而得到正酸，通常简称为某酸。如H_6SO_6（原硫酸）脱去2个H_2O得到H_2SO_4（正硫酸，简称硫酸）；H_5PO_5（原磷酸）脱去1个H_2O得到H_3PO_4（正磷酸，简称磷酸）。

2. 高酸、正酸、亚酸、次酸

如果把非金属元素R的常见含氧酸（正酸）的通式写成H_mRO_n，则正酸（命名时常略去正字）中R的化合价是$(2n-m)$。组成比H_mRO_n多1个“O”或元素R化合价比正酸高2价的含氧酸称为该元素的高某酸；组成比正酸少1个“O”或比正酸R化合价低2价的叫亚某酸；组成比亚酸又少一个“O”或元素R的化合价再低2价的叫次某酸。即按中心原子R的化合价由高到低的顺序分别命名为高酸、正酸、亚酸、次酸。例如：高氯酸（$HClO_4$）、氯酸（$HClO_3$）、亚氯酸（$HClO_2$）、次氯酸（$HClO$）；磷酸（H_3PO_4）、亚磷酸（H_3PO_3）、次磷酸（H_3PO_2）；硫酸（H_2SO_4）、亚硫酸（H_2SO_3）；硝酸（HNO_3）、亚硝酸（HNO_2）等。

3. 偏酸、焦酸（重酸）

非金属元素R氧化物的水化物“$R(OH)_n$”中，中心原子R周围因容纳不了“原酸”中过多的—OH 而发生脱水，因脱水数目的不同，又分为正酸、偏酸、焦酸等。

一分子正酸脱去一分子水而成的酸，称为偏酸。如：偏磷酸（HPO_3）是由磷酸（H_3PO_4）脱去一分子水得到，$H_3PO_4-H_2O$ ══ HPO_3。

由两分子正酸脱去一分子水而成的酸，称为焦酸，有时也称重酸。如：焦硫酸（$H_2S_2O_7$），$2H_2SO_4-H_2O$ ══ $H_2S_2O_7$；焦磷酸（$H_4P_2O_7$），$2H_3PO_4-H_2O$ ══ $H_4P_2O_7$；重铬酸（$H_2Cr_2O_7$），$2H_2CrO_4-H_2O$ ══ $H_2Cr_2O_7$ 等。

4. 过氧酸、连酸

含氧酸中含过氧键的，叫过某酸，如过一硫酸（H_2SO_5），如图 1－48 所示；过二硫酸（$H_2S_2O_8$），如图 1－49 所示。

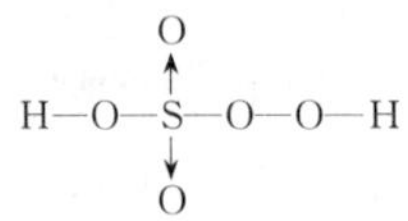

图 1－48　H_2SO_5（过一硫酸）

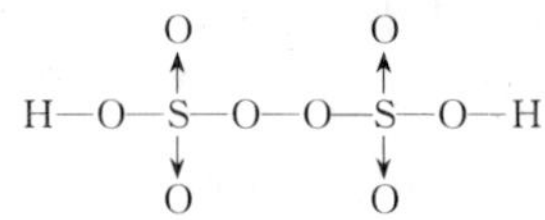

图 1－49　$H_2S_2O_8$（过二硫酸）

含氧酸分子中成酸原子不止 1 个，且成酸原子又直接相连者，称为连酸，如连二硫酸（$H_2S_2O_6$），如图 1－50 所示；连二亚硫酸（$H_2S_2O_4$），如图 1－51 所示。

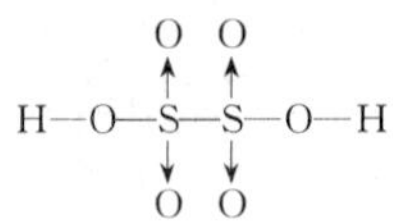

图 1－50　$H_2S_2O_6$（连二硫酸）

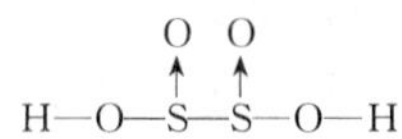

图 1－51　$H_2S_2O_4$（连二亚硫酸）

除上述外，含氧酸还有其他形式，如硫代硫酸（$H_2S_2O_3$），可看作是 H_2SO_4 分子中的 1 个氧原子被 1 个硫原子取代。另外，如果含氧酸分子中的—OH 全部失去，剩余的部分叫酰基，命名从酸变为酰，如硫酰氯（SO_2Cl_2）；碳酰氯（$COCl_2$），俗名光气等。

参考文献

[1] 北京师范大学，华中师范大学，南京师范大学无机化学教研室．无机化学（下册）[M]．4 版．北京：高等教育出版社，2003：611－612.

[2] 严宣中，王长富．普通无机化学 [M]．2 版．北京：北京大学出版社，2016：36.

[3] 王祖浩．苏教版化学必修 1 教师教学用书 [M]．南京：江苏凤凰教育出版社，2020：10－11.

[4] 王笃年．关于含氧酸命名规则及酸性强弱的问题 [J]．高中数理化，2013 (Z2)：92.

问题 55 氧化性酸和酸的氧化性有何区别？

酸的氧化性通常指的是酸中 H^+ 体现出的氧化性。如：所有酸都有 H^+，金属活动性顺序排在氢前面的金属都可以和酸反应生成 H_2（如 $Zn+H_2SO_4 = ZnSO_4+H_2\uparrow$），这是酸的氧化性的体现。氧化性酸则指的是酸根中处于最高价或较高价态的中心原子所体现出的氧化性。如常见的氧化性酸 HNO_3、浓 H_2SO_4 等在发生氧化还原反应时，其中 HNO_3 的 N（Ⅴ），浓 H_2SO_4 的 S（Ⅵ）会发生降价，表现出氧化性。如：浓 H_2SO_4 和 Cu 在加热的条件下反应，$Cu+2H_2SO_4$（浓）$\xlongequal{\triangle} CuSO_4+SO_2\uparrow+2H_2O$，此时浓 H_2SO_4 既体现酸性又体现氧化性，其中 S 的价态从 $+6\rightarrow+4$，这是浓 H_2SO_4 作为氧化性酸的体现。当然，稀 H_2SO_4 中的 S 也为 +6 价，可是在氧化还原反应中，稀 H_2SO_4 中 S 的价态不会发生变化，所以稀 H_2SO_4 不是氧化性酸。但其电离出的 H^+ 可参与氧化还原反应，所以稀 H_2SO_4 可体现出酸的氧化性。

问题 56 为什么硝酸愈浓氧化性愈强？为什么浓 H_3PO_4 没有强氧化性？

HNO_3 是中学阶段非常典型的氧化性酸，浓 HNO_3 的氧化性强于稀 HNO_3，不同浓度的 HNO_3 与金属反应产物不同。通常而言，浓 HNO_3 对应的还原产物是 NO_2，稀 HNO_3 对应的还原产物是 NO。有观点认为，这是因为 HNO_3 越浓，氧化性越强，反应中生成的低价氮化合物——NO，在强氧化气氛中不能存在，会继续被氧化成高价的氮化合物——NO_2；当 HNO_3 较稀时，它的氧化性也较弱，这时氮的低价化合物能够存在，所以主要产物是 NO。还有观点认为：浓、稀 HNO_3 对应的还原产物与 NO_2 溶于水发生的可逆反应有关，即 $3NO_2+H_2O \rightleftharpoons 2HNO_3+NO$，如果反应在稀 HNO_3 中进行，平衡向右移动，反应放出的气体是 NO；当 HNO_3 浓度相当大时，平衡则向左移动。因此，浓 HNO_3 对应的还原产物是 NO_2。

实际上，HNO_3 还可以被还原为更多价态的氮的化合物。一般来说，对于同一金属而言，HNO_3 越稀，被还原的程度越大，而且不同浓度 HNO_3 被还原的产物不是单一的，只是在某浓度时，以某种产物为主而已。通常浓硝酸（12～16 mol/L）的还原产物主要是 NO_2；稀硝酸（6～8 mol/L）与不活泼金属（如Cu）反应的产物主要是NO，与活泼金属（如Fe、Zn、Mg等）反应则可能生成N_2O（硝酸浓度约为2 mol/L）或NH_4^+（硝酸浓度小于2 mol/L）；极稀硝酸（1%～2%）与极活泼的金属作用会有H_2放出。那么，为什么HNO_3愈浓，其氧化性愈强呢？

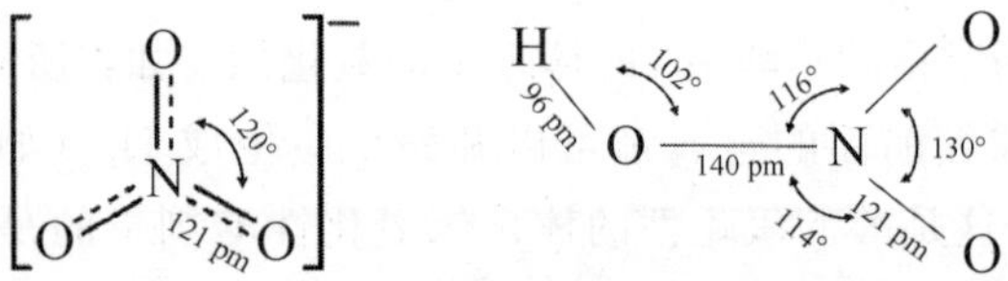

图1-52　硝酸根离子、硝酸分子的结构示意图

从结构角度来讲，物质的对称性对其氧化性有较大影响。一般而言，反应物分子或离子的对称性越强，离域π键的离域程度越大，反应物越稳定，其氧化性就越弱。NO_3^-中氮原子以sp^2杂化轨道与周围3个氧原子的p轨道形成3个σ键，氮原子未杂化的p轨道与周围氧原子的3个p轨道形成1个π_4^6的离域大π键，呈平面三角形的构型；而HNO_3分子中的氮原子也以sp^2杂化轨道与周围3个氧原子的p轨道形成3个σ键，氮原子未杂化的p轨道与非羟基氧的2个p轨道形成π_3^4的离域大π键，呈平面形结构（如图1-52所示）。由于NO_3^-比HNO_3分子的对称性更高，所以NO_3^-比HNO_3分子更稳定，氧化性更弱。当HNO_3浓度较高时，溶液中会存在大量强氧化性的HNO_3分子，而在稀HNO_3中，主要存在氧化性较弱的NO_3^-，因此HNO_3愈浓，氧化性愈强。

从热力学角度来讲，比较浓、稀HNO_3的氧化性强弱，就是比较其电极电势的大小。若气体的分压为1.01×10^5 Pa，浓HNO_3的物质的量浓度为10 mol/L，稀HNO_3的物质的量浓度为1.0 mol/L，通过计算可知，$\varphi_{浓}(NO_3^-/NO_2)=0.986$ V，$\varphi_{稀}(NO_3^-/NO)=0.957$ V，也说明浓HNO_3的氧化性强于稀HNO_3。

此外，含氧酸的氧化性强弱还受到以下因素的影响：①中心原子结合电子的能力。含氧酸的氧化能力系指处于高氧化态的中心原子在它转变为低氧化态的过程中获得电子的能力，这种能力与它的电负性、原子半径及氧化态等因素有关。电负性越大，获得电子的能力越强，其含氧酸的氧化性就越强。例如，H_3PO_4的氧化性弱于HNO_3，就是由于P的原子半径大于N的原子半径，P的电负性小于N的电负性，导致H_3PO_4中P的得电子能力弱于硝酸中N的得电子能力，因而氧化性较弱。②含氧酸分子的稳定性（详见本书“元素化合物”问题50. 为什么HClO的氧化性比其他氯的含氧酸氧化性强?）。③其他外界因素的影响。如溶液的酸碱性、温度以及伴随反应同时进行的其他过程（如水的生成、溶剂化和反溶剂化作用、沉淀的生成、缔合等）都对含氧酸的氧化性有影响。

参考文献

[1] 北京师范大学，华中师范大学，南京师范大学无机化学教研室．无机化学（下册）[M]. 4版．北京：高等教育出版社，2003：530—533，624—627.

[2] 吴星．中学化学学科理解：疑难问题解析 [M]. 上海：上海教育出版社，2019：235.

[3] 刘怀乐．硝酸教学的几点参考 [J]. 化学教学，2011（02）：71—74.

问题 57　浓 HNO_3 能氧化 Cl^- 吗？

强氧化剂 $KMnO_4$ 与浓盐酸反应可以制备 Cl_2，浓 HNO_3 也是强氧化剂。那么，浓 HNO_3 能氧化 Cl^- 吗？如果能，又如何理解王水是浓 HNO_3 和浓盐酸的混合物呢？

有实验证实：浓 HNO_3 可以氧化 Cl^-，产物中有 Cl_2 生成，反应方程式为 $HNO_3+3HCl = NOCl+Cl_2\uparrow+2H_2O$。那么，为什么还可以用浓 HNO_3 与浓盐酸混合配制王水呢？

王水是浓 HNO_3 与浓盐酸按体积比 1∶3 配成的混合溶液，可溶解不能与 HNO_3 反应的金属，如金、铂等，其反应式为 $Au+HNO_3+4HCl = H[AuCl_4]+NO\uparrow+2H_2O$，$3Pt+4HNO_3+18HCl = 3H_2[PtCl_6]+4NO\uparrow+8H_2O$。可见，金、铂能溶于王水，主要是由于王水中含有高浓度的 Cl^-，能够与金、铂形成稳定的 $[AuCl_4]^-$ 和 $[PtCl_6]^{2-}$ 配离子。因此，王水中不仅有 HNO_3，还有 Cl_2、NOCl（氯化亚硝酰）等强氧化剂共同构成了一个强氧化体系，但 Cl_2、NOCl 等强氧化剂是王水中的浓 HNO_3 氧化部分 Cl^- 得到的，所以，浓 HNO_3 能氧化 Cl^-，同时，王水应该现配现用，以更好地发挥其氧化作用。

参考文献

北京师范大学，华中师范大学，南京师范大学无机化学教研室．无机化学（下册）[M]. 4版．北京：高等教育出版社，2003：532.

问题 58　Cu 与浓 HNO_3、稀 HNO_3 反应后生成溶液的颜色为什么不同？

不同浓度的硝酸与铜发生如下反应：

$Cu+4HNO_3(浓) = Cu(NO_3)_2+2NO_2\uparrow+2H_2O$；

$3Cu+8HNO_3(稀) = 3Cu(NO_3)_2+2NO\uparrow+4H_2O$。

理论上二者反应后留在溶液中的产物相同，均为 Cu（NO_3）$_2$溶液，但实验表明，两溶液中的颜色明显不同，浓 HNO_3反应后的溶液呈绿色，稀 HNO_3反应后的溶液呈蓝色。为什么会有这样的差异呢？

经对比分析，猜想现象不同的原因可能是：①铜离子浓度不同；②NO_2的影响。为验证上述推测的合理性，采用如下实验方案进行探究：

（1）加热浓 HNO_3与 Cu 反应后的溶液，使 NO_2逸出，观察颜色变化。

现象：溶液颜色绿色变浅，逐渐变为蓝色。

（2）向稀 HNO_3与 Cu 反应后的溶液中通入 NO_2，观察颜色变化。

现象：溶液颜色逐渐由蓝色变为绿色。

（3）配制饱和的 Cu（NO_3）$_2$溶液，然后加水稀释，观察颜色变化。

现象：饱和 Cu（NO_3）$_2$溶液为深蓝色，稀释后的 Cu（NO_3）$_2$溶液为浅蓝色。

综上可知，不同浓度的 HNO_3与 Cu 反应后颜色不同并不是铜离子浓度差异造成的，而是与 NO_2的溶解有关。稀 HNO_3与 Cu 反应得到的溶液是蓝色的，这是 $Cu(H_2O)_6^{2+}$配离子的颜色；而当浓 HNO_3与 Cu 反应时，由于生成了大量 NO_2，溶解在溶液中呈黄色，根据光学原理可知，黄色和蓝色的混合色呈绿色，所以此时溶液是绿色的。

参考文献

[1] 吴星．中学化学疑难辨析 [M]．南京：江苏教育出版社，2012：182—183.

[2] 谭圣涛，刘东哲，吴佳怡．铜和浓硝酸反应所得溶液呈绿色的原因探究 [J]．中学化学教学参考，2016（08）：53—54.

[3] 夏婷婷．铜和浓、稀硝酸反应后溶液颜色不同的研究 [J]．实验教学与仪器，2017，34（10）：17—18.

问题 59　为什么钝化后生成的金属氧化物与酸不反应？

Fe、Al 常温时在浓 HNO_3、浓 H_2SO_4 中钝化，是因为其表面生成了一层致密的氧化物保护膜，可以阻止反应的进一步发生。但是不少同学存在疑问：金属氧化物不是可以溶于酸吗？为什么钝化后生成的金属氧化物不与酸反应？

其实，并非所有的金属氧化物都可以与酸反应。以氧化铝为例，它有 10 多种同质异晶体，主要晶型有 $\alpha-Al_2O_3$、$\beta-Al_2O_3$、$\gamma-Al_2O_3$。这些晶体结构不同，性质也不同。例如，α 型氧化铝既不溶于水，也不溶于酸和碱，金属铝在浓 HNO_3、浓硫酸中钝化得到的氧化铝薄膜其实是它的一种变体，也不能与酸反应，从而起到保护作用。

此外，一些强氧化剂如浓 HNO_3、浓 H_2SO_4、$HClO_3$、$K_2Cr_2O_7$、$KMnO_4$ 等都可以使某些金属钝化。金属变成钝态以后，其电极电势会增大，甚至可以升高到接近惰性金属（如 Au，Pt）的电极电势。由于电极电势升高，钝化后的金属失去了原来较强的还原性，例如钝化后的铁在铜盐溶液中不能将铜置换出来。

从物理化学的角度来看，金属钝化实质上是一种界面现象，因为金属本身的性能不变，只是金属表面在介质中的稳定性发生了变化。关于金属钝化的机理，现在有很多种不同的解释，但还没有一套完整的理论能说明所有的钝化现象。目前最公认的理论有 2 种：一种是成相膜理论，一种是吸附理论，但两者都只能较好地解释一部分实验事实。

成相膜理论又称为薄膜理论，它认为金属发生钝化反应时，表面会生成一层致密的、覆盖性良好的固体产物薄膜，这层薄膜能把金属表面与介质隔离开，阻碍反应进行，使金属的溶解速率大大降低。保护膜通常是金属的氧化物，在某些金属上可直接观察到膜的存在，其厚度为 0.1～1 nm。

吸附理论认为，金属钝化是由于金属表面生成氧或含氧离子的吸附层，改变了金属/溶液界面的结构，使反应的活化能显著提高从而发生钝化。与成相膜理论不同，吸附理论认为金属钝化是由于金属表面本身的反应能力降低了，而不是由于膜的隔离作用。

参考文献

[1] 北京师范大学，华中师范大学，南京师范大学无机化学教研室．无机化学（下册）[M]．4 版．北京：高等教育出版社，2003：672—673.

[2] 傅献彩．物理化学（下册）[M]．5 版．北京：高等教育出版社，2006：138—139.

问题 60　如何界定盐酸、硫酸、硝酸的浓稀界限？

浓盐酸和 MnO_2 共热产生 Cl_2，盐酸变稀后反应无法发生；浓 H_2SO_4 氧化性强于稀 H_2SO_4，如浓 H_2SO_4 加热时可以和 Cu 发生反应，稀 H_2SO_4 不可以；浓 HNO_3 和 Cu 反应产生 NO_2，稀 HNO_3 和 Cu 反应产生 NO。浓度不同导致性质不同，量变引起质变。那么，这 3 种酸浓和稀的界限到底在哪里？

中学阶段，此处所言之“浓”，可认为是指瓶装直接购买的酸，分别是：浓盐酸 37%（相当于 12 mol/L）、浓 H_2SO_4 98.3%（相当于 18.4 mol/L）、浓 HNO_3 69.2%（相当于 16 mol/L）。但如果要具体化“浓”“稀”概念，则没有明确界定。

不同学科和领域对浓稀的理解是不同的，比如分析化学，3 mol/L就算高浓度了，但如果是测定农药残留，其所谓的“高浓度”值就更低了。

事实上，市售的浓 H_2SO_4 和浓 HNO_3 就是它们的恒沸溶液，是指在一定条件下，当某些溶液的组成与其处于平衡状态的蒸气组成相同时，其沸点保持恒定的溶液。

通俗一点来讲，能形成恒沸溶液的体系在蒸馏时，无论是稀酸还是浓酸，酸溶液的沸点和组成会不断地改变，但最后都会达到溶液的组成和沸点恒定的状态（恒沸状态）。如常压下浓 H_2SO_4 的恒沸组成是 98.3%，沸点为 611 K，与市售浓 H_2SO_4 的质量分数相同。如果对稀 H_2SO_4 浓缩，此时溶液的组成会不断改变，且开始时挥发物的组成中水分会比较多，直至达到沸点 611 K，此时 H_2SO_4 的质量分数为 98.3%，之后继续加热，溶液温度仍然保持 611 K，而 H_2SO_4 和水将严格按比例 98.3%：1.7%蒸发，即达到了恒沸状态；但如果加热纯 H_2SO_4，此时会逸出 SO_3，直至酸的浓度降低到 98.3%。

硝酸恒沸溶液的沸点为 394.8 K，含 HNO_3 的质量分数为 69.2%，相当于 16 mol/L。这就是一般市售的浓 HNO_3。

还应指出，恒沸溶液是混合物而不是具有确定组成的化合物，因为恒沸溶液的组成随压力而改变。例如，在 101.3 kPa 压力下，盐酸恒沸溶液的质量分数是 20.24%；在 303.9 kPa 压力下，盐酸恒沸溶液的质量分数是 18%。

参考文献

北京师范大学，华中师范大学，南京师范大学无机化学教研室．无机化学（上册）[M]. 4 版．北京：高等教育出版社，2003：464—465，531—532.

问题 61 如何书写 NH_4HCO_3 与少量 NaOH 溶液反应的离子方程式？

向 NH_4HCO_3 溶液中加入少量 NaOH 溶液时，NH_4^+ 和 HCO_3^- 都能与 OH^- 反应，但此时 OH^- 不足。那么，究竟是谁先与 OH^- 反应呢？

文献表明：通过理论计算，NH_4HCO_3 溶液中各粒子分布与溶液 pH 的关系如图 1-53 所示，其中，α_1、α_2、α_3、α_4、α_5 分别表示 NH_4^+、$NH_3 \cdot H_2O$、H_2CO_3、HCO_3^- 和 CO_3^{2-} 在水中的分布系数。

常温下，若向 20 mL 0.1 mol/L 的 NH_4HCO_3 溶液中加入等体积 0.1 mol/L的 NaOH 溶液，充分反应，测得反应前后溶液的 pH 值分别约为 7.8 和 9.7，与上述理论计算结果保持一致。

在图 1-53 中截取出 pH 为 7.8～9.7 的粒子分布系数，如图 1-54 所示。

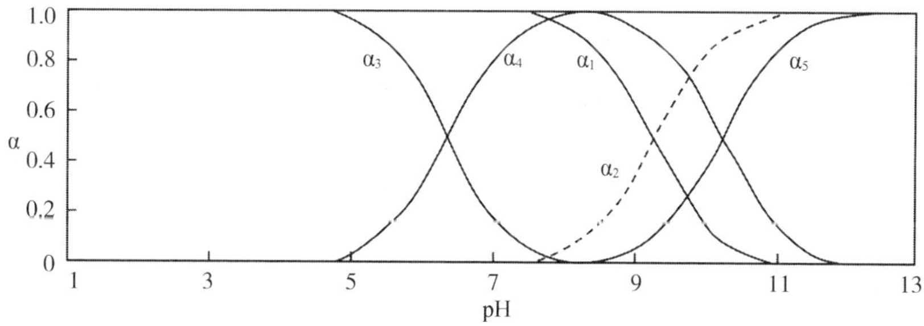

图 1－53 NH_4HCO_3 溶液中各粒子分布系数图

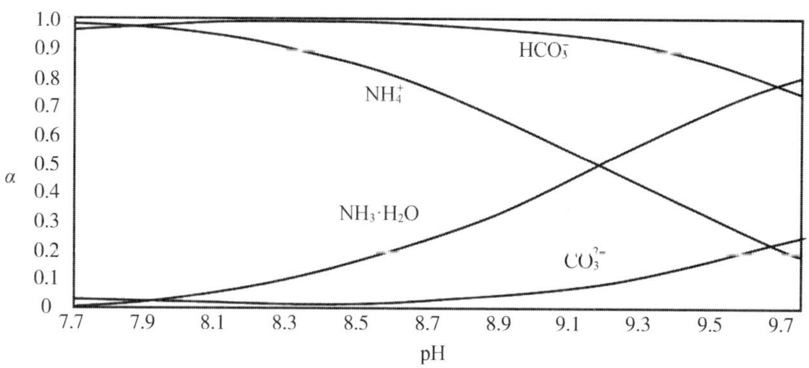

图 1－54 NH_4HCO_3 溶液中加入 NaOH 溶液后的粒子分布系数图

由图 1－54 可知，向 20 mL 0.1 mol/L 的 NH_4HCO_3 溶液中加入等体积 0.1 mol/L 的 NaOH 溶液，大约在 pH 小于 8.5 时，溶液中 HCO_3^- 的分布系数不降反升、CO_3^{2-} 的分布系数基本保持不变，这是由于这一段主要发生 $H_2CO_3 + OH^- \longrightarrow HCO_3^- + H_2O$ 的反应。同时，含氮微粒 NH_4^+ 的分布系数逐渐减小，$NH_3 \cdot H_2O$ 的分布系数逐渐增大，此时主要发生 $NH_4^+ + OH^- \longrightarrow NH_3 \cdot H_2O$ 的反应。当 pH 大于 8.5 后，HCO_3^- 和 NH_4^+ 的分布系数都在减小，CO_3^{2-} 和 $NH_3 \cdot H_2O$ 的分布系数都在增大，说明此时 HCO_3^- 和 NH_4^+ 同时在与 OH^- 反应。而且，从变化趋势上可以看出，NH_4^+ 分布系数的减小速率相对 HCO_3^- 较快，但这并不能说明反应先后问题，只能说明 NH_4^+ 结合 OH^- 的能力相对较强，通过 H_2CO_3 的 $K_{a2}=4.7\times10^{-11}$ 和 $NH_3 \cdot H_2O$ 的 $K_b=1.75\times10^{-5}$ 计算反应平衡常数也能说明这一点。

实验证明，当向 0.1 mol/L NH_4HCO_3 溶液中加入等体积 0.1 mol/L 的 NaOH 溶液时，HCO_3^- 和 NH_4^+ 同时都可以和 OH^- 发生反应。

在化学反应体系中，我们经常会遇到上述同时存在 2 个或 2 个以上反应的情况。这时，可能存在2种或多种反应微粒与另一种反应微粒均可发生的反应，这时，就必然存在这2种或多种反应微粒间的竞争问题。我们在对此类问题的认识上通常存在一些误区。比如：①反应的平衡常数越大，反应越优先。然而，平衡常数是热力学问题，用于描述反应进行的程度大小，并不能表征反应的顺序问题。因此，不能根据反应物某一性质的强弱（如酸碱性、氧化性或还原性等）来确定反应是否优先发生。②多反应发生时，一定按先后顺序进行吗？我们知道，化学反应进行的前提是要发生有效碰撞。在水溶液中，HCO_3^-、NH_4^+与OH^-的反应都能发生，且速率都较快，对于一个均匀的溶液体系，微粒间无时无刻不在进行布朗运动，任何微粒间都存在着大量的碰撞机会，而且这2个反应的活化能都较低，反应都极易发生，因此无法确定反应先后顺序，更不能得出某一反应进行完全后另一反应才能发生的结论。同理，“中和反应优先于复分解反应”一说也是不合理的。中和反应是复分解反应的一类，两者从反应本质上来说并无差异，而且反应均极易发生，根本无法判断谁更优先的问题，正常情况下应是二者同时反应。

化学反应的机理是相当复杂的，化学教学中需谨慎解释复杂反应体系中谁优先反应的问题，应尽量回避诸如NH_4HCO_3溶液与少量NaOH溶液反应的离子方程式如何书写等问题的讨论。

参考文献

[1] 吕琳，唐小婷，吴星．也谈NH_4HCO_3溶液与少量NaOH溶液的反应[J]．中学化学教学参考，2015（15）：50—51.

[2] 曾应超．NH_4HCO_3与少量NaOH溶液反应的再探究[J]．中学化学教学参考，2014（07）：44—45.

问题62 胆矾中加入浓H_2SO_4，浓H_2SO_4显脱水性还是吸水性？

H_2SO_4是硫元素最重要的含氧酸。我们常说的浓H_2SO_4质量分数一般为98.3%（相当于18.4 mol/L），量变引起质变，它和稀H_2SO_4的性质相比具有很大的差异性，如吸水性、脱水性和强氧化性等。浓H_2SO_4和水有强烈的结合作用，生成的水合物有$H_2SO_4\cdot H_2O$，$H_2SO_4\cdot 2H_2O$，$H_2SO_4\cdot 4H_2O$，同时放出大量的热。浓H_2SO_4的吸水性和脱水性都和这种强烈的水合作用有关，但具体教学中如何区分和判断浓H_2SO_4的吸水性和脱水性呢？

浓H_2SO_4在反应中作吸水剂还是脱水剂，关键看有没有现成的水分子。吸收现成的水分子，是吸水性；没有现成的水分子，把H、O以2∶1（水的组成比）的形式从物质中夺取生成水，是脱水性。例如，浓H_2SO_4滴到纸、棉布、木条上会变黑，这是由于浓 H_2SO_4 按照 H∶O＝2∶1 的比例脱去了上述有机物中的氢氧元素，导致它们炭化变黑，这是浓 H_2SO_4 的脱水性。而当我们用浓 H_2SO_4 除去 SO_2、Cl_2 等气体中的水蒸气时，由于水蒸气是现成的水分子，此时浓 H_2SO_4 体现的是吸水性。

胆矾（$CuSO_4 \cdot 5H_2O$）是蓝色晶体，在胆矾结构中，4 个水分子以平面四边形配位在 Cu^{2+} 的周围，第 5 个水分了以氢键的形式与 2 个配位水分了和 SO_4^{2-} 结合，2 个 SO_4^{2-} 在平面四边形的上和下形成一个不规则的八面体（如图 1－55 所示）。所以，$CuSO_4 \cdot 5H_2O$ 也可表示为 $[Cu(H_2O)_4]SO_4 \cdot H_2O$。因此，在 $CuSO_4 \cdot 5H_2O$ 中，水是以水分子的形式存在的，所以 H_2SO_4 加入胆矾中体现的是吸水性。

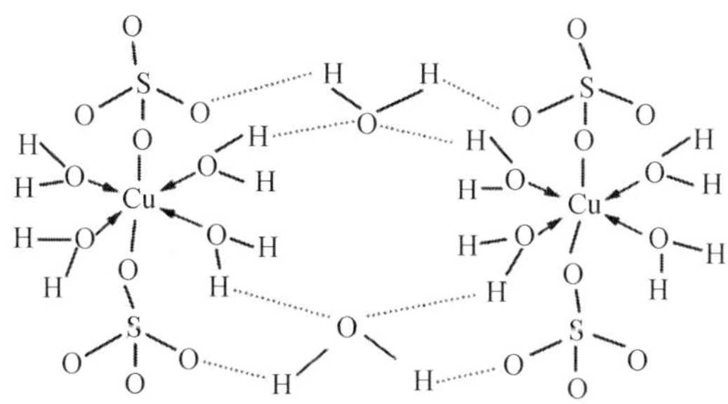

图 1－55　$CuSO_4 \cdot 5H_2O$ 结构示意图

同理，乙醇制乙烯的反应中，浓 H_2SO_4 把乙醇分子中的 H、O 以水的组成比脱下，此时浓 H_2SO_4 是脱水剂；制取乙酸乙酯的反应、苯的硝化反应中，浓 H_2SO_4 吸收反应中生成的水为吸水剂。注意，这些反应中浓 H_2SO_4 没有体现脱水性，是因为生成的水中的 H、O 元素分别由 2 个分子提供，脱水性指的是从同一分子中把 H、O 以 2∶1 的比例夺取。

参考文献

[1] 北京师范大学，华中师范大学，南京师范大学无机化学教研室．无机化学（下册）[M]．4 版．北京：高等教育出版社，2003：708.

[2] 张青莲．无机化学丛书（第五卷）[M]．北京：科学出版社，1998：196—200.

问题 63　Cu 与浓 H_2SO_4 反应的真实现象是什么？如何解释？

浓 H_2SO_4 是强氧化性酸，它和 Cu 在加热的条件下发生反应，生成蓝色

$CuSO_4$溶液和使品红溶液褪色的 SO_2，$Cu+2H_2SO_4(浓)\xlongequal{\triangle}CuSO_4+SO_2\uparrow+2H_2O$。但实际操作该实验时，却发现了一系列与预测不符的异常现象。

采用铜丝（或铜片）与 98%的浓 H_2SO_4反应，未加热时无现象；加热后，随着温度升高，铜丝表面变黑，产生无色气体，同时有细小的黑色颗粒物从铜丝表面进入浓 H_2SO_4，形成黑色的悬浊液；继续加热至沸腾，颗粒物由黑色变成灰白色，试管中产生大量白色烟雾，部分烟雾在试管上部内壁处冷凝析出淡黄色固体物质；持续加热浓 H_2SO_4，淡黄色固体最终消失，导出的气体能使紫色石蕊试液变红、品红溶液和 $KMnO_4$溶液褪色。待铜全部反应后，停止加热，静置。试管内烟雾慢慢消失，管中液体呈浅蓝色，管底沉积的固体呈灰白色。继续冷却，溶液颜色慢慢变浅，至室温时几乎无色，将无色溶液注入盛有少量水的试管中，所得溶液变为浅蓝色；向残留有灰白色固体的试管中滴加少量蒸馏水，所得溶液呈蓝色。

Cu 与浓 H_2SO_4共热，溶液中产生的黑色物质以及后来变成灰白色的物质是什么呢？取少量实验后的灰白色固体于试管中，加入适量水并振荡，白色固体溶解，溶液呈蓝色；取少量蓝色溶液于另一试管中，加入少量 $K_4[Fe(CN)_6]$ 溶液，产生红棕色沉淀，说明溶液中存在 Cu^{2+}：$2Cu^{2+}+[Fe(CN)_6]^{4-}=Cu_2[Fe(CN)_6]\downarrow$（红棕色）（检验微量 Cu^{2+} 的方法）。由此可知，Cu 与浓 H_2SO_4反应产生了 $CuSO_4$。由于浓 H_2SO_4含水量非常少，本身又具有吸水的特性，所以整个反应几乎是在非水溶液中进行的，因此生成的 $CuSO_4$大部分以白色沉淀的形式存在于试管中。

将上述灰白色固体溶于水后过滤，得到的滤渣为黑色固体，向其中滴加稀 H_2SO_4，发现黑色物质部分溶解，溶液呈现蓝色，由此说明黑色物质中可能含有 CuO、Cu_2O（棕红色，但被黑色掩蔽）。将剩余的没有溶解的黑色物质加入少量 KCN 溶液中，黑色物质全部溶解，向此溶液中加 $Na_2[Fe(CN)_5NO]$（亚硝酰铁氰化钠），溶液显紫色，说明溶液中含有 S^{2-}，由此说明 Cu 与浓 H_2SO_4反应产生了 CuS、Cu_2S（CuS、Cu_2S 可溶于 KCN 溶液中；亚硝酰铁氰化钠又称硝普钠，可用于测定醛酮、胺、碱金属硫化物、Zn、SO_2等物质，与碱金属硫化物作用时溶液会出现紫色）。

依据以上实验事实，可认定 Cu 与浓 H_2SO_4反应时，试管底部的灰白色物质是白色的 $CuSO_4$和黑色的 CuO、Cu_2O、CuS、Cu_2S 等，反应方程式如下：

$Cu+2H_2SO_4（浓）\xlongequal{\triangle}CuSO_4+SO_2\uparrow+2H_2O$；

$Cu+H_2SO_4（浓）\xlongequal{\triangle}CuO+SO_2\uparrow+H_2O$；

$14Cu+2H_2SO_4（浓）\xlongequal{\triangle}2CuS+6Cu_2O+2H_2O$；

$16Cu+2H_2SO_4$（浓）$\xlongequal{\triangle}2Cu_2S+6Cu_2O+2H_2O$。

反应过程中还出现了大量的白色烟雾，这是由于反应时，溶液处于沸腾状态（浓 H_2SO_4的沸点温度为 338 ℃），反应中生成的水及少量的 H_2SO_4变成蒸气，在试管上方形成 H_2SO_4酸雾。另外，随着温度的升高，CuS、Cu_2S 会被进一步氧化为硫蒸气从溶液中逸出，冷凝为淡黄色固体附着在试管壁上，随着试管内温度的持续升高，凝聚的硫最终被 H_2SO_4蒸气氧化为 SO_2而慢慢消失。

反应结束时，试管中的液体以浓 H_2SO_4为主，并溶有少量 $CuSO_4$，所以溶液呈浅蓝色，继续冷却至室温后，由于 $CuSO_4$进一步析出，所以溶液几乎变为无色。将试管中的液体倒入水中稀释，由于 Cu^{2+}浓度小，所以溶液颜色为浅蓝色；而灰白色固体中有大量的 $CuSO_4$，加蒸馏水溶解后，可看到明显的蓝色。

参考文献

[1] 夏立先．对铜与浓硫酸反应溶液呈绿色的实验探究 [J]．化学教学，2015 (7)：64—65.

[2] 李颖，刘怀乐．对铜和浓硫酸共热反应实验变黑现象的再认识 [J]．化学教育，2007 (11)：51—52，54.

[3] 翟菊红．铜与浓硫酸共热现象及原因分析 [J]．化学教育，2009，30 (09)：70—71.

[4] 陈建欣．对铜与浓硫酸反应现象异常的探讨 [J]．常州教育学院学报：综合版，1997，15 (04)：62.

[5] 江合佩．基于提升学生实验科学素养的“翻转课堂”教学研究——以“探究铜与浓硫酸反应的异常现象”为例 [J]．化学教与学，2016 (02)：11—15.

[6] 朱建民．基于铜与浓硫酸反应再析现象及产物成分 [J]．农家参谋，2017 (20)：149.

问题 64 同位素之间的转化属于什么变化？

中学阶段通常涉及 2 种变化：物理变化和化学变化。

物理变化，指物质的状态发生变化，但物质本身的组成成分却没有改变的过程。例如：位置、体积、形状、温度、压强的变化，以及气态、液态、固态间的相互转化等。

化学变化，指相互接触的物质间发生原子或电子的转移，生成新物质并伴有能量变化的过程，其实质是旧键的断裂和新键的生成。化学变化遵循质量守恒定律，即反应前后原子的个数和种类都不会发生变化，如铁器生锈、酸碱中和、镁条燃烧等。

那么，同位素之间的转化属于什么变化呢?

实际上，化学变化和物理变化并不能涵盖所有的变化，同位素之间的转化既不属于物理变化，也不属于化学变化。在同位素之间发生转化时，反应前后的原子内部发生了变化，这已经不再属于物理变化和化学变化研究的范畴，它属于一种新的变化——核变化。

问题 65 海水淡化技术有哪些?

海水淡化处理技术是指将水中多余的盐分和矿物质去除得到淡水的工序。目前全球海水淡化技术超过 20 余种，包括蒸馏法、反渗透法、多级闪蒸、电渗析法、压汽蒸馏、露点蒸发法、水电联产、热膜联产等。海水淡化技术的快速发展，促进了干旱沙漠地区和发达国家沿海经济的增长。

下面介绍几种海水淡化的常用方法：

1. 蒸馏法

主要用于特大型海水淡化处理及热能丰富的地区，是通过加热使海水沸腾汽化，再把蒸汽冷凝成淡水的方法（如图 1 - 56 所示）。蒸馏法是最早投入工业化应用的海水淡化技术，它的特点是即使在污染严重、高生物活性的海水环境中也能适用，水质纯度高。

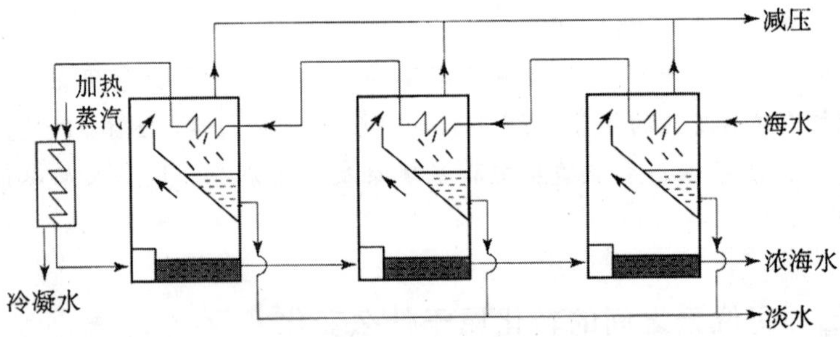

图 1 - 56 蒸馏法淡化海水示意图

2. 电渗析法

又称交换膜电渗析法，是将具有选择透过性的阳离子交换膜（阳膜）与阴离子交换膜（阴膜）交替排列，组成多个相互独立的隔室，使一个隔室中的海水被淡化，相邻隔室海水被浓缩，从而使淡水与浓缩海水得以分离的方法（详见本书“电化学”问题 8. 电渗析法淡化海水的原理是什么?）

3. 反渗透法

通常又称超过滤法，是一种膜分离淡化法。该法利用半透膜只允许溶剂透过、不允许溶质透过的特点，将海水与淡水分开。通常情况下，淡水通过半透膜扩散到海水一侧，从而使海水一侧的液面逐渐升高，直至一定的高度，这个过程叫渗透，海水一侧高出的水柱静压称为渗透压。如果在海水一侧能施加一大于海水渗透压的外压，那么海水中的水将反渗透到淡水中（如图1－57所示），这就是反渗透法。这一方法最大的优点是节能，能耗仅为电渗析法的1/2、蒸馏法的1/40。因此，反渗透法是海水淡化技术发展的重点。

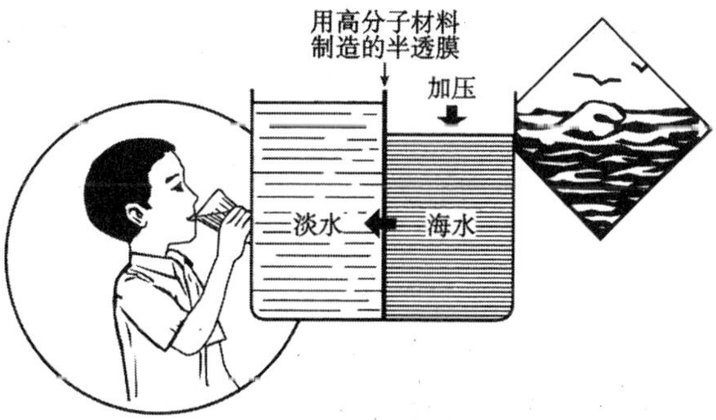

图 1－57　膜分离淡化海水示意图

参考文献

[1] 课程教材研究所．人教版化学必修 2 教师教学用书［M］．北京：人民教育出版社，2007：71—72.

[2] 课程教材研究所．普通高中课程标准实验教科书（选修 2）．化学与技术［M］．北京：人民教育出版社，2007：30.

[3] 课程教材研究所．普通高中课程标准实验教科书（选修 6）．实验化学［M］．北京：人民教育出版社，2007：16.

问题 66　工业上如何从海水中提溴？

溴是海水中重要的非金属元素。地球上 99％的溴元素以 Br^- 的形式存在于海水中，所以人们也把溴称为“海洋元素”。溴及其化合物是制药业和制取感光剂、阻燃剂等的重要原料，需求量很大，因此国际上普遍研究和发展从海水中提溴的方法。目前海水提溴技术有水蒸气蒸馏法、空气吹出法、溶剂萃取法、沉淀法、吸附法等，其中空气吹出法是工业上海水提溴的常用方法。

空气吹出法的基本流程是酸化→氧化→吹出→吸收→提取，高中教材（2019 人教版、2019 鲁科版）通常介绍空气吹出 Br_2 后用 SO_2 吸收。例如，2019 人教版“吹出法”过程主要包括“氧化（用氯气氧化海水中的溴离子），吹出（用空气将生成的溴吹出），吸收（用二氧化硫作还原剂使溴转化为氢溴酸，以使其与空气分离），蒸馏（再用氯气将氢溴酸氧化为溴后蒸馏分离）”等环节。其实，吸收剂也可以用 Na_2CO_3，其具体操作步骤如下：

（1）将蒸馏（制淡水）后的浓缩海水用 H_2SO_4 酸化，并向酸化海水中通入足量 Cl_2，使 Br^- 转化为 Br_2。化学方程式为：$2NaBr+Cl_2 = Br_2+2NaCl$。

（2）向上述混合液中吹入热空气，将生成的溴吹出并用纯碱溶液吸收。化学方程式为：$3Na_2CO_3+3Br_2 = 5NaBr+NaBrO_3+3CO_2\uparrow$。

（3）将（2）所得溶液用 H_2SO_4 酸化，使 NaBr、$NaBrO_3$ 在酸性环境中发生归中反应得到单质 Br_2，再用有机溶剂提取溴，同时得到副产品 Na_2SO_4。化学方程式为：$5NaBr+NaBrO_3+3H_2SO_4 = 3Na_2SO_4+3Br_2+3H_2O$。

参考文献

[1] 课程教材研究所．人教版化学必修 2 教师教学用书 [M]．北京：人民教育出版社，2007：91.

[2] 孙迪，丁利，席晶，等．线上线下融合的项目式学习实践——以“海水提溴与可持续发展”的教学为例 [J]．中小学数字化教学，2019（09）：41－44.

[3] 课程教材研究所．普通高中教科书（必修 2）[M]．北京：人民教育出版社，2019：101.

问题 67　石油的炼制方法有哪些？目的是什么？

石油是古代动植物遗体经过非常复杂的演变而形成的一种黏稠状液体，通常显黑色或深棕色，常有绿色或蓝色荧光，有特殊气味，不溶于水，比水稍轻，没有固定的熔、沸点。

石油所含的基本元素是碳和氢，主要由各种烷烃、环烷烃和芳香烃组成，其中大部分是液态烃，同时溶有气态烃和固态烃，其具体化学成分随产地不同而不同。从油田里开采出来没有经过加工处理的石油叫原油，原油成分复杂，必须先经过脱水、脱盐等处理过程，才能进行炼制。石油常用的炼制方法有：分馏、裂化、裂解、催化重整等。其中，石油的分馏是物理变化，裂化、裂解和催化重整是化学变化。

1. 石油的分馏

经脱水、脱盐的石油主要是烃类混合物，因此没有固定沸点。加热石油时，低沸点烃先气化，经冷凝先分离出来。随温度升高，较高沸点烃再经气化冷凝后分离。经多次加热、冷凝，石油被分成不同沸点范围的蒸馏产物，这种方法叫石油的分馏，分馏出来的成分叫馏分（每一种馏分仍然是多种烃的混合物）。具产品按沸点由低到高顺序分别为：石油液化气、汽油、煤油、柴油、重油等（如图 1－58 所示）。

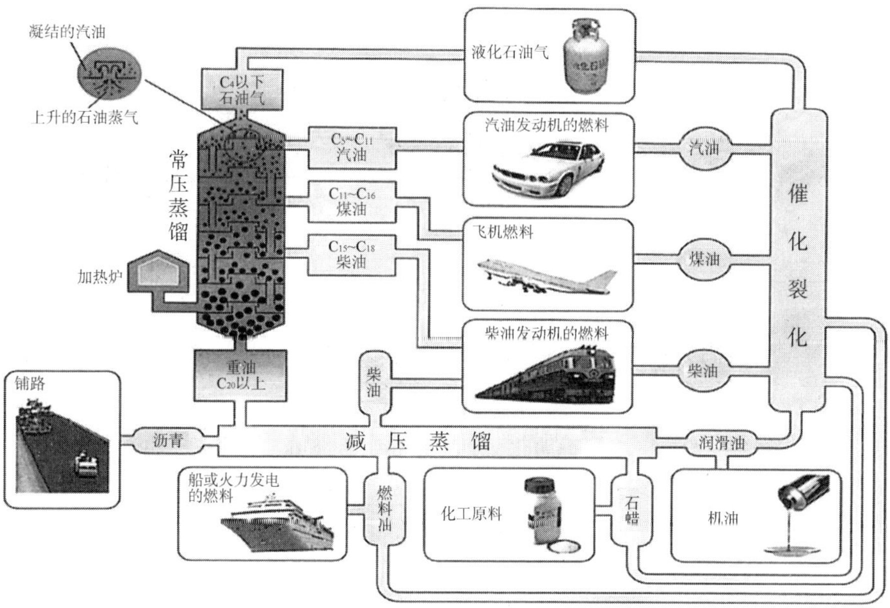

图 1－58 石油的分馏和裂化及产品用途示意图

2. 裂化

石油通过分馏可以获得汽油、煤油和柴油等轻质液体燃料，但产量不高，仅占石油总量的 25%左右。为了提高轻质液体燃料的产量，特别是提高汽油的产量，工业上采用裂化的方法。裂化是指在一定条件下，把分子量大、沸点高的烃断裂为分子量小、沸点低的烃的过程（见图 1－58）。如：$C_{16}H_{34}$（十六烷）$\xrightarrow[\text{加热、加压}]{\text{催化剂}}$$C_8H_{18}$（辛烷）＋$C_8H_{16}$（辛烯）。

3. 裂解

石油生产中，将含直链烷烃的石油分馏产品（包括石油气）作原料，采用比裂化更高的温度，使具有长链分子的烃断裂成各种短链的气态烃和少量液态烃，以提供有机化工原料的方法叫石油的裂解。裂解是通过深度裂化以获得短

链不饱和烃为主要成分的石油加工过程。

4. 催化重整

重整是指把汽油里直链烃类的分子结构重新调整，使它们转化为芳香烃或具有支链的烷烃异构体等，如苯、甲苯等。重整通常需在催化剂、加热条件下进行，因此叫催化重整。

目前，多数石油产品作为燃料使用，部分石油产品是化工、纺织、建材、医药、日用化学品等行业的基本原料（图 1－59）。石油产品在社会经济发展中具有非常广泛的作用与功能，与我们的生活密不可分。

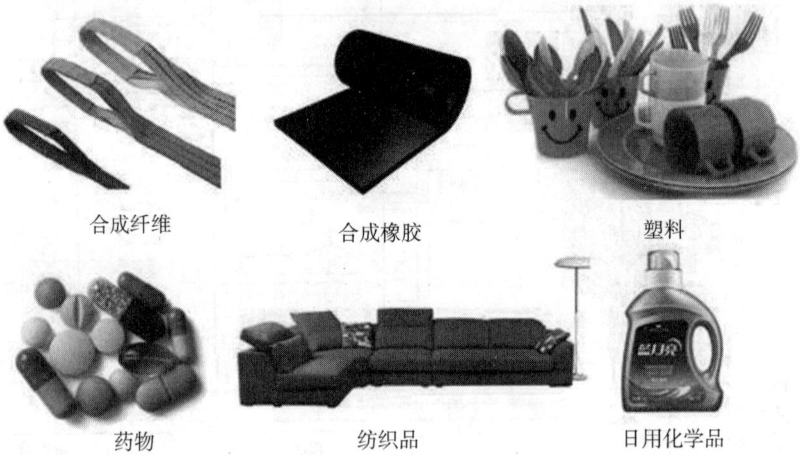

图 1－59　石油化工产品

参考文献

[1] 人民教育出版社化学室．普通高中课本化学（甲种本）（第三册）[M]. 北京：人民教育出版社，1985：84—92.

[2] 课程教材研究所．普通高中教科书（必修 2）[M]. 北京：人民教育出版社，2019：104.

专题二 化学反应原理

一、化学反应与能量

问题1 如何理解能量?

能量，是生活中耳熟能详的一个词。能量有多种形式（如热能、势能、光能、动能、核能等），不同形式的能量之间可以发生相互转化，能量在转化过程中满足守恒定律。可是，这个看不见摸不着的能量究竟是什么？我们真的理解能量吗？

能量是什么？能量是宇宙的本源。

宇宙的本源一直以来都是人类不断思索的问题。早在哲学“轴心时代”（公元前800—前200年），老子在《道德经》中提到，“有物混成，先天地生。寂兮寥兮，独立而不改，周行而不殆，可以为天地母。吾不知其名，强字之曰道”。这里的“道”与能量非常契合。同时，它们与古希腊哲学家亚里士多德提出的“生命力（energeia）”一词也有异曲同工之妙。历史发展到今天，现代物理学普遍认为，能量是宇宙的本源。因为从微观来看，宇宙万物皆由构成物质的基本微粒原子组成，而对原子进一步分割则会得到那些最基本、无法进一步分割的粒子（物理学标准模型中的61个基本粒子），而这些粒子最终都是纯能量，物质的质量和体积等本质上是能量的各种性质。因此，从本质上讲，世界是物质的，而物质是能量构成的。

能量是什么？能量是量化物质运动及其相互转化的工具。

世界是物质的，物质是运动的。人类对物质运动的研究经历了从定性逐渐到定量的漫长历程。起初，运动只是人类通过感官获取的最直观的现象。如利用光子的能量“眼观六路”，利用空气的振动能“耳听八方”。随着科学的发展，人类对运动的量化研究经历了用速度、加速度等概念描述运动到牛顿经典力学引入力，再到发现动量守恒定律的过程。在莱布尼茨提出“运动活力”的基础上最终发明了用做功的能力来表现能量，用能量来量化运动。而爱因斯坦著名的质能方程 $E=mc^2$ 更是实现了运动中质量和能量的统一。此外，量子力学认为：物质之间是通过交换某种能量子来实现相互作用的。所以，能量可以作为用来表征事物之间相互作用的物理量，并能衡量物质相互作用潜力的大小。因此，能量是量化物质运动及其相互转化的工具。

能量是什么？能量是人类文明进步的主角，是衡量科技发展水平的尺度。

人类的实践活动是获取能量并利用能量改造环境的过程，技术是科学与实践之间的桥梁和工具。科学研究活动的本质就是借助技术并通过科学的思维方法去发现宇宙、自然和生命构成及演变的奥秘，即发现能量是如何构成世界的。科学和技术在人类文明进步中扮演了重要角色，而能量是科技发展的主线之一，也是衡量科技发展水平的尺度。

能量是什么？能量无处不在，可以说，能量就是一切。

参考文献

[1] 彭笑刚．物理化学讲义［M］．北京：高等教育出版社，2012：107－108.

[2]［美］吴军．科技是唯一可叠加式进步的动力［J］．读者，2019（22）：54－569.

问题2 核能属于新能源吗？

通过核反应（核裂变、核聚变等）从原子核释放的能量称为核能，它是一种极具潜力的未来能源。利用核能发电的核电站在我国已初具规模，在优化能源结构中扮演着重要角色。那么，核能属于新能源吗？

1978 年 12 月 20 日，第三十三届联合国大会第 148 号决议提出，太阳能、风能、地热能、潮汐能、生物能、波浪能、海洋能、薪柴、木炭、畜力、油页岩、焦油砂、泥炭和水力共 14 种能源属于新能源，其中除油页岩、焦油砂和泥炭外都属可再生能源。随后，在 1981 年 8 月召开联合国新能源和可再生能源会议之后，各国对此类能源的划分达成共识，即除常规化石能源和核能之外的能源均属于清洁能源和可再生能源。可见，风能、太阳能、生物质能、氢能和水能等都属于上述范畴。此外，核能被排除在 CDM 交易（清洁发展机制）之外，《世界能源展望》亦将核能单独列出。可见，国际社会倾向于将核能单独列出，而不列入新能源的范畴。

在我国，从相关职能部门的划分来看，中国国家能源局下设的新能源司负责太阳能、水电等事务，而核电司属于另一并列的职能机关。而且，中国新能源网将新能源划分为太阳能、风能、生物质能、海洋能、天然气水合物（可燃冰）等主要类目。另外，《中华人民共和国可再生能源法》规定，可再生能源指风能、太阳能、水能、生物质能、地热能、海洋能等。综上可知：国际、国内相关领域均没有把核能划入新能源之列。

但也有观点认为，新能源是指刚开始开发利用或正在积极研究、有待推广的能源。从这个角度看，可以将核能划分为新能源。

查阅高中不同版本的新教材，发现对这个问题的处理也存在异议。如2019人教版“人们比较关注的新能源有太阳能、风能、地热能、海洋能和氢能等”；2019苏教版必修2“积极开发优质的新能源，氢能、水能、太阳能、风能等都是更清洁、更高效的能源”，二者均未将核能列入新能源。而2019鲁科版“为了实现能源的可持续发展……即开发核能、风能、太阳能等新能源和可再生能源”；2019苏教版必修1“治理硫酸型酸雨，关键在于减少二氧化硫的排放。一种途径是开发能替代化石燃料的新能源（如氢能、太阳能、核能等），大幅减少化石燃料的使用”。这两处均将其列为新能源。

总而言之，核能是不是新能源，现阶段尚未明确定论。但从现有教材的观点看，更倾向于认为核能属于新能源（人教社答疑时已确认核能属于新能源）。

参考文献

[1] 龚婷．新能源有哪些？[N]．人民日报，2014—08—05（023）．

[2] 王明召，王磊，高盘良．普通高中教科书．选择性必修1 化学反应原理[M]．济南：山东科学技术出版社，2019：8.

[3] 课程教材研究所．普通高中教科书化学必修2 [M]．北京：人民教育出版社，2019：35.

[4] 王祖浩．普通高中教科书化学必修（下册）[M]．南京：江苏凤凰教育出版社，2019：15.

[5] 王祖浩．普通高中教科书化学必修（下册）[M]．南京：江苏凤凰教育出版社，2019：103.

问题3 如何理解焓（H）、焓变（ΔH）与反应热（Q）？

在经典热力学中，焓（H）是一个用来表征能量的状态参量，其表达式为$H=U+pV$，我们可以从其简要的推导过程出发，理解焓的物理意义。在$H=U+pV$中，U为热力学能，曾称内能，指热力学体系内部的能量，是体系内物质所含各种微观粒子（分子、原子、离子等）的各种形式运动的动能和微观粒子间相互作用的势能的总和（微观粒子的运动形式包括分子的平动、转动、振动以及电子和原子核的运动等。微观粒子间的相互作用包括化学键、分子间作用力等)。体系的状态一定时,内能是一个固定值,但是体系的内能尚不能求得,因此其为未知量。$H=U+pV$ 中,p 为压强,V 为体积,为简化过程,具体考虑该问题时分为恒压和恒容 2 种情形。

现假设一封闭系统(指与外界环境只有能量交换而无物质交换)经历一可逆过程,由状态 1 变化至状态 2,在此变化过程中,体系热量变化 Q(热,指由于温差在体系与环境之间所传递的能量),做功 W(功,指除热能外以其他形式传递的能量,如电能、光能、机械能等。化学热力学中把体系由始态变为终态时因体积的改变而做的功称为体积功)。那么,根据热力学第一定律,能量守恒,体系由状态 1 至状态 2 的热力学能改变量 $\Delta U=U_2-U_1=Q+W$。如果在状态 1 变化至状态 2 过程中,发生了化学反应,当系统只做体积功时,等温化学反应(生成物的温度恢复至与反应物的温度相同)所吸收或放出的热量称为化学反应的热效应,即反应热 Q。因此,化学反应的反应热 $Q=\Delta U-W$。反应热反映了与反应物和生成物的化学键相联系的能量变化,其变化值与反应条件相关。具体来说:①恒容过程中,$\Delta V=0$,则体系所做体积功 $W_{体}=p\Delta V=0$,那么恒容热效应 $Q_V=\Delta U-W=\Delta U$。即在不做非体积功的条件下,封闭体系在恒容过程中所吸收的热量全部用来增加体系的热力学能。②恒压过程中,$\Delta p=0$,则体系所做体积功 $W_{体}=-p\Delta V$(讨论系统做功时是指系统抵抗外压做功,因此体积功为 $-p\Delta V$),那么根据热力学第一定律,$\Delta U=Q_p+W$(Q_p 为恒压热效应),此时 $W=-p\Delta V$,因此 $\Delta U=Q_p-p\Delta V$。进一步整理上式可得 $Q_p=(U_2-U_1)+p(V_2-V_1)=(U_2+pV_2)-(U_1+pV_1)=\Delta U+p\Delta V=\Delta H$。即在不做非体积功的条件下,封闭体系在恒压过程中所吸收的热量全部用来增加体系的焓。所以,ΔU 是化学反应的等容热效应,ΔH 是化学反应的等压热效应。而在实验室或生产中,化学反应大多是在等压下进行的(如敞口容器中),所以 ΔH 更常用。需要特别指出的是,在 2004、2019 鲁科版和 2006、2014 苏教版的高中选修教材里拓展的弹式量热计测定物质燃烧热的探究活动中,实验的条件是恒温恒容,此时反应热 $Q_v=\Delta U$,要得到 ΔH 还需要经过换算,即 $\Delta H=\Delta U+p_{外}V=Q_v+\Delta nRT$。这里很容易误导师生认为测得的实验结果是 ΔH,需要引起注意。

综上可见,焓(H)与内能(U)一样,是描述系统性质的状态函数。它与内能一样,大小取决于物质的特性、数量、聚集状态以及温度、压强等因素。同时,从推导过程可知:焓变(ΔH)与反应热(Q)数值上可能相同,但物理意义完全不同,恒温恒压下 $Q_p=\Delta H$,恒温恒容下 $Q_V=\Delta U$。所以可以说,焓变是反应热,但不能说反应热是焓变。

参考文献

[1] 吴新建，张贤金．《化学反应原理》模块中若干热力学问题探讨 [J]．化学教与学，2012 (03)：2—3，22.

[2] 吴星．中学化学疑难辨析 [M]．南京：江苏教育出版社，2012：30—33.

[3] 王明召，王磊，高盘良．普通高中教科书．选择性必修 1 化学反应原理 [M]．济南：山东科学技术出版社，2019：3—4.

[4] 印永嘉．化学原理（上册）[M]．北京：高等教育出版社，2007：219—227.

问题 4　如何理解中和热、燃烧热？

化学反应的反应热有很多，其中的中和热和燃烧热是 2 种重要的反应热。在实际教学中，这部分内容存在较多迷思概念。下面针对这 2 种反应热作简要说明。

中和热指的是稀溶液中酸和碱发生中和反应生成 1 mol H_2O（l）时所放出的热量。正确理解中和热时有 2 点需要注意：第一是溶液必须为稀溶液，因为浓溶液相互稀释时会放出热量从而干扰中和热的测定。第二是酸和碱强弱均可，不仅仅限于强酸强碱间的反应，只不过不同类型的酸碱反应所测得的中和热的数值可能不同。具体来说，强酸与强碱反应的中和热为定值，为 57.3 kJ/mol，但如果伴有不溶物生成，反应热的数值会发生改变。例如硫酸与氢氧化钡溶液反应时，因为生成硫酸钡沉淀时会释放热量，$Ba^{2+}(aq)+SO_4^{2-}(aq)=\!=\!=BaSO_4(s)$，$\Delta H=-26.85$ kJ/mol，因此该反应的反应热 $\Delta H<-57.3$ kJ/mol。再有，若有弱酸或者弱碱参与，中和热的数值会小于 57.3，因为绝大多数弱酸弱碱的电离过程是吸热的。但也有例外，如 HF，1 mol HF 电离时放热 10.4 kJ，则其与 NaOH 溶液反应的中和热 $\Delta H=-67.7$ kJ/mol。

“在 101 kPa 时，1 mol 纯物质完全燃烧生成指定产物时所放出的热量，称为该物质的燃烧热。”这个概念需要注意以下细节：一是研究对象的物质的量必须为 1 mol。二是必须生成指定产物。指定产物是化学热力学对生成物的规定，意味着这些产物不能再燃烧，它们的燃烧热为零。具体指化合物中的 C 转化为 $CO_2(g)$，H 转化为 $H_2O(l)$，S 转化为 $SO_2(g)$，N 转化为 $N_2(g)$，Cl 转化为 HCl(aq) 等。有机物的热力学指定产物与上述相同。

另外，中和热和燃烧热的规范表述也应引起注意。关于这一问题，在不同版本、不同学段的教材及不同省份的高考真题中存在较大的争议，具体表现在表述燃烧热和中和热时有的加“—”，有的不加“—”。在一线实际教学中，大多数教师采用的表述方式是：文字表述时不加“—”（如甲烷的燃烧热为 889.6 kJ/mol），使用焓变表述时加“—”（如甲烷的燃烧热为 $\Delta H=-889.6$ kJ/mol）。因为使用焓变表述时，教材对 ΔH 正负意义的规定要求我们应指明“—”。但中和热和燃烧热虽属于反应热，可是二者定义中既已指明放热，在使用文字表述时无须再注明“—”。

参考文献

[1] 钱胜．触摸化学的温度：中学化学教学反思［M］．重庆：重庆出版社，2017：111.

[2] 人民教育出版社化学室．化学（甲种本）（第二册）［M］．北京：人民教育出版社，1983：153，218.

[3] 课程教材研究所．化学选择性必修1化学反应原理［M］．北京：人民教育出版社，2019：9.

[4] 吴星．中学化学疑难辨析［M］．南京：江苏教育出版社，2012：28—29.

[5] 徐志宏．燃烧热文字规范表述的研究［J］．中学化学教学参考，2014(07)：46—48.

[6] 印永嘉．化学原理（上册）［M］．北京：高等教育出版社，2007：240.

问题5　中和热的测定中，是否需要采用过量 NaOH 溶液？

中和反应的反应热，即中和热的测定是中学阶段重要的定量实验之一，在新、旧3种版本（人教：2004、2019版；鲁科：2004、2019版；苏教：2006、2014版）的高中化学教材中均有涉及。然而，实验中所用 NaOH 溶液及盐酸的用量在不同教材中存在差异。新、旧人教版《化学反应原理》在“中和反应反应热的测定”实践活动中使用的是 0.50 mol/L 的盐酸和 0.55 mol/L 的 NaOH 溶液各 50 mL，并在脚注说明，此处是“为了保证盐酸完全被中和，采用稍过量的 NaOH 溶液”。新、旧鲁科版选修4在“测定中和反应的反应热”探究活动中，使用的是浓度均为 1.0 mol/L 的盐酸和 NaOH 溶液各 100 mL，2006、2014苏教版使用的是浓度均为 0.5 mol/L 的盐酸和 NaOH 溶液各 50 mL。另外，北师大版《无机化学实验》中使用的是 50 mL 盐酸与同浓度的 52 mL NaOH 溶液混合。可见，在这一实验中存在酸碱同量与碱稍稍过量2种不同的实验方案。

因此，关于此实验教学的疑惑主要有：酸碱有没有必要不等量？如果不等量，为什么是碱稍稍过量？

认为测定中和热时应使用不同物质的量的盐酸和 NaOH 溶液，且 NaOH 溶液应当稍稍过量的理由有：①NaOH 易吸收空气中的 CO_2，因此某一精确浓度的 NaOH 溶液在存放和使用过程中浓度会趋于减小。而盐酸比 NaOH 溶液稳定，所以，为了减小系统误差，在测定中和热时应使碱稍过量。具体操作时，可以选用同浓度的酸、碱，碱的体积稍大一些，也可以选用等体积的酸、碱，而碱溶液的浓度稍大一些。②有学者认为：298 K 时，0.10 mol/L 的 NaOH 溶液和盐酸，其溶质的表观电离度分别为 91%和 92%，因此，NaOH 稍过量更有利于充分反应。

但也有观点认为，NaOH 溶液吸收 CO_2 后部分变质不是导致所测中和热偏低的主要因素。如吴星所著《中学化学疑难辨析》中的“中和热测量实验的准确性如何?”一文中指明，强酸与强碱的中和反应趋势很大，正向近乎完全，不必像其他化学反应一样使某一种反应物过量而确保反应完全。这是酸碱滴定的基本原理。文中同时指出：体系与环境之间的热交换才是导致此实验误差的最主要原因。因此认为，测定中和热时使用等量的盐酸与 NaOH 溶液是完全可行的。

我们倾向于后一种观点。

参考文献

[1] 刘怀乐．格致 求索 鼎新——中学化学教学文集 [M]．重庆：重庆出版社，2013：247.

[2] 北京师范大学，华中师范大学，南京师范大学无机化学教研室．无机化学（上册）[M]．4 版．北京：高等教育出版社，2003：306.

[3] 吴星．中学化学疑难辨析 [M]．南京：江苏教育出版社，2012：174—176.

二、化学反应速率与平衡

问题 1 什么是活化能？

活化能是化学动力学中一个非常重要的概念，要想正确理解活化能首先需要正确地认识化学反应。

我们已经学习了很多化学反应，但通常所写的化学方程式并不代表真实的反应就是那样进行的。化学方程式仅表示了反应的总结果，代表的是反应的化学计量方程。事实上，绝大多数化学反应要经历复杂的反应历程，要通过若干个简单的反应步骤最后才能变成产物分子，而所谓简单步骤是指分子经一次碰撞后，在一次化学行为中就能完成的反应。像这样一步就能完成的反应称为基元反应或元反应，而常见的化学反应是许多基元反应组合后的结果，被称为总包反应或总反应。

1889 年，瑞典化学家阿伦尼乌斯（Arrhenius）最早提出了活化能的概念。阿伦尼乌斯认为，化学反应的微观过程是普通分子吸收能量后成为活化分子（反应的中间活化状态），活化分子进而发生有效碰撞最终转变为产物分子的过程。同时，他将普通分子转化为活化分子所需吸收的最低能量称为活化能（E_a）。从目前来讲，不同学者对阿伦尼乌斯活化能有着不同的定义和理解。在现行无机化学教材中，对于活化能的描述主要有 3 种观点：①普通分子转变为活化分子所需要的能量。②活化分子的平均能量与反应物分子的平均能量之差。③活化分子所具有的最低能量与反应物分子的平均能量之差。当下较为广泛接受第 2 种观点。科学家塔尔曼（Tolman）也对第 2 种观点进行了更为合理、准确的解释，并证明了活化能是活化分子（能发生有效碰撞的分子）与普通分子（即反应物分子）所具能量的平均值之差。基于此，下面我们从基元反应和总反应 2 个角度来阐明活化能。

1. 基元反应活化能（E_a）

①基元反应的活化能 E_a 是指活化分子平均能量与普通反应物分子平均能量的差值，这是塔尔曼应用量子力学和统计力学原理推导得出的结果。无论是活化分子还是普通分子，各自的分子能量呈现出一种统计分布规律，各种分子能量有高有低。处于低能级上的反应物普通分子需吸收大于 E_a 的能量才能成为活化分子，而处在高能级上的反应物普通分子只需吸收小于 E_a 的能量就能活化，因此 E_a 是个平均值。②所有反应速率的碰撞理论或过渡态理论，都是基元反应速率理论，在总反应层次上的任何应用都是不恰当的。③基元反应的活化能有简单而清晰的物理含义，一般都是正值（确实存在基元反应的活化能 $E_a<0$，即过渡态的能量比反应物低，这属于超催化问题）。

2. 总反应活化能

（1）阿伦尼乌斯时代尚不了解反应历程，也没有基元反应的概念，因此只能在总反应层次上提出活化能是形成活化分子所必须吸收的能量。在认识了反应发生是个复杂的历程后，人们才认识到总反应活化能不具备上述物理意义，因此阿伦尼乌斯活化能只对基元反应才有明确的物理意义。

（2）实验研究表明，对总反应而言，阿伦尼乌斯活化能是构成总反应的各基元反应活化能的组合。因此，总反应活化能只是若干基元反应活化能的某种数学关系综合的结果，已失去了清晰的物理含义，仅是一表观量，称为表观活化能，也叫总反应活化能或实验活化能。其值为决速步（决速步即为能垒最大的基元反应）的最高能量与反应物初始能量的差值。如图 2－1 所示，未使用催化剂时总反应的活化能为 E_0，使用催化剂后总反应的表观活化能为 E_a（$E_a=E_1+E_3-E_2$），其中 AC 是整个反应的中间产物。

（3）高中阶段所学化学反应有基元反应也有总反应，所见 E_a 大多为正值，但也有负活化能和零活化能反应的存在。例如，对于中学常见反应：$2NO(g)+O_2(g)\rightleftharpoons 2NO_2(g)$，实际由 2 个基元反应构成，反应①：$2NO(g)\rightleftharpoons N_2O_2(g)$；

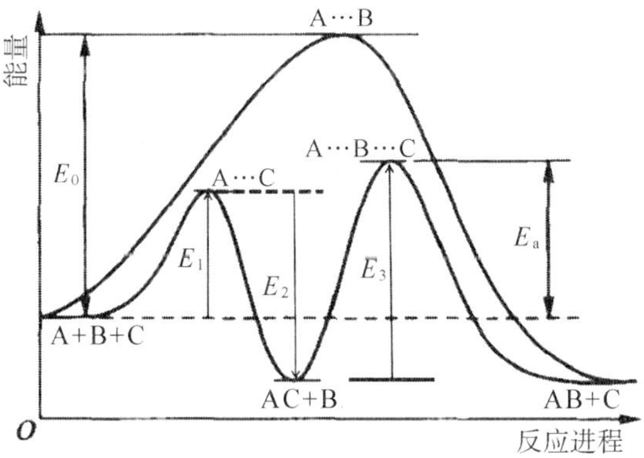

图 2－1　催化反应的活化能与反应途径

反应②：$N_2O_2(g)+O_2(g) \rightleftharpoons 2NO_2(g)$。反应历程如图 2－2 所示，由于 $E_1<E_2$，所以此反应的表观活化能（$-E_a$ kJ/mol）就是一负值。另外，在反应中，反应②的活化能更高，速率更慢，因此反应②是总反应的决速步骤。表观活化能为负值的反应通常表现为温度升高，反应速率反而降低，原因有二：①对于反应 $2NO(g)+O_2(g) \rightleftharpoons 2NO_2(g)$，反应②是决速步骤，升高温度后，反应①平衡逆向移动，使 N_2O_2 浓度减小，温度升高对反应②的影响弱于 N_2O_2 浓度减小对反应②的影响，最终导致反应②速率变慢，所以温度升高，总反应速率变慢；②温度升高，催化剂失去活性，使反应速率下降。其实，温度升高导致催化剂失去活性的例子在日常生活中就存在。例如，蔬菜中存在一种有害的氧化酶，在 65 ℃以下对维生素、色素等的分解有催化作用，但高于 65 ℃时氧化酶活性随温度升高而急剧降低。大锅炒菜时，菜量大，升温较慢，一直在 65 ℃以下，有害氧化酶的活性能发生作用，菜的色、香、味及营养被破坏；小锅炒菜时，菜量小，温度迅速升至 65 ℃以上，有害氧化酶的活性迅速消失，蔬菜的营养及色、香、味得以保全。因此，小锅炒菜比大锅香。

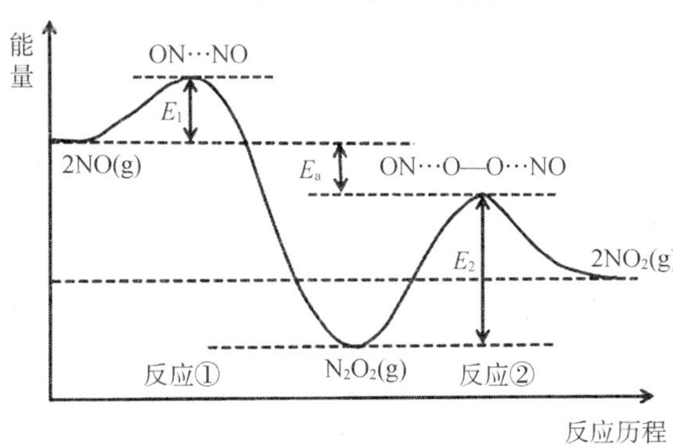

图 2－2　NO 和 O_2 催化反应的活化能与反应途径

那么，研究活化能究竟有什么意义呢？对于化学反应来说，活化能越高的反应，其反应速率对温度越敏感。因此，高温有利于活化能较高的反应进行，低温利于活化能较低的反应进行。掌握这个规律后，在实际生产中，就可以通过控制温度的调节来提高多反应体系中主反应的选择性。

参考文献

[1] 北京师范大学，华中师范大学，南京师范大学无机化学教研室．无机化学（上册）[M]. 4 版．北京：高等教育出版社，2003：287－289.

[2] 罗渝然．什么是活化能 [J]. 化学通报，1981 (04)：50－55.

[3] 朱碧雯，包朝龙．高中化学教学中有关“活化能”概念的误区——基于2011 年海南省一道高考题的思考 [J]. 化学教学，2015 (07)：89－91.

[4] 吴俊明．化学的活性思维及其教学 [J]. 化学教学，2019 (08)：3－8.

[5] 王磊，陈光巨，曹居东．鲁科版化学反应原理教师教学用书 [M]. 济南：山东科学技术出版社，2019：125－127.

[6] 傅献彩．物理化学（下册）[M]. 5 版．北京：高等教育出版社，2006：160－162.

问题 2　催化剂能提高反应的产率吗？

催化剂的研制是化工生产中的一个重要研究领域，就近年来化工过程与技术的发展趋势而言，催化剂往往成为技术改造和更新的关键。世界上 90％的化学工业都会使用催化剂，20％～30％的 GDP 与催化技术相关，尤其在能源、石化、药物和化肥等产品的生产过程中更为重要。例如，合成氨反应的熔铁催化剂奠定了现代农业的基础，并据此获得了 1918 年的诺贝尔化学奖；由乙烯、丙烯生产聚乙烯、聚丙烯的 Ziegler-Natta 催化剂奠定了石化工业的基础，据此获得了 1963 年的诺贝尔化学奖；由原油催化裂化生产汽油、柴油的分子筛催化剂是炼油和能源工业史上的一次革命，等等。神秘而有趣的催化作用和它所带给化学工业的巨大经济效益，使得人们对催化剂的研究热情一直有增无减，近百年来，有关催化剂的研究共获得了 20 余项诺贝尔化学奖，催化剂因此也受到了高考化学的青睐。近年来，在以速率、平衡为中心的原理综合题中多次出现催化剂对产率影响的判断。那么，催化剂能提高反应的产率吗？

首先，我们来简述一下对催化剂的认识。催化剂，又叫触媒。根据 IUPAC（国际纯粹与应用化学联合会）的建议，能够加快化学反应速率的称为催化剂，能够减慢化学反应速率的称为抑制剂。在催化反应（即有催化剂参与的化学反应）中，催化剂可通过参加反应改变化学反应速率（可与反应物生成某种不稳定的中间化合物），而本身的质量和化学性质在反应前后均未发生改变，但常有物理形状的改变。例如：催化 $KClO_3$ 分解的 MnO_2 催化剂反应后会由块状变为粉末状，催化 NH_3 氧化的铂网，经过几个星期后表面会变得粗糙，等等。另外，催化剂并不一定需要另外加入，某些反应的产物或中间体也具有催化作用，如酸性高锰酸钾溶液与草酸反应时，反应产生的 Mn^{2+} 具有催化作用，可加快反应进行，这称为自催化反应。催化剂的催化机理可简单理解为：催化剂参与反应导致原先的反应机理发生改变，使得原先较高的反应能垒降低，即催化剂降低了反应的活化能，导致单位体积内活化分子数增加，化学反应速率加快。一般地，对于可逆反应而言，催化剂的加入可同等程度地增大正、逆反应速率，因此对正反应方向优良的催化剂同时也是逆反应的催化剂。如苯在 Pt 和 Pd 上容易氢化生成环己烷（473～513 K），而在 533～573 K 时环己烷也能在上述催化剂上脱氢。利用这一点也可以帮助我们寻找催化剂，例如，用 CO 和 H_2 为原料合成 CH_3OH 是一个很有经济价值的反应，要想增大 CH_3OH 的产率，反应通常需要在高压条件下进行。但若直接在高压条件下寻找催化剂，实验过程往往要麻烦得多，此时我们可以在常压下寻找甲醇分解的催化剂，也就是在高压下合成甲醇的催化剂。综上所述，可归纳出催化剂的基本特征有：参与反应，但反应前后化学性质和质量不改变；能加速反应至其最大限度（平衡状态），但不会引起平衡移动；可以改变反应历程，但无法改变反应的始态与终态，所以不会改变反应热。

很多同学可能会想：既然催化剂的加入不会引起平衡的移动，那催化剂应该也不会改变产率了。

其实，这是将转化率和产率 2 个概念混淆了。催化剂确实不能引起平衡的移动，因此催化剂的加入不能引起平衡转化率的改变，但可能引起产率的改变。

一方面，当反应体系为多个平行反应，其中存在多重平衡时，催化剂会表现出选择性【选择性＝(转化为目标产物的原料量/原料总的转化量)×100％】，即某种催化剂对某一反应可能是活性很强的催化剂，但对其他反应就不一定具有催化作用。所以，当反应体系中存在副反应时，根据这一特性，可以通过选择催化剂来调控反应，从而大大提高目标产物的产率。例如，在 2016 年新课标Ⅱ卷中曾涉及：工业上可用“丙烯氨氧化法”生产丙烯腈（$CH_2＝CHCN$），主要副产物有丙烯醛（$CH_2＝CHCHO$）和乙腈（CH_3CN）等，选用合适的催化剂并选取其活性较高的适宜温度可提高丙烯腈的产率。另外，在催化剂或反应系统内加入少量杂质也可以强烈地影响催化剂的作用，这些杂质既可成为助催化剂，也可成为反应的毒物，表明催化剂表面不是完全等效的，存在具有一定结构的表面活性中心。因此在实际工业生产中，通过选择高效且高专一性的催化剂并控制反应条件是可以提高目标反应的选择性，进而提高目标产物的产率的。另一方面，化工生产中的效率实际包含了生产效率的意思。在实际中常采用的是工业流化床方式生产，此方式下生产时无须等待反应达到平衡状态，只要反应速率越快，单位时间内的生产效益就会越高，目标产物的产率也就提高了。

因此，在一定条件下，催化剂有可能提高反应的产率。

参考文献

[1] 宋心琦．普通高中课程标准实验教科书化学（选修 4）[M]．北京：人民教育出版社，2007：绪言，23.

[2] 傅献彩．物理化学（下册）[M]．5 版．北京：高等教育出版社，2006：286.

[3] 王明召，王磊，高盘良．普通高中教科书．选择性必修 1 化学反应原理 [M]．济南：山东科学技术出版社，2019：75－76.

问题 3　平衡常数 *K* 是否有单位？

化学平衡常数是中学化学中的重要概念，用符号 K 表示，通常无须注明 K 的单位。然而，学生经常会问：化学平衡常数究竟有没有单位呢？

其实，平衡常数有标准平衡常数和实验平衡常数（或经验平衡常数）2 种。标准平衡常数是通过化学反应的自由能变间接求算的，用 K^{θ} 表示，无量纲，因此无单位。由实验直接测定得到的平衡常数叫作实验平衡常数或经验平衡常数，可能有单位。例如，对于以下可逆反应：$aA+bB \rightleftharpoons cC+dD$，浓度平衡常数 K_c 的量纲为 $[mol \cdot L^{-1}]^{\Delta n}$。只有当 $\Delta n=(c+d)-(a+b)=0$ 时，K_c 无量纲。对于气体系统而言，除使用 K_c 之外，还经常使用分压平衡常数 K_p。由于压强有 Pa、kPa、bar 等不同单位，因此 K_p 的量纲具有相应的不同形式。所以，浓度平衡常数 K_c 和分压平衡常数 K_p 大部分时候有单位，但中学阶段常常简化不写。

参考文献

北京师范大学，华中师范大学，南京师范大学无机化学教研室．无机化学（上册）[M]．4 版．北京：高等教育出版社，2003：248－252.

问题 4　如何用 *K* 值判断化学反应是否进行完全？

一定温度下，每个化学反应具有相应的平衡常数 K 用来判断化学反应进行的程度，此方法在不同学段的化学教材中均有涉及，但说法不一。例如，新、旧人教版和鲁科版（人教：2004、2019 版；鲁科：2004、2019 版）的《化学反应原理》中认为：一般说来，$K>10^5$时，该反应进行得基本完全。而高校无机化学教材中的描述参差不齐，有将标准定为 $K>10^6$时，认为反应进行完全的，还有的定为 10^7。同时也相应指明，当 $K<10^{-6}$或 $K<10^{-7}$时，反应几乎不能正向进行。

那么，究竟该如何据 K 值来判断化学反应是否进行完全呢？

用 K 值判断化学反应是否进行完全的起源是：对于可逆反应，当生成物的浓度为反应物浓度的 100 倍及以上时，认为反应进行完全；当生成物的浓度为反应物浓度的 1/100 及以下时，认为反应几乎不能进行。据此，对不同类型的化学反应研究后可归纳如表 2－1 所示。

表 2－1 不同类型化学反应进行程度的判断方法（K 值）

反应类型	$K_{完全反应}$	$K_{不能进行}$
$A \rightleftharpoons E$	$K\geqslant10^2$	$K\leqslant10^{-2}$
$A+B \rightleftharpoons E+F$	$K\geqslant10^4$	$K\leqslant10^{-4}$
$A+B+C \rightleftharpoons E+F+G$	$K\geqslant10^6$	$K\leqslant10^{-6}$

由此可见，想正确依据 K 值判断化学反应是否进行完全，必须关注反应中各物质（微粒）的化学计量数。一般来讲，反应中反应物、生成物的计量数为 2 或 3，可认为 $K\geqslant10^6$的反应是可以进行完全的，$K\leqslant10^{-6}$的反应是难以发生的，K 值介于 $10^{-6}\sim10^6$之间的反应是能进行但不完全的反应。

参考文献

林清枝．有关化学平衡的几个问题［J］．化学教育，1995（12）：33－35.

问题 5 如何理解自发反应是在一定条件下进行的？

第一，什么是自发反应？

在自发反应的相关教学中，教师存在的第一个困惑就是：到底什么是自发反应？

人教版的中学化学教材没有对自发反应给出明确的概念。2006 苏教版《化学反应原理》中将自发反应定义为：在一定条件下，不需外界帮助就能正常进行的反应称为自发反应。北京师范大学等出版的无机化学对自发反应有如下的叙述："在一定条件下不需外力作用就能自动进行的过程，称为自发过程，如室温时冰的融化、铁器在潮湿空气中的生锈、甲烷和氧的混合气体遇火燃烧都是自发过程”。同时写有：“吉布斯证明：在恒温恒压下如果在理论上或实践上一个反应能被利用来完成其他功，这反应是自发的，如果必须由环境提供其他功去使反应发生，这反应不是自发的。”显然，上述说法中“一定条件”用词过于模糊，不易理解，因此，2014苏教版中将自发反应定义修改为：在一定温度和压强下，无须外界帮助就能自动进行的反应称为自发反应。

第二，如何理解外界帮助？

例如，甲烷燃烧的反应条件是点燃，合成氨的反应条件为“高温、高压、催化剂”，碳酸钙分解的反应条件是高温，电解水的反应条件是通电。这些条件是外界帮助吗？这些反应是自发反应吗？

福建化学教育研究所吴新建教授在《〈化学反应原理〉模块中若干热力学问题探讨》一文中指出：“所谓外界帮助，是推动反应进行的非环境因素，比如通电等。条件改变将改变一个反应体系的起始状态的性质，而外界帮助则改变了反应自身行为，并未改变其状态。反应中的加热，只是在不断地改变反应的条件，使反应体系的状态不断改变，当温度达到某一点，即自发变化所需要的体系状态要求时，对反应而言此时的条件是确定的，体系状态不需其他帮助就能自发将反应（或变化过程）进行下去。因此，改变温度，仅仅是为创造一个适合反应自发进行的体系状态的助力，并未改变反应自身行为。”

下面我们逐一来厘清：

在甲烷的燃烧反应中，我们常标明的反应条件是点燃。那是否意味着，没有点燃的条件下，甲烷的燃烧反应是非自发反应。这种想法是错误的。有文献指出，点燃或加热的作用是克服活化能 E_a，补充反应过程中的热量散失和提供动力学的速率启动能，与反应的方向无关。

参照吴星教授主编的《中学化学疑难辨析》一书中的说法，“在教学中，应防止将自发反应中所讲的‘一定条件’与我们书写化学方程式时所注明的‘反应条件’相混淆。实际上化学方程式上注明的反应条件，如点燃、高温、加热、催化剂等是指反应能被显著地观察到正向进行所需要的条件。而定义自发反应所讲的‘一定条件’是指‘一定的温度和压强’。如我们把氢气和氧气放在一起，并没有看到有水生成（反应速率很慢，但该反应是自发反应），但如果在氧气中将氢气点燃，就观察到迅速有水生成，因而通常将氢气和氧气反应的化学方程式写成点燃条件下的反应。又如合成氨反应，我们都要在化学方程式上注明反应条件为‘高温、高压、催化剂’，但合成氨反应在室温和常压下也是自发的”。因此我们可以理解为：非自发反应需借助持续性的外界帮助，而一旦外力停止，若反应仍还能进行下去，则应为自发反应。如甲烷的燃烧，点燃后反应还可自行进行下去，因此其应为自发反应；水的电解，一旦停止通电，反应即停止，因此其为非自发反应。所以，通电属于外界帮助，而点燃、高温、加热、催化剂等不属于外界帮助。甲烷的燃烧用此推理较好理解，但合成氨的反应在室温和常压下也是自发的，理解起来有些困难。可以借用中学教材里的一句话："过程的自发性只能用于判断过程的方向，不能确定过程是否一定会发生和过程发生的速率。"也就是说：合成氨的反应在室温和常压下的反应类似于氢气和氧气混合后但未点燃的情形（反应速率很慢，但该反应是自发反应），在高温、加热、催化剂的条件下使得这个反应的速率加快，迅速发生。因此，合成氨的反应在室温和常压下也是自发的，高温、加热、催化剂等反应条件只是加速了它的反应，所以，这些条件不属于外界帮助。

对反应 $CaCO_3(s) \xlongequal{高温} CaO(s) + CO_2(g)$ 来讲，这是一个吸热反应，一旦停止高温条件，反应也立即停止了。那该反应的高温条件属于外界帮助吗？

此反应和合成氨的反应条件都涉及高温，二者的不同在于合成氨反应是一个放热反应，而碳酸钙的分解是一个吸热反应。碳酸钙分解时，一旦停止高温条件，反应也立即停止了。因此，在讨论碳酸钙的分解反应是否为自发反应时，必须强调条件。此时反应的高温条件不属于外界帮助，是反应的前提。即碳酸钙的分解，高温下是自发反应，常温常压下是非自发反应。一旦取消高温条件，反应由自发反应转为非自发反应。因为自发反应的前提就是一定条件下的反应，不谈条件来讨论碳酸钙的分解是自发还是非自发过程是没有意义的。

因此，对"外界帮助"的理解，是看在一定条件下，此外力取消，反应是否还能继续进行？

第三，如何判断一个反应是否为自发反应？

判断一个具体的反应是否为自发反应，其实就是对其自由能变化ΔG正负的判断。自由能判据应是反应自发性的唯一标准，具体判断方法如下：

$\Delta G = \Delta H - T\Delta S$，当$\Delta G < 0$时，反应可自发。

如：$\Delta H < 0$，$\Delta S > 0$，反应自发进行；

$\Delta H > 0$，$\Delta S < 0$，反应不自发进行；

$\Delta H < 0$，$\Delta S < 0$，反应在低温时可自发进行；

$\Delta H > 0$，$\Delta S > 0$，反应在高温时可自发进行。

参考文献

[1] 吴星．中学化学疑难辨析 [M]．南京：江苏教育出版社，2012：51－53.

[2] 吴新建，张贤金．《化学反应原理》模块中若干热力学问题探讨 [J]．化学教与学，2012，(3)：2－3.

[3] 岳文虹．谈一谈自发反应 [J]．化学教与学，2016 (03)：12－13.

[4] 王祖浩．普通高中课程标准实验教科书．化学反应原理［M］．南京：江苏凤凰教育出版社，2014：43.

问题 6　熵是什么？

“熵（entropy）”一词源自希腊语，表示变化的容量，1854 年由德国物理学家克劳修斯创立。1923 年，德国科学家普朗克来我国讲学时用到此词，胡刚复教授从熵是热量与温度之比出发，在“商”字左边加了个“火”字译成“熵”，表示这是与热有关的概念，从而在我国学术界首次出现“熵”一词。

熵是一个很玄妙的词语，有着极为丰富的内涵，可以将宏观与微观联系起来，可以表示宏观状态的微观结构数与系统的多样性。

熵是什么？熵是对一个宏观状态所含微观结构数的一种数学描述。例如，与甲烷相比，乙烷由于碳碳单键的可旋转性而具有无穷多个构象异构体，因此，在相同条件下乙烷的熵值更大。

熵是什么？熵是可以用来衡量体系混乱（或无序）程度的物理量（如图 2－3 所示）。在物理化学中，一个体系的混乱程度越大，它的熵就越大。而这种混乱、无序的微观意义是系统多样性的体现。例如：对一个系统限定体积和物质的量，当该系统得到能量时，此系统的多样性将增加（此处的多样性可理解为系统内的分子可以达到的量子能级数目），即熵会增加。再如：同一物质，状态不同，熵值不同。从分子的角度看，同物质的量的物质，气态、液态、固态的熵依次递减。这是因为，气态分子可以自由地平动、转动；液态分子尽管没有完全自由的平动和转动，但还是可以取各式各样的构型，可以改变其定向和位置；而固态分子无法改变自身构型，无法改变定向和位置，分子的运动只有振动。由此，从气态、液态到固态的微观多样性是逐渐减少的，即熵值是逐渐减小的。

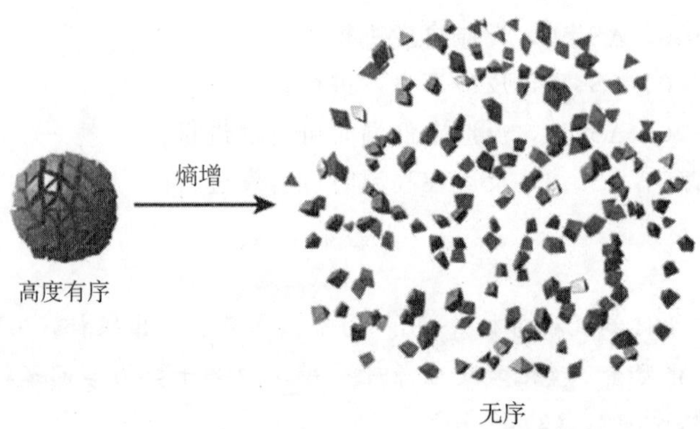

图 2－3　熵增过程（有序→无序）

熵是什么？万物熵增，生命以“负熵”为食。

热力学第二定律（second law of thermodynamics）告诉我们，万物皆有熵增的趋势，即万物皆会向着愈发混乱和无序的方向发展变化。一勺白糖放入一杯清水中，这勺白糖会逐渐变得无序而混乱直至溶解平衡，均匀地分散在水中。类似地，也有学者认为，人类迈向死亡就是一个熵增的过程。

万物熵增，但生命却能在其中保持高度有序的低熵状态，这是因为“生命赖负熵为生”。从熵的角度来看，生命体的新陈代谢过程是持续地摄入“秩序”（即负熵）的过程。生命体的特殊性体现在生命体会避免自身变成混乱无序的状态，但生命活动产生着越来越多的熵，体系熵值的不断增加最终会将生命体带向死亡。生命体摄入负熵的同时，生命体产生的熵也释放回环境中。生命不过是熵的搬运工。

生命是什么？生命是一个美好的巧合，是宇宙在奔向最大熵值的死寂过程中，为自己创造的观众。

参考文献

[1] 彭笑刚．物理化学讲义［M］．北京：高等教育出版社，2012：47－51.

[2] 杜镇远．薛定谔和他的《生命是什么？》——纪念薛定谔诞辰一百周年［J］．山西大学学报：哲学社会科学版，1987（04）：73－78，92.

[3] 唐隆健．对若干化学具体问题的深度思考及启示［J］．中学化学教学参考，2019（07）：39－41.

问题7 如何理解化学反应自发性与可逆性的关系？

我们已经知道，利用吉布斯自由能判据可以判断一个化学反应在一定条件下的自发性：若 $\Delta G<0$，反应能自发进行；若 $\Delta G>0$，反应不能自发进行。对于同一反应来讲，若正向 $\Delta G<0$，则逆向 $\Delta G>0$，即正向反应自发时逆向反应应该不自发。

可逆反应是化学中经常研究的对象。此类反应的特征是，在同一条件下正、逆 2 个不同方向的反应可同时进行。而且，绝大多数的化学反应都存在一定程度的可逆性。

读到这里，许多人会产生这样的困惑：既然对同一反应来讲，正向自发逆向必然不自发，为何可逆反应能够双向同时进行呢？

其实，反应的自发性和反应的可逆性并不矛盾，因为二者是从不同视角对化学反应进行的研究。

反应自发与非自发研究的是化学反应的方向性问题，是热力学趋势，而非具体行为。反应的自发性就好比是对事件发生的大概率的预测，具有统计意义。具体来讲，若一个反应是自发的，只能说明反应朝此方向进行的概率极大，并不能说明反应一定会朝此方向进行甚至快速进行。

反应的可逆性研究的是化学反应过程中的问题，是动力学内容，它是对化学反应进行时行为的研究，这种行为表现在：在同一条件下，反应可以从左向右进行，也可以从右向左进行。

我们可以通过以下 2 个实例进一步厘清这个问题：

（1）“战略上藐视敌人，战术上重视敌人”是对伟大领袖毛泽东在战争中的战略和策略思想的归纳。在这句话里，藐视和重视这 2 个词显然是矛盾的对立方，类似对“自发”“非自发”与“可逆”之间关系的描述，但显然我们容易理解，“藐视敌人”和“重视敌人”并不矛盾。毛主席已经预见到革命终将取得胜利的大趋势，因此从战略角度讲，可以居高临下藐视敌人。但是，作战过程中敌人不会因为最终会失败的趋势而场场打败仗，所以在战术上就需要重视敌人。

（2）我准备从大同骑车前往北京，由大同到北京的方向是自发的，反之是非自发的。但什么时候到达北京，最终是否能够抵达北京都是不一定的。反应的可逆性是反应的过程性问题，即研究的是从大同出发后在到达北京的过程中的具体行为问题。在路上可以一直朝北京前行，也可以折回一段路再前行。最终的方向和结果不可逆，但是过程中的行为是可逆的。

综上所述，化学反应的自发性讨论的是反应的方向性问题，是“战略”的角度；而可逆性讨论的是反应的过程性问题，是“战术”的角度。二者考虑问题的视角不同，因此并不矛盾。

问题 8　决定强、弱电解质的因素有哪些？

在高中阶段，我们一般认为强酸、强碱、绝大多数盐等属于强电解质，在一定条件下可以完全电离。但有实例证明，同一物质在不同条件下的电离程度可能不尽相同。那么，决定电解质强、弱的因素有哪些呢？

（1）电解质电离程度与化学键类型有关。我们已经知道，离子化合物中含有离子键，共价化合物中只含共价键，且共价键的极性有较大差异。典型的离子化合物（如 NaOH、KOH、NaCl）及强极性的共价化合物（如 HCl）在强极性溶剂（水）中可以完全电离，属于强电解质。含弱极性共价键的化合物（如 CH_3COOH、$NH_3 \cdot H_2O$）在水中仅能部分电离，属于弱电解质。因此，电解质电离程度与化学键类型有关。

（2）仅由电解质所含化学键类型决定物质是否属于强电解质的结论是不全

面的。例如，HCl、HBr、HI 是 3 种常见的强酸，而同类型的共价化合物 HF，虽然键的极性很强却属于弱酸。这是因为如果分子中的原子结合越牢固，其在水溶液中的电离就越困难。在以上 4 种分子中，H—F 键键能最大，且 HF 分子间存在氢键，从而导致其中的氢原子很难电离出来。由此我们可以认识到，除了键的类型外，键能大小、氢键的存在也是影响物质电离程度的因素。需要注意的是，仅从键能大小来判断电解质强弱仍然是片面的。例如，虽然 H—S 键的键能（365.8 kJ/mol）小于 H—Cl 键（431.3 kJ/mol），但H_2S在水中的电离程度小于 HCl。

溶剂的性质也会影响电解质的电离程度。例如，KCl 等离子化合物在极性溶剂（如水）和非极性溶剂（如苯）中电离程度有很大差异。再如，HCl 和 HNO_3的酸性（电离程度）实际上是有差异的。二者的酸性在水中由于“拉平效应”虽然相同，但通过冰醋酸的“区分效应”可以判断出强弱（“拉平效应”与“区分效应”详见本书“元素化合物”问题 20. 如何理解强电解质的完全电离?）。

（3）我们常讲“越稀越电离”，显然电解质溶液的浓度也会影响其电离程度。因此有观点认为，HCl 和 H_2SO_4 在稀溶液中为强电解质，在浓溶液中会体现出弱电解质的性质。

综上所述，决定电解质强、弱的因素主要有键型、键能、浓度、溶剂等。总之，强、弱电解质并不是物质在本质上的分类，彼此间应当没有严格的界限。

参考文献

课程教材研究所．人教版化学选修 4 教师教学用书［M］．北京：人民教育出版社，2019：76—77.

问题 9　盐类是否都是强电解质?

绝大多数盐类是离子化合物，属于强电解质。但是，少数盐的微粒有形成共价键的倾向，电离度极小。例如，氯化汞（$HgCl_2$）和碘化镉（CdI_2）等属于盐，由离子构成，但实验证明：$HgCl_2$的水溶液几乎不导电，即使在很稀的溶液中，它的电离度也不超过 0.5%，说明 $HgCl_2$在溶液里主要以分子形式存在。这是因为，一方面 Hg^{2+} 和 Cd^{2+} 容易被阴离子极化，另一方面 Cl^- 和 I^- 又是容易极化的阴离子。于是，阴阳离子的相互极化作用导致电子云产生极大的形变，键的性质发生改变，转而以共价键为主。因此，这些盐属于弱电解质。

参考文献

课程教材研究所．人教版化学选修4教师教学用书［M］．北京：人民教育出版社，2019：77.

问题10 为什么多元弱酸的各级电离常数逐级减少？

在学习弱电解质的电离平衡时，我们认识到 H_2CO_3、H_3PO_4 等多元弱酸是分步电离的，且以第一步电离为主。这是因为多元弱酸的各级电离常数逐级减小，且相邻两级电离常数通常相差很大，因此近似认为其水溶液中的氢离子由第一步电离提供。

那么，为什么多元弱酸分子的逐级电离常数会越来越小呢？教辅中的主流说法是：由于同离子效应的存在，前一步电离产生的 H^+ 会抑制后续 H^+ 的进一步电离，故而多元弱酸第一步电离的程度是最大的。但是这样的说法明显是错误的。因为电离常数属于平衡常数，只与弱电解质本身的性质和温度有关，与离子浓度无关，因此用同离子效应解释是违背化学反应原理的。

我们可以从物质本身的性质，即静电作用力的角度来寻找问题的答案。

以 H_3PO_4（25 ℃）电离为例：

$H_3PO_4 \rightleftharpoons H^+ + H_2PO_4^-$　　$K_{a1}=7.1\times10^{-3}$

$H_2PO_4^- \rightleftharpoons H^+ + HPO_4^{2-}$　　$K_{a2}=6.3\times10^{-8}$

$HPO_4^{2-} \rightleftharpoons H^+ + PO_4^{3-}$　　$K_{a3}=4.2\times10^{-13}$

当第一步电离发生后，由于阴、阳离子间存在静电作用力，再从带负电荷的含氢酸根离子（如 $H_2PO_4^-$）中解离出带正电荷的 H^+ 就变得更加困难，且含氢酸根离子所带负电荷越多（如 HPO_4^{2-}），其与 H^+ 之间的静电作用力越强，越难电离出 H^+，因此多元弱酸的各级电离常数逐级减小。

参考文献

张荣荣，冯长君．关于多元弱酸逐级电离常数递减原因的探讨［J］．大学化学，2014，29（05）：82－83.

问题11 CH_3COOH 和 NaOH 等体积混合，$c(H^+)$ 和 $c(Na^+)$ 哪个大？

常温时，不同 pH 的 CH_3COOH 和 NaOH 溶液等体积混合，混合后溶液

中 $c(H^+)$ 和 $c(Na^+)$ 的大小如何判断呢？经理论推导及计算机辅助计算可得如下结论，见表 2-2。

表 2-2 不同 pH 的 CH_3COOH 和 NaOH 溶液等体积混合后 $c(H^+)$ 和 $c(Na^+)$ 的相对大小

混合前溶液的 pH		等体积混合后溶液中 $c(H^+)$ 和 $c(Na^+)$ 的相对大小
CH_3COOH	NaOH	
6.76	7.24	$c(Na^+)=c(H^+)$
>6.76	>7.24	$c(Na^+)<c(H^+)$
<6.76	<7.24	$c(Na^+)>c(H^+)$

参考文献

吴文中. 现代信息技术在化学教学中的深入应用——以“Wolfram Mathematica”为例 [J]. 中学化学教学参考，2017 (15)：45—49.

问题12 升温时 CH_3COONa、Na_2CO_3 溶液的 pH 值如何变化？

升高温度，一定浓度的 CH_3COONa、Na_2CO_3 溶液的 pH 会如何变化呢？我们知道，盐类的水解为吸热过程，$CH_3COO^- + H_2O \rightleftharpoons CH_3COOH + OH^-$，$CO_3^{2-} + H_2O \rightleftharpoons HCO_3^- + OH^-$，故升温会促进二者的水解平衡正向移动，$c(OH^-)$ 增大，pOH 减小。但同时，升温也会促进水的电离，K_w 增大，pK_w 减小。而 $pH = pK_w - pOH$，pOH 和 pK_w 均减小，pH 的变化则难以判断。那么，事实究竟如何呢？

梳理已有研究，通过理论计算可得出 0.1 mol/L CH_3COONa 溶液在不同温度下的 pH，结果如表 2-3 所示。同时，有老师基于手持技术开展数字化实验，测定出 1.0 mol/L CH_3COONa 溶液在不同温度下的 pH，结果如图 2-4 所示。

表 2-3 0.1 mol/L CH_3COONa 溶液在不同温度下的 pH

温度	10 ℃	20 ℃	30 ℃	40 ℃	50 ℃
$-\lg K_w$	14.54	14.17	13.83	13.55	13.26
$-\lg K_{HAc}$	4.809	4.771	4.743	4.732	4.724
pH	9.17	8.97	8.79	8.64	8.49

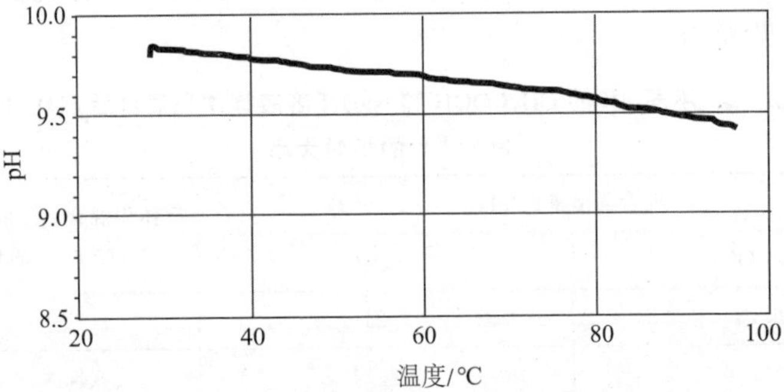

图 2-4　1.0 mol/L CH_3COONa 溶液的 pH 随温度的变化

从上述图、表可知：CH_3COONa 溶液加热时 $c(OH^-)$ 增大，溶液碱性增强，但溶液 pH 减小。

对于一定浓度的 Na_2CO_3 溶液，已有研究结果的共识是升温会导致 Na_2CO_3 溶液中 H^+ 和 OH^- 的浓度均增大，碱性增强。分歧在于，有的老师认为升温时 Na_2CO_3 溶液的 pH 变化会伴有先升高再降低的过程［如图 2-5（a）所示］，也有观点认为其应是单调性减小［如图 2-5（b）所示］，以上结论都是基于数字化实验测定所得。

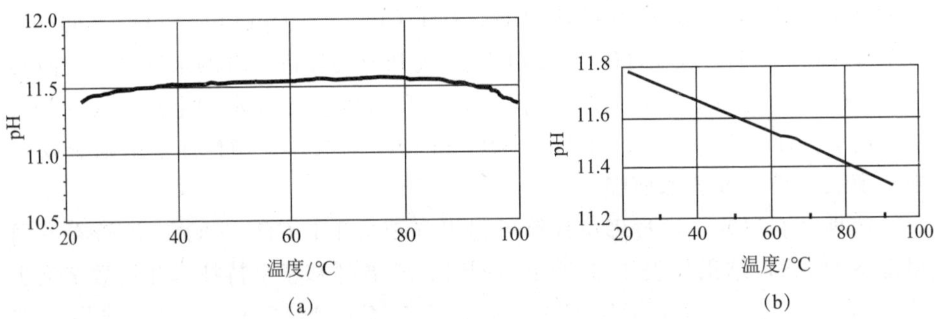

图 2-5　0.1 mol/L Na_2CO_3 溶液的 pH 随温度的变化

通过进一步的实验和理论计算证明，一般强碱弱酸盐的水溶液的 pH 均会随着温度的升高而降低，而如上述存在的 pH 局部升高的现象是由于 CO_2 的溶解造成的。计算数据还说明，温度升高会引起水解平衡常数的增大，也就是说水解产生的 OH^- 浓度会增大，溶液碱性增强。但是，由于溶液在加热过程中，升温促进水的电离占主导作用，碱性增强此时并不等同于 pH 增大，因此，实际教学中涉及此类问题时，宜规避对 pH 的判断，建议用 $c(OH^-)$ 的变化来分析水解更为合适。

参考文献

[1] 钟汝永，张运红，许文忠．醋酸钠溶液加热时氢离子浓度如何变化 [J]. 化学教学，2015 (06)：75—76.

[2] 胡金臣．温度对溶液 pH 值影响的探讨 [J]. 化学教学，2003 (04)：25，48—49.

[3] 高建伟，蒋红年．Na_2CO_3 水解过程溶液 pH 与温度关系的探究 [J]. 化学教学，2013 (12)：57—59.

[4] 韦英俊．碳酸钠溶液 pH 的探讨 [J]. 中学化学教学参考，2016 (Z1)：141—142.

[5] 鲁通，韦存容，马宏佳．强碱弱酸正盐溶液 pH 与温度变化关系的再探究 [J]. 化学教与学，2017 (02)：76—78.

问题 13 如何比较等浓度的 NaF 和 NaCl 溶液中的阴离子浓度？

比较等浓度的 NaF 和 NaCl 溶液中的阴离子浓度时，有人认为：NaF 溶液中的阴离子主要为 F^-，NaCl 溶液中阴离子主要为 Cl^-。F^- 水解时：$F^- + H_2O \rightleftharpoons HF + OH^-$，消耗一个 F^- 同时产生一个 OH^-，因此 NaF 溶液中阴离子浓度可认为等于起始条件 F^- 的浓度；Cl^- 不水解，故 NaCl 溶液中阴离子浓度不变。因此，等浓度的 NaF 和 NaCl 溶液中的阴离子浓度相等。

但是，这样的思考方式是错误的。从 F^- 的水解平衡确实可以看出阴离子数目守恒，但溶液中同时存在水的电离，这种分析方式忽略了 F^- 水解对水电离产生 OH^- 的影响，因此结论是错误的。其实，我们可以根据溶液呈电中性来解决这个问题：NaF 溶液中，电荷守恒式为 $c(F^-)+c(OH^-)=c(Na^+)+c(H^+)$，NaCl 溶液中，$c(Cl^-)+c(OH^-)=c(Na^+)+c(H^+)$。由于溶液中阴离子浓度等于阳离子浓度，可以把对溶液中阴离子浓度大小的比较转化为对溶液中阳离子浓度大小的比较。这 2 种溶液中，$c(Na^+)$ 相等，由于 NaF 溶液呈碱性（H^+ 浓度较小），由此可推出 $c(F^-)+c(OH^-)<c(Cl^-)+c(OH^-)$，即 NaF 溶液中的阴离子浓度较小。

问题 14 用热的 Na_2CO_3 溶液可除去废铁屑的油污，油污的成分是什么？

在 2019 年的高考新课标 I 卷中，涉及利用碱煮水洗的方法去除废铁屑表面的油污。那么，油污的成分是什么？碱煮水洗去除油污的原理又是什么？

为了防止金属制品发生电化学腐蚀，生产、生活中经常采用表面涂油的物理方法来减少金属表面水膜的形成，从而达到防护的效果。常见的油可分为植物油与矿物油。植物油的成分为高级脂肪酸甘油酯（如硬脂酸甘油酯等），本质上属于酯类化合物，不溶于水，但可在碱性条件下水解，发生皂化反应，生成可溶性的甘油和高级脂肪酸盐，从而被水清洗除去。而矿物油来自石油的精制，其主要成分为高级烷烃，与强碱溶液不反应亦不溶。

植物油与矿物油组成不同，用途不同。植物油常用于金属表面的防护，而矿物油用于发动机等轴承的润滑。因此，金属表面的油污指的是可被热的碱液清洗掉的植物油。

参考文献

任雪明，吴文中．高中化学教学疑难问题研析［M］．杭州：浙江教育出版社，2015：200－201.

问题15 $NaHCO_3$溶液和CH_3COONa溶液谁的碱性强？

在学习盐类水解时，我们认识到“越弱越水解”是盐类水解的规律之一。其具体含义为，若弱酸的酸根离子（或弱碱阳离子）水解后生成的弱酸（或弱碱）酸（或碱）性越弱，则该离子的水解能力越强。在应用此规律判断等浓度盐溶液的酸碱性强弱时，必须注意其适用范围。即多元弱酸酸式盐（如$NaHCO_3$、$NaHSO_3$等）溶液的pH由于受到水解与电离的双重影响，此规律不适宜作为判断依据。

例如：有的同学基于CH_3COOH（$K_a=1.75\times10^{-5}$，25 ℃）酸性强于H_2CO_3（$K_{a1}=4.4\times10^{-7}$，25 ℃），得出HCO_3^-水解大于CH_3COO^-，进而得出“等浓度的$NaHCO_3$与CH_3COONa溶液，$NaHCO_3$碱性更强”的结论。但由于HCO_3^-既可以发生电离（$HCO_3^- \rightleftharpoons CO_3^{2-}+H^+$），又可以发生水解（$HCO_3^-+H_2O \rightleftharpoons H_2CO_3+OH^-$），且这2个过程对溶液酸碱性的影响是相反的，因此，只片面考虑其水解得出的结论可能是错误的。例如，常温时，0.1 mol/L的CH_3COONa溶液pH约为8.9，0.1 mol/L的$NaHCO_3$溶液pH约为8.3，因此，一定条件下，CH_3COONa溶液比$NaHCO_3$溶液碱性强。

参考文献

［1］陈波，邓仪．利用盐类水解程度判断弱酸酸性强弱之辨析［J］．化学教学，2015（07）：81－83.

[2] 肖斌武，周万明．比较溶液中离子浓度大小的误区 [J]．中学化学教学参考，2016 (07)：41—43.

问题 16 NH_4^+ 与 CO_3^{2-} 能大量共存吗？

我们知道，一些阴、阳离子由于相互促进水解而不能大量共存，即发生了所谓的双水解反应。那么，NH_4^+ 与 CO_3^{2-} 在水溶液中是否能够大量共存呢？众多教辅资料中的观点是：二者存在相互促进水解，但水解程度较小，因此能够大量共存。然而，事实并非如此。

我们分别从理论推导和实验角度对此问题进行研究。

HCO_3^- 和 NH_4^+ 发生水解反应的离子方程式如下：

$CO_3^{2-}+NH_4^++H_2O \rightleftharpoons HCO_3^-+NH_3\cdot H_2O$ ①

查阅资料可得，298 K 时：

$HCO_3^- \rightleftharpoons H^++CO_3^{2-}$　　$K_{a2}=5.61\times10^{-11}$ ②

$NH_3\cdot H_2O \rightleftharpoons NH_4^++OH^-$　　$K_b=1.79\times10^{-5}$ ③

$H_2O \rightleftharpoons H^++OH^-$　　$K_w=1.0\times10^{-14}$ ④

根据②③④可得①的平衡常数：

$$K=[c(HCO_3^-)\times c(NH_3\cdot H_2O)]/[c(CO_3^{2-})\times c(NH_4^+)]$$
$$=[c(HCO_3^-)/CO_3^{2-}]\times[c(NH_3\cdot H_2O)/c(NH_4^+)]$$
$$=[c(H^+)/K_{a2}]\times[c(OH^-)/K_b]$$
$$=K_w/(K_{a2}\times K_b)=10.0$$

在相同的条件下，假设按照化学计量数之比进行投料，设 CO_3^{2-} 和 NH_4^+ 的初始浓度均为 c_0，转化率为 x。当反应达到平衡状态时，存在下式：

$K=(c_0x)^2/(c_0-c_0x)^2=10.0$，解得 $x=76\%$。由此可见，等浓度的 CO_3^{2-} 和 NH_4^+ 发生水解反应的程度较大，在水溶液中无法大量共存。

另有文献记载，将 2 mL 浓度均为 0.1 mol/L 的 NH_4Cl 溶液和 Na_2CO_3 溶液混合，微热，放置于试管口的湿润的红色石蕊试纸会变蓝，证明 CO_3^{2-} 和 NH_4^+ 在水溶液中无法大量共存。

那么，工业产品碳酸铵是如何制备的呢？为了防止 CO_3^{2-} 和 NH_4^+ 水解，工业上制备碳酸铵纯品不是在水溶液中进行，而是直接用气体合成，即将 CO_2、氨气和水蒸气直接合成碳酸铵，经冷却、精制而成。但碳酸铵在空气中不稳定，会逐渐变成碳酸氢铵（NH_4HCO_3）及氨基甲酸铵（NH_2COONH_4）。因此，工业用碳酸铵实际上是碳酸氢铵和氨基甲酸铵的混合物。

参考文献

戴建良，王海富．CO_3^{2-}和NH_4^+可以大量共存吗？——对2010年江苏小高考试题第23题的商榷［J］．化学教与学，2011（06）：6，83.

问题17 为什么不宜比较Na_2S溶液中粒子浓度的大小？

在比较Na_2S溶液中粒子浓度的大小时，很多教辅资料基于“水解是微弱的”等观点给出如下结论：$c(Na^+)>c(S^{2-})>c(OH^-)>c(HS^-)>c(H^+)$。实际上，$S^{2-}$的水解程度是很大的。在大学教材中一般可查阅到$S^{2-}$的水解程度为75%或90%2种数据，虽然无法说清哪个数据更准确，却都能说明以上粒子浓度大小的排序是缺乏科学性的。

另有文献通过定量计算比较了0.1 mol/L Na_2S溶液中粒子浓度的大小。利用S^{2-}和HS^-的水解平衡常数、水的电离平衡常数，以及体系中含硫粒子的分布分数进行推算，得出如下结论：①0.1 mol/L Na_2S溶液中，S^{2-}水解程度高达98.8%。②0.1 mol/L Na_2S溶液中，$c(Na^+)>c(OH^-)\approx c(HS^-)>c(S^{2-})>c(H_2S)>c(H^+)$。

因此，在中学化学具体教学和命题时，建议尽量回避Na_2S溶液中粒子浓度大小比较的问题。

参考文献

肖斌武，周万明．比较溶液中离子浓度大小的误区［J］．中学化学教学参考，2016（07）：41－43.

问题18 $NaHCO_3$、$NaHSO_3$、Na_2CO_3溶液中粒子浓度大小如何排序？

1. $NaHCO_3$溶液中各粒子浓度大小的比较

我们常常基于$NaHCO_3$溶液中HCO_3^-的电离平衡和水解平衡，水的电离平衡来比较$NaHCO_3$溶液中各粒子浓度的相对大小。事实上，$NaHCO_3$溶液中还存在着HCO_3^-的质子自递反应：$HCO_3^- + HCO_3^- \rightleftharpoons H_2CO_3 + CO_3^{2-}$［也可称为$HCO_3^-$的自耦电离，详见本书“化学反应速率与平衡”问题20. 自耦电离与“沉锰”“沉钴”“沉铁（Ⅱ）”］，因此，$NaHCO_3$溶液中各粒子浓度的大小关系较为复杂，有文献利用计算机编程对不同浓度的$NaHCO_3$溶液中各粒子浓度进行了排序，结果如表2－4所示。表中所列浓度的单位均为摩/升，其后括号中的数字表示该粒子浓度在溶液中的排位。

表 2-4 不同浓度 $NaHCO_3$ 溶液中各粒子的浓度

$c(NaHCO_3)$	$c(HCO_3^-)$	$c(H_2CO_3)$	$c(CO_3^{2-})$	$c(OH^-)$	$c(H^+)$
1×10^{-1}	9.797×10^{-2}(1)	1.014×10^{-3}(2)	1.012×10^{-3}(3)	2.197×10^{-6}(4)	4.552×10^{-9}(5)
1×10^{-2}	9.797×10^{-3}(1)	1.024×10^{-4}(2)	1.002×10^{-4}(3)	2.176×10^{-6}(4)	4.597×10^{-9}(5)
1×10^{-3}	9.797×10^{-4}(1)	1.117×10^{-5}(2)	9.179×10^{-6}(3)	1.994×10^{-6}(4)	5.016×10^{-9}(5)
1×10^{-4}	9.764×10^{-5}(1)	1.795×10^{-6}(2)	5.672×10^{-7}(4)	1.236×10^{-6}(3)	8.090×10^{-9}(5)
1×10^{-5}	9.515×10^{-6}(1)	4.647×10^{-7}(3)	2.081×10^{-8}(5)	4.654×10^{-7}(2)	2.149×10^{-8}(4)
1×10^{-6}	8.833×10^{-7}(1)	1.160×10^{-7}(3)	7.185×10^{-10}(5)	1.731×10^{-7}(2)	5.778×10^{-8}(4)
1×10^{-7}	8.271×10^{-8}(3)	1.725×10^{-8}(4)	4.236×10^{-11}(5)	1.090×10^{-7}(1)	9.177×10^{-8}(2)
1×10^{-8}	8.159×10^{-9}(3)	1.837×10^{-9}(4)	3.870×10^{-12}(5)	1.009×10^{-7}(1)	9.909×10^{-8}(2)

从表 2-4 可看出，不同浓度的 $NaHCO_3$ 溶液中各粒子浓度的相对大小存在差异。总结后（如表 2-5 所示）发现其中存在“恒定”的关系，即 $c(HCO_3^-)>c(H_2CO_3)>c(CO_3^{2-})$，$c(OH^-)>c(H^+)$。这是通过 HCO_3^- 的水解程度大于电离程度可以得出的结论，也是实际教学中可以要求学生达到的水平。

表 2-5 不同浓度 $NaHCO_3$ 溶液中各粒子浓度的大小比较

$c(NaHCO_3)/(mol\cdot L^{-1})$	各粒子浓度的相对大小
$\geqslant 1\times10^{-3}$	$c(Na^+)>c(HCO_3^-)>c(H_2CO_3)>c(CO_3^{2-})>c(OH^-)>c(H^+)$
1×10^{-4}附近	$c(Na^+)>c(HCO_3^-)>c(H_2CO_3)>c(OH^-)>c(CO_3^{2-})>c(H^+)$
$1\times10^{-6}\sim1\times10^{-5}$	$c(Na^+)>c(HCO_3^-)>c(OH^-)>c(H_2CO_3)>c(H^+)>c(CO_3^{2-})$
$<1\times10^{-6}$	$c(Na^+)>c(OH^-)>c(H^+)>c(HCO_3^-)>c(H_2CO_3)>c(CO_3^{2-})$

因此，不限定 $NaHCO_3$ 溶液的浓度，比较其粒子浓度大小是毫无意义的，即使限定 $NaHCO_3$ 溶液的浓度，也只有通过复杂的计算才能得出科学严谨的结论。基于此，在实际教学中，可要求学生在 $NaHCO_3$ 溶液呈碱性的基础上比较出以下 2 组：①$c(Na^+)$、$c(HCO_3^-)$、$c(H_2CO_3)$、$c(CO_3^{2-})$；②$c(Na^+)$、$c(HCO_3^-)$、$c(OH^-)$、$c(H^+)$ 的相对大小。

2. $NaHSO_3$ 溶液中各粒子浓度大小的比较

由于 $NaHSO_3$ 溶液中也存在 HSO_3^- 的质子自递反应：$HSO_3^-+HSO_3^- \rightleftharpoons H_2SO_3+SO_3^{2-}$（也可称为 HSO_3^- 的自耦电离），其平衡常数远远大于 HSO_3^- 的电离、水解平衡常数以及水的电离平衡常数［详见本书“化学反应速率与平衡”问题 20. 自耦电离与“沉锰”“沉钴”“沉铁（Ⅱ）”的表 2-7］，因此在比较溶液中的离子浓度时不可忽略。有文献记载，对于浓度为 c mol/L 的 $NaHSO_3$溶液，将 HSO_3^- 的浓度近似看作 c，利用溶液中存在平衡体系的平衡常数，根据溶液中存在的电荷守恒、物料守恒、质子守恒等等量关系可以计算出不同浓度 $NaHSO_3$溶液中各粒子浓度的大小，结论如表 2－6 所示。

表 2－6　不同浓度 $NaHSO_3$ 溶液中各粒子浓度的大小比较

$c(NaHSO_3)$	$c(HSO_3^-)$	$c(H_2SO_3)$	$c(SO_3^{2-})$	$c(OH^-)$	$c(H^+)$
0.10	≈0.10 (1)	2.05×10^{-4} (3)	2.3×10^{-4} (2)	3.7×10^{-10} (5)	2.7×10^{-5} (4)
1.0×10^{-5}	≈1.0×10^{-5} (1)	5.7×10^{-10} (5)	7.4×10^{-7} (3)	1.3×10^{-8} (4)	7.9×10^{-7} (2)

因此，$NaHSO_3$溶液中各粒子浓度的大小排序与其初始浓度有关，在浓度不是很低的 $NaHSO_3$ 溶液中，各粒子浓度的相对大小关系为 $c(Na^+)>c(HSO_3^-)>c(SO_3^{2-})>c(H_2SO_3)>c(H^+)>c(OH^-)$。

3. Na_2CO_3溶液中 $c(HCO_3^-)$ 与 $c(H^+)$ 的比较

由于 HCO_3^- 是 CO_3^{2-} 第一步水解得到的产物，且 Na_2CO_3溶液显碱性，H^+ 浓度很小，因此 $c(HCO_3^-)>c(H^+)$。另借助平衡常数及守恒关系可进行定量计算，如 0.1 mol/L 的 Na_2CO_3 溶液，$K_{h1}=1.78\times10^{-4}$，可计算出其 pH 为 11.63，显然 $c(HCO_3^-)>c(H^+)$。

参考文献

[1] 吴星．中学化学疑难辨析 [M]．南京：江苏教育出版社，2012：89－93.

[2] 李德庆，李研．碳酸氢钠水溶液中粒子浓度的关系 [J]．化学教学，2019 (09)：87－89.

问题 19　沉淀转化的离子方程式怎样书写比较规范?

关于表征沉淀转化的离子方程式的书写，梳理 3 个版本（2004、2019 人教版，2004、2019 鲁科版，2006 苏教版）的中学教材和高等教育出版社出版的无机化学中关于沉淀转化离子方程式的示例可以看出，书写沉淀转化的离子方程式时，物质的存在状态并不是必须标明的。但是，在书写时应注意，要么同时注明各物质的存在状态，要么同时省略，这样才是规范的（2004 人教版教材对沉淀转化的离子方程式的表征是混乱的，在 2019 人教版的新教材中已对此重新修订，符合上述规范标准）。即，如表征 ZnS 向 CuS 的转化时，可写为 $ZnS(s)+Cu^{2+}(aq)=\!=\!=CuS(s)+Zn^{2+}(aq)$，也可写为 $ZnS+Cu^{2+}=\!=\!=CuS+Zn^{2+}$。

另外，在书写沉淀转化的离子方程式时，写“$=\!=\!=$”还是“$\rightleftharpoons$”取决于沉淀转化时反应正向进行的程度，即取决于平衡常数 K 的大小。由于纯固态物质不列入平衡常数表达式，故而沉淀转化可视为 A $\rightleftharpoons$B 类型的反应。当产物浓度是反应物浓度的 100 倍以上，即平衡常数 $K>100$ 时可认为反应趋于完全，此时应采用“$=\!=\!=$”；若 $K<100$，应写为“$\rightleftharpoons$”。例如，ZnS 转化为 CuS 的平衡常数 $K=3.97\times10^{13}$，此处离子方程式应写为 $ZnS(s)+Cu^{2+}(aq)=\!=\!=CuS(s)+Zn^{2+}(aq)$；而 $BaSO_4$转化为 $BaCO_3$的平衡常数 $K=4.2\times10^{-2}$，离子方程式应写为 $BaSO_4(s)+CO_3^{2-}(aq)\rightleftharpoons BaCO_3(s)+SO_4^{2-}(aq)$。

参考文献

庄严．不同教材中沉淀转化离子方程式示例的对比分析 [J]．中学化学教学参考，2015 (09)：41－42.

问题 20 自耦电离与“沉锰”“沉钴”“沉铁（Ⅱ）”。

在高考题中经常会考查到运用化学反应原理来沉淀金属离子，从而达到实际生产中分离提纯的目的。如在 2019 年全国Ⅲ卷中考查到“沉锰”（$Mn^{2+}+2HCO_3^-=\!=\!=MnCO_3\downarrow+CO_2\uparrow+H_2O$），2013 年全国Ⅰ卷中涉及“沉钴”（$CoSO_4+2NH_4HCO_3=\!=\!=CoCO_3\downarrow+CO_2\uparrow+(NH_4)_2SO_4+H_2O$）。2009 年北京卷涉及“沉铁（Ⅱ）”（$Fe^{2+}+2HCO_3^-=\!=\!=FeCO_3\downarrow+CO_2\uparrow+H_2O$）。这 3 道题的题干中均指明，在沉淀金属离子时加入的试剂是 NH_4HCO_3。那么，为什么选择 NH_4HCO_3作这些金属离子的沉淀剂呢？

欲使金属离子形成碳酸盐沉淀，常见的沉淀剂有 Na_2CO_3、$CaCO_3$、$NaHCO_3$、NH_4HCO_3等。可溶性的 Na_2CO_3能与金属离子直接生成难溶性碳酸盐析出。难溶性的 $CaCO_3$一般是利用沉淀转化原理，使一些金属离子转化成溶度积更小的碳酸盐而沉淀析出。可溶性的 $NaHCO_3$、NH_4HCO_3是利用难溶碳酸盐的溶度积较小，在一定浓度的 $NaHCO_3$、NH_4HCO_3溶液中，当 CO_3^{2-}浓度与金属离子浓度的幂的乘积（离子积 Q_c）大于这些难溶碳酸盐的溶度积时，即可得到碳酸盐沉淀。

可是，$NaHCO_3$、NH_4HCO_3溶液中能有足够量的 CO_3^{2-}吗？

实际上，与水、液氨、乙醇等物质相似，HCO_3^-溶液中也存在自耦电离：$HCO_3^-+HCO_3^-\rightleftharpoons H_2CO_3+CO_3^{2-}$，经计算其平衡常数 $K=10^{-3.97}$，相较碳酸氢根的电离平衡常数 $K=10^{-10.33}$和水解平衡常数 $K=10^{-7.64}$，HCO_3^-的自耦电离平衡常数非常大，所以在常量浓度的 $NaHCO_3$、NH_4HCO_3溶液中存在较高浓度的 CO_3^{2-}，完全可以和工业原料中常见的金属离子（如 Mn^{2+}、Co^{2+}、Fe^{2+}）以及 Ca^{2+}、Ba^{2+}、Ag^+等生成碳酸盐沉淀。另外，如果沉淀的金属离子易水解，要想得到相应的碳酸盐沉淀，需要借助 NH_4^+ 来抑制金属离子的水解，因此需选择 NH_4HCO_3 作沉淀剂。NH_4HCO_3 作沉淀剂有溶解度大、易洗涤、副产物易挥发、污染较小、原料来源广泛、成本较低等优点。另外，过量的 NH_4HCO_3 还可通过加热分解除去，操作简便。

附：

表 2－7　其他弱酸酸式盐溶液中各步平衡常数（25 ℃）

HA^-	$K_{电离}$	$K_{水解}$	$K_{自耦}$
$HC_2O_4^-$	5.4×10^{-5}	1.8×10^{-13}	1.1×10^{-3}
HSO_3^-	6.3×10^{-8}	7.7×10^{-13}	4.8×10^{-6}

由表可知，弱酸酸式根的自耦电离平衡常数远大于其他微弱过程，考虑问题时不应忽略。

参考文献

[1] 胡嘉谋．为什么碳酸氢铵常作金属离子的沉淀剂．
[2] 朱智铭，王美容．碳酸氢根与金属阳离子反应的理论推演和实验研究[J]．化学教育，2014（17）：64—67.

问题 21　如何理解溶解度？

当溶质分散到溶剂中形成溶液时，溶质一般不能无限制地溶解在溶剂中而是有一定限度。把在一定温度、压力下 100g 溶剂中能溶解溶质的最大质量（以克表示）称为该溶质的溶解度。溶解度是中学化学中一个重要的定量概念。初中化学教材定义为：“固体的溶解度表示在一定温度下，某固态物质在 100 g 溶剂（通常指水）里达到饱和状态时所溶解的质量”。“气体的溶解度，是指该气体的压强为 101 kPa 和一定温度时，在 1 体积水里溶解达到饱和状态时的气体体积”。

从上述定义中可以看出，物质的溶解度概念实际上是质量（或体积）溶解度，属于宏观层面，并未深入微观。这是一种经验性的溶解性标度，虽然在实践中使用起来非常便捷，但是缺乏准确性和严谨性。例如，在同一温度下，物质 A 的溶解度为 10 g，B 为 15 g，从宏观质量角度来讲，B 的溶解性能优于 A。但实际上，由于二者的摩尔质量可能存在差异，在单位体积溶液中的 B 的微粒数目不一定多于 A，即 B 的溶解性能不一定优于 A。因此，改用浓度溶解度来描述、表征物质的溶解性是更为科学的做法（2019 年高考全国Ⅱ卷 12 题涉及了此内容）。它描述的是一定体积的饱和溶液中所含溶质分子或离子数目的多少，是从分子、原子微观层面上描述物质的溶解限度，表明了饱和溶液中溶质的相对含量，因此更为准确，化学意味更浓。所以，国际纯粹与应用化学联合会（IUPAC）建议用饱和溶液的浓度 c_b 表示溶解度 S_b，单位为 mol/cm^3 或 mol/dm^3。

另外，溶解度与溶度积 K_{sp} 都可以表示物质的溶解能力，故而它们之间可以换算。例如，根据 25 ℃时 $K_{sp}(BaSO_4)=1.1\times10^{-10}$ 可求得浓度溶解度 $S_b(BaSO_4)=1.05\times10^{-5}$ mol/dm^3。由于难溶电解质的溶解度很小，故其饱和溶液的密度可近似为纯水的密度（1 g/cm^3）。基于此，我们可将浓度溶解度转化为质量溶解度，例如通过 $S_b(BaSO_4)=1.05\times10^{-5}$ mol/dm^3 可近似求得 $BaSO_4$ 的质量溶解度为 2.44×10^{-4} g/100g 水。

参考文献

[1] 王晶，郑长龙．义务教育教科书化学（九年级下册）[M]．北京：人民教育出版社，2012：36—38.

[2] 印永嘉．化学原理（上册）[M]．北京：高等教育出版社，2006：308.

三、电化学

问题 1　有关 Cu – Zn 原电池的几个问题。

“化学能转化成电能”是《普通高中化学课程标准（2017 年版）》中的学生必做实验。其对应的课本示例在人教、鲁科、苏教版中均为铜锌原电池，因此，有必要关注 Cu – Zn 原电池中出现的问题。

1. Cu – Zn 单液原电池实验中，Zn 粒表面的黑色物质是什么？

Cu – Zn 单液原电池实验中，常发现 Zn 电极与稀 H_2SO_4 接触的部位附着一层黑色物质。同样地，用 Zn 粒和稀 H_2SO_4 反应制备 H_2 时，Zn 粒全部溶于稀 H_2SO_4 后，液体中也会出现黑色残留物。那么，上述实验中出现的黑色“残渣”究竟是什么呢？

实际上，这是不纯的 Zn 中含有的 Pb、Bi、Cu、Sn 等杂质。这些较不活泼的金属杂质不与稀 H_2SO_4 反应，当 Zn 溶解后，这些杂质就以较小的微粒附着在 Zn 的表面或残留于液体中，从而呈现黑色。在实验中，它们能与 Zn 形成无数微型原电池，加快 H_2 的生成速率。

参考文献

金立藩，张德钧．中学化学实验大全［M］．南京：江苏科学技术出版社，1987．

2. 如何做好 Cu－Zn 原电池实验？

理论上，在 Cu－Zn 单液原电池中，溶液中的 H^+ 在 Cu 电极表面得到电子生成 H_2，产生气泡；Zn 片发生溶解，没有气体生成。但实际实验中，由于 Zn 电极不纯会不可避免地发生自腐蚀现象，在 Zn 电极表面也产生了大量气泡，这种现象在教学中非常容易对学生造成困扰。

如果想解决这个问题，使 Zn 的表面尽量减少或不产生气泡，可以从以下几方面进行改进：

（1）Zn 片久置后易在表面形成碱式碳酸锌，与酸反应会产生 CO_2，故实验前需要认真打磨 Zn 电极。

（2）稀 H_2SO_4 的浓度不要太高，建议低于 1 mol/L，同时将 Zn 电极做汞齐化处理，即将 Zn 片浸泡在 $HgCl_2$ 溶液中 1～2 min 后取出使用。另外，向稀 H_2SO_4 中滴加少量 H_2O_2 也有较好的实验效果。

（3）使用电流表，借助电流表指针的偏转来说明原电池确实存在；还可进行微型化设计：采用浸泡过稀 H_2SO_4 的滤纸条或粉笔来代替盛有稀 H_2SO_4 的烧杯，微型化设计后，Zn 电极表面基本不会产生气泡，有利于学生认知模型的建立。

（4）借助盐桥，改用 Cu－Zn 双液原电池进行演示。

3. Cu－Zn 原电池为什么能增大 H_2 生成的速率？

关于原电池的应用，很多教辅资料中会提到“形成原电池可以加快反应速率”的说法。例如，“在实验室用 Zn 和稀 H_2SO_4 反应制备 H_2 时，向稀 H_2SO_4 中滴入少量 $CuSO_4$ 溶液或选用粗锌可以加快 H_2 的生成，这是因为形成了 Cu－Zn 原电池，增大了反应速率。”

那么，为什么形成 Cu－Zn 原电池后能增大 H_2 的生成速率呢？一个比较通俗易懂的解释是：形成 Cu－Zn 原电池后，溶液中的 H^+ 在 Cu 表面得电子生成 H_2，这样就避免了 H^+ 与 Zn 直接反应时 H^+ 与 Zn 溶解生成的 Zn^{2+} 产生同性电荷间的排斥作用（这个排斥作用会降低反应速率），因此速率加快。

另外，有文献指出，Cu－Zn 原电池电极表面 $2H^+ + 2e^- \xlongequal{} H_2\uparrow$ 的反应机理分为 4 步：

（1）H^+ 从溶液中转移至电极表面；

（2）H^+ 在电极表面得到电子，成为吸附在电极表面的氢原子：$H^+ + e^- \rightarrow H$；

（3）吸附在电极表面的氢原子两两结合为氢分子：$H + H \rightarrow H_2$；

(4) 吸附在电极表面的氢分子脱附，离开电极变为氢气。

由此可见，在整个电极反应过程中伴随了氢原子的吸附与氢分子脱附的过程，化学中用析氢超电势来描述。例如，Zn 表面的析氢超电势 $\eta_{Zn}=0.75\ V$，故而 Zn 与稀 H_2SO_4 反应的实际电动势：

$E=\varphi^{\theta}(H^+/H_2)-\varphi^{\theta}(Zn^{2+}/Zn)-\eta_{Zn}=0.0\ V-(-0.76\ V)-0.75\ V=0.01\ V$。

若构成 Cu－Zn 原电池，则 H_2 在铜电极表面析出，而 $\eta_{Cu}=0.35\ V$。这样，Zn 与稀硫酸反应的实际电动势变为：

$E=\varphi^{\theta}(H^+/H_2)-\varphi^{\theta}(Zn^{2+}/Zn)-\eta_{Cu}=0.0\ V-(-0.76\ V)-0.35\ V=0.41\ V$。

也就是说，氧化还原反应的实际电动势增大，反应速率也随之增大了。

还有，"形成原电池可以增大化学反应速率"的说法一定正确吗？实际上，确实存在形成原电池反而降低反应速率的实例。例如，汞表面的析氢超电势 $\eta_{Hg}=0.93V$。若构成 Zn－Hg 原电池，则 H_2 在 Hg 表面析出。这样，Zn 与稀 H_2SO_4 反应的实际电动势变为：

$E=\varphi^{\theta}(H^+/H_2)-\varphi^{\theta}(Zn^{2+}/Zn)-\eta_{Hg}=0.0\ V-(-0.76\ V)-0.93\ V=-0.17\ V$

此时，Zn 与稀 H_2SO_4 反应的实际电动势减小，反应速率也随之减小。这也正是在问题 2 中我们提到能利用 Zn 电极的汞齐化来改进 Cu－Zn 原电池实验的理论支持。

参考文献

吴星．中学化学疑难辨析 [M]．南京：江苏教育出版社，2012：75—77.

4. 单液原电池中电流迅速衰减的原因是什么？

单液原电池实验中，如果采用有数字显示的电流表测定电流，有时会发现有电流表示数迅速减小甚至归零的现象。如果用传感器进行数字化实验，同样有明显的衰减曲线，这是为什么呢？

原电池实验中电流迅速衰减主要是由于电极极化造成的。原电池反应能够进行的前提在于 2 个电极之间存在电势差（反应动力），电极极化会使负极电势升高、正极电势降低，电极放电迟钝，电流发生衰减。具体原因一般有 3 类：①浓差极化。电极反应中，若电极－溶液界面处的电化学反应速率较快，电极附近的反应物已消耗完，但电解质溶液中离子的迁移速率较慢，来不及补充电极周围因放电后已大量减少的离子，则电极表面附近相关的离子浓度与远离电极表面的本体溶液中的离子浓度有所不同，会产生浓度差，从而改变电极

电势，这叫浓差极化。这种情形主要发生在稀溶液或少数迁移速率非常慢的反应物中（实际中一般通过升温和强烈搅拌的方法可以减少浓差极化，盐桥可以消除因离子迁移速率慢导致的浓差极化）。②电化学极化。电极反应中，由于电极反应的迟缓性造成电极带电程度的改变，从而产生反方向的电势差，叫电化学极化。例如，以电极 $(Pt)H_2(g)|H^+$ 为例，当 H^+ 变成 H_2 发生还原反应时，由于 H^+ 变成 H_2 的速率不够快，则到达电极的电子不能及时被消耗掉，致使电极上的电子累计，从而产生反方向的电势差。这种情况有气体析出时较为普遍。这种情形与反应物、电极材料等物质的本身性质有关，与构成何种形式的原电池关系不大。③电极表面出现阻碍电极反应的情况。例如，锌-铜-硫酸铜单液电池中，Zn 片与 $CuSO_4$ 接触，不可避免地会在 Zn 片表面生成一层 Cu 单质，这种情形中，由于电极反应的生成物可能会增大电解质或电极材料的电阻（如钝化膜等），导致电流迅速下降，但双液电池可以减少或部分避免这种情况的发生。如 Zn－Cu 双液电池中，Zn 与 $ZnSO_4$ 接触，则不会出现 Cu 覆盖层，不影响 Zn 片的溶解，那么电流的衰减就慢了许多。

综上可见，双液原电池可以极大地改善单液原电池中电流迅速衰减的情况。

参考文献

印永嘉．化学原理（下册）[M]．北京：高等教育出版社，2007：198－201.

5. 如何理解 Cu－Zn 双液原电池中的盐桥？

盐桥是电化学中经常使用的离子导体。要想正确理解盐桥，需要厘清以下问题：

1）什么是盐桥？

盐桥可以将原电池的 2 个半电池连接成闭合回路，其形状一般是“U”形管状，管中充满均匀分散着电解质溶液的琼脂凝胶。例如，最常见的盐桥一般用饱和 KCl 溶液和琼脂制成。

2）对盐桥中的电解质溶液有何要求？

盐桥中盛装的电解质溶液需要满足以下条件：一是阴阳离子的迁移速率需相当。如 KCl、CH_3COOLi、KNO_3、NH_4NO_3 和 NH_4Cl 溶液常用于盐桥的制作（这主要是因为这些离子在溶液中的迁移速率大致相同，即“离子淌度大致相同”。详见本书“化学实验”问题 26. 如何认识电导、电导率、电导滴定?）。二是浓度要大。三是溶质不能与半电池中的电解质溶液发生反应。

3）盐桥有什么优点？

（1）提高了电池的能量转化效率，延长了放电时间。将 Cu、Zn 电极平行插入一定浓度的 $CuSO_4$ 溶液中，用导线将两电极与电流表串联，可观察到电流表指针发生偏转。但一段时间后，指针偏转程度逐渐减小直至消失，同时可观察到 Zn 电极表面有 Cu 析出。这是因为在单液电池中，Zn 电极与 $CuSO_4$ 溶液直接接触，导致 Cu 在 Zn 电极表面析出并与 Zn 构成了原电池，从而使整个电池向外输出电流的强度逐渐减小。加入盐桥构成双液电池后，Zn 电极插入 $ZnSO_4$ 溶液，避免了与 $CuSO_4$ 溶液直接接触，从而提高了电池的能量转化效率。

（2）盐桥作为离子导体可以沟通内电路，为半电池补充各自所需的电荷，从而消除液接电势。在 Cu－Zn 单液原电池中，外电路中电子从 Zn 电极流向 Cu 电极，内电路中依靠离子的定向移动搬运电荷。然而，离子在溶液中的迁移速率远慢于电子在导线中的迁移，最终阻碍电子的转移，影响电池的工作效率。而改进为双液原电池后，盐桥中的 Cl^- 会移向 $ZnSO_4$ 溶液，K^+ 会移向 $CuSO_4$ 溶液，从而分别中和了 $ZnSO_4$ 溶液中过剩的正电荷和 $CuSO_4$ 溶液中过剩的负电荷，保证了 Zn 和 $CuSO_4$ 的氧化还原反应顺利进行。

4）一侧烧杯中的阴、阳离子能通过盐桥进入另一侧烧杯中吗？

在单液原电池中，由于溶液中离子的迁移速度远远慢于电子的移动速度，且阴阳离子向两极移动的速度也可能不一样，导致在一段时间后会产生与原电池正负极反向的液差电势。在单液电池基础上引入盐桥构成双液电池后，盐桥中饱和 KCl 提供了大量的阴阳离子，且 K^+ 与 Cl^- 分别向两极迁移速率基本一致，这样就避免了 2 个烧杯溶液中离子浓度的不同，从而消除了液差电势。盐桥中的阴阳离子迁移进入两侧溶液，溶液中主要发生的是涉及电极反应的离子向电极附近迁移。因此，一侧烧杯中的阴、阳离子基本不会通过盐桥进入另一侧烧杯中。

5）将 Cu－Zn 双液原电池中的盐桥换成铜丝，电流表指针是否会偏转？

电流表指针会发生偏转。将盐桥换成铜丝后，负极一侧的半电池装置会与新插入的铜丝构成一个新的单液原电池，而正极一侧的半电池此时相当于电解池，因此体系中仍会存在稳定电流。

参考文献

[1] 邢瑞斌．新课程“盐桥”知识探讨与总结．

[2] 任雪明，吴文中．高中化学教学疑难问题研析 [M]．杭州：浙江教育出版社，2019：143－145.

问题 2 如何理解电池的自放电现象？

电池从发明到今天，已经历了 200 多年的历程（如图 2-6 所示）。现在，它同我们的日常生活息息相关。但在生活中，大家可能都有过这样的经历：充满电的手机即使没有使用，满满的电量也会越来越少；存放时间较长的干电池，电压会降低甚至完全报废。这是为什么呢？

图 2-6 电池发展历程图

其实，这些现象都是由于电池的自放电引起的。电池的自放电是指电池的活性物质在电池停止工作（即未接通用电器）的状态下仍然消耗的现象。自放电的主要原因是电池内部发生了不可逆的反应，从而造成了电池容量损失。发生不可逆反应的类型多种多样，主要包括：①正极与电解液发生不可逆反应。②负极与电解液发生不可逆反应。③电解液自身所带杂质引起的不可逆反应。④制造时产生的杂质造成的微短路引起的不可逆反应等。如 2012 年高考山东卷就曾考查过这个内容。

附：（2012 山东卷第 13 题）下列与金属腐蚀有关的说法正确的是

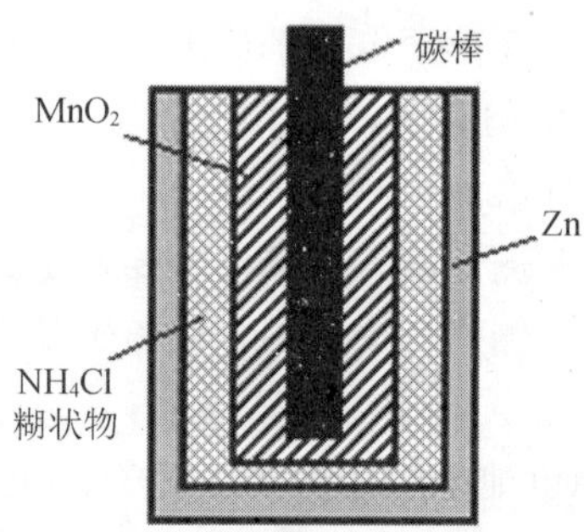

D. $Zn-MnO_2$ 干电池自放电腐蚀主要是由 MnO_2 的氧化作用引起的。

此题中，D 选项是错误的。$Zn-MnO_2$ 干电池是我们熟悉的也是最早广泛使用的锌锰干电池（见图 2-7）。它的正极材料为石墨棒，负极材料为 Zn 筒，电解质为糊状的 NH_4Cl，其中还有 MnO_2。$Zn-MnO_2$ 干电池的自放电原因是负极与电解液发生了不可逆反应。具体地说，是糊状的 NH_4Cl 水解显酸性，产生的 H^+ 与负极 Zn 发生反应，从而形成了电池内部的腐蚀微电池，引起了电池的自放电现象。

$Zn-MnO_2$ 干电池由于制作简单、价格便宜等优势曾经一度占有较大的市场份额，但是由于其自放电现象所带来的一系列缺陷（如电池存放时间短、放电后电压不稳定、Zn 外壳会逐渐变薄易漏液等）促使人们在其基础上进行了进一步改良，制得了碱性锌锰电池（见图 2-8）。碱性锌锰电池采用了金属外壳代替普通锌锰干电池的锌筒，解决了电池外壳在使用中易变薄漏液的缺陷；锌皮改为锌粉填充在电池内部提高了电池的比能量；同时，电解质从酸性改为碱性，降低了电池的自放电效应，延长了电池的储存时间。

电池类型不同，自放电率是不一样的。单位时间内电池容量降低的百分数称为电池的自放电率，通常以每年或每月损失的容量百分数表示。可充电电池的自放电率远比一次电池高。表 2-8 列出了正常储存条件下不同类型电池自放电率的近似值。

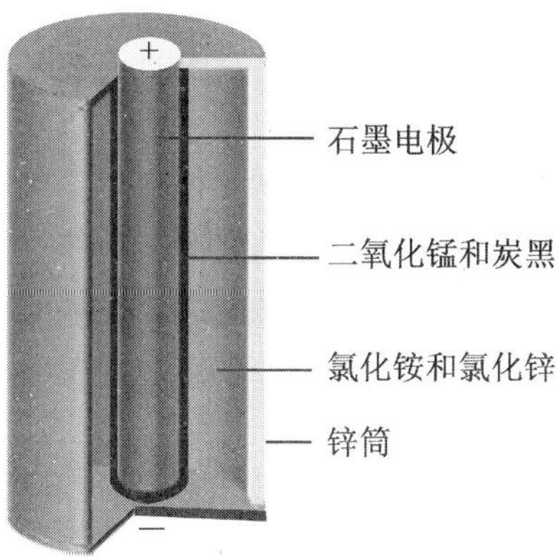

图 2-7　酸性锌锰干电池构造示意图

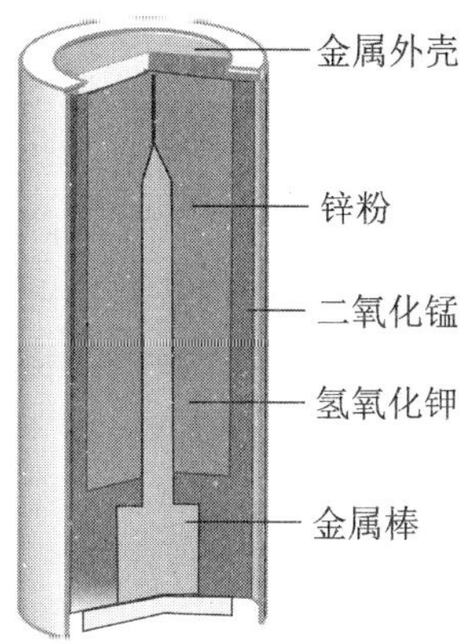

图 2-8　碱性锌锰电池构造示意图

表 2-8　不同类型电池的自放电率

电池类型	自放电率/月
锂离子锂 MnO_2 纽扣电池	约 1%
锂离子锂 MnO_2 圆形电池	约 1%
碱锰 MnO_2/Zn 圆形电池	2 %
锌碳 MnO_2/Zn 圆形电池	$<4\%$
铅蓄电池	20%～30%
镍氢电池	$<35\%$
镍镉电池	$<35\%$

虽然电池存在自放电现象，但我们也可以很好地去利用它。如可以将锂电池植入人体做心脏起搏器，就是由于锂电池的自放电率极低，放电电压平缓，从而使起搏器植入人体长期安全使用成为可能。

参考文献

[1] 王祖浩．普通高中课程标准实验教科书．化学反应原理［M］．南京：江苏凤凰教育出版社，2014：15—16.

[2] 金涌．探索化学化工未来世界：值得为之付出一生［M］．北京：清华大学出版社，2016：165.

问题3　如何保证氢氧燃料电池实验的效果？

“制作简单的氢氧燃料电池”是《普通高中化学课程标准（2017年版）》规定的一个学生必做的新增实验。那么，应如何准备来保证该实验的实验效果呢？

氢氧燃料电池工作时需要依靠电极来吸附 H_2 和 O_2，从而实现化学能向电能的转化。若 H_2 和 O_2 等电极反应物能更多地吸附在电极上，实验现象便会越明显。因此，电极的前期准备是本实验成功的关键。首先，本实验可以选用石墨电极，但应尽可能选择孔隙多而细的石墨电极，这样能够确保电极上吸附足够的气体，从而形成足够的电势差。其次，用电器可以选用发光二极管，其现象明显且成本较低。另外，实验所需 H_2 和 O_2 是由电解水提供的，电解时电压不应过高，电解过程的时间不必完全按课本1～2 min控制，教师可课前提前开展实验研究，再据具体情况安排学生实验。

另该实验的教学实施具有很大的开放性，还可以采取对比实验。实验中，先将2根碳棒插入电解质溶液中，由于2根碳棒表面存在差异（材质不纯以及表面吸附空气等原因），在不电解、没有 H_2 和 O_2 时也可能会形成微弱的电流（类似的，2片Cu片、2片Zn片等插入电解质溶液中都可能形成微弱电流），因此此时可用小风扇这样的用电器（或者电压表）检测是否产生明显电压（不建议使用检流计或毫安表来检验）。由于仅靠电极材料本身差异所形成的微弱电流不足以驱动小风扇转动，所以此时小风扇是静止的。然后用碳棒在烧杯或U形管中电解 H_2SO_4 或NaOH溶液，电解十几秒后切断电源，迅速将两极接好用电器（如小风扇），这时，吸附在碳棒表面的 H_2 和 O_2 发生的电池反应是能够驱动小风扇运转的。这样前后现象的对比会使实验更加生动有趣。

参考文献

[1] 课程教材研究所．普通高中教科书（选择性必修1）．化学反应原理［M］．北京：人民教育出版社，2019：119.

[2] 房喻，徐端钧．普通高中化学课程标准解读［M］．2017年版．北京：高等教育出版社，2018：127.

问题4 怎样利用电极电势来判断原电池的正、负极并计算电动势？

某一电对的电极电势（用“φ”表示）越正，表明其氧化态（也称氧化型，即电极反应中元素化合价较高的一方）的氧化性越强，得电子能力越强，相反地，电极电势越负，表明其还原态（型）的还原性越强，失电子能力越强。当两电对的电极电势不同时则可组成原电池。我们已经知道，原电池中氧化剂在正极参与反应，得到电子；还原剂在负极参与反应，失去电子。因此，原电池中电极电势较大的一方作正极（或在正极参与反应），电极电势较小的一方作负极（或在负极参与反应），原电池的电动势 $E=\varphi^{+}-\varphi^{-}$。

另外，利用电极电势还可以判断一个氧化还原反应是否可以自发进行。总的来讲，当作为氧化剂电对的电极电势大于作还原剂电对的电极电势时，$E>0$，故而 $\Delta G=-nFE<0$ [n 是反应中转移电子的物质的量（mol）；F 是法拉第常数]，则此反应可自发进行。具体地说，判断某个氧化还原反应是否能自发进行的步骤如下：

（1）根据氧化还原反应中的氧化剂和还原剂写出相应的电对。

（2）若为标准状态，即溶质的有效浓度为 1 mol/L，气体压强为 100 kPa，温度为 298 K 时，利用标准电极电势表查出两电对的标准电极电势 φ^{θ}；若处于非标准状态，对于任意电池反应 $aA+ne^{-}\rightleftharpoons bB$，可根据能斯特方程计算其电极电势：

$$\varphi=\varphi^{\theta}(A/B)+\frac{RT}{nF}\ln\frac{[c(A)/c^{\theta}]^{a}}{[c(B)/c^{\theta}]^{b}}$$

式中 R 为气体常数 8.314 J/(mol · K)，T 为热力学温度，n 为反应中转移电子的物质的量，F 为法拉第常数 96485 J/(mol · V)。

（3）计算电池的电动势，$E=\varphi^{+}-\varphi^{-}$。若 $E>0$，则此反应自发。需注意的是，当 E 接近 0，即两电对间的电极电势相差不大时，氧化还原反应的方向可能会因浓度的改变而发生逆转。

参考文献

北京师范大学，华中师范大学，南京师范大学无机化学教研室．无机化学（上册）[M]．4 版．北京：高等教育出版社，2003：351－371.

问题5 如何理解电化学中的正极、负极、阳极、阴极？

电能与化学能的相互转化是电化学研究的重要内容，原电池和电解池这 2

种装置的构成要素都包含了“两极”。那么，如何理解电化学中的正极、负极、阳极、阴极？

正极和负极实际是物理学上的说法。物理电学中规定：电流的方向是沿高电势一极至低电势一极，电势高的一极叫正极，电流从此极流出（或电子流入）；相反地，电势低的一极叫负极，电流从此极流入（或电子流出）。电流表指针的偏转方向可以帮助我们直观地判断正、负极，若电流表接线方向无误，电流表的指针一定偏向正极。

阴极和阳极是电化学中公认的约定。依据氧化还原反应类型的不同，电化学规定：发生氧化反应的电极为阳极，发生还原反应的电极为阴极。

中学教材中的习惯是将原电池中的两极称为正极和负极，将电解池中的两极称为阳极和阴极。但是，近年高考试题中频频出现有原电池中使用阳极和阴极的情形。那么，它们之间究竟是什么关系呢？

在原电池中，电子流出的一极为负极，电子流入的一极为正极。从氧化还原反应类型来看，负极表面或附近发生氧化反应，正极表面或附近发生还原反应。因此，按照电化学中的规定，原电池中的负极亦可称为阳极，正极亦可称为阴极。基于此，我们便能更好地理解“牺牲阳极的阴极保护法”这一叫法的由来（从原电池原理来讲是牺牲负极保护正极）。同理，原电池中负极所在的电极区域为负极区，亦可称阳极区；正极所在的电极区域为正极区，亦可称阴极区。

在电解池中，与外接电源正极相连的电极称为阳极，发生氧化反应；与负极相连的为阴极，发生还原反应。需要注意的是，电解池中阳极所在的电极区域为阳极区，但由于阳极与电源正极相连，阳极区有时也称为正极区（如2016年全国Ⅰ卷第11题把这一区域定为正极区）。电解池中阴极所在的电极区域为阴极区，有时也称负极区（如2019年全国Ⅲ卷28题、2016年全国Ⅰ卷11题把这一区域定为负极区）。因此，需要在理解的基础上弄清上述问题，切忌混淆！

问题6 如何正确理解离子的放电顺序？

电化学教学中，为了便于学生快速正确地写出电解池的电极反应式，教师往往会总结出如下的放电顺序。阳极：活性电极$>S^{2-}>I^{-}>Br^{-}>Cl^{-}>OH^{-}>NO_3^{-}$等高价含氧酸根离子；阴极：$Ag^{+}>Hg^{2+}>Cu^{2+}>H^{+}$(酸)$>Pb^{2+}>Fe^{2+}>\cdots\cdots>Na^{+}>Ca^{2+}>K^{+}$。这种放电顺序的归纳确实能有效地帮助学生解决绝大多数的电化学问题。事实上，给电解质溶液通电后，其中的阴阳离子在两极并非严格按照如上所述的顺序放电，在很多实验和试题中都反映出了这类“异常”问题。同时，还存在非常多的对这部分教学内容的理解和应用时的困惑，诸如：

(1) 电解时，为何 Cl^- 优先于 OH^- 放电？

(2) 镀锌时，为什么阴极是 Zn^{2+} 放电，而不是放电顺序位于其之前的 H^+ 放电？

(3) 电解法处理含 $Cr_2O_7^{2-}$ 的废水时，阴极为何是 H^+ 优先放电，而非氧化性更强的 $Cr_2O_7^{2-}$？

(4) 用惰性电极电解 $KMnO_4$ 溶液时，MnO_4^- 会放电吗？

(5) 用 Cu 电极电解硫酸时，Cu^{2+} 会放电吗？

(6) 电解 $FeCl_2$ 溶液，阳极产物是 Cl_2 还是 Fe^{3+}？

(7) 2013 年福建卷第 23 题中，用石墨电极电解酸性 $FeCl_2$ 溶液得到 $FeCl_3$，在这个过程中 Fe^{2+} 有没有放电？在阳极阳离子会放电吗？

(8) 用 Fe 作电极电解 $KMnO_4$ 溶液时，为何阴极发生了阴离子 MnO_4^- 的放电？

(9) 为何会出现阳离子在阳极放电，阴离子在阴极放电的“异常”情况？

到底有哪些因素影响离子的放电顺序？如何解释离子放电顺序的先后呢？

想要厘清上述问题，首先要正确理解电解过程中离子放电顺序的依据。在电解池中，在阳极还原剂失去电子发生氧化反应，在阴极氧化剂得到电子发生还原反应。因此，在阳极，还原性强的离子优先放电；在阴极，氧化性强的离子优先放电。我们可以依据标准电极电势来比较离子的氧化性、还原性强弱（详见本书“电化学”问题 4. 怎样利用电极电势来判断原电池的正、负极并计算电动势?)。

另外还需了解几个相关概念：理论分解电压、实际分解电压、超电势、浓差极化。

根据 $\Delta G=-nFE$ 可求得理论分解电压 E，即理论上欲使电解反应发生所需要施加的电压。实际操作中，真实施加的最小电压总是大于理论分解电压，这个实际电压称为实际分解电压。实际分解电压之所以大于理论分解电压，主要是因为：一方面，电解池中存在电阻，电流的热效应导致电能并不能 100% 转化为化学能；另一方面，超电势的存在也是重要的因素。

电解时，电解质溶液中离子的移动速度小于离子在电极放电减少的速度，故而电极附近的电解质溶液的浓度会减小。另外，离子放电变为原子，原子进一步结合为分子、气泡从电极脱离等过程受阻会导致放电迟缓。这 2 个因素都会导致超电势的产生。所谓超电势，又叫过电势或过电位，是指电极的实际电势与理论电势之间的差值。具体表现为，阳极的实际电势总比其理论电势更正一些，阴极的实际电势总比其理论电势更负一些。实验表明，电极材料、电流密度、温度等因素都会影响超电势的大小，如升高温度可降低超电势，提高电流密度会增大超电势等。

如上所述，电解质溶液中离子的移动速度慢于离子在电极放电的速度，导致电极附近的溶液与本体溶液间产生浓度差，从而改变电极电势，称为浓差极化。在实际中一般通过升温和搅拌的方法可以减少浓差极化。

了解了这些相关概念，再来回看上述疑难问题：

(1) 若单纯考虑理论电极电势，$\varphi^{\theta}(O_2/OH^-)=1.229\ V$，$\varphi^{\theta}(Cl_2/Cl^-)=1.358\ V$，由于 $\varphi^{\theta}(O_2/OH^-)<\varphi^{\theta}(Cl_2/Cl^-)$，在阳极应该是还原性更强的 OH^- 放电，而非 Cl^- 放电。但实际上，阳极会产生 Cl_2 而非 O_2，即 Cl^- 优先于 OH^- 放电。这是因为，二者的电极电势相差不大，而 Cl_2 在多数电极上的超电势远小于 O_2 在相同电极上的超电势，这就导致实际的电极电势 $\varphi^{\theta}(O_2/OH^-)>\varphi^{\theta}(Cl_2/Cl^-)$，即 Cl^- 还原性更强，更优先在阳极放电。

(2) 用同样的理论可以解释在镀 Zn 时为何阴极是 Zn^{2+} 放电而非 H^+。分析电解 $ZnCl_2$ 溶液中的情况，设 $c(Zn^{2+})=1.0\ mol/L$、$c(H^+)=10^{-7}\ mol/L$，$\varphi^{\theta}(Zn^{2+}/Zn)=-0.76\ V>\varphi^{\theta}(H^+/H_2)=-0.41\ V$，应为 H^+ 放电。但 Zn 表面的析氢超电势 $\eta_{Zn}=0.75\ V$，使得 H_2 的实际析出电势应为 $-1.16\ V>\varphi^{\theta}(Zn^{2+}/Zn)=-0.76\ V$，故而 Zn^{2+} 放电生成 Zn 单质析出在电极表面，使电镀 Zn 成为可能。

(3) 电解法处理含 $Cr_2O_7^{2-}$ 的废水时，$Cr_2O_7^{2-}$ 带负电，容易在阳极附近富集，且 $Cr_2O_7^{2-}$ 的浓度较低，还易产生浓差极化。而氧化性较低的 H^+ 在 10^{-3}mol/L以上的浓度不易产生浓差极化，所以在酸性溶液中，H^+ 优先于 $Cr_2O_7^{2-}$ 在阴极放电。

(4) 前已述及，在阳极，还原性强的离子优先放电；在阴极，氧化性强的离子优先放电，这与离子所带电荷正负无关。因此，只要阳离子的还原性足够强就有可能在阳极放电，阴离子的氧化性足够强就有可能在阴极放电。因此，用惰性电极电解 $KMnO_4$ 溶液，强氧化性离子 MnO_4^- 可能会在阴极放电；用铜电极电解硫酸时，比 H^+ 氧化性强的 Cu^{2+} 有可能放电；用石墨电极电解酸性 $FeCl_2$ 溶液时，由于 Fe^{2+} 还原性比 Cl^- 强，Fe^{2+} 可能优先在阳极放电生成 Fe^{3+}；但电解 $FeCl_2$ 溶液时，阳极产物可能是 Cl_2，也可能是 Fe^{3+}（Fe^{2+}、Cl^- 在溶液中的放电顺序与电压有关，电压较大时，Cl^- 优先放电；电压较小时，Fe^{2+} 优先放电）。

另外，在判断、理解离子的放电顺序时还需规避一个误区，即“阳离子移向阴极，阴离子移向阳极”，这描述的只是一个方向。实际上，由于阴、阳离子在溶液中的迁移速率远远小于电子的流动速率，只有电极周边的离子能迅速移动到电极上去放电。

综上所述，离子放电顺序的判断是一个较为复杂的问题，它与电极反应的标准电极电势、超电势、浓差极化的产生等都有关。仅从金属或非金属活动性顺序或仅考虑某一个影响因素来判断是不科学也不合理的。因此，在教学中处理离子放电顺序问题时切忌将这部分内容简单化和绝对化。

参考文献

[1] 北京师范大学，华中师范大学，南京师范大学无机化学教研室．无机化学（上册）[M]．4版．北京：高等教育出版社，2003：358—370.
[2] 吴星．中学化学疑难辨析 [M]．南京：江苏教育出版社，2012：77—79.
[3] 杨茵．高中电化学教学中值得关注的几个问题 [J]．中学化学教学参考，2016（07）：33—34.

问题 7 真的了解精炼铜吗？

冶金工业制得的铜中常含有锌、铁、银、金等杂质，应用电解原理可以对粗铜进行精炼。2004、2019 鲁科版教材关于电解法精炼铜（见图 2-9）是将粗铜作阳极、纯铜作阴极，H_2SO_4 酸化的 $CuSO_4$ 溶液作电解质溶液（2004、2019 人教版是 $CuSO_4$ 溶液作电解质溶液）。另外，广大一线教师普遍认为随着电解的进行，$CuSO_4$ 溶液的浓度会减小或者电解前后基本不变。然而，实际工艺与上述认识存在一定的“矛盾”。关于精炼铜，教材背后还有哪些隐藏的化学知识呢？

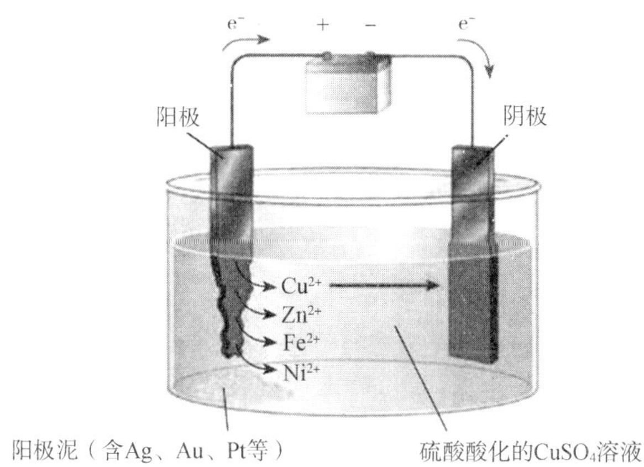

图 2-9 铜的电解精炼示意图

（1）在真实的化工生产中，工厂首先将粉碎并干燥后的铜精矿与焦粉（粉末状焦炭）等投入熔炼炉以冶炼冰铜（含 Cu_2S，含铜量 55%～60%），之后将冰铜再次氧化脱硫制得粗铜（含铜量上升至约 99.2%），粗铜可最终制成阳极板。在制备阳极板时，粗铜暴露在空气中，从而导致阳极板中除了 Fe、Zn 等杂质外还含有 CuO 和 Cu_2O。所以，电解液中加入 H_2SO_4 的原因之一是与 CuO 和 Cu_2O 发生反应：$CuO + H_2SO_4 = CuSO_4 + H_2O$，$Cu_2O + H_2SO_4 = CuSO_4 + Cu + H_2O$。

（2）工业上在电解精炼铜时以不锈钢板作为阴极，而非纯铜（见图 2-10）。这是因为，不锈钢具有优异的耐腐蚀性能，相当于惰性电极。电解结束后析出在阴极的铜可以借助其他手段进行剥离。

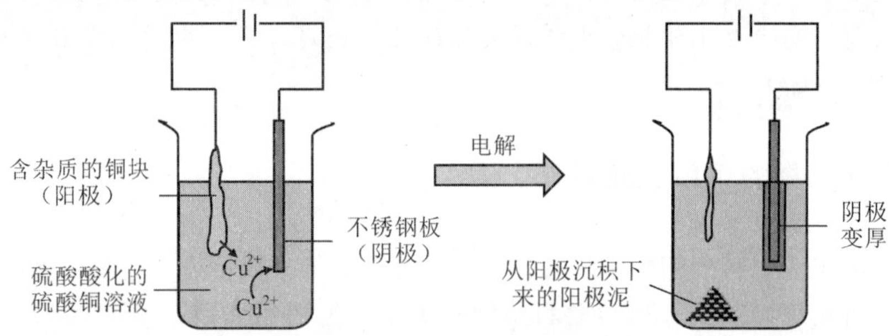

图 2-10　实际工业中铜的电解精炼

（3）真实工艺中采用 H_2SO_4 酸化的 $CuSO_4$ 溶液作为电解液，一般含铜离子 40～50 g/L，含硫酸 180～210 g/L，H_2SO_4 浓度较大。加入 H_2SO_4 的作用有：①若完全采用 $CuSO_4$ 溶液作为电解液，随着反应的进行，溶液 pH 增大，溶液中会产生 $Cu(OH)_2$ 沉淀，造成堵塞，加入 H_2SO_4 可避免这一不良后果；②加入 H_2SO_4 酸化可以降低电解槽的电阻，增强导电性。

（4）在实际工业生产中发现，随着电解的进行，溶液中会析出 $CuSO_4$ 晶体（电解槽中水分小部分蒸发），因此 Cu^{2+} 的浓度不是减小，而是增大。

（5）阳极粗铜在放电时不仅生成 Cu^{2+}，也会得到 Cu^{+}。Cu^{+} 可通过以下反应转化为 Cu^{2+}：$2Cu_2SO_4 + O_2 + 2H_2SO_4 = 4CuSO_4 + 2H_2O$。

参考文献

[1] 沈彩娣，吴文中．基于 STEM 理念审视电解法精炼铜［J］．中学化学教学参考，2018（19）：43－46.

[2] 王明召，王磊，高盘良．普通高中教科书．选择性必修 1 化学反应原理［M］．济南：山东科学技术出版社，2019：24.

问题 8 电渗析法淡化海水的原理是什么?

海洋约占地球表面积的71%，其储水量约占地球总水量的97%。工业中可采用蒸馏法、电渗析法、离子交换法等方法进行海水的淡化，获取淡水资源。那么，电渗析法淡化海水的原理是怎样的呢?

电渗析法是在外加直流电场作用下，利用离子交换膜对溶液中离子的选择透过性，使溶液中阴、阳离子发生离子迁移，分别通过阴、阳离子交换膜而达到除盐或浓缩的目的。电渗析法淡化海水的装置（见图 2-11）主要由电源、电极、离子交换膜等构成。海水淡化时，将海水注入甲、乙、丙、丁 4 个区域，接通电源。在阳极，海水中的 Cl^- 放电生成 Cl_2：$2Cl^- - 2e^- = Cl_2\uparrow$（由于 Cl^- 浓度不大，水电离出的 OH^- 也会放电），此时甲室中负电荷数目减少，乙室中携带负电荷的 Cl^- 便通过阴离子交换膜迁移进入甲室。同时，在外加电场作用下，乙室中的 Na^+ 会通过阳离子交换膜迁移进入丙室中。这样，乙室中的阴、阳离子不断向两侧移动，盐分逐渐减少，从而达到了淡化海水的目的。而在阴极，水电离出的 H^+ 放电生成 H_2：$2H_2O+2e^- = 2OH^- + H_2\uparrow$，丁室中的负电荷过剩，其中的 Cl^- 会通过阴离子交换膜迁移进入丙室中。因此，当通电较长时间后，在乙室中得到淡水的同时，丙室中可得到盐分更多的浓缩海水，丁室中可制得 NaOH 溶液。

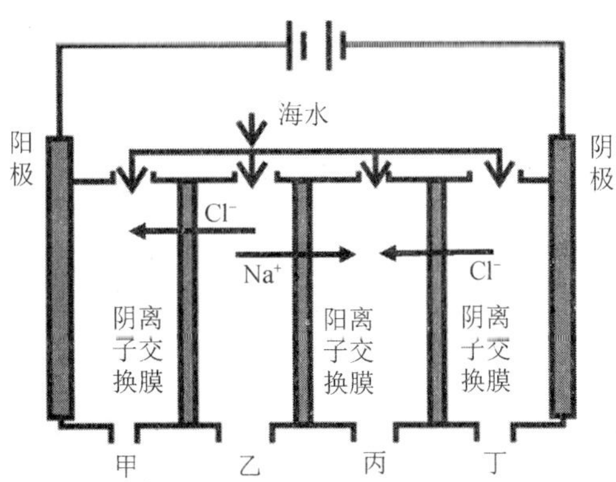

图 2-11 电渗析法淡化海水的装置示意图

实际生产中，电渗析设备并不是只由 1 对阴、阳离子交换膜组成，为了提高效率，实际工艺是采用较大数量的离子交换膜对进行生产，如图 2-12 所示。

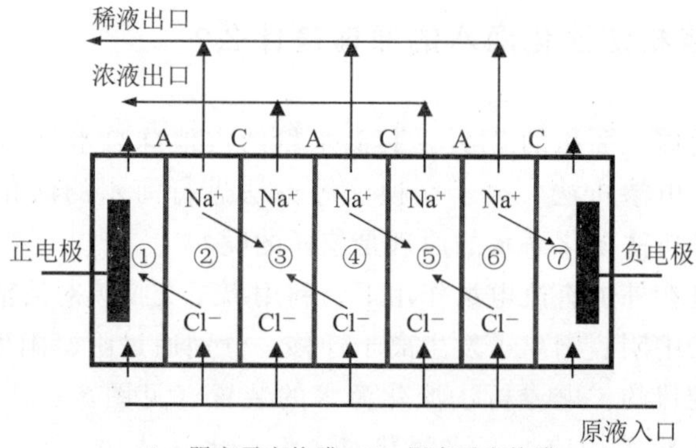

A：阴离子交换膜；C：阳离子交换膜

图 2-12　电渗析法淡化海水原理图

除淡化海水外，电渗析法在酸碱回收、电镀废液处理、从工业废水中生产或回收有用物质等方面都有很多应用。

问题 9　析氢腐蚀和吸氧腐蚀能同时进行吗？

钢铁的电化学腐蚀，有析氢腐蚀和吸氧腐蚀 2 种形式。通常认为，若钢铁表面的水膜为酸性，则发生析氢腐蚀；若水膜的酸性很弱或近乎中性，则发生吸氧腐蚀。但是，很多研究表明：通常情况下，析氢腐蚀和吸氧腐蚀可以同时发生，只是程度不同。有研究者曾做过如下实验：向锥形瓶中加入铁碳的混合粉末以模拟钢铁，塞入双孔塞，一个孔内插入盛有酸液的滴管，另一个孔接一个盛有红墨水的 U 形管。滴入酸液后，现象如图 2-13（a）所示：U 形管右侧液面升高，说明锥形瓶内气压增大，发生了析氢腐蚀。但一段时间后，出现如图 2-13（b）所示的现象：U 形管左侧液面升高，说明锥形瓶内气压减小，又发生了吸氧腐蚀。可见，析氢腐蚀和吸氧腐蚀是可以同时发生的，只是条件不同时二者发生的程度存在差异。

有文献明确指出，当 $pH<3$ 时，H^+ 的浓度较大从而不易发生浓差极化，溶解度较小的 O_2 容易发生浓差极化（“浓差极化”详见本书“电化学”问题 6. 如何正确理解离子的放电顺序？），因此主要发生析氢腐蚀。但是，毕竟 O_2 的氧化性大于 H^+，此时吸氧腐蚀仍在进行。当 $pH>3$ 时，O_2 氧化性较强的优势体现出来，钢铁的腐蚀主要表现为吸氧腐蚀，此时，析氢腐蚀也在同时发生着，只是程度较小。

另外，钠即使投入碱性溶液中发生的也是析氢腐蚀，铜即使在酸性溶液中发生的也是吸氧腐蚀，并且腐蚀形式不仅仅只受 pH 的影响（如钢铁的腐蚀还

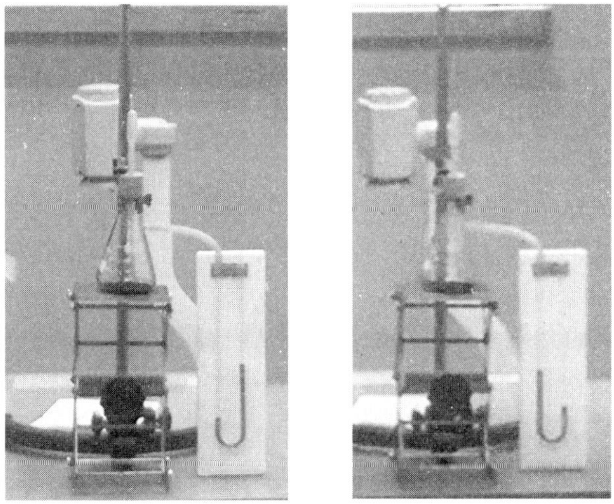

(a) (b)

图 2-13 实验模拟探究钢铁的析氢腐蚀与吸氧腐蚀

与其聚集态或形状有关)，因此，在实际教学中不建议将析氢腐蚀与吸氧腐蚀的发生条件绝对化，这样不利于学生发散思维的培养。

参考文献

刘怀乐．对一道实验试题的再思考[J]. 化学教学，2011 (09)：76—77.

问题 10 O_2 和 H^+ 的放电顺序在原电池和电解池中为什么不同？

钢铁发生电化学腐蚀时，负极反应为 Fe 失去电子，正极反应有吸氧和析氢 2 种形式，吸氧腐蚀中，O_2 优先于 H^+ 得电子。然而，在电解池的阴极附近，同样是得电子，H^+ 的放电顺序又优于 O_2。这是为什么呢？

其实，放电顺序只是一种能力，发生析氢腐蚀还是吸氧腐蚀，是 O_2 和 H^+ 的氧化性在不同反应条件下存在差异造成的，O_2 和 H^+ 的氧化性强弱可以基于电极电势进行比较。理论上，由于 $\varphi^\theta(O_2/H_2O)=1.229\ V>\varphi^\theta(H^+/H_2)=0.000\ V$，因此 O_2 始终是优于 H^+ 放电的，但是实际观察到的现象，却不一定是理论上所说的这种顺序。由于 O_2 在水溶液中溶解度很小，所以容易发生浓差极化（“浓差极化”详见本书“电化学”问题 6. 如何正确理解离子的放电顺序?)，因此 pH=0 的溶液中，更容易观察到 H^+ 得电子产生气泡（放电)。但随着 pH 的升高，H^+ 也开始出现浓差极化，因此，大约在pH=4，开始吸氧的现象明显于析氢。同样的道理，由于 O_2 在水中的溶解度较小，而电解池的反应速率一般都比较快，因此，在电解池阴极容易观察到的是 H^+ 放电产生 H_2。

问题 11　纯铁为什么不易生锈？

铁是古代就已知的金属之一，也是地球上分布最广的金属之一，人们普遍认为地心主要是由铁构成的。铁约占地壳含量的 5%，在地壳中的含量居第四位，仅次于氧、硅和铝。它的元素符号 Fe 来自拉丁语“ferrum”，意为“坚硬”“强固”。在自然界，游离态的铁只能从陨石中找到，分布在地壳中的铁都以化合物存在。铁是有光泽的银白色金属，硬且富有延展性，有很强的磁性，并有良好的可塑性和导热性。铁分成生铁、熟铁和钢 3 类。生铁的含碳量在 2.11%～4.3%之间，坚硬耐磨，可以浇铸成型，如铁锅、火炉等，所以生铁又称为铸铁。生铁中含碳量高，导致生铁脆性高，没有延展性，不能锻打成型。熟铁含碳量约在 0.02%以下，又称锻铁、纯铁。质地软，强度和硬度较低，韧性很强，可以锻打成型。钢的基本成分也是铁，但钢的含碳量在 0.02%～2.11%之间，所以钢兼具生铁和熟铁的优点，既刚硬又强韧。

纯铁的工业用途不大，主要作为实验室材料，如在分析化学中往往以纯铁丝的形式作为一级基准物（基准物是一种高纯度的，其组成与它的化学式高度一致的化学稳定的物质。这种物质用来直接配制基本标准溶液，在很多情况下，也常用来校准或标定某未知浓度的溶液）。还可以在高频电子线路中用作线圈的压结铁芯。

《五金铁》中记载有古代人民用柳棍疾搅生铁水炒制熟铁的工艺。现代制备纯铁有以下几种方法：

（1）用 H_2 还原纯 Fe_2O_3 或 $Fe(OH)_3$ 来制备

例如将 $Fe(OH)_3$ 在纯 H_2 流中加热，并将温度从 400 ℃升高至 700 ℃直到还原过程完成。还原铁冷却后吸收的氢量可以忽略不计。在低温（360～530 ℃）下还原氧化物所得纯铁是粉末状固体，遇空气会着火。

（2）由五羰基合铁热分解来制备

将 $Fe(CO)_5$ 气化并在 250 ℃左右使之分解可得到不含任何杂质的微细粉末状纯铁，将这种纯铁在高真空下煅烧可以把残留在铁中的痕量碳和氧以 CO 的形式除去。

（3）电解铁（Ⅱ）盐也可以制备化学纯铁，最好的电解质是 $FeCl_2$ 或硫酸亚铁铵。

相较于生铁、钢铁，纯铁的硬度和强度较差，但韧性较强，具有更强的延展性和抗腐蚀性。那么，为什么纯铁不容易生锈呢？

正常雨水中溶解有大气中的 CO_2，呈现较弱的酸性（pH 约为 5.6），纯铁难以置换出 H_2CO_3 中的氢，几乎不发生反应。并且，纯铁中含碳量极少，几乎不能形成 Fe—C 微电池，因此不容易发生电化学腐蚀而生锈。

另外，银白色的纯铁露置于空气中逐渐与空气中的 O_2 发生反应，在表面形成灰色的致密氧化物薄膜（主要成分为 Fe_2O_3）。这层致密的氧化膜均匀而紧密地将整个铁表面遮盖起来，与铁非常完美地结合在一起，阻隔了空气和水，从而保护了内层金属不被进一步腐蚀。

参考文献

[1] 张青莲．无机化学丛书（第九卷）[M]．北京：科学出版社，1998：173—191.

[2] 张祖德．无机化学 [M]．合肥：中国科学技术大学出版社，2008：513—516.

[3] 任雪明，吴文中．高中化学教学疑难问题研析 [M]．杭州：浙江教育出版社，2019：3—5.

专题三

物质结构与性质

一、原子结构与性质

问题 1　化学的根本任务是什么？

“化学”是英语“Chemistry”的意译。1856 年“化学”一词最早出现于由英国传教士韦廉臣（Alexander Williamson 1829—1890）所编的《格物探源》一书中，“chemistry”来源于拉丁语“alchemy”，后者来源于阿拉伯语“al-kimiya”。“al-kimiya”的来源有 2 种说法：一种说法是“al-kimiya”来源于古埃及（如图 3－1 所示）。

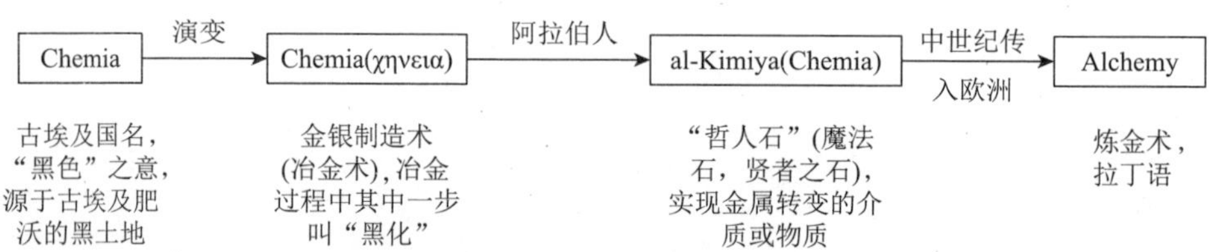

图 3－1　“化学”一词的来源之一

还有一种说法是 1951 年由印度学者马迪哈桑提出的“al-Kimiya”，源于中国，由中国金丹术衍生。这种说法认为，阿拉伯语 al-klmiya 的原意是炼金术，而阿拉伯的炼金术是由中国传去的。“还丹”和“金液”是中国炼丹家主要的探讨对象，而“金液”在东南的福建方言中读音是“钦牙”（kimya），阿拉伯人与中国发生接触的地区正是福建。al－则是阿拉伯语的冠词，因此，al-kimiya一词可看作是“金液学”。事实上，al-kimiya 在阿拉伯语中的确是指一种能使其他物质成金的液体，即由哲人石（西方传说中可以炼金，又可以令人起死回生的石头）得到的制剂。如果这一说法成立，那么“化学”一词倒是由我国传出，后来又辗转传入我国，为出口“转”内销。但这一出一入之间化学却经历了由炼金术到近代化学的巨大变化。19 世纪 70 年代，“化学”一词又由我国传入日本，取代了日文原来的音译名“舍密”(德语 chemie 的音译)。

那么，什么是化学？(What is Chemistry?) 中国科学院院士陆熙炎先生的回答十分巧妙：Chemistry ══Chem＋is＋try——that is，Chemistry is try!(化学即尝试!) 这句话创意独特且令人印象深刻。

大学教材中对化学的较准确的定义是：“化学是研究分子层次以及以超分子为代表的分子以上层次的化学物质的组成、结构、性质和变化的科学。”化学的魅力在于研究分子、创造分子。那么，化学的根本任务是什么呢？

《庄子·天下》中写道，“一尺之捶，日取其半，万世不竭”，可见庄子认为物质可以被无限分割。而墨子认为，“非半弗斫则不动，说在端”，即当物质不能再继续分割时会得到物质的本原“端”。人类关于物质能否被无限分割及世界本原的探索从未停止，这也促使化学学科中原子概念的诞生和发展。太阳能是地球能量的重要来源，由于太阳光一个光子的能量与原子间键合的能量在一个数量级上，故而可认为原子是组成地球上所有物质的基本粒子。因此，物质之间的转化（即化学变化）可认为是原子的重新组合，而原子的重新排列组合是通过调整电子的分布从而在不同层面创造新的物质。因此，化学的根本任务是探索、揭示原子进行组合时的基本规则。

化学是一门中心科学，也是一门实用科学。化学的根本任务及其重要性需要更多的化学家为之付出一生。著名的教育学家、物理化学家卢嘉锡先生认为，化学家的“元素组成”应当是 C_3H_3：Clear Head（清醒的头脑）、Clever Hands（灵巧的双手）、Clean Habits（洁净的习惯）。

化学研究物质，化学创造物质。

参考文献

[1] 彭笑刚．物理化学讲义 [M]．北京：高等教育出版社，2012：10.
[2] 傅献彩．大学化学（下册）[M]．北京：高等教育出版社，1999：2—3.
[3] 北京师范大学，华中师范大学，南京师范大学无机化学教研室．无机化学（上册）[M]．4 版．北京：高等教育出版社，2003：3.

问题 2　为什么认为宇宙诞生于大爆炸？

宇宙的起源和演变、物质的结构和性能、生命的起源和发展是自然科学的 3 大基本问题。其中，关于宇宙的起源，目前科学界普遍推崇的是宇宙“热的大爆炸”理论。其设想为，构成现今宇宙中的所有物质在爆炸前聚集在一个密度极大、温度极高的原始核中。由于某种未明原因，宇宙的原始核发生了大爆炸，使物质均匀地分布在整个空间，随之中子、质子、电子等产生，之后，氢原子、氦原子等开始合成。那么，为什么会认为宇宙诞生于大爆炸呢？

在天文学、物理学等相关学科的发展过程中，有 3 个观察事实支撑了宇宙大爆炸理论。它们是：整个宇宙的元素丰度、宇宙的背景辐射以及恒星光谱的红移现象。迄今为止，只有大爆炸理论可以很好地解释这 3 个事实，因此认为宇宙有可能起源于大爆炸。

（1）宇宙中元素的丰度。在 1925－1928 年间，科学家利用光谱技术测定出了宇宙中元素的丰度，并发现了位于氢氦、碳氮氧、铁等处的元素丰度的峰值。大爆炸理论可以很好地解释这些峰值的存在。采用大爆炸模型计算出的元素丰度理论值与观测到的真实值大致符合。

（2）宇宙背景辐射。1965 年，美国 Bell 实验室的科学家 A. A. Penzias 和 R. W. Wilson 探测到整个星际空间的温度是 2.7 K 而不是 0 K，此现象说明宇宙空间存在一个各向同性的黑体热辐射，即宇宙的背景辐射。这种辐射被看作是大爆炸的残余，且辐射强度与理论预测相近，这些科学家也因此获得了 1978 年诺贝尔物理学奖。

（3）恒星光谱的红移。1842 年，奥地利科学家多普勒通过实验发现声波的波长会因物体的运动而发生改变，这就是我们熟悉的多普勒效应。恒星光谱的红移现象指的是，发自星体的光的波长较地球上同种元素的光谱数据要更长一些。大爆炸理论认为，这是由于星体团发生大爆炸后因膨胀而背离地球运动所造成的。

参考文献

[1] 北京师范大学，华中师范大学，南京师范大学无机化学教研室．无机化学（上册）[M]. 4 版．北京：高等教育出版社，2003：25.

[2] [英] 格林伍德，厄恩肖．元素化学（上册）[M]. 李学同，译. 北京：高等教育出版社，1996：2－3.

问题 3　原子的最外层电子数为什么不超过 8 个？

由构造原理可知，多电子原子填入能级具有一定的顺序，且存在能级交错现象，即第 n 能层 d 能级的能量高于第（n+1）能层 s 能级的能量（$E_{nd} > E_{(n+1)s}$），因此，当 ns 和 np 填满 8 个电子后（ns 能级最多填充 2 个电子，np 能级最多填充 6 个电子），多余电子不是继续填入 nd 轨道，而是首先形成新电子层，填入（n+1）s 轨道中。所以，原子的最外层电子数不可能超过 8。

参考文献

北京师范大学，华中师范大学，南京师范大学无机化学教研室．无机化学（上册）[M]．4版．北京：高等教育出版社，2003：41.

问题 4 书写原子核外电子排布式时，3d 为什么要写在 4s 前面？

我们知道，依照构造原理，电子在填充时的顺序是先填充 4s 能级、后填充 3d 能级。那为什么书写电子排布式时又要将 3d 写在 4s 前面呢？这是因为，多电子原子体系中电子的填充顺序与失去顺序是不同的。实际上，能级顺序只是指电子层中填入电子时各能级能量的相对高低，当电子填入原子轨道后，电子的能量会发生变化。在填充电子时，3d 能级与 4s 能级能量的相对大小关系是 $E_{3d}>E_{4s}$，这一关系可以通过计算 3d 和 4s 轨道上电子的有效核电荷数（用“z”表示）得出。当填充第 19 个电子时，若填到 3d 轨道上，有效核电荷数 $z(3d)=19-18\times1=1$；若填到 4s 轨道上，有效核电荷数 $z(4s)=19-(10\times1+8\times0.85)=2.2$，可知 4s 电子的有效核电荷数更大，受到原子核的吸引力更强，所以电子优先填充 4s 能级。但 3d 能级和 4s 能级同时填充电子后，由于 3d 轨道电子对 4s 轨道电子存在屏蔽效应（“有效核电荷数”“屏蔽效应”详见本书“原子结构与性质”问题 6．铜和钾都只有 1 个 4s 电子，为什么 Cu 不如 K 活泼？），4s 轨道上电子的有效核电荷数减小，受到原子核的吸引力减弱，使得 3d 能级与 4s 能级能量的相对大小关系变为 $E'_{3d}<E'_{4s}$。4s 电子能量较高，因此原子在失去电子时优先失去能量更高的 4s 电子。既然 4s 电子比 3d 电子更容易先一步失去，4s 也就写在 3d 的后面了。

若要更深刻地理解这一问题，需要进一步理解能量最低原理和对称性原理。

很多同学认为，能量最低原理指的是电子要优先填充到能量最低的轨道中，这样的说法是不妥的。能量最低原理的观点实际上是，基态原子核外电子排布的结果是使整个原子的能量处于最低状态，但整个原子的能量并不等同于各电子所处轨道的能量的加和。这是因为，除了能层（主量子数）、能级（角量子数）等参数外，电子的数目及其他电子处于何轨道也会对某一电子的轨道能量形成一种动态的影响（如屏蔽效应、钻穿效应等）。如果把整个原子体系比作一个足球队，原子核外的每个电子都看作一个球员，足球队的整体状态的优劣是各队员状态综合决定的，是时刻处在动态变化中的，并非每个队员状态的简单加和。填充电子时，相较于填入 3d，电子先填入 4s 会使整个原子体系的能量更低，因此先填入 4s；同理，失去电子时，相较于先失 3d 电子，先失 4s 电子会使整个原子体系的能量更低，因此先失去的是 4s 上的电子。

有关原子构造理论的深入研究表明，原子构造不单单由能量最低原理支配，对称性原理同样支配着原子的构造，其支配作用体现在使电子及其自旋态的轨道分布尽可能排布成为具有相对最高对称性的形式，以使整个原子体系（包括核与轨道的电子之间及轨道电子与轨道电子之间）的电磁相互作用尽可能平衡。实际上，泡利原理和洪特规则等都是对称性原理对原子构造所起支配作用的自然体现。泡利原理反映了单一原子轨道下电子组态对对称性的自然要求，洪特规则表征的则是原子构造中“作用能”与“作用方式”在影响整个原子体系的稳定性方面存在着内在统一性的自然现象。在泡利原理和洪特规则限定条件下，电子组态对称性越高，原子体系能量越低，原子越稳定。

同理，电子先填充3d轨道，优先失去4s电子可以使原子构造中的电子组态对称性更高，能使原子体系的能量更低，从而也就更有利于原子的稳定。

参考文献

[1] 北京师范大学，华中师范大学，南京师范大学无机化学教研室．无机化学（上册）[M]．4版．北京：高等教育出版社，2003：40—44.

[2] 吴星．中学化学疑难辨析[M]．南京：江苏教育出版社，2012：105—107.

问题5　碳原子的核外电子有多少种空间运动状态？

正确回答这一问题，需要比较、厘清2个概念，即“空间运动状态”和“运动状态”。

量子力学把电子在原子核外的一个空间运动状态称为一个原子轨道。所以，原子核外电子空间运动状态的数目就是原子轨道的数目。但运动状态和空间运动状态不同，电子的运动状态包含电子的空间分布状态和电子的能量状态。电子运动的能量状态主要关注其具有量子化的特征（能量不连续），而电子的空间分布除了考虑电子的空间运动状态（原子轨道），还需考虑电子本身的自旋状态。因同一空间运动状态下即同一原子轨道中最多容纳2个自旋方向相反的电子，所以从电子的空间分布角度来讲，电子运动状态的数目也就是电子的数目，即电子的运动状态是由能层（主量子数）、能级（角量子数）、轨道（磁量子数）、自旋状态（自旋量子数）4个方面决定的。所以我们常说：原子核外没有运动状态完全相同的2个电子存在。

以基态碳原子的核外电子排布为例，碳原子的核外电子排布式为$1s^2 2s^2 2p^2$，即基态碳原子核外共有6个电子，因此有6种运动状态；而这些电子填充在4个轨道中（如图3-2所示），因此基态碳原子的核外电子共有4种空间运动状态。若从C原子的电子排布图（轨道表示式）来看，也可简单记为：空间运动状态=方框数（已占原子轨道数），电子运动状态=箭头数（电子数）。

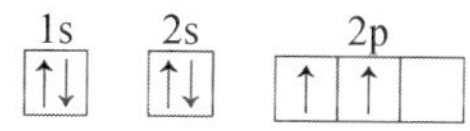

图 3-2　碳原子电子排布图

需要注意的是，“某原子核外电子有多少种运动状态？”的考题不建议出现。北京师范大学魏锐博士在比较电子的“空间运动状态”和“运动状态”时强调：电了的空间运动状态即原子轨道是科学概念，有明确的内涵；而电子的运动状态（空间分布及能量）是为了帮助学生理解而出现的一种观念性的认识，它可以通过原子轨道和电子云模型来描述（如图 3-3 所示），但是是一个模糊概念，并没有明确内涵。因此，不建议将“运动状态”作为考点来进行考察。

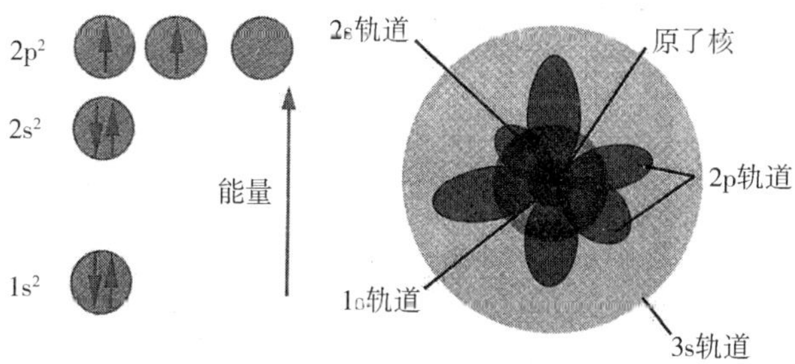

（a）能量示意图　　（b）原子（电子云）形状

图 3-3　碳原子核外电子的运动状态

参考文献

[1] 宋心琦．普通高中课程标准实验教科书化学（选修 3）[M]．北京：人民教育出版社，2007：10.

[2] 房喻，许端均．普通高中化学课程标准（2017 年版）解读 [M]．北京：高等教育出版社，2018：136－137.

[3] 金涌．探索化学化工未来世界：值得为之付出一生 [M]．北京：清华大学出版社，2016：76.

问题 6　铜和钾都只有 1 个 4s 电子，为什么 Cu 不如 K 活泼？

基态钾原子的核外电子排布式为 $1s^2 2s^2 2p^6 3s^2 3p^6 4s^1$，基态铜原子的核外电子排布式为 $1s^2 2s^2 2p^6 3s^2 3p^6 3d^{10} 4s^1$。从电子排布式可知，钾和铜最外层都只有 1 个 4s 电子。为何金属铜不像钾那样活泼呢？是什么因素导致了铜的最外层电子不像钾那样容易失去呢？

实际上，这与其他（$Z-1$）个（"Z"为原子序数，在数值上等于核电荷数、核外电子数）电子对原子核的屏蔽效应有关。屏蔽效应指的是，由于其他电子对某一电子的排斥作用而抵消了一部分核电荷对该电子的吸引力，从而引起有效核电荷降低，削弱核电荷对该电子吸引的现象。钾的次外层为8个电子，铜的次外层为18个电子，$18e^-$结构对核的屏蔽效应要弱于$8e^-$结构，因此铜最外层的4s电子受核电荷的吸引力要比钾强得多，故而不易失去。

那么，为什么$18e^-$结构对核的屏蔽效应会弱于$8e^-$结构呢？

有效核电荷数z可用来表征内层电子屏蔽效应的强弱。$z=Z-\sigma$，其中Z为原子的核电荷数，σ为屏蔽常数。z越大，内层电子的屏蔽效应越弱，该电子受原子核的吸引力越强。每种元素原子的电子组态表示为：(1s)，(2s，2p)，(3s，3p)，(3d)，(4s，4p)，(4d)，(4f)，(5s，5p)，……，一个括号构成一个轨道组。屏蔽常数σ的确定规则如下：

(1) 外组电子对内组电子屏蔽常数的贡献为0，说明屏蔽作用只发生在同层电子或内层电子对外层电子之间，外层电子对内层电子没有屏蔽效应；

(2) 同一组中电子间的屏蔽常数为0.35（1s轨道上的2个电子之间的屏蔽常数为0.30）；

(3) 被屏蔽电子为（ns，np）组时，（$n-1$）层每个电子的屏蔽常数为0.85，（$n-2$）或更内层的电子屏蔽作用更完全，它们中每个电子屏蔽一个单位正电荷，即$\sigma=1.00$；

(4) 被屏蔽电子为（nd）、（nf）组时，其前面组别电子的屏蔽常数均为1.00。

依此规则，基态钾原子的4s电子的有效核电荷数$z=19-(8\times0.85+10\times1)=2.2$，基态铜原子的4s电子的有效核电荷数$z=29-(18\times0.85+10\times1)=3.7$。由数据可以看出，铜的4s电子的有效核电荷远大于钾，因此，铜最外层的4s电子受核电荷的吸引力要比钾强得多。所以，虽然钾和铜最外层都只有1个4s电子，金属铜却远不如钾活泼。

参考文献

张祖德. 无机化学 [M]. 合肥：中国科学技术大学出版社，2008：182.

问题7 作为与Zn同周期紧邻的元素，Cu为何与Zn的活泼性相差甚远？

在元素周期表里铜和锌是相邻的，但它们在金属活动顺序中的位置却相差很远，Cu与Zn金属活动性的差异可以用原子化焓（也叫升华焓）来解释。由于 Cu 的原子化焓远大于 Zn，因此 Cu 不如 Zn 活泼。

铜和锌都是金属晶体，金属晶体由金属阳离子和“自由电子”通过金属键形成，金属键属于化学键。化学键有离子键、共价键和金属键。离子键用晶格能表示键的强弱，共价键用键能表示键的强弱，金属键则是用原子化焓来表示键的强弱。原子化焓指的是等温等压下，1 mol 金属完全气化为相互远离的气态原子所需吸收的能量。就固态金属失去电子氧化为水合阳离子的过程而言，可认为这一过程中的能量变化包含了原子化焓、气态原子的电离能、气态金属阳离子的水合能 3 项。

$$M(s)\xrightarrow[\text{原子化焓}]{}M(g)\xrightarrow[\text{电离能}]{}M^{n+}(g)\xrightarrow[\text{水合能}]{}M^{n+}(aq)$$

由于 Cu 和 Zn 的第一、二级电离能之和（Cu：2603 kJ/mol，Zn：2639 kJ/mol）及 Cu^{2+} 与 Zn^{2+} 的水合能（Cu^{2+}：2100 kJ/mol，Zn^{2+}：2046 kJ/mol）非常接近，而原子化焓相差很大（Cu：339 kJ/mol，Zn：131 kJ/mol），故而 Cu 和 Zn 原子化焓的差异导致了二者金属活动性的不同。

为何 Cu 的原子化焓大于 Zn 呢？这是因为，在金属晶体中，Cu 的 3d 电子和 4s 电子均参与了形成金属键，而 Zn 只有 4s 电子参与。金属键是金属阳离子与“自由电子”间的强烈的相互作用，参与成键的自由电子越多，金属键越强。因此，金属 Cu 中金属键的强度要大于 Zn，1 mol Cu 完全气化为相互远离的气态 Cu 原子所需吸收的能量更多（原子化焓更大），所以 Cu 不如 Zn 活泼。

参考文献

北京师范大学，华中师范大学，南京师范大学无机化学教研室．无机化学（上册）[M]．4 版．北京：高等教育出版社，2003：140.

问题 8 元素周期律为什么不涉及稀有气体元素的原子半径？

元素周期律归纳了元素的原子半径随核电荷数的递增呈现出周期性变化的规律，但并未涉及稀有气体元素。2019 人教版高中化学教材的相关章节中有这样的描述：“稀有气体元素的原子半径测定与相邻非金属元素的测定依据不同，数据不具有可比性，故没有列出。”那不同元素的原子半径是如何测定的呢？不同类别的原子半径又有怎样的差异呢？

我们知道，原子核外的电子并没有严格固定的运动轨道，电子云也没有明确的边界。因此，原子核至最外层电子的距离实际上是无法精确测量的。因此通常所说的原子半径是指形成共价键或金属键时，原子间接触所显示的半径，可以通过晶体分析，据 2 个相邻原子的平均核间距计算得到，因此有关原子半径的数据只有相对的近似意义。通常，原子半径可分为共价半径、金属半径和范氏半径（范德华半径）。

（1）共价半径。同种元素的 2 个原子以共价单键连接时的核间距离的一半称为该元素原子的共价半径。

（2）金属半径。金属晶体可看成由等径球状的金属原子堆积而成，因此相邻 2 个互相接触的原子的核间距的一半则为该原子的金属半径（图 3-4 所示）。

（3）范氏半径。分子晶体中 2 个相同种类的相邻原子以分子间作用力（范德华力）相互作用时，2 个原子核间距的一半为该原子的范氏半径。

事实上，除稀有气体外，原子间都是以化学键相结合，因此原子半径的类别与原子相互结合时所形成的化学键的类型相关。若以共价键结合则为共价半径，若以金属键结合则为金属半径。通常，原子的金属半径一般比它的共价半径大 10%～15%。稀有气体属于单原子分子，原子间的作用为范德华力，因此，相邻 2 个原子核间距离的一半就叫范氏半径。同理，非金属元素形成分子后在分子晶体中也存在范氏半径，图 3-5 对比展示了原子的共价半径与范氏半径，显然范氏半径大于共价半径。

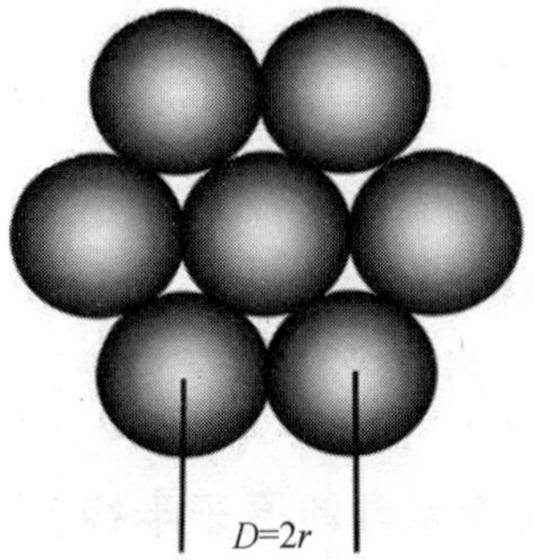

图 3-4　金属半径

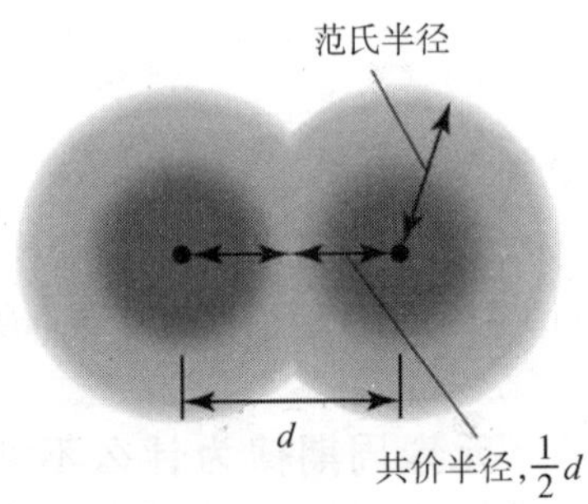

图 3-5　原子的共价半径与范氏半径

总而言之，非金属元素的原子有共价半径和范氏半径 2 种数据，金属元素的原子有金属半径和共价半径 2 种数据，稀有气体元素只有范氏半径的数据（见表 3-1）。我们通常所讲的原子半径是指共价半径和金属半径，因此元素周期律不涉及稀有气体元素，不涉及其他元素的原子半径与稀有气体元素的原子半径的比较。

表 3-1 第 2、第 3 周期元素的原子半径

原子半径/$\times 10^{-10}$ m	Li	Be	B	C	N	O	F	Ne
共价半径	1.23	0.89	0.88	0.77	0.70	0.66	0.64	
金属半径	1.52	1.113	0.83					
范氏半径			2.08	1.85	1.54	1.40	1.35	1.60
原子半径/$\times 10^{-10}$ m	Na	Mg	Al	Si	P	S	Cl	Ar
共价半径	1.57	1.36	1.25	1.17	1.10	1.04	0.99	
金属半径	1.537	1.60	1.431		1.08			
范氏半径	2.31			2.0	1.9	1.85	1.81	1.91

参考文献

[1] 课程教材研究所．人教版化学选修 3 教师教学用书［M］．北京：人民教育出版社，20—21.

[2] 吴星．中学化学学科理解：疑难问题解析［M］．上海：上海教育出版社，2020：48—50.

问题 9 汞为什么在常温下呈液态？

汞（俗名水银），英文名称为 Mercury，据罗马神话中的商业神“Mercurius”而来。元素符号 Hg 来自拉丁语“hydrargyrum”，它由“hydra（水）”和“argyrum（银）”组成，意为“像水那样的银”。汞在自然界中的分布量很小，以游离态形式存在的汞可形成银光闪闪的水银湖，更多的汞则以辰砂（HgS）形式存在。辰砂又称朱砂、丹砂，由于其色彩鲜红，很早就被人们用作红色颜料。汞及其化合物大多有毒，20 世纪 50 年代中期在日本熊本的水俣湾、1965 年在新潟的阿贺野河流域发生的“水俣病”，都是由甲基汞引起的环境污染造成的典型汞中毒。常温常压下，汞是唯一一种呈现液态的金属（其熔点为 234.16 K，即−39.0 ℃）。汞这一特殊的物理性质是由其特殊的结构决定的。

从原子结构的角度看，汞的价电子排布式为 $5d^{10}6s^2$，6s 上的一对电子属于全充满结构，非常稳定，难于失去，这就是人们通常所说的 $6s^2$ “惰性电子对效应”。惰性电子对效应存在于元素周期表第 4、第 5、第 6 周期的某些元素，可以用爱因斯坦相对性原理解释：随着核电荷数的增大，核外电子的速度明显增大，致使核外电子向原子核紧缩，从而使整个原子能量下降。这直接导致金属的金属键减弱，这种效应对 6s 电子的影响尤为显著。这是由于 6s 电子

相对于内层的5d电子有更强的钻穿效应（指进入原子内部空间而受到核更强的吸引力的作用）。因此，惰性电子对效应不仅仅限于金属汞，和汞同族的锌族元素（Zn、Cd、Hg）都存在ns^2“惰性电子对效应”（即电子成对后稳定性增强），因此，锌族元素单质的熔沸点普遍较低。同时，和汞同周期的Tl、Pb、Bi、Po、Au等元素也都存在$6s^2$惰性电子对效应。例如，Tl、Bi，Pb等与同周期的其他元素不同，低氧化态Tl(Ⅰ)、Pb(Ⅱ)、Bi(Ⅲ)远比其高氧化态Tl(Ⅲ)、Pb(Ⅳ)、Bi(Ⅴ)稳定。惰性电子对效应对第6周期元素的性质的影响主要体现在原子半径、过渡元素的低价稳定性、汞在低温下呈液态等。

可是，既然惰性电子对效应不是个例现象，为什么只有汞是唯一一种常温下呈现液态的金属呢？

对这种所谓的“惰性电子对效应”，可从以下几方面来解释：

(1) 当内层填充了$(n-1)s^2(n-1)p^6(n-1)d^{10}$，也就是次外层为$18e^-$结构时，其d电子对原子核的屏蔽作用较小，这样原子核的有效核电荷会偏大一些。

(2) 当倒数第3层填充$(n-2)f^{14}$时，f电子的屏蔽作用很小，有效核电荷会进一步增大。

(3) 当s电子成对（s能层有2个电子即为全满）后，更不容易失电子。

Hg的电子构型正好就是$4f^{14}5d^{10}6s^2$，它同时满足以上3个条件，所以汞失去$6s^2$电子会更难。它的具体体现为：汞的第一电离能极大，是1013 kJ/mol，而非金属硫的第一电离能也只有1006 kJ/mol，碘是1008 kJ/mol。可见，汞的第一电离能不但高于所有的金属元素，甚至比许多非金属元素的第一电离能还高。

汞的熔沸点低还可以从化学键的角度进行分析。由于汞原子的6s电子难于失去，因此表现出一定程度的化学惰性。这种惰性还体现在这些6s电子难于参与金属键的形成，金属键是金属阳离子和“自由电子”间的强相互作用，汞的自由电子由于被原子核的有效核电荷紧紧束缚住，从而难于或“懒于”成键，这直接导致了汞单质的内聚力比其他所有金属单质都低，即金属键最弱，从而熔沸点最低，常温下呈液态。例如，Na、Al、Fe的升华焓分别为108 kJ/mol、324 kJ/mol、416 kJ/mol，而汞的升华焓仅为62 kJ/mol。由数据可以看出，Na、Al、Fe的升华焓差不多是汞的1倍或数倍，汞的升华焓在所有金属中是最小的，汞的升华焓小直接导致了汞常温下易气化。

还要注意的是，汞常温下易气化，汞蒸气有剧毒，所以，金属汞必须密闭保存。若不密封，则应在表面覆盖一层10%的NaCl溶液或乙二醇、甘油等。如果万一发生了汞撒落，务必尽量收集，对留在缝隙处的汞，可以撒上硫黄粉，使汞形成难溶的HgS；也可以倒入饱和的Fe^{3+}盐溶液，使汞氧化除去。

参考文献

[1] 北京师范大学，华中师范大学，南京师范大学无机化学教研室．无机化学（上册）[M]. 2版．北京：高等教育出版社，2003：755.

[2] 北京师范大学，华中师范大学，南京师范大学无机化学教研室．无机化学（下册）[M]. 4版．北京：高等教育出版社，2003：693.

[3] 张祖德．无机化学 [M]. 合肥：中国科学技术大学出版社，2008：473—474.

问题10 基于电负性理论如何理解HF是共价化合物？

电负性是元素的重要性质，可用来描述不同元素原子对键合电子吸引力的大小。基于元素电负性差值还可以判断化学键的类型，其具体规律为：若两元素的电负性差值小于1.7，则二者形成共价键；若两元素的电负性差值大于1.7，则二者形成离子键。这是因为，两元素的电负性差值越大，其原子吸引键合电子的能力越悬殊，二者间的电子偏移越完全，故而形成离子键。离子键可看作是极性共价键的一个极端，另一个极端则是非极性共价键。事实证明，这一规律适用于判断很多元素成键时化学键的类型。但是，也存在特例。例如，根据中学教材中所附常见元素的电负性表，F的电负性为4.0，H的电负性为2.1，二者电负性相差1.9，理应形成离子键。但是，从偶极矩的测定实验数据得知，HF、HCl、HBr、HI的离子性分别是45%、19%、11%和4%，证明HF是共价化合物，氢氟之间形成的是共价键。这又如何理解呢？

首先，基于电负性差值判断化学键类型是一个长期实践过程中总结出的经验规律，并不是一个绝对的法则，只能像教材一样描述为“一般认为”。其次，离子键和共价键并不存在绝对的界限，二者没有本质的区别，正如前面的实验数据表明，HF虽然是共价化合物，但也有45%的离子性，纯粹的离子键或共价键几乎是不存在的，真正的化学键是二者兼而有之。另外，化学键的类型不仅取决于元素电负性的差异，还受元素价态、原子大小、物质结构等因素的影响。其实，由于F原子结构的特殊性，如电子云密度大、原子半径小（72 pm，除H外原子半径最小），HF在很多方面都“与众不同”。如：氢卤酸中，HF是弱酸，其他酸是强酸；卤素气态氢化物中，HF的熔、沸点“反常”地高；SiO_2能与HF反应，但不能与其他氢卤酸反应等。因此，用电负性理论判断HF化学键类型出现反常只是其特殊性的又一表现。

参考文献

[1] 北京师范大学，华中师范大学，南京师范大学无机化学教研室．无机化学（上册）[M]. 4版．北京：高等教育出版社，2003：58—59.

[2] 吴星．中学化学学科理解：疑难问题解析［M］．上海：上海教育出版社，2020：53，64—67．

问题 11　如何判断 NCl_3 中各元素的化合价？

相关理论数据和实验现象均表明，NCl_3 中 N 为－3 价，Cl 为＋1 价。我们可分别从实验事实和科学数据 2 个角度去定性、定量地判断 NCl_3 中各元素的化合价。

首先，基于 NCl_3 的水解产物来看，若不考虑 NH_3 被 HClO 氧化，NCl_3 水解的总反应可表示为 $NCl_3+3H_2O \rightarrow NH_3+3HClO$（实际反应可能要复杂些，与反应的酸碱性环境有关，酸性环境：$2NCl_3+3H_2O = N_2+3HClO+3HCl$；碱性环境：$2NH_3+HClO+OH^- = N_2H_4+Cl^-+2H_2O$，最终 NH_3 被 HClO 氧化为 N_2 或 N_2H_4）。依据产物 NH_3 中 N 为－3 价，HClO 中 Cl 为＋1 价，可推出 NCl_3 中 N 为－3 价，Cl 为＋1 价。还可通过反应机理更深入地认识这一问题。水解的过程可理解为水分子的负端（即 O 的孤对电子）去进攻被水解分子中有合适空轨道的原子（即被水解分子中的正端，相应元素显正价），而被水解分子中有孤对电子的原子（即该分子中的负端，相应元素显负价）去进攻水分子的正端（即 H）。一方面，由于 NCl_3 中的 N 原子没有合适的空轨道可接受水中 O 的孤电子对，而 Cl 原子有空的 d 轨道可接受水中 O 的孤电子对；另一方面，NCl_3 中 N 上的孤对电子给予性较强，易与水分子中的氢产生电性作用。这样一来，NCl_3 中的负端 N，进攻水分子的正端 H；NCl_3 中的正端 Cl，被水分子中的负端 O 上的孤对电子进攻。因此，NCl_3 的水解过程如图 3－6 所示，最终生成了 NH_3 和 HClO。

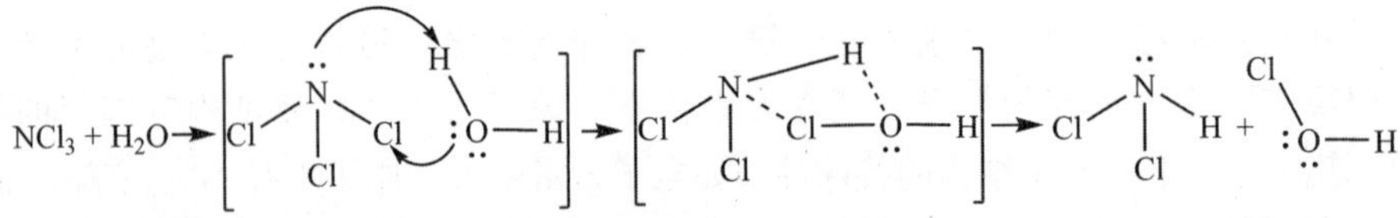

图 3－6　NCl_3 水解反应的机理

其次，可比较 N 和 Cl 两元素非金属性的强弱来间接判断 NCl_3 中各元素的价态。通常情况下，元素的非金属性越强，其原子在化合物中吸引电子的能力越强，故而体现为负价。我们已经知道，可通过比较不同元素所对应单质的氧化性、简单气态氢化物的稳定性、最高价氧化物的水化物的酸性来比较元素的非金属性强弱。但需要注意的是，此方法大部分时候只适用于同周期或同主族元素非金属性强弱的比较。否则根据 $HClO_4$ 的酸性强于 HNO_3 或 HCl 的稳定

性强于 NH_3 就得出 Cl 的非金属性更强是不严谨的。事实上，N 的非金属性略强于 Cl，这一点从 NH_3 能形成分子间氢键而 HCl 分子间没有氢键（或只有很弱的氢键）可以证实。因此，NCl_3 中 N 为－3 价，Cl 为＋1 价。

最后，还可以基于科学数据判断 NCl_3 中各元素的化合价，但理论基础仍然是元素非金属性强弱的比较。元素的第一电离能、电子亲和能、电负性都可以用来判断比较元素的非金属性，但最具说服力的是电负性。元素的电负性越强，其原子在化合物中吸引键合电子的能力越强，故而体现为负价。高中新、旧 3 个版本的化学教材（人教：2004、2019 版；鲁科：2004、2019 版；苏教：2006、2014 版）所引用的数据，都是沿用徐光宪《物质结构简明教程》的数据表，表中列出的 N 和 Cl 的鲍林（L. Pauling）电负性均为 3.0。这正是很多老师和同学的困惑所在：N 和 Cl 的电负性相同，非金属性相同吗？

实际上，对同一个概念，标度不同，其数值也会不同。电负性数据表历史上常用的有 3 种系统，分别是 1932 年的鲍林标度、1934 年的马利肯标度和 1957 年的阿莱-罗周标度。虽然最常使用的电负性定义仍然是鲍林电负性标度，但其适用范围不广，且在预言化学反应或化学键的极性时会偶尔失效，因此化学家们不断发展出了新的电负性标度。

在阿莱-罗周电负性标度中，$\chi_N = 3.07 > \chi_{Cl} = 2.83$；在一种新的电负性标度——轨道电负性（$\chi_O$）标度中，N 和 Cl 的轨道电负性 χ_O 分别约为 3.19 和 3.10；在最新的由瑞典化学家 Martin Rahm、加拿大 Toby Zeng，以及 1981 年诺奖得主 Roald Hoffmann 提出的更全面的电负性标度（如图 3－7 所示）中，N 和 Cl 的电负性分别为 16.9 和 16.3。从这些电负性标度中均可看出：N 的电负性略强于 Cl。

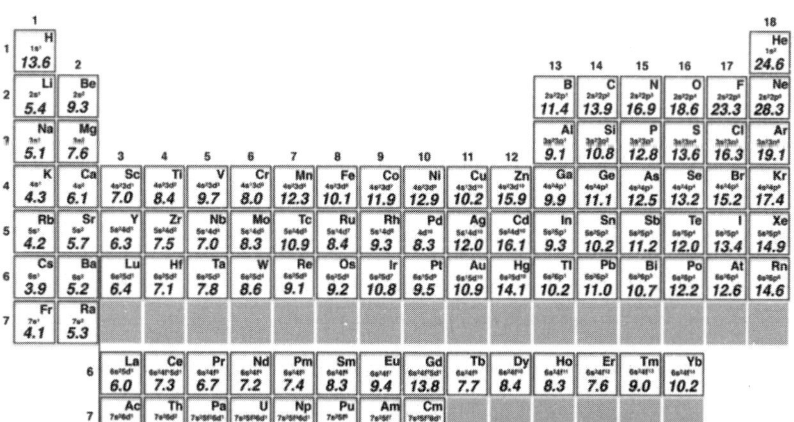

图 3－7　最新电负性标度中部分元素的电负性数据

综上所述，由于 N 的电负性略大于 Cl，即 N 的非金属性略强于 Cl，故而 NCl_3 中 N 为－3 价，Cl 为＋1 价，NCl_3 水解后生成 NH_3 和 HClO。

参考文献

[1] 北京师范大学，华中师范大学，南京师范大学无机化学教研室．无机化学（上、下册）[M]. 4 版．北京：高等教育出版社，2003：58，534－535.

[2] 张新平，陶洪涛，孝衍娇．氮与氯的非金属性比较研究 [J]. 化学教育，2017，38（01）：73－77.

[3] MartinRahm，Tao Zeng，Roald Hoffmann. Electronegativity Seen as the Ground-State Average Valence Electron Binding Energy [J]. Journal of The American Chemical Society，2019，141（1）：342－351.

问题 12　F 的电子亲和能比 Cl 小与 F_2 比 Cl_2 活泼的事实是否矛盾？

气态基态电中性原子得到一个电子变为气态一价负离子所放出的能量叫作电子亲和能，常以符号 E 表示，单位为 kJ /mol（或电子伏特“eV”）。有人认为，非金属元素的电子亲和能可以作为表征非金属单质活泼性的参数之一，即非金属元素的电子亲和能越大，原子得电子能力越强，其单质越活泼。例如，F、Cl、Br 3 种元素的电子亲和能分别为 322 kJ/mol、349 kJ/mol、325 kJ/mol。$E(Cl)>E(Br)$，故 Cl_2 比 Br_2 活泼。但是，我们同时发现，$E(Cl)>E(F)$，理应 Cl_2 比 F_2 活泼，但实际上 F_2 却更为活泼。为什么会出现二者的矛盾呢？

事实上，同主族元素从上至下，其电子亲和能并不像其非金属性那般呈现单调性变化，二者之间并没有直接的因果关系。Cl 的电子亲和能比 F 大的原因可能是由于 F 的原子半径小，进入的电子会受到原有电子较强的排斥，用于克服电子排斥所消耗的能量相对多些的缘故。电子亲和能的大小涉及原子核的吸引和核外电荷相斥 2 个因素。虽然一般说来，电子亲和能随原子半径增大而减小，但半径小的原子，虽然核的吸引力大，但电子云密度大，电子间排斥力也强。因此，同一周期和同一族元素电子亲和能都没有单调变化规律。电子亲和能的物理意义仅仅只反映了气态电中性原子得到电子变成气态负离子的能力，并不能直接反映元素非金属性的强弱，也不能据此判断非金属单质的活泼性大小。元素非金属性的强弱还取决于其他因素。具体来说，非金属单质通常以双原子分子（如 N_2、卤素单质）、多原子分子（P_4、S_8）甚至巨型分子存在，在反应时必须先解离成气态非金属原子，然后再进行亲和电子的过程。而且，即使当气态原子得到电子成为气态负离子后也并未达到化学反应的终态，如气态离子溶于大量水时还会释放出水合能。再举个具体的例子，氟化物的生成焓远远高于氯化物的生成焓，能体现出氟的非金属性更强，这是因为离子型氟化物的高晶格焓和共价型氟化物的高键能补偿了氟较低的电子亲和能所致。由此可见，电子亲和能虽然对判断非金属单质的活泼性有一定的参考价值，但非金属单质的活泼性不能仅从电子亲和能来判断。

参考文献

[1] 北京师范大学，华中师范大学，南京师范大学无机化学教研室．无机化学（上册）[M]．4版．北京：高等教育出版社，2003：56—58.

[2] 大连理工大学无机化学教研室．无机化学 [M]．5版．北京：高等教育出版社，2006：255.

问题13 如何理解对角线规则？

元素周期表中，某些主族元素与其右下方的主族元素的某些性质是相似的，称为对角线规则。如 Li 和 Mg，在过量 O_2 中燃烧，均形成普通氧化物；Be 和 Al，它们的氢氧化物均为两性；B 和 Si，其含氧酸均为不溶性弱酸等。

近年来许多高考题都可以用对角线规则作为思维切入点。如 2019 全国Ⅰ卷 26 题“根据硼酸的解离反应：$H_3BO_3 + H_2O \rightleftharpoons H^+ + B(OH)_4^-$，$K=5.81\times10^{-10}$，可判断 H_3BO_3 是____酸；在‘过滤 2’前，将溶液 pH 调节至 3.5，目的是____。”在阐明调节 pH 为 3.5 的目的时，由于学生平时很少接触 H_3BO_3，不易了解 H_3BO_3 的溶解性。如果能基于对角线规则考虑：H_3BO_3 类似于 H_2SiO_3，是溶解度较小的弱酸，则可合理推知，pH 调至 3.5 主要是促进硼酸析出。再如，2015 全国Ⅰ卷 27 题，“单质硼可用于生产具有优良抗冲击性能的硼钢，以硼酸和金属镁为原料可制备单质硼，用化学方程式表示制备过程____。”很多学生会将硼酸和镁的反应一步完成，实际上这种写法是不合理的。但若能从对角线规则出发，依据含硅化合物的化学性质：$H_2SiO_3 \xlongequal{\triangle} SiO_2 + H_2O$，$SiO_2 + 2C \xlongequal{高温} Si + 2CO\uparrow$，则可顺利推出合理答案：$2H_3BO_3 \xlongequal{\triangle} B_2O_3 + 3H_2O$；$B_2O_3 + 3Mg \xlongequal{\triangle} 2B + 3MgO$。

由此可见，对角线规则可视为是对元素周期律的拓展与补充，深度挖掘对角线规则有利于学生建立较完整的元素化合物和元素周期律体系。而对角线规则中的 Li 和 Mg、Be 和 Al、B 和 Si 其实还有更多的相似性表现。

1. Li 和 Mg

（1）在过量 O_2 中燃烧，均形成普通氧化物，其共价性较强，能溶于有机溶剂，如乙醚等；

（2）它们的氢氧化物都为中强碱，而且在水中的溶解度都不大，在加热时，均分解为相应的普通氧化物，即 Li_2O 和 MgO；

（3）它们的碳酸盐均不稳定，加热生成相应的氧化物和 CO_2；

（4）它们的一些盐类，如氟化物、碳酸盐和磷酸盐等均难溶于水；

（5）Li^+ 和 Mg^{2+} 的水合能力均较强；

（6）Li 和 Mg 可直接和 N_2 反应，$6Li+N_2 = 2Li_3N$，$3Mg+N_2 = Mg_3N_2$，而其他碱金属不能直接和 N_2 作用；

（7）它们都有一系列烷基和芳基化合物，其作用相近，如 Mg 的格氏试剂，相应的锂试剂等。

2. Be 和 Al

（1）两者都是活泼金属，其标准电极电势相近：$\varphi^\theta(Al^{3+}/Al)=-1.67\ V$，$\varphi^\theta(Be^{2+}/Be)=-1.7\ V$；

（2）在空气中它们的表面均可形成致密的氧化膜而保护内层金属不易被腐蚀，与酸的作用比较慢，遇浓硝酸均会钝化；

（3）BeO 和 Al_2O_3 都是高熔点、高硬度的氧化物；

（4）Be 和 Al 以及它们的氢氧化物均为两性，在适当条件下可与酸、碱反应；

（5）无水 $BeCl_2$ 和 $AlCl_3$ 都是双聚体，并显示共价性，可以升华，能溶于有机溶剂；

（6）它们的盐易水解，且有许多高价阴离子的盐难溶；

（7）Be 和 Al 的碳化物属于同一类型，水解后都产生 CH_4：

$Be_2C+4H_2O = 2Be(OH)_2\downarrow+CH_4\uparrow$；$Al_4C_3+12H_2O = 4Al(OH)_3\downarrow+3CH_4\uparrow$。

需要注意的是，Be 和 Al 尽管有很多相似的性质，但两者在人体内的生理作用却大相径庭，人体内能摄入少量的 Al，却不能有一点 Be，否则会有生命危险。

3. B 和 Si

（1）硼酸、硅酸在水中的溶解度都较小，且受热易分解为相应的氧化物和水；

（2）自然界中多以化合态存在于氧化物中，B—O、Si—O 比较稳定；

（3）与同周期的金属元素 Li、Be 相比，B 的原子半径小，电离能高，电负性大，与 Si 类似，倾向于形成共价型分子；

（4）硼烷在组成上与烷烃类似，低级硼烷在室温下为气体，随着相对分子质量的增加，逐步变成挥发性的液体或固体；

（5）BX_3 和 SiX_4 相似，极易水解；BX_3 的制法也和 SiX_4 相似，可以用单质与卤素或氧化物与 HF 反应得到；

(6) HFB_4 与 H_2SiF_6 一样都是强酸，Cu、Fe 等金属的氟硼酸盐常用于电镀，镀层质量好，效率高且省电。

对角线规则不仅仅限于上述元素对。例如，二、三周期中的“C－P、N－S”等元素，它们的电负性差值相较前几组较大，因此性质上不尽相同，但仍然部分表现出对角线规则。如，C—H、P—H 键极性相近，磷元素可形成多种氢化物，且有机磷化学是有机化学中非常重要的一个分支；S 在性质上与 N 类似，如单质比较稳定，表现出一定的惰性，且有强烈的成链倾向等。

参考文献

[1] 北京师范大学，华中师范大学，南京师范大学无机化学教研室．无机化学（下册）[M]. 4 版．北京：高等教育出版社，2003：582－591，675.

[2] 胡宗球．无机化学 [M]. 北京：科学出版社，2014：199－200.

[3] 苑凌云，岳文虹，杨吉．“对角线规则”教学内容的挖掘与拓展 [J]. 化学教学，2020 (03)：80－85.

[4] 尹钦林．元素周期性及第一、二周期元素性质的非规律性与对角线规则 [J]. 丽水师专学报，1984 (S1)：44－51.

[5] 王强．P 区非金属元素的成链 [J]. 宜宾学院学报，2011，11 (06)：87－89.

问题 14　为什么水溶液中 Cu^{2+} 比 Cu^{+} 稳定？

铜位于元素周期表的第四周期ⅠB 族，价电子排布式为 $3d^{10}4s^1$。由于铜外围的 4s 电子和 3d 电子能量相近，故参与化学反应时不仅可以失去 4s 电子，在一定条件下还可继续失去 3d 轨道上的电子，这正是铜元素氧化态可呈现 +1、+2、+3 的原因所在（$Cu^{Ⅲ}$ 化合物氧化性强，稳定性差，比较少见）。基于洪特规则，从结构角度我们可以得出 Cu^{+} ($3d^{10}$) 应该比 Cu^{2+} ($3d^9$) 稳定，事实也证明 Cu^{+} 的化合物确实在气态或固态时更为稳定。如 CuO 在 1100 ℃时分解为 Cu_2O 和 O_2，Cu_2O 在 1800 ℃时才分解；无水 $CuCl_2$ 受强热时会分解为 CuCl，说明 CuCl 比 $CuCl_2$ 的热稳定性更高。但是，在水溶液中，却发现 Cu^{2+} 比 Cu^{+} 稳定。这又是为什么呢？

我们可以从离子极化作用、离子的溶剂化作用、元素电势图等角度来认识这一问题（溶剂化作用、元素电势图、离子极化作用的介绍详见文末）。

在晶体或溶液中，铜离子与介质的相互作用主要是静电作用。固态时，由于 Cu^{2+} 的极化作用强于 Cu^{+}，因此 Cu^{2+} 的化合物不稳定，受热易变成更稳定

的 Cu^{+}，所以 Cu^{+} 的化合物态在固态时更稳定；但在水溶液中，由于 Cu^{2+} 的半径比 Cu^{+} 小，且所携带的电荷更多，故而 Cu^{2+} 的溶剂化作用更强，在水中更稳定。经测定，水溶液中 Cu^{2+} 的水化能［气态 Cu^{2+} 与水结合成水合离子 $Cu^{2+}(aq)$ 释放出的能量］为 -2121.3 kJ/mol，Cu^{2+} 的水化能足以补偿铜较高的第二电离能（1970 kJ/mol），使 Cu^{2+} 在水溶液中更稳定。另外，观察铜元素的电势图：

$$Cu^{2+} \xrightarrow{+0.158\ V} Cu^{+} \xrightarrow{+0.522\ V} Cu$$

可看出 Cu^{+} 歧化生成 Cu 和 Cu^{2+} 的趋势很大。此歧化反应的平衡常数约为 1.4×10^{6}。因此，即使水溶液中只有微量的 Cu^{+}，也几乎会全部转变为 Cu^{2+} 和 Cu，所以水溶液中 Cu^{2+} 更稳定。

附：

1. 元素电势图

以图解的方式，将不同氧化态间的标准电极电势按照氧化态依次降低的顺序排列，得到的即为元素电势图，也称为 Latimer 图，它是对元素各种氧化态的标准电极电势数据的总结。在绘制元素电势图时，先将含有某元素的物质按照氧化态降低的顺序从左至右排列，之后用箭头将各物质连接起来，方向由左向右。最后将还原电位［单位为伏特（V）］标注在箭头上方即得某元素的电势图。例如，氧元素的电势图为：

$$O_2 \xrightarrow{+0.68\ V} H_2O_2 \xrightarrow{+1.77\ V} H_2O$$

在 O_2 和 H_2O_2 之间的箭头上方为 $+0.68$ V，说明反应 $O_2(g)+2H^{+}(aq)+2e^{-}=\!=\!=H_2O_2(aq)$ 的标准电极电势为 $+0.68$ V。

有了元素电势图后，即可通过观察元素电势图来判断某元素的各氧化态间是否会通过歧化或归中反应进行转化。以某元素的中间价态为观察对象，若其与右侧氧化态之间箭头上的数值大于左侧，则它会发生歧化反应转化至两侧的氧化态；若其与右侧氧化态之间箭头上的数值小于左侧，则其两侧的氧化态会发生归中反应转化至中间的氧化态。需要注意的是，这里只是判断反应能否发生的热力学趋势，不代表反应的快慢。

2. 溶剂化作用

溶质和溶剂间的交互作用称为溶剂化作用，其本质是静电吸引力。例如，在水溶液中，水分子中的氧原子呈负电性、氢原子呈正电性，它们会朝向溶质中的异性离子，导致水溶液中形成水合结构，这一现象即为溶剂化作用。溶剂化作用可使溶质在溶液中变得更稳定。通常，离子半径越小，电荷越多，离子的溶剂化作用越强，离子与水结合成水合离子释放出的能量越多，即该离子的水化能越负。

3. 离子的极化作用和离子的可极化性（变形性）

当电性相反的离子相互接近时，由于离子本身带有电荷，它们的电子云会在相反电场的影响下发生变形，即发生极化。一种离子使电性相反的离子因极化而发生变形的作用，称为该离子的“极化作用”；另一种离子因被其他离子极化而发生电子云变形的性能，称为该离子的“变形性”或“可极化性”。

一般地，阳离子半径比阴离子小，电场更强，因此阳离子的极化作用大，阴离子的变形性大。另外，阳离子所带电荷越多，半径越小，极化作用越强。

参考文献

[1] 北京师范大学，华中师范大学，南京师范大学无机化学教研室．无机化学（下册）[M]．4版．北京：高等教育出版社，2003：699—700.

[2] 张祖德．无机化学 [M]．合肥：中国科学技术大学出版社，2008：124—125.

[3] 大连理工大学无机化学教研室．无机化学 [M]．5版．北京：高等教育出版社，2006：608.

[4] [英] 格林伍德，厄恩肖．元素化学（下册）[M]．李学同，译．北京：高等教育出版社，1996：412.

二、分子结构与性质

问题1 如何理解σ键和π键的稳定性？

键能的大小体现了共价键的强弱，键能越大，键越稳定。键能大小与成键电子云的重叠程度有关，电子云重叠程度越大，键能越大。价键理论认为，σ键是2个原子轨道以“头碰头”方式从正面进行重叠所形成的共价键；π键是2个互相平行的原子轨道（如2个 p_y 轨道）以“肩并肩”方式从侧面进行重叠所形成的共价键（见图3-8），由于通常正面重叠的区域远大于侧面重叠的区域，同时π键的电子云不像σ键的电子云那样集中在连接两原子核的对称轴上，而是分散在上下两处，所以π键不如σ键牢固，比较容易断裂，故σ键比π键稳定。因而含有π键的物质比只含σ键的物质化学性质活泼，π键容易断裂发生化学反应。

那么，是不是所有的σ键都比π键稳定？碳碳单键中的σ键和碳碳双键、碳碳三键中的σ键是否相同？碳碳双键中的π键与碳碳三键中的π键是否相同？

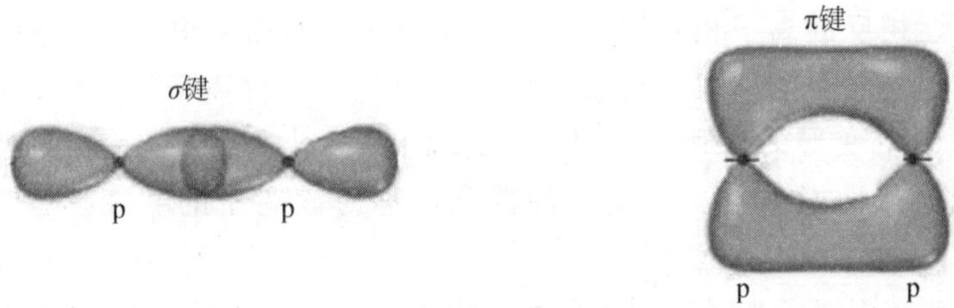

图 3－8　p—p σ 键和 p—p π 键

实际上我们似乎确实可以找到反例来否定“所有的 σ 键都比 π 键稳定”。如查阅 2004、2019 人教版《物质结构与性质》教材中的“某些共价键的键能”数据发现：N—N 键的键能为 193 kJ/mol、N＝N 键的键能为 418 kJ/mol、N≡N 键的键能为 946 kJ/mol，它们的键能之比为 1.00：2.17：4.90。这组数据和C—C键的键能为 347.7 kJ/mol、C＝C 键的键能为 615 kJ/mol、C≡C 键的键能为 812 kJ/mol的键能之比为 1.00：1.77：2.34 形成了鲜明的对比。显然，C＝C 键和 C≡C 键中的 π 键不如 σ 键稳定，而 N≡N 键、N＝N 键、N—N 键的键能对照似乎可以得出 N_2 中的 2 个 π 键比 σ 键更稳定的结论。但实际上这种推理是不成立的。

我们不妨先来看几组碳碳单键的键能数据（见表 3－2）。

表 3－2　杂化轨道类型对 C—C 键的影响

杂化轨道类型	键长/pm	键能/(kJ · mol^{-1})
sp^3-sp^3	154.4	347
sp^2-sp^2	148.3	435
sp－sp	137.7	469

从上表数据的对比中可以发现：同为碳碳单键，但 C—C 键在不同的化学环境下会表现出不同的强度。如在 C—C—C、C—C＝C、C—C≡C 中，C—C 键的邻键不同，键能并不相同。这是因为当碳原子用杂化轨道成键时，键长会受到杂化轨道类型的影响，成键轨道的 s 成分越多，键长越短，键能越大。具体而言，C—C 键的键长会按照杂化轨道 sp^3-sp^3、sp^2-sp^2、sp－sp 的顺序减小，因此，不同化学环境下的 C—C 键的强度存在差异，即碳碳单键中的 σ 键和碳碳双键、碳碳三键中的 σ 键是不一样的。同样，碳碳双键中的 π 键与碳碳三键中的 π 键也是不一样的。

同理，在 N—N 键、N＝N 键、N≡N 键中，键能逐渐增大，键长逐渐减小。这表明在 N—N、N＝N、N≡N 的不同化学环境中，氮氮原子的核间距在不断拉近。因此，N=N 中的 σ 键的键能并不是 N—N 体系中 σ 键键能的数值，而是变大了；N≡N 键中的 σ 键的键能并不是 N=N、N—N 体系中 σ 键键能的数值，而是更大了。所以，用 N≡N 键减去 N=N 键、用 N=N 键减去 N—N 键得到的键能并不能得到其中 π 键键能的大小，也就不能说明 N=N 键中的 π 键比 σ 键更稳定。因此上述的减法和比较是没有任何意义的。如果判断时忽略了这一前提，只从键的类型和数目的多少出发来做简单推论，就难免出现错误的结论。

实际上，当物质组成不同时，确实存在 σ 键不如 π 键稳定的情况。但在分子组成相同的前提下，原子间所形成的 σ 键一定比 π 键稳定。当然，在上述的例子中，C—C 键、C=C 键、C≡C 键键能的递变关系与 N—N 键、N=N 键、N≡N 键键能的递变关系应该与碳原子和氮原子半径的大小有关。由于 N 原子半径比 C 原子半径小，因此氮氮之间的作用力更大。同是双键，N=N 间的 π 键比 C=C 间的 π 键距离更小、重叠程度更大，因此 C=C 的 π 键没有 N=N 的 π 键稳定，所以碳碳双键易发生化学反应，而氮气很稳定。但在氮气中，最稳定的依然是氮氮 σ 键，一旦发生化学反应，最先断裂的依然是氮氮间的 π 键。

参考文献

[1] 北京师范大学，华中师范大学，南京师范大学无机化学教研室．无机化学（上册）[M]．4 版．北京：高等教育出版社，2003：70，95—97.

[2] 吴星．中学化学疑难辨析 [M]．南京：江苏教育出版社，2012：139—142.

[3] 杨唐靖．利用键能数据，正确理解不饱和键的性质 [J]．化学教学，2010(8)：74—77.

问题 2　如何理解 SO_2、O_3、苯中的大 π 键？

当形成化学键的 π 电子不仅仅局限于 2 个原子的区域，而是在参加成键的多个原子的分子骨架中运动时，这种由多个原子形成的 π 型化学键称作离域 π 键，有时我们也把它称为大 π 键。许多体系以及芳香化合物中都存在离域 π 键。离域 π 键可用 π_n^m 表示，其中，n 为原子数，m 为电子数。

在 SO_2 分子中，S 为中心原子，采取 sp^2 杂化形成 3 个 sp^2 杂化轨道。其中的 2 个 sp^2 杂化轨道分别与 1 个氧原子的轨道重叠形成 1 个 σ 键，剩余的 1 个 sp^2 杂化轨道用于容纳 S 的 1 对孤对电子。而 S 原子未参与杂化的 3p 轨道上有 1 对孤对电子，2 个 O 原子的 2p 轨道上各有一个单电子，这样，S 原子未参与杂化的 3p 轨道与 2 个 O 原子的 2p 轨道重叠，形成了三中心四电子的离域 π 键（或称大 π 键）π_3^4，如图 3-9 所示。

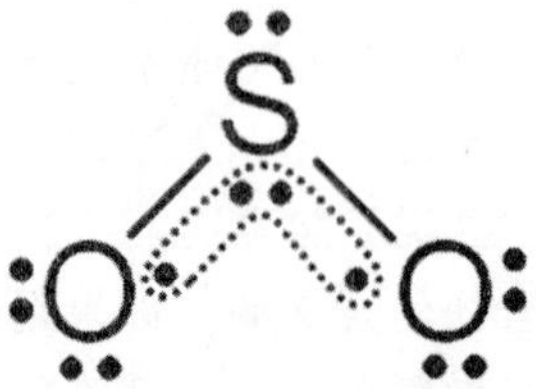

图 3－9 SO_2分子的结构

我们该如何理解这个离域 π 键呢？例如，大 π 键上的电子究竟归属于谁呢？通过分析 SO_2分子的结构可以得出，大 π 键上的 4 个电子应当共同属于 3 个参与成键的原子。但是如果这样理解，参与成键的 3 个原子最外层均不满足一般情况下的 $8e^-$稳定结构，而是 $10e^-$结构。

虽然并不能说 $10e^-$结构就一定不能稳定存在，但是，为了更好地与"八隅律"（原子在相互结合的过程中均倾向于形成价层为八电子的稳定结构）相衔接，我们是否可以这样理解离域 π 键：由于普通的 σ 键和 π 键本质上都是 2 个电子的电子云通过不同方式的重叠而形成的，故而可认为重叠后的"一块"电子云就"相当于" 2 个电子。同理，无论大 π 键是几中心几电子，都可以看作是已经重叠完成了的"一块"或"一大块"电子云，也就可以笼统地看作是 2 个电子。按照这样的观点来看，SO_2分子中的 3 个原子均达到了最外层 $8e^-$结构。由于 O_3是 SO_2的等电子体，O_3分子中的大 π 键也可按照这样的观点去理解，即 3 个 O 原子均达到了 $8e^-$稳定结构。

基于同样的观点和思路分析苯分子的结构：苯中的 6 个 C 原子均采取 sp^2杂化各形成 3 个 sp^2杂化轨道，3 个 sp^2杂化轨道分别与 1 个 H 原子以及它周围相邻的 2 个 C 原子各形成 1 个 σ 键，每个 C 原子还均有 1 个未参与杂化的 2p 轨道（填充有 1 个电子），这些未参与杂化的 2p 轨道"肩并肩"重叠形成 π_6^6 离域 π 键。同理，将 π_6^6 视为 2 个电子，则苯中每个 C 原子的最外层均达到了 $8e^-$稳定结构。需要注意的是，虽然石墨中也存在类似于苯环中的离域大 π 键，但石墨的离域 π 键范围更广，以致量变引起了质变。石墨离域 π 键中的电子已可以相当于金属中的"自由电子"，所以石墨可以导电，因此分析石墨的离域 π 键时应与上述有所区别。

参考文献

周公度，段连运．结构化学基础［M］．3 版．北京：北京大学出版社，2002：158－159.

问题 3 如何比较 NH_3和 NF_3的键角大小？

键角是共价键的键参数之一，在多原子分子中，2 个相邻共价键之间的夹角称为键角。键角是描述分子空间结构的重要参数，分子的许多性质都与键角有关。

那么，如何判断分子键角的大小呢？

（1）确定中心原子的杂化类型。根据 VSEPR 理论，中心原子分别为 sp^3、sp^2 和 sp 杂化时，它们对应 VSEPR 模型的键角分别为 109°28′、120°、180°。因此，先确定分子中中心原子的杂化类型，即可大致判断键角的大小。

（2）确定中心原子的孤电子对数目。在杂化类型相同的条件下，中心原子的孤电子对数越多，键角越小。

中心原子周围存在孤对电子和键合电子时，键合电子对受到左右两端带正电的原子核的吸引，而孤对电子对只受到一端原子核吸引，相比之下，孤对电子对较“胖”，占据较大的空间，而键合电子较“瘦”，占据较小的空间。由于中心原子的孤对电子的电子云肥大，对其他电子对有较大的排斥力，所以孤对电子能使其他电子对之间彼此离得更近，键角被压缩而变小。一般地，孤对电子与孤对电子间的斥力>孤对电子与键合电子间的斥力>键合电子与键合电子间的斥力。孤电子对数越多，键角越小。

（3）看中心原子电负性或配位原子电负性的大小。在杂化类型和孤电子对数相同的条件下，中心原子电负性越大，键角越大；配位原子的电负性越大，键角越小。

当分子中杂化类型和孤电子对数相同时，中心原子的电负性越大，中心原子和配位原子之间的成键电子对更靠近中心原子（即中心原子周围的电子云重叠越密集），成键电子对间的斥力更大，键角更大。反之，中心原子电负性小的分子，成键电子对更远离中心原子，成键电子对间的斥力更小，键角更小。

同理，当中心原子相同、配位原子不同时，配位原子的电负性越大，相邻的 2 个成键电子对越远离中心原子，相互间的斥力越小，键角越小。反之，键角越大。

参照上述方法，具体来比较 NH_3 和 NF_3 的键角大小。

首先，据 VSEPR 理论可判断出 NH_3 和 NF_3 均为 sp^3 杂化，且孤对电子数相同，中心原子相同（都是 N）。配位原子 H 的电负性小于 F，在 NH_3 中成键电子对偏向电负性较大的氮原子一边，氮原子周围成键电子对的斥力较强；在 NF_3 中成键电子对偏向电负性较大的氟原子一边，因此成键电子离 N 原子更远，2 个 N—F 键间的斥力较小、可以靠得更近，所以其键角较小。

实际上，NH_3 的键角是 107.3°，NF_3 的键角是 102.5°，与以上推测是吻合的。

参考文献

[1] 北京师范大学，华中师范大学，南京师范大学无机化学教研室．无机化学（上册）[M]．4 版．北京：高等教育出版社，2003：70，72—74.

[2] 课程教材研究所．普通高中教科书（选择性必修 2）物质结构与性质 [M]. 北京：人民教育出版社，2019：38.
[3] 张祖德．无机化学 [M]. 合肥：中国科学技术大学出版社，2008：216—217.

问题 4 NH_3 与 CH_4 究竟谁更稳定？

通常，化合物的稳定性一般是指其热稳定性，即在一定温度下受热分解的难易程度。根据中学化学知识，NH_3 与 CH_4 属于非金属元素的气态氢化物，其稳定性可据非金属元素的非金属性强弱来判断。元素的非金属性越强，其单质越容易与氢气反应，且生成的气态氢化物越稳定。根据元素周期律，C 与 N 属于同周期相邻主族元素，N 的非金属性强于 C，故 NH_3 比 CH_4 稳定。或基于元素电负性的相对大小也可得出相同的结论，N 的电负性为 3.0，C 的电负性为 2.5，表明 N 的非金属性更强，NH_3 比 CH_4 更稳定。

但元素周期律是普适的吗？上述结论正确吗？实际上，对上述问题进行更为深入的分析后发现，NH_3 比 CH_4 更稳定的结论是错误的。

首先，可以通过比较 N—H 键和 C—H 键的键能来判断 NH_3 与 CH_4 的稳定性大小。N—H 键的键能为 393 kJ/mol，C—H 键的键能为 413 kJ/mol，键能越大，键越牢固，由该键构成的分子越稳定，因此 CH_4 的稳定性更强。其次，从热力学角度来看，物质受热分解的难易程度可以基于分解反应的吉布斯自由能变 ΔG 进行判断，也可将其换算为临界温度（即反应的平衡温度，平衡时 $\Delta G=0$，故平衡温度 $T=\Delta H/\Delta S$）来看。吉布斯自由能变 ΔG 越大，平衡温度 T 越高，说明该物质越不易分解，稳定性越强。在表 3-3 中，分别列出了 NH_3 与 CH_4 的分解反应在标准状态下的标准摩尔反应焓变 $\Delta_r H_m^\theta$、标准摩尔反应熵变 $\Delta_r S_m^\theta$、标准摩尔反应吉布斯自由能变 $\Delta_r G_m^\theta$ 及平衡温度 T 等热力学数据，通过比较表中数据可知，CH_4 比 NH_3 的稳定性更强。

表 3-3 NH_3 与 CH_4 热分解反应的热力学数据

反应	$\Delta_r H_m^\theta$ /(kJ/mol)	$\Delta_r S_m^\theta$ /J/(mol·K)	$\Delta_r G_m^\theta$ /(kJ/mol)	T/K
$NH_3(g)=1/2N_2(g)+3/2H_2(g)$	46.11	110.61	16.50	416.9
$CH_4(g)=C$(石墨)$+2H_2(g)$	74.81	80.63	50.75	927.8

通过以上分析可看出，“CH_4 比 NH_3 的稳定性强”是一个违反元素周期律和电负性规则的特例。

那么，为什么 CH_4 比 NH_3 更稳定呢？结构决定性质，CH_4 和 NH_3 稳定性的差异实际上是结构对称性差异引起的。CH_4 中 C 原子采取 sp^3 等性杂化，

CH_4是具有高度对称性的正四面体结构的非极性分子。而NH_3中的N原子采取sp^3不等性杂化，存在一个未成键的孤电子对，NH_3是具有三角锥形结构的极性分子。由于NH_3的对称性不如CH_4，导致NH_3的稳定性较差，因此CH_4比NH_3更稳定。

参考文献

[1] 黄金泉．对教学中几个疑问的探讨与思考［J］．化学教学，2015（03）：82—85.

[2] 严业安．《物质结构与性质》复习中若干疑难问题辨析［J］．福建基础教育研究，2015（11）：57—59.

问题5 卤素单质的稳定性和活泼性为什么不一致？怎样理解物质的稳定性与活泼性？

很多同学认为，一个物质本身的能量越低，则该物质的稳定性越强，活泼性（很多人认为就是反应活性）越弱，进而将化学反应看作是由较不稳定的物质（反应活性强）转化为相对稳定（反应活性弱）的产物的过程。事实上，这种想法是存在问题的。

物质的稳定性可视为物质在一定条件下维持其性质和状态不发生变化的能力。根据物质所发生的反应类型可以对物质的稳定性进行分类。若物质发生反应时仅自身发生变化，则反应难易完全取决于该物质本身的性质，这时发生的反应体现出的是该物质的热稳定性（可据自由能变ΔG进行判断）；若物质与其他物质共同发生反应，则反应的难易程度同时取决于多种物质的稳定性，此时体现的是该物质的非热稳定性，如酸碱稳定性、耐腐蚀性、氧化还原稳定性等。我们这里要讨论的稳定性是教学中主要涉及的物质的热稳定性。

物质的活泼性是指物质参加化学反应的难易，它不完全等同于反应活性，有热力学活泼性和动力学活泼性之分。热力学活泼性衡量了物质发生化学反应的趋势，主要由物质本身的结构因素决定（如键能是决定某些物质热力学活泼性的因素；金属单质的热力学活泼性与原子化焓、电离能、离子的水合能有关等）；而动力学活泼性指的是物质的反应活性，从理论上来讲此概念属于动力学范畴，一定程度上可认为就是反应速率的大小（受温度、浓度、催化剂、反应物接触面积等因素影响），因此，比较动力学活泼性时应指明反应的条件。

一般而言，物质的稳定性越强，其热力学活泼性越弱，即发生反应的趋势较小。但是，物质的稳定性与其动力学活泼性、物质的热力学活泼性与其动力学活泼性之间并无必然的联系。例如，对于金属单质而言，金属的稳定性按照金属活动性顺序递增，其与酸反应的趋势越来越小，反应也越来越慢。此时金属的稳定性、热力学活泼性和动力学活泼性三者之间是一致的。但是，对卤素单质而言，其稳定性与其动力学活泼性（反应活性）存在不一致性。卤素单质由分子构成，其稳定性可借助键长或键能进行判断，键长越短、键能越大，物质越稳定。F—F、Cl—Cl、Br—Br、I—I 键的键能分别为 157 kJ/mol、242.7 kJ/mol、193.7 kJ/mol、152.7 kJ/mol，可知物质的稳定性由强到弱的顺序依次为 Cl_2、Br_2、F_2、I_2。但卤素单质的反应活性，如与 H_2 化合时，反应实际上由易到难的顺序是 F_2、Cl_2、Br_2、I_2。显然，此时卤素单质的稳定性与其动力学活泼性，或热力学活泼性与动力学活泼性之间是不一致的。卤素单质中的反常现象与 F 结构有关，由于 F 特别小的原子半径和较大的电子云密度，使 F 之间存在较大的电子云之间的排斥作用，因而 F 间电子云的重叠程度较小，F—F 键的键能较小。

综上可知，物质的稳定性通常指热力学稳定性，物质的热稳定性与其热力学活泼性间存在关系，但二者与物质的动力学活泼性之间并无必然的联系。对双原子分子单质的热稳定性可借助键能进行衡量，键能越大，单质分子越稳定。而单质的活泼性通常指它的动力学活泼性（反应活性），可据反应速率的大小来判断。二者意义不同，不是简单的因果关系，因此可存在不一致性。另外，我们研究物质的稳定性也好、活泼性也好，离不开物质的结构，因为结构决定性质。但要注意的是：物质的某一性质很多时候不仅仅是由物质的某一结构特点决定的，结构和性质并不是简单的、线性的因果关系。因此，研究复杂问题时，要具体问题具体分析，避免思维方式的简单化和程序化。

参考文献

[1] 钱胜．触摸化学的温度：中学化学教学反思 [M]．重庆：重庆出版社，2017：103.

[2] 吴星．中学化学学科理解：疑难问题解析 [M]．上海：上海教育出版社，2020：4—5，37—40.

问题 6　SO_3 中氧硫之间是如何成键的？

三氧化硫（SO_3），常温下为无色透明油状液体或固体（取决于具体晶型），标准状况下为固体，具有类似 SO_2 的强刺激性臭味。熔点 16.8 ℃，沸点 44.8 ℃。它的气体形式是一种严重的污染物，是形成酸雨的主要来源之一。

固态 SO_3 有 α、β、γ 3 种变体，稳定性依次减弱。SO_3 很容易聚合，如 γ - SO_3 具有类似冰状的三聚体环状结构 $(SO_3)_3$，如图 3 - 10 (a) 所示。

$\beta-SO_3$要在痕量水存在下才可形成，呈曲折蜿蜒的螺旋链状多聚体结构，如图 3－10（b）所示。在痕量湿气或其他聚合剂存在下，三氧化硫可能形成更稳定的$\alpha-SO_3$，为一种复杂的层状结构。

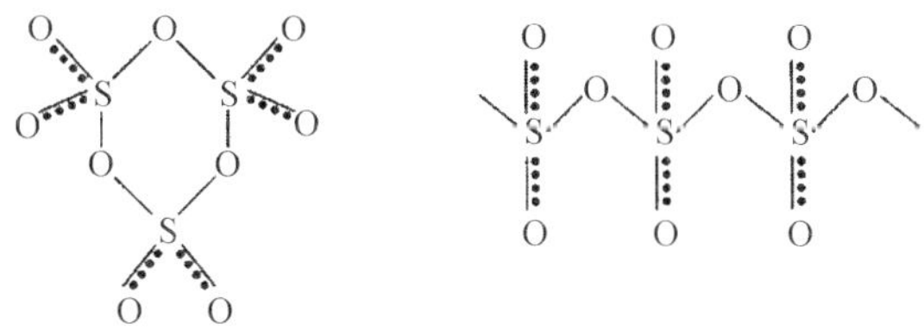

(a) 三聚环　　(b)“之字形”链多聚物

图 3－10　固体 SO_3 不同的聚合结构

无色的气态 SO_3 主要是以单分子存在，其空间构型为平面三角形。关于气态 SO_3 分子结构的解释在无机化学中一直是一个有争议的问题，梳理相关文献，目前对气态 SO_3 分子中化学键的形成有如下解释。

1. 基于杂化理论

基于杂化理论的解释主要有 2 种，一种认为：SO_3 分子内 4 个原子共平面，中心原子 S 采取 sp^2 等性杂化形成 3 个 sp^2 杂化轨道。其中 2 个 sp^2 杂化轨道分别与 1 个 O 原子的 2p 轨道（含有 1 个单电子）重叠形成 σ 键，另一个 sp^2 杂化轨道上的孤电子对填充入第 3 个氧原子的空轨道中形成配位键。同时，S 原子中未参与杂化的 3p 轨道（填充有 1 对孤对电子）与 3 个氧原子平行的 2p 轨道重叠形成离域 π 键，其中与 S 形成 σ 键的 2 个 O 原子分别提供各自 2p 轨道上的 1 个单电子，第 3 个氧原子提供 2p 轨道上的孤对电子，形成了四中心六电子的大 π 键，如图 3－11 所示。这种说法认为其中一个氧原子与硫形成 σ 配键而另外 2 个氧原子形成正常 σ 键，而实际上在 SO_3 分子中的 3 个硫氧键是等同的，因此这种解释存在疑问。

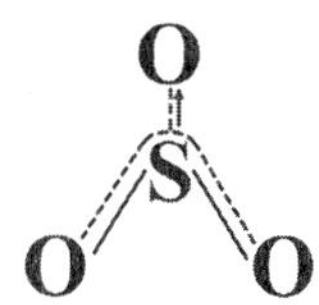

图 3－11　气态 SO_3 分子的结构

第 2 种解释最主要的观点是认为 3d 轨道参与了大 π 键的形成。其中，3d 轨道如何具体参与也存在异议。如其中一种观点认为：中心硫原子的基态价电子构型为 $3s^2 3p_x^1 3p_y^1 3p_z^2$，为了得到 3 个等同的、被单电子占据的 sp^2 杂化轨道，需先将 3s 轨道上的 1 个电子激发到空的 $3d_z^2$ 轨道上，随后 3s、$3p_x$、$3p_y$ 轨道进行 sp^2 等性杂化；得到的 3 个 sp^2 杂化轨道分别与 3 个氧原子中被单电子占据的 2p 轨道各形成 1 个 σ 键，此时硫原子中未参与杂化的 $3p_z$ 轨道（成对电子占据，垂直于分子平面）、同方向的 $3d_z^2$ 轨道（单电子占据）与 3 个氧原子的 $2p_z$ 轨道（单电子占据）彼此相互平行，满足大 π 键形成条件，形成 π_4^6 键。第 2

种解释涉及3d轨道参与大π键的形成，由于S原子半径较大，“肩并肩”轨道间重合程度小，因此这种解释也值得怀疑。

2. 基于分子轨道理论

戴柏青教授课题组利用分子轨道理论自洽场法中的从头计算方法对SO_3的成键性能进行了分析，根据计算结果，认为S原子的d轨道参与了成键，且同时参与了π键和σ键的形成。借此反驳了简单分子轨道理论所提出的S原子d轨道不参与成键的结论。同时认为，S原子的价电子分裂成6个“单电子”，与O原子形成3个Ω双键（总共6个Ω键），这样S原子周围有12个电子（如图3－12所示），即，在SO_3分子中的双键是由等价的弯键构成的，在能量上比（σ＋π）更稳定。

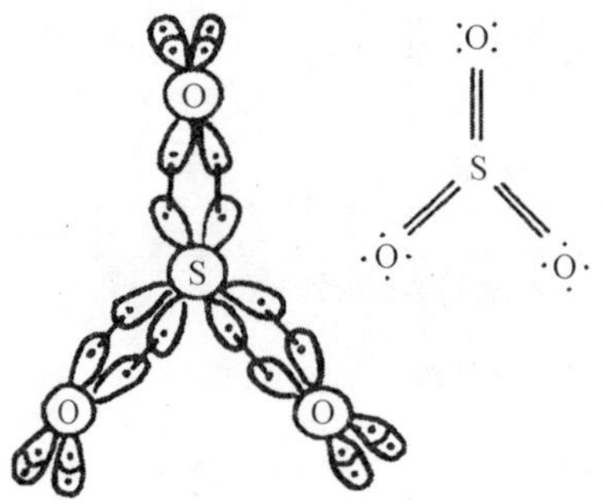

图3－12　由GVB法（广义价键理论）分析得到的气态SO_3分子的成键图示

参考文献

[1] 北京师范大学，华中师范大学，南京师范大学无机化学教研室．无机化学（下册）[M]．4版．北京：高等教育出版社，2003：502.

[2] 张祖德．无机化学[M]．合肥：中国科学技术大学出版社，2008：393.

[3] 苏周钰．对三氧化硫分子结构与存在形式的理论解释辨析[J]．南阳师范学院学报，2019，18（01）：6—8.

问题7　如何认识等电子原理？

《普通高中化学课程标准（2017年版）》对《普通高中化学课程标准（实验）》的等电子原理部分进行了修订，原课程标准（实验）的要求是：“结合实例说明‘等电子原理’的应用。”新课程标准（2017年版）删除了等电子原理，解读为：应“有效精简”等电子原理等“应用性不强、对学生技能要求高的”核心知识点，认为“对于结构简单的常见分子用路易斯结构式和价电子对互斥规则就可以判断，对于结构相对复杂、学生比较陌生、需要使用等电子原理分析的分子或离子，不要求学生掌握”。

相应地，据新课标要求，新人教版（2019版）中未再出现“等电子原理”内容，新鲁科版（2019版）调整为将“等电子原理”放到了“拓展视野”栏目。

虽然如此，等电子原理及其应用在高考及中学教学中仍多有考查，主要涉及等电子体的书写、基于等电子原理预测微粒的空间结构和中心原子杂化方式、判断陌生微粒中的σ键和π键数目等。

结合新课标要求和现实教学实际情况，我们认为可以基于以下方面来了解和介绍等电子原理：

（1）等电子原理的概念。具有相同价电子数（指全部电子总数或价电子总数）和相同原子数的分子或离子具有相同的结构特征，这一原理称为等电子原理。满足等电子原理的分子、离子或原子团称为等电子体。

（2）对等电子体性质相似性的理解。等电子体由于结构相似，导致其性质具有相似性。但通过对一些实例的分析：如，等电子体 N_2、CN^-、NO^+、CO 等，成键相似，某些物理性质相似，但化学性质差异很大：N_2 无毒，而 CO、CN^-、NO^+ 均有毒（如与人体血红蛋白中的 Fe^{2+} 配位使人中毒）；等电子体 CO、CN^-、NO^+ 均是常见的配体，但 N_2 的配位能力很弱；苯和无机苯（硼嗪，$B_3N_3H_6$）互为等电了体，成键情况和空间构型相似，熔点相近，但化学性质（如芳香性）有明显的差异。综上可以看出，绝大多数的等电子体化学性质不相似，某些物理性质相似但不具普适性。

（3）明确等电子原理的适用范围。运用等电子原理预测分子或离子的空间构型时，不能简单地认为价电子数相等的 2 种微粒即为等电子体，还须注意等电子体用于成键的轨道是否具有相似性。例如 CO_2 和 SiO_2，如果只从价电子数相等的角度考虑，二者似乎为等电子体，但实际它们的空间结构相差甚远。CO_2 中，C 原子除了以 sp 杂化轨道分别与 2 个 O 原子的 p 轨道以σ键结合外，还有 2 个π键；而 SiO_2 中 Si 原子以 sp^3 杂化轨道分别与 4 个 O 原子的 p 轨道以σ键结合。因此，成键轨道是否相似是运用等电子原理判断分子或离子空间构型相似的前提。

（4）研究等电子原理的意义。等电子原理是美国物理化学家欧文·朗缪尔 1919 年首次提出的，在不断发展中，其主要讨论的内容经历了从等电子体物理性质的相似性到结构相似性的转变。运用等电子原理可以推测某些物质的构型和预示新化合物的组成和结构。等电子原理已有一些应用成果，例如，半导体材料的研究始于锗，后来发展为硅和锗的化合物，受等电子原理的启发，科学家们进一步研制出了 AlP、GaP、InP、GaAs 等许多应用广泛的半导体化合物等。

参考文献

[1] 吴星．中学化学疑难辨析［M］．南京：江苏教育出版社，2012：130—132．

[2] 房喻，许端均．普通高中化学课程标准解读（2017 年版）［M］．北京：高等教育出版社，2018：140，142．

[3] 王磊．普通高中教科书．选择性必修 2 物质结构与性质［M］．济南：山东科学技术出版社，2019：49．

问题8 C_{60}的分子结构是怎样的？

C_{60}的发现最初始于天文学领域的研究。科学家们在研究星体之间广泛分布的碳尘时，发现星际间碳尘的黑色云状物中包含着由短链结构原子构成的分子，有学者认为该云状物是从碳族星体红色巨星中产生的，并由此推测，这些尘埃中包含着碳元素粒子（如图3-13所示）。

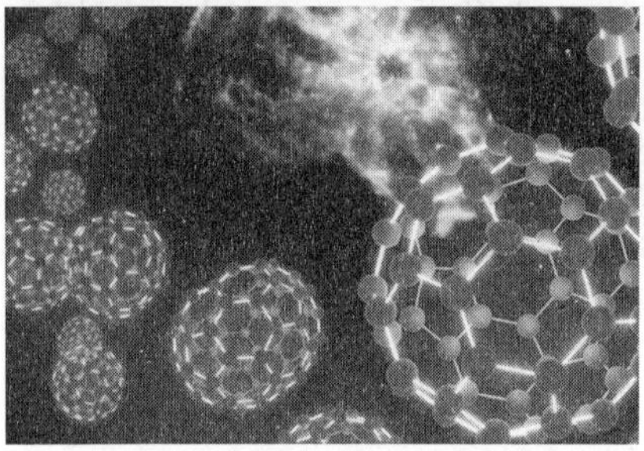

图3-13 红巨星附近大气中的碳原子簇

为了探明红巨星产生的碳分子结构，1985年，英国的克罗托（H. W. Kroto）和美国的斯莫利（R. Smalley）等科学家模拟红巨星附近大气中的碳原子簇的形成过程，对石墨进行激光气化实验，意外地制得了稳定的C_{60}分子（2010年加拿大西安大略大学科学家在6500光年以外的宇宙星云中发现了C_{60}存在的证据，他们通过太空望远镜发现了C_{60}特定的信号）。

克罗托受建筑学家布克米尼斯特·富勒（Buckminster Fuller）在加拿大蒙特利尔世博会上设计的拱形圆顶建筑的启发，认为C_{60}可能具有类似的球形结构，这种结构后来被多种测试方法（质谱，NMR谱，粉末及单晶X衍射，中子衍射法，电子隧道显微镜，IR，Raman等）所证实，于是C_{60}便有了“富勒烯”“富勒式球”“巴基球”“足球烯”等名称。

C_{60}是一种由60个碳原子构成的分子，其晶体呈棕黑色，有金属光泽。微晶体粉末呈黄色，易溶于苯，苯溶液呈紫红色。C_{60}的密度为1.68 g/cm^3，C_{60}球间是范德华力，而不是化学键。

其实，在已经发现的100多种元素当中，碳是人类最早接触到的元素之一，它与人类关系极其密切，是种类繁多的有机物的基本组成元素。以前人们一直认为自然界中只存在金刚石和石墨这2种由碳原子堆积而成的网状的同素异形体，直至C_{60}被发现，才由此建立了以C_{60}为代表的碳的更多稳定的同素异形结构的全碳分子家族。实验和理论研究表明，这类全碳分子固体存在球形、管状等多种结构。那么，稳定的C_{60}分子结构究竟是怎样的呢？

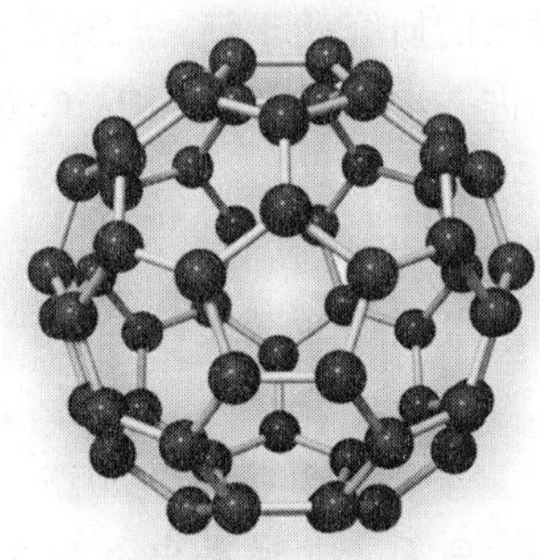

图3-14 C_{60}分子结构模型

C_{60}是一个直径为700 pm的空心球状结构，如图3-14所示。球心到每个碳原子中心的平均距离为 350 pm，球面上有 60 个顶点，90 条棱，由 12 个五边形、20 个六边形组成 32 面球体（或称截角 20 面体），60 个碳原子全部等价。C_{60} 中每个碳原子与周围 3 个碳原子形成 3 个 σ 键，参与形成 2 个六元环，1 个五元环。∠C—C—C 为 116°，3 个 σ 键角总和为 348°，而不是平面三角形的 360°，故为球面形。我们知道，金刚石中的碳原子采取 sp^3 杂化，石墨中的碳原子采取 sp^2 杂化。C_{60} 的成键特征比金刚石和石墨更为复杂，其杂化轨道处于 sp^2 和 sp^3 之间。这是因为，C_{60} 分子球状表面的弯曲效应和五元环的存在引起了其杂化轨道的改变。具体来讲，其中的每个碳原子和其周围相邻的 3 个碳原子以 $sp^{2.28}$ 杂化形成 3 个 σ 键，同时以 $s^{0.09}p$ 杂化形成 1 个 π 键。可见，C_{60} 的 π 电子轨道不再如石墨那般为纯的 p 电子，而是含有一定的 s 成分。这样，σ 键沿着球面方向展开，而 π 电子云分布在球的内外表面（σ 键和 π 键的夹角为 101.64°），最终形成球状的芳香族分子。

C_{60} 分子的成键特征看起来既“奇异”又复杂，但是，其化学键仍可表示为单键和双键 2 类（见图 3-15）。在 C_{60} 分子中，所有形成五边形的键均为单键（也称长键，键长为 1.46Å，1 Å=0.1 nm），而相邻六边形之间为双键（也称短键，键长为 1.39 Å），因而每个六边形可看作单双键交替的结构。C_{60} 分子中共有 12 个五元环（五边形），且每个五元环间不共用碳原子，因此单键数目为 60。C_{60} 中共有 20 个六元环（六边形），而每个六元环含有 3 个双键，每个双键为 2 个环所共有，因此 C_{60} 分子中的双键数目为 20×3÷2=30 个。总体而言，每个碳原子均形成了 4 个共价键，达到了稳定结构。由于 C_{60} 单、双键交替排列的结构与烯烃类似，人们习惯将其称为富勒烯或足球烯。需注意的是，实际上，C_{60} 是一种纯碳素成分的分子，它不含氢元素，不属于有机化合物中的烃类。但由于“烯”不仅能反映 C_{60} 结构上的化学特点，还能体现其化学本质，富勒烯或足球烯的名称也就沿用至今了。

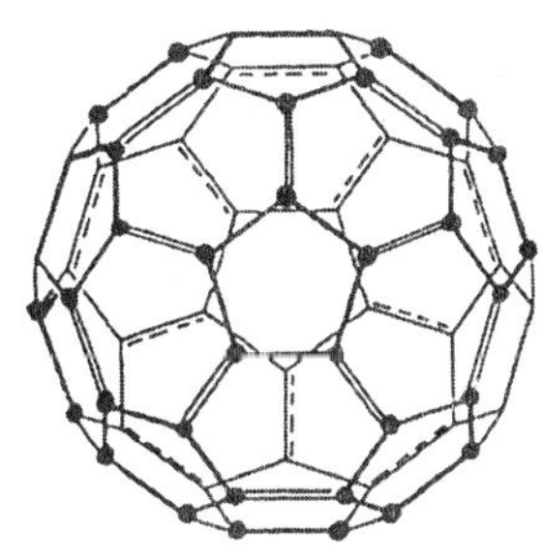

图 3-15　C_{60} 分子的成键情况

除了 C_{60} 外，具有这种封闭笼状结构的还有 C_{26}、C_{32}、C_{44}、C_{50}、C_{70}、C_{90}、C_{94}、C_{120}……C_{240}、C_{540} 等，它们统称为富勒烯或球烯。因此，富勒烯是一系列由碳原子构成的高对称性的球形笼状分子或封闭的多面体纯碳原子簇。C_{60} 是富勒烯家族中最具代表性的一员。

结构决定性质，C_{60} 分子独特的电子结构使得 C_{60} 在超导、磁性、光学、催化、材料等多个方面展现出许多奇异的性能。例如，C_{60} 本身是电的不良导体，掺杂碱金属（如金属钾，铷等）后转化为超导体；用 C_{60} 合成的 $C_{60}F_n$ 表现出不容易粘在其他物质上的特征，可作耐高温的超级润滑剂，被视为“分子滚珠”；在 C_{60} 的每个碳原子上添加 1 个氟原子，得到全氟化的 $C_{60}F_{60}$ 是一种超级耐高温材料；采用激光蒸发法使 C_{60} 分子开笼，将各种金属原子封装在 C_{60} 的空腔内，会具有不同的作用或功能。如将锂原子嵌入碳笼内，有望制成高效锂电池；而嵌入稀土元素铕有望成为新型发光材料；若将 ^{60}Co 等放射性元素植入笼内，则可用于癌变部位的局部放射性治疗，等等。

总之，C_{60} 的发现将一个全新的化学世界展现在我们面前：从平面或低对称性的分子到全对称性的球形分子；从平面的芳香性到球面的芳香性；从简单分子到富勒烯笼内包合物的“超原子”分子；从简单的配合物到多金属的富勒烯配合物等。从 C_{60} 被发现以来，全碳富勒烯笼状结构概念已经广泛影响到化学物理、材料科学等领域，丰富了科学理论，也显示出巨大的应用前景。

参考文献

[1] 谷贵文，刘兵．富勒烯 C_{60} 及其应用 [J]. 化学教学，1997 (06)：24—25.

[2] 盛根玉．C_{60} 分子的发现 [J]. 化学教学，2012 (02)：68，71，77.

[3] 张祖德．无机化学 [M]. 合肥：中国科学技术大学出版社，2008：430—431.

[4] 刘新锦．无机元素化学 [M]. 2 版．北京：科学出版社，2010：54—57.

问题 9　$CuCl_2$、$CuSO_4$ 溶液是什么颜色？如何认识 $[Cu(H_2O)_4]^{2+}$ 向 $[Cu(NH_3)_4]^{2+}$ 的转化？

$CuCl_2$ 是铜的重要卤化物，可用于颜料制造、木材防腐等工业，并可作消毒剂、媒染剂、催化剂等。$CuCl_2$ 是共价化合物，是由 $CuCl_4$ 单元通过氯原子桥组成的无限长链结构（如图 3-16 所示）。无水氯化铜呈棕黄色，易溶于水、乙醇等溶剂。

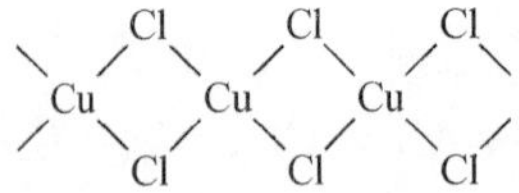

图 3-16　$CuCl_2$ 的结构

$CuCl_2$ 水溶液的颜色与其浓度有关，本质上取决于 Cu(Ⅱ) 的存在形式。在很浓的 $CuCl_2$ 溶液中，Cu(Ⅱ) 主要以 $[CuCl_4]^{2-}$ 的形式存在，此时溶液为黄绿色；在 $CuCl_2$ 的稀溶液中，Cu(Ⅱ) 主要以 $[Cu(H_2O)_4]^{2+}$ 的形式存在，此时溶液为蓝色；而在较浓的 $CuCl_2$ 溶液中，$[CuCl_4]^{2-}$ 和 $[Cu(H_2O)_4]^{2+}$ 兼而有之，故溶液呈现绿色。

$CuSO_4$ 溶液为蓝色，是因为形成了蓝色的 $[Cu(H_2O)_4]^{2+}$。有文献提及，$CuSO_4$ 溶液中有时会有绿色晶体产生，可能的原因主要有二：一是生成了绿色的碱式硫酸铜晶体，二是呈现的是氢氧化亚铜（黄色）和硫酸铜（蓝色）的混合色。

另外，向$CuSO_4$溶液中逐渐加入氨水，最终可得到深蓝色的［$Cu(NH_3)_4$］$^{2+}$。如何认识这一转化过程呢？

从配合物理论来看：配位化合物的稳定性常用稳定常数$K_{稳}$表征，$K_{稳}$等于分步络合反应的逐级稳定常数的乘积。随着氨水不断地滴入$CuSO_4$溶液中，［$Cu(H_2O)_4$］$^{2+}$中的配体H_2O便不断被NH_3逐级替换。这一过程中，Cu^{2+}与NH_3配位的逐级稳定常数分别为$K_1=1.66\times10^4$，$K_2=3.16\times10^3$，$K_3=8.31\times10^2$，$K_4=1.51\times10^2$，故［$Cu(NH_3)_4$］$^{2+}$的稳定常数$K_{稳}=K_1\cdot K_2\cdot K_3\cdot K_4=6.58\times10^{12}$。可见，这一转化过程的趋势很大，因此［$Cu(NH_3)_4$］$^{2+}$比［$Cu(H_2O)_4$］$^{2+}$更稳定。

从热力学角度来看：配位化合物的稳定常数取决于配位反应的焓变与熵变，焓变因素来自金属离子在配位场影响下降低的能量，熵变因素来自配位反应中分子数目的增减。在［$Cu(H_2O)_4$］$^{2+}$转化为［$Cu(NH_3)_4$］$^{2+}$的过程中，分子数目未发生变化（见图 3－17），熵变因素几乎不存在，因此配位化合物的稳定性主要取决于焓变。由于NH_3为强场配体，配位场强于H_2O，所以［$Cu(H_2O)_4$］$^{2+}$转化为［$Cu(NH_3)_4$］$^{2+}$的过程中放热明显，焓变促使该转化进行。总而言之，这一过程的发生终究还是因为能量的差异所推动的。

图 3－17 ［$Cu(H_2O)_4$］$^{2+}$转化为［$Cu(NH_3)_4$］$^{2+}$

参考文献

［1］王燕红．品疑难问题 思科学本质［J］．中学化学教学参考，2015（23）：38－40．

［2］周公度，段连运．结构化学基础［M］．2 版．北京：北京大学出版社，

301－302.
[3] 刘新锦．无机元素化学 [M]. 2版．北京：科学出版社，2010：175－176.

问题10 胆矾是配合物吗？

$CuSO_4$是重要的铜盐，是制备其他铜化合物的重要原料，在工业上可用于Cu的电解精炼、电镀、颜料制造、纺织工业等，另$CuSO_4$溶液与石灰乳混合而成的波尔多液还可作杀虫剂。从溶液中结晶出来的$CuSO_4 \cdot 5H_2O$是其最常见的存在形式，俗称胆矾或蓝矾，可用铜屑或氧化物溶于硫酸中制得。胆矾加热时在不同温度下可逐步失水（如图3－18所示），先形成三水合物，再失水形成一水合物，最终转变为接近无色的无水物。上述现象证明，胆矾中水分子的结合力并不完全相同。

$$CuSO_4 \cdot 5H_2O \xrightarrow{102℃} CuSO_4 \cdot 3H_2O \xrightarrow{113℃} CuSO_4 \cdot H_2O \xrightarrow{258℃} CuSO_4$$

图3－18 胆矾加热时可逐步失去结晶水

在$CuSO_4 \cdot 5H_2O$中，Cu^{2+}与4个H_2O以配位键连接成平面正方形，并分别与2个SO_4^{2-}的氧原子结合构成六配位。这样，2个SO_4^{2-}分别位于平面正方形的上和下，形成一个变形的八面体。第5个H_2O以氢键与2个配位H_2O和SO_4^{2-}相连（阴离子水）。图3－19为$CuSO_4 \cdot 5H_2O$的空间构型，平均每个Cu^{2+}有5个H_2O。图3－20为其平面结构。$CuSO_4 \cdot 5H_2O$加热失水时，先失去Cu^{2+}周围的2个非氢键配位水，再失去2个氢键配位水，最后失去阴离子水。加热温度高于653 ℃时，分解为CuO、SO_2、SO_3和O_2，720 ℃时分解结束。

综上可知，从严格意义上来讲，胆矾属于配合物。

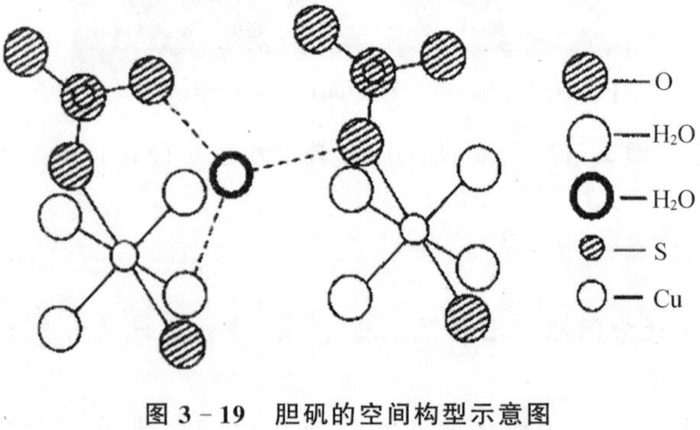

图3－19 胆矾的空间构型示意图

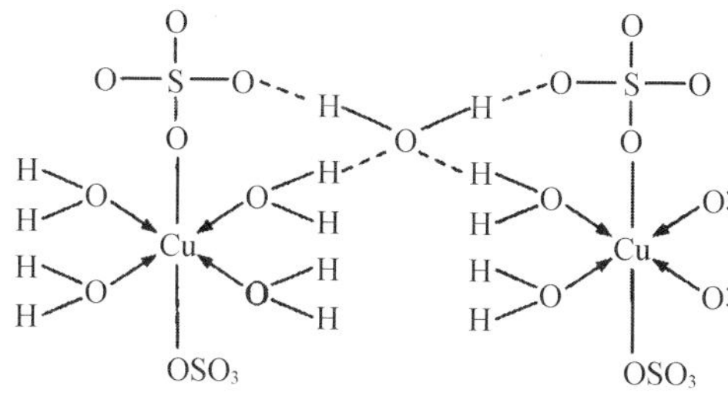

图 3-20 胆矾的平面结构图

同理，光卤石 $KCl \cdot MgCl_2 \cdot 6H_2O$ 也属于配合物，因为其中含有 $[Mg(H_2O)_6]^{2+}$，实际构成应为 $KCl \cdot [Mg(H_2O)_6]Cl_2$。事实上，除碱金属离子接受电子对的能力极差之外，其他金属离子都可能形成水合离子，只是水合离子经常习惯被划分到配离子的范围之外。因此，很多人才认为胆矾、光卤石等结晶水合物不是配合物。

参考文献

[1] 谌冰洁．如何正确对待学生的提问 [J]．中学化学教学参考，2019 (17)：76—78.

[2] 北京师范大学，华中师范大学，南京师范大学无机化学教研室．无机化学（下册）[M]．4 版．北京：高等教育出版社，2003：708.

[3] 刘新锦．无机元素化学 [M]．2 版．北京：科学出版社，2010：177.

[4] 大连理工大学无机化学教研室．无机化学 [M]．5 版．北京：高等教育出版社，2006：611—612.

问题 11 金属羰基化合物中，与金属原子结合的是氧原子还是碳原子？

CO 是一种重要的配体，能与一些有空轨道的金属原子或低价金属离子形成羰基配合物，如 $Fe(CO)_5$、$Ni(CO)_4$、$Co_2(CO)_8$ 等。CO 的毒性也缘于其配位作用，它可以与血红蛋白中的 Fe（Ⅱ）形成稳定的配合物从而使血液丧失输送氧的能力。那么，CO 作配体时，与金属原子结合的是氧原子还是碳原子呢？

很多人认为，由于 C 和 O 两元素的电负性相差较大（$\chi_C = 2.5$，$\chi_O = 3.5$），CO 分子中氧原子一端应为负电荷中心，因此配位时应当是 O 与金属原子结合，提供孤对电子进入中心原子的空轨道。但事实却相反，实验测得 CO 的偶极矩 μ 很小（偶极矩 μ 是度量极性的物理量，偶极矩 $\mu=0$ 的共价键叫作非极性共价键，偶极矩 $\mu \neq 0$ 的共价键叫作极性共价键；偶极矩 $\mu = 0$ 的分子叫作非极性分子，偶极矩 $\mu \neq 0$ 的分子叫作极性分子），只有 0.112 D（即 3.73×10^{-31} C·m），且碳原子略带负电荷。因此，CO 中的 C 原子更容易向其他有空轨道的原子提供电子对。也正因如此，虽然 CO 的键能（1072 kJ/mol）大于结构相似的 N_2（945 kJ/mol），但 CO 却更加活泼。

可以基于 CO 的结构来解释上述事实。CO 和 N_2 互为等电子体，成键特征相似，即 C 和 O 原子之间形成了三键（1 个 σ 键和 2 个 π 键）。但与 N_2 不同的是，这 2 个 π 键中的 1 个实际上是配位键，且该配位键是由 O 原子提供电子对形成（如图 3－21 所示）。这样一来，π 配键一定程度上抵消了碳氧之间因电负性差异而产生的极性，故 CO 的偶极矩很小，且 CO 分子的负电荷中心由 O 移向了 C，即 C 原子带部分负电荷，O 原子带部分正电荷。因此，是 C 而不是 O 更易向其他有空轨道的原子来提供电子对。同理，金属羰基化合物中，与金属原子结合的是碳原子而不是氧原子。

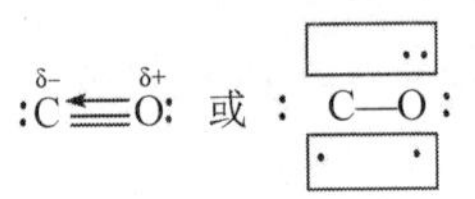

图 3－21　CO 的分子结构

参考文献

北京师范大学，华中师范大学，南京师范大学无机化学教研室. 无机化学（上、下册）[M]. 4 版. 北京：高等教育出版社，2003：101，564—565.

问题 12　影响配合物稳定性的因素有哪些？

2019 年新课标Ⅰ卷中考查了这样一个内容：乙二胺（$H_2NCH_2CH_2NH_2$）能与 Mg^{2+}、Cu^{2+} 等金属离子形成稳定环状离子，其中与乙二胺形成的化合物稳定性相对较高的是________（填"Mg^{2+}"或"Cu^{2+}"），答案是"Cu^{2+}"。那么，这个答案该怎样理解呢？

可以从 3 个角度来考虑：①2004、2019 人教版高中化学《物质结构与性质》中都有这样的叙述："配位键的强度有大有小，因而有的配合物很稳定，有的很不稳定，许多过渡金属离子对多种配体具有很强的结合力，因而过渡金属配合物远比主族金属配合物多。"即通常而言，过渡金属应比主族金属更易形成稳定的配合物。②据题干信息"乙二胺（$H_2NCH_2CH_2NH_2$）能与 Mg^{2+}、Cu^{2+} 等金属离子形成稳定环状离子"可知，成环是否稳定应与环的主体 Mg^{2+}、Cu^{2+} 的半径大小相关。由于多齿配体乙二胺体积相对较大，而 Mg^{2+} 的半径较小，因此乙二胺更易与半径较大的 Cu^{2+} 形成稳定的配合物。③从酸碱理论来看，乙二胺中的氨基具有碱性，乙二胺可看作是二元碱，又由于碱性

$Mg(OH)_2$>$Cu(OH)_2$，因此酸性 Cu^{2+}>Mg^{2+}，所以乙二胺更易与酸性强的 Cu^{2+} 结合。

那么，影响配合物稳定性的因素究竟有哪些呢？

一般来说，配合物的稳定性主要指热稳定性和配合物在溶液中是否容易电离出中心原子和配体。配合物是由中心原子（或离子）和配体通过配位键相互作用形成的，因此中心原了（或离子）的结构和性质、配体的性质及它们之间的相互作用是影响配合物稳定性的主要原因。另外，非水溶剂、温度等外界因素也会影响配合物的稳定性。详述如下：

1. 中心原子（或离子）的结构和性质对配合物稳定性的影响

配合物在溶液中的稳定性与中心原子的半径、电荷及其在周期表中的位置有关。通常，过渡金属的核电荷高，半径小，与配体间的吸引力较强；有空的 d 轨道和自由的 d 电子时，容易接受配位体的电子对，又容易将 d 电子反馈给配位体，因此，它们都易形成稳定的配合物。而碱金属和碱土金属恰好与过渡金属相反，它们的核电荷小、离子半径较大，外层已具有稳定的稀有气体的电子构型，因此形成配合物的能力较差，形成的配合物的稳定性也差。还有，配体与金属离子体积的相对大小也是影响因素，二者相当时，配合物较稳定。例如，Mg^{2+} 的半径较小，和多齿配体的配位性差，配合物的稳定性低。因此，影响中心原子与配体结合能力强弱的因素主要为中心离子的电荷、电子构型及离子半径等。

2. 配体的性质对配合物稳定性的影响

配体的性质对配合物稳定性的影响主要体现在配体的螯合作用（成环作用）、碱性、空间位阻等因素。

一般来讲，多齿配体的成环作用会大大增强配合物的稳定性，这种现象称为螯合效应。同时，成环数目越多，配合物越稳定。例如，EDTA（结构如图 3－22 所示）能与绝大多数的金属离子形成稳定的配合物，其原因就在于 EDTA 属于六齿配体，能与金属离子形成有 5 个环的螯合物。螯合物中以五元环和六元环最为稳定。

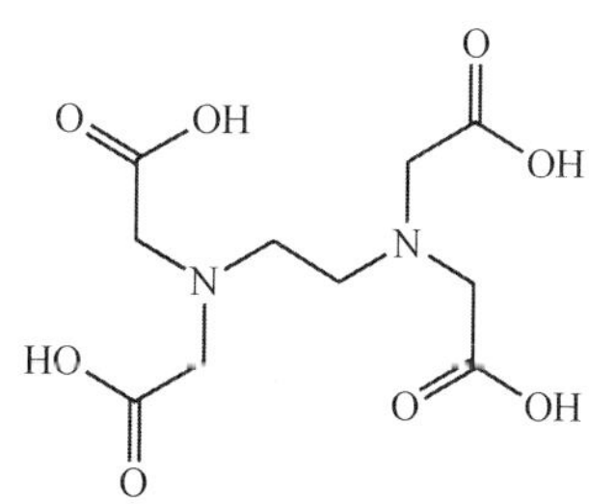

图 3－22　EDTA 的结构

另外，配体的碱性越强，和同一金属离子形成配合物的稳定性越强，而空间位阻效应会导致配合物的稳定性下降。例如，若多齿配体的配位原子附近结合着体积较大的基团，则配合物的形成会受到阻碍。还有，配体的几何构型应与所形成配合物的立体结构相适应，否则也会导致配合物的稳定性下降。

3. 软硬酸碱理论

配合物的稳定性符合软硬酸碱理论，即“软亲软、硬亲硬”。视中心原子为酸，配体为碱，配位反应则为酸碱反应，“软”“硬”酸碱的区分原则是它们是否易极化变形，难者硬，易者软。硬酸与硬碱结合和软酸与软碱结合形成的配合物非常稳定。软硬并非不能结合，只是结合成的酸碱配合物不稳定，且反应较慢。软硬酸碱的分类具体如下：以各种碱与 H^+ 的相对亲和力［以 $CH_3Hg(H_2O)^+$ 为标准测定］为分类标准，将碱分为硬碱、软碱、交界碱。例如，当配体（碱）中的配位原子为 N、O、F 时，其优先与 $CH_3Hg(H_2O)^+$ 中的 H^+ 配位，当配体（碱）中的配位原子为 P、S、Cl、Br、I 时，其优先与 $CH_3Hg(H_2O)^+$ 中的 Hg 配位。这是因为 N、O、F 均为负电性高、极化性低且难被氧化的配位原子，而 P、S、Cl、Br、I 恰恰相反。故前者为硬碱，后者为软碱，性质介于二者之间的称为交界碱。常见的硬碱有 O^{2-}、OH^-、F^-、CH_3COO^-、NH_3、N_2H_4 等，常见的软碱有 I^-、SCN^-、CN^-、CO、C_6H_6、S^{2-} 等，交界碱有 $C_6H_5NH_2$、N_2 等。同理，酸可分为硬酸、软酸、交界酸。硬酸的性质特点是体积小、正电荷高、极化性低，即对外层电子抓得较紧，如 H^+、碱金属及碱土金属的简单阳离子、Mn^{2+}、Al^{3+} 等；软酸的性质特点是体积大、正电荷低或者为 0、极化性高，并且存在易于激发的 d 电子，因此外层电子抓得较松，如 Cu^+、Ag^+、Hg^+、Cd^{2+}、CH_3Hg^+ 等；交界酸如 Fe^{2+}、Co^{2+}、Ni^{2+}、Cu^{2+}、Zn^{2+}、Bi^{3+} 等。

综上，硬酸与硬碱或软酸与软碱形成的配合物最稳定。因此，中心原子和配体的性质关系也是配合物稳定性的重要影响因素。

4. 外因对配合物稳定性的影响

简单来讲，温度、非水溶剂会影响配合物的稳定性。温度对配合物稳定性的影响取决于络合反应的热效应，若为吸热反应，则升高温度会增强配合物的稳定性，反之稳定性下降。非水溶剂对配合物稳定性的影响体现在它的给电子性能，即溶剂分子会与配体竞争中心原子，从而导致原配合物的稳定性受到影响。

参考文献

［1］北京师范大学，华中师范大学，南京师范大学无机化学教研室．无机化学（上册）［M］．4 版．北京：高等教育出版社，2003：389－391．

［2］张青莲．无机化学丛书（第十二卷）［M］．北京：科学出版社，258－280．

问题 13 如何认识 $[Cu(NH_3)_4]^{2+}$ 的结构？在 $[Cu(NH_3)_4(H_2O)_2]^{2+}$ 中，与 Cu^{2+} 形成的配位键何者更稳定？

在《物质结构与性质》选修课中，我们知道了当分子或离子的价层电子对数为 2、3、4 时，分别对应的 VSEPR 模型名称是直线形、平面三角形、正四面体形，其对应的中心原子的杂化轨道类型分别是 sp、sp^2、sp^3杂化。在“配合物理论简介”中，我们接触到了 $[Cu(NH_3)_4]^{2+}$，从其图示（如图 3-23 所示）来看，Cu^{2+}位于 $[Cu(NH_3)_4]^{2+}$ 的中心，4 个 NH_3分子位于 Cu^{2+}四周。那么，它对应的空间构型和杂化方式又是怎样的呢？

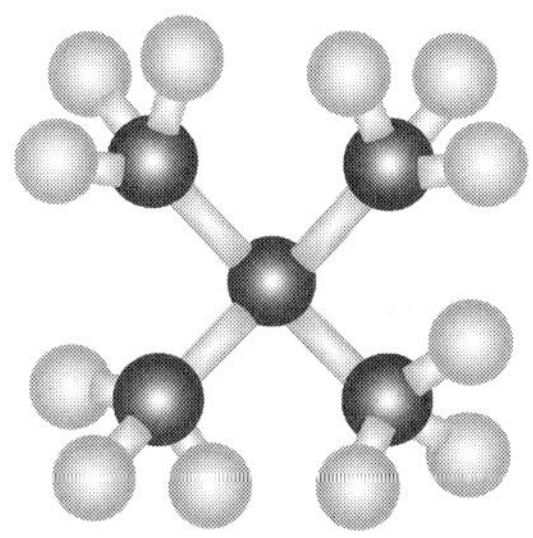

图 3-23 $[Cu(NH_3)_4]^{2+}$的空间构型

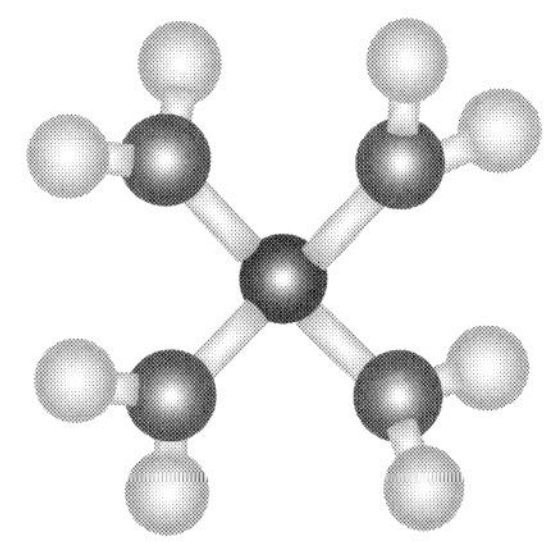

图 3-24 $[Cu(H_2O)_4]^{2+}$的空间构型

铜是过渡金属元素，易作为中心离子形成配合物。中学阶段，常见的含铜配离子有 $[Cu(H_2O)_4]^{2+}$、$[Cu(NH_3)_4]^{2+}$（空间构型如图 3-23、图 3-24 所示）等，但是，上述 Cu^{2+}的四配位化合物结构比较特殊，不能用中学所学的价键理论来进行简单的解释，它和姜-泰勒效应有关（姜-泰勒效应的详细内容可查阅大学教材中配位化合物的晶体场理论），这需要我们从 $[Cu(H_2O)_4]^{2+}$、$[Cu(NH_3)_4]^{2+}$ 的真实组成谈起。实际上，我们熟悉的 $[Cu(H_2O)_4]^{2+}$、$[Cu(NH_3)_4]^{2+}$ 的真实结构为 $[Cu(H_2O)_6]^{2+}$ 和 $[Cu(NH_3)_4(H_2O)_2]^{2+}$，也就是说，这些离子事实上是六配位而非四配位。六配位的化合物按照价层电子对互斥理论来看，其空间构型应为八面体构型，对应的是 sp^3d^2杂化，即 Cu^{2+}位于八面体中心位置，6 个配体位于其四周和上下构成八面体的 6 个顶点（如图 3-25）。

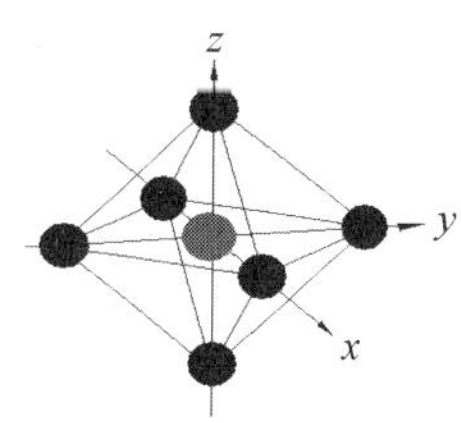

图 3-25 六配位的八面体结构图

Cu^{2+}的 3d 轨道有 9 个电子，为 d^9电子构型，与 d^{10}构型的电子云密度相比，d^9电子在 xy 平面内的电子云密度要小一些，因此，Cu^{2+}的有效核正电荷对位于 xy 平面内的 4 个带负电荷的配体的吸引力大于对 z 轴上的 2 个配体的吸引力，从而使得 xy 平面内的 4 个配位键变短，更靠近中心离子；而 z 轴方向上的两个配位键变长，更远离中心离子。这样就形成了一个拉长的八面体（如图 3-26 所示），这样的构型会使整个体系能量降低，中心离子更稳定。另外，若 z 轴上的 2 个配体拉得太远，中心离子对其控制力有限，在水溶液中这 2 个配体就非常容易解离出去，这就相当于失去了 z 轴上的 2 个配体，拉长的八面体就变成了平面正方形结构，这种效应称为姜-泰勒效应。变形的八面体构型在铜的配合物中是很常见的，具体对于 $[Cu(NH_3)_4(H_2O)_2]^{2+}$ 来说，本来 4 个氨分子位于 xy 平面上，2 个水分子位于 z 轴上，由于姜-泰勒效应，4 个氨分子更靠近，2 个水分子更远离（如图 3－27 所示），导致 2 个水分子不稳定，极易失去，因此中学简略处理为 $[Cu(NH_3)_4]^{2+}$，由此粗略认为四氨合铜离子的构型为平面正方形，同时其对应的杂化方式由 sp^3d^2 杂化变为 dsp^2 杂化。

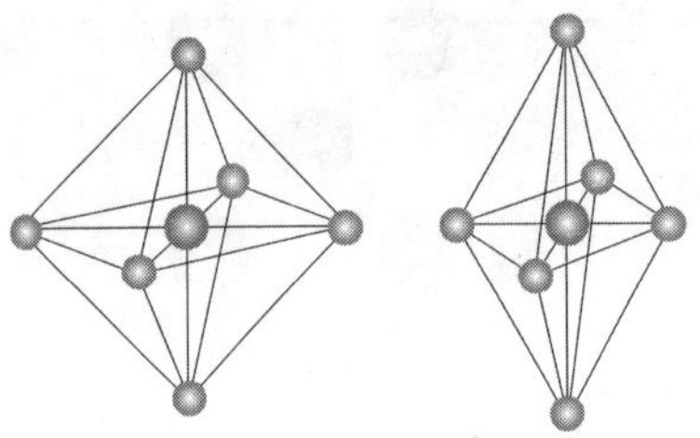

图 3－26　八面体的畸变（姜-泰勒效应）

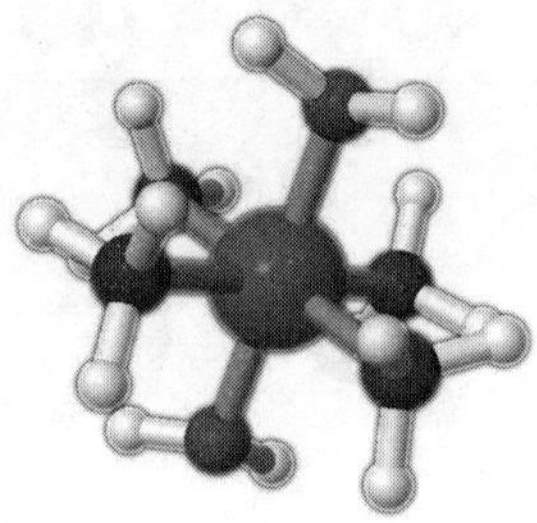

图 3－27　$[Cu(NH_3)_4(H_2O)_2]^{2+}$ 的空间构型

那么，在 $[Cu(NH_3)_4(H_2O)_2]^{2+}$ 中，与 Cu^{2+} 形成的配位键何者更稳定呢？

从上述对 $[Cu(NH_3)_4(H_2O)_2]^{2+}$ 的空间结构分析可知，在 $[Cu(NH_3)_4(H_2O)_2]^{2+}$ 中，2 个水分子位于 z 轴上，距中心离子的距离更长，容易失去，显然配体 NH_3 与 Cu^{2+} 形成的配位键更稳定。

已有的实验事实也可说明这一问题。2004、2019 人教版《物质结构与性质》均提及，向盛有 $CuSO_4$ 水溶液的试管里加入氨水，先形成蓝色沉淀，继续滴加氨水，沉淀溶解，得到深蓝色的透明溶液，若加入极性较小的溶剂（如乙醇），会析出深蓝色晶体。在实验过程中，Cu^{2+}（即 $[Cu(H_2O)_4]^{2+}$）（蓝色溶液）→$Cu(OH)_2$（蓝色沉淀）→$[Cu(NH_3)_4]^{2+}$（深蓝色溶液）→$[Cu(NH_3)_4]SO_4$（深蓝色晶体），由此可知，稳定性 $[Cu(NH_3)_4]^{2+} > Cu(OH)_2 > [Cu(H_2O)_4]^{2+}$，因此当 Cu^{2+} 是中心离子时，NH_3 作配体更稳定。

另外，通过 N 和 O 电负性的比较也可做出判断。H_2O 和 NH_3 作配体时，分别由 O、N 作配位原子提供孤电子对，由于电负性 O＞N，所以 O 更不易给出孤电子对，因此形成的配位键更不稳定。

参考文献

[1] 吴星．中学化学学科理解：疑难问题解析［M］．上海：上海教育出版社，2019：83－84.

[2] 周公度，段连运．结构化学基础［M］．2 版．北京：北京大学出版社，

1995：194—200.
[3] 胡宗球. 无机化学（下册）[M]. 北京：科学出版社，2014：214.
[4] 课程教材研究所. 普通高中课教科书（选修 2）. 物质结构与性质 [M]. 北京：人民教育出版社，2019：96.

问题 14 配合物的配位数受哪些因素影响？

配合物中，中心原子（或离子）所接受的配位原子的总数叫配位数，1893 年由配位化学的奠基人——法国化学家阿尔弗雷德·维尔纳提出。若配体为单齿配体（配体中只含有 1 个配位原子），则中心原子的配位数等于配体的数目。例如 $[Cu(NH_3)_4]SO_4$ 中 Cu^{2+} 的配位数为 4，$[Co(NH_3)_2(H_2O)_4]Cl_3$ 中 Co^{3+} 的配位数为 6；若为多齿配体（配体中含有 2 个或 2 个以上的配位原子），则中心原子的配位数应等于配体数与每个配体所含配位原子数的乘积。例如 $[Cu(en)_2]^{2+}$ 中，乙二胺 $H_2NCH_2CH_2NH_2$(en) 是双齿配体，一个乙二胺中有 2 个氮原子作配位原子，因此 Cu^{2+} 的配位数为 $2\times2=4$。观察不同的配合物可以发现，配位数不尽相同，通常为 2～8，也有高达 10 以上的。那么，配合物中配位数的多少究竟受哪些因素影响呢？

1. 周期序数

通常，中心原子的最高配位数决定于它在周期表中的周期序数。第 1 周期元素的配位数最高为 2，第 2 周期元素的配位数最高为 4，往下依次为 6、8、10。最常见的配位数为 4 和 6。由于元素所在的周期序数反映了原了的相对人小（周期序数越大，原子较重、较大），因此也可以说，中心原子半径是影响配位数的重要因素。一般地，半径越大，配位数越高。如ⅢA 的 Al 和 B 分别形成 AlF_6^{3-}（配位数为 6）和 BF_4^-（配位数为 4），就是因为 Al 的半径比 B 大，配位数更高。

2. 中心原子的电荷数

中心原子的电荷数越高，配位数越大。例如，Ag^+、Cu^{2+} 分别形成 $[Ag(NH_3)_2]^+$、$[Cu(NH_3)_4]^{2+}$；等电子系列的中心原子 Ag^+、Cd^{2+} 和 In^{3+} 与 Cl^- 分别生成 $[AgCl_2]^-$、$[CdCl_4]^{2-}$ 和 $[InCl_6]^{3-}$；二价铂离子（Pt^{2+}）的配位数为 4，4 价铂离子（Pt^{4+}）的配位数为 6 等。这是因为中心原子的电荷数越高，就需要更多的配体提供负电荷来中和。

3. 配体的性质

配位数与配体的性质有关。一般地，配体越大，所占据的空间越大，配位数越低。例如，Fe^{3+} 与 Cl^- 生成 $[FeCl_4]^-$，与 F^- 生成 $[FeF_6]^{3-}$。再如，H_2O、NH_3 等中性配体间相互斥力较小，而 Br^- 和 I^- 等离子配体由于带同种电荷，配体间相互斥力较大。因此，当 Ni^{2+} 与 H_2O、NH_3结合时，生成配位数为 6 的 $[Ni(H_2O)_6]^{2+}$ 和 $[Ni(NH_3)_6]^{2+}$ 等八面体配离子；与 Br^- 和 I^- 结合时，生成配位数为 4 的 $[NiBr_4]^{2-}$ 和 $[NiI_4]^{2-}$ 等正四面体配离子，这些都是配体性质不同所导致的。

4. 外界因素

浓度、温度等外界因素也会影响配位数。一般来说，配体浓度大有利于形成高配位数。例如，铜氨溶液中，随着氨平衡浓度的增加，Cu^{2+} 的主要配合物依次是 $[Cu(NH_3)]^{2+}$、$[Cu(NH_3)_2]^{2+}$、$[Cu(NH_3)_3]^{2+}$、$[Cu(NH_3)_4]^{2+}$，甚至形成极少量的 $[Cu(NH_3)_5]^{2+}$；而温度升高，配位数减小。这是因为热振动加剧时，会使中心离子与配体间的配位键减弱。

总之，影响配位数的因素是复杂的，是多方面因素决定的。但某些中心离子在与不同的配体结合时，常体现出具有一定的特征配位数，如 Ag^+ 的特征配位数为 2，Cu^{2+} 的特征配位数为 4 等。

那么，如何确定常见配合物中心原子的配位数呢？比较实用的方法有“有效原子序数（EAN）规则”（1923，英国 Sidgwick）。“当配合物中心原子的电子数与所有配体给予的电子数之和恰好等于某一稀有气体元素原子的核外电子数时，意味着中心原子达到了相对稳定的电子结构”。此时配位数达到饱和，从而可以确定出中心原子的配位数。概括来讲，有效原子序数（EAN）等于中心原子的电子数加上配体给予的电子数。由于每个配位原子提供 2 个电子，故有效原子序数与配位数（CN）间的关系可表示为：EAN＝中心原子的电子数＋2CN。例如，应用 EAN 规则确定 $Fe(CO)_x$ 的配位数 x：$26+2x=36$，$x=5$。但需要注意的是，EAN 规则是许多事实的总结，并不具普适性。

参考文献

[1] 张青莲．无机化学丛书（第十二卷）[M]．北京：科学出版社，11—15.

[2] 张祖德．无机化学 [M]．合肥：中国科学技术大学出版社，2008：266，292.

[3] 唐隆健．对若干化学具体问题的深度思考及启示 [J]．中学化学教学参考，2019（07）：39—41.

问题 15　为什么 H_2O_2、N_2H_4 是极性分子？

H_2O_2的结构式为 H—O—O—H，在 H_2O_2 中，2 个氧原子均采取 sp^3 不等性杂化，其中 2 个 sp^3 杂化轨道分别与第 2 个氧原子和氢原子各形成 1 个 σ 键，另外两个 sp^3 杂化轨道用于容纳孤电子对，因此，H_2O_2 不是平面型分子。H_2O_2 晶体和气相中的分子结构如图 3－28 所示，其空间构型就好比一本半展开的书，2个H分别位于“书本的一页纸”上。其晶体和气相中的键长和键角稍有差别，H_2O_2的O—O键长分别为147.5 pm（气相）和145.8 pm（晶体）；O—H键长分别为95.0 pm（气相）和98.8 pm（晶体）。液态时，受氢键的影响，非平面形分子结构会发生变形。但不论是固态或气相，显然，在这样的结构中，H_2O_2中的正负电荷中心是不重合的，因此H_2O_2为极性分子。

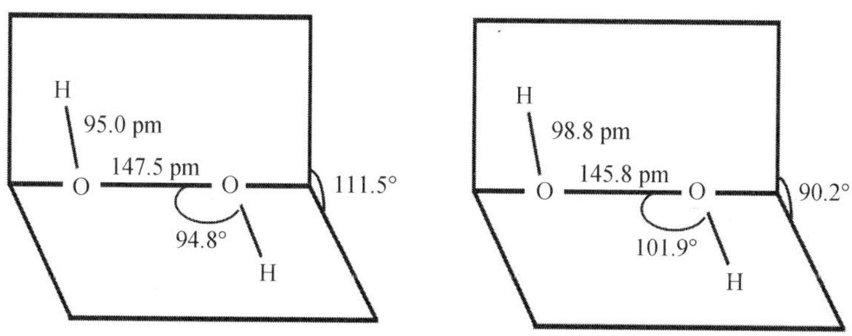

图3-28 H_2O_2的分子结构

类似的情况还有N_2H_4（肼或称联氨，$NH_2—NH_2$）。同上，N_2H_4中N采取sp^3杂化后所形成的4个轨道也是不等价的（如图3-29所示），N_2H_4中N—N键长144.9 pm，N—H键长102.2 pm，∠N—N—H为112°，每个N上都有1对孤对电子。2对孤对电子的排斥作用使得这2对电子远离，成为反位，从而导致N_2H_4成为不对称的扭曲状分子，正负电荷中心不重合，所以N_2H_4也是极性分子。

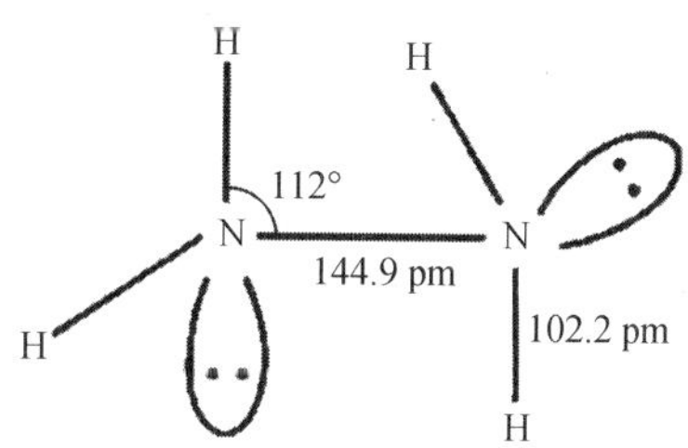

图3-29 N_2H_4的分子结构

参考文献

[1] 北京师范大学，华中师范大学，南京师范大学无机化学教研室. 无机化学（下册）[M]. 4版. 北京：高等教育出版社，2003：494.

[2] 刘新锦. 无机元素化学[M]. 2版. 北京：科学出版社，2010：85，119.

问题16 O_3是含非极性键的非极性分子吗？

O_3中只有氧原子，因此，很多同学认为O_3属于只含非极性键的非极性分子。实际上，只含非极性键的分子确实为非极性分子，但单质分子中并不一定只含非极性键，O_3便是一个典型的例子。

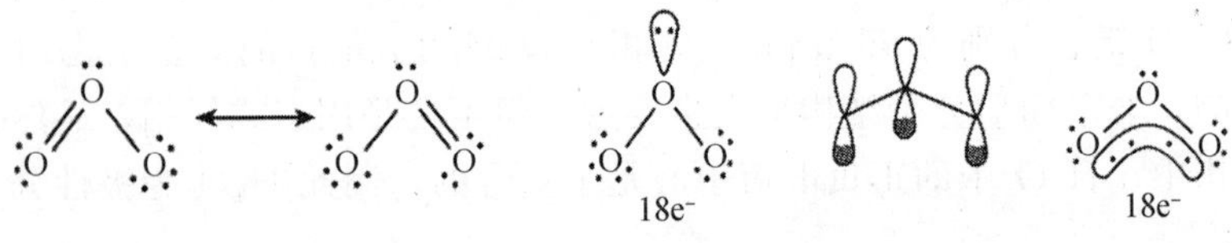

（Ⅰ和Ⅱ为路易斯结构式；Ⅲ标出了总电子数；Ⅳ表明了3个平行p轨道；Ⅴ为大π键的结构式）

图3-30　O_3的分子结构

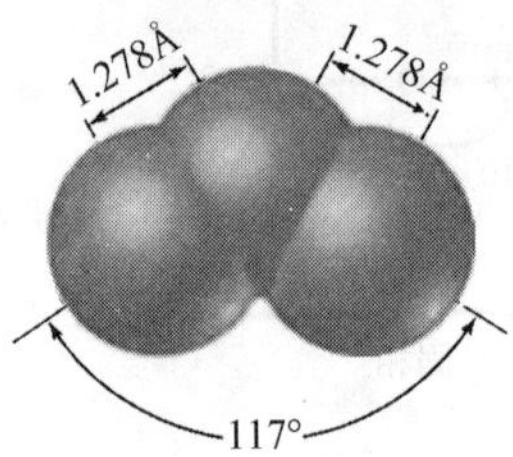

图3-31　O_3分子的结构

根据杂化轨道理论，O_3的中心O采取sp^2杂化形成3个sp^2杂化轨道，其中2个sp^2杂化轨道各容纳1个单电子，分别与1个O形成1个σ键。中心O上未参与杂化的p轨道（容纳有1对孤对电子）与2个O（各提供1个单电子）形成π_3^4离域大π键（如图3-30所示）。离域大π键的存在导致O_3中氧原子间的键是一种介于单键和双键之间的极性键，其键长为127.8 pm（该键长正好介于氧原子间的单键键长148 pm与双键键长112 pm之间），键角为116.8°，O_3呈弯曲形对称结构，为V形分子，正负电荷中心不重合（如图3-31所示）。另外，计算O_3的偶极矩发现，中心氧原子为+0.166，两侧氧原子为−0.083，氧氧键的离子性为8.3%。通过O_3的结构和偶极矩数据分析可以得出，O_3的正负电荷中心不重合，O_3属于含极性键的极性分子。

参考文献

[1] 任雪明，吴文中．高中化学教学疑难问题研析［M］．杭州：浙江教育出版社，13—14．

[2] 北京师范大学，华中师范大学，南京师范大学无机化学教研室．无机化学（下册）［M］．4版．北京：高等教育出版社，2003：491．

问题17　HF、HCl、HBr、HI水溶液的酸性为什么依次增强？

卤化氢的水溶液分别叫氢氟酸、氢氯酸（盐酸）、氢溴酸、氢碘酸。在稀溶液（约0.1 mol/L）中，HF为弱酸，HCl、HBr、HI为强酸，且酸性依次增强，HX在水溶液中酸性的变化规律可以从热力学和物质结构2个角度加以说明。

(1) 从热力学角度来看，氢卤酸的电离倾向可据 HX 在水中电离的自由能变 ΔG^{θ} 值和电离常数 K_a（表 3－4）作出判断：ΔG^{θ} 值越负，K_a 越大，酸性越强。

表 3－4　HX 电离的自由能变 ΔG^{θ} 及 K_a

	HF	HCl	HBr	HI
ΔG^{θ}	16.7	−46	−58.6	−58.6
HX 的 K_a	6×10^{-4}	10^{8}	10^{10}	10^{10}

由表中数据可知：HF 为弱酸，其他 HX 均为强酸。

$\Delta G=\Delta H-T\Delta S$，决定自由能变 ΔG 的因素为焓变 ΔH 与熵变 ΔS，焓减熵增有利于 HX 的电离。从焓变来看，HX(aq) 电离反应的 ΔH 均为负值，即都是放热过程，但 HF 放出的热量比其他 HX 少得多，这主要是因为 HF 的键能比其他 HX 大得多；从熵变来看，HI 熵增，HBr、HCl 熵减程度不大，HF 熵减最大，这是因为 HF 和 F^-、H_3O^+ 与 F^- 可以形成强的氢键使熵减小。同时，电离过程的熵变与离子水化有关，离子水化程度越大，熵减程度越大。F^- 半径最小、水化程度最高，因而熵减最明显。焓变和熵变均不利共同导致 HF 解离时 ΔG^{θ} 最大，K_a 极小，所以 HF 为弱酸。

(2) 从物质结构角度来看，氢化物分子酸性强弱取决于与 H 直接相连的原子上电子密度的大小。原子电子密度越大，对 H 吸引力越强，则 H 越难电离，酸性越弱。而原子电子密度的大小与原子半径及所带电荷数有关，通常，原子的负氧化态越高，半径越小，原子的电子密度越大。例如，同周期主族元素的氢化物（如 NH_3、H_2O、HF 等）从左至右，原子的负氧化态逐渐降低，半径逐渐减小，负氧化态的降低为主要因素，故原子的电子密度逐渐减小，与 H 的作用力逐渐减弱，氢化物的酸性逐渐增强；对于同主族元素的氢化物而言，与 H 相连的原子的负氧化态相同，但从上至下原子半径逐渐增大，导致原子电子密度逐渐减小，与 H 的作用力逐渐减弱，故氢化物的酸性逐渐增强。因此，HF、HCl、HBr、HI 水溶液的酸性呈现上述变化规律。

另外，HF 水溶液的酸性特别弱还与氢键的形成有关。在 HF 水溶液中，一方面，HF 分子间会因氢键的作用缔合为相对不自由的分子，这种缔合效应相当于减小了 HF 的有效浓度，也就降低了 HF 电离出 H^+ 的能力。另一方面，HF 电离产生的 H_3O^+ 与 F^- 之间会形成氢键，F^- 与 HF 分子之间也会形成氢键（如图 3－32 所示），这样就大大降低了 HF 在水中的电离能力。实验发现 0.1 mol/L 的 HF 的电离度约为 8%，在无限稀的溶液中，HF 的电离度也只有 15%，只有小部分 HF 电离的事实，证明了 HF 在稀溶液中的弱酸性。

图 3-32　H_3O^+ 和 F^-、F^- 和 HF 分子形成的氢键

还需要特别说明的是，随着 c(HF) 的增加，F^- 会与未电离的 HF 分子以氢键结合成相当稳定的 HF_2^-，使 $c(F^-)$ 减小，从而导致 $c(H^+)$ 增大，溶液的酸性增强。当 c(HF) 超过 5 mol/L 时，HF 便成为一种相当强的酸。

参考文献

[1] 严宣申，王长富．普通无机化学 [M]. 2 版. 北京：北京大学出版社，2016，33.

[2] 北京师范大学，华中师范大学，南京师范大学无机化学教研室．无机化学（下册）[M]. 4 版．北京：高等教育出版社，2003：462—465.

[3] 吴星．中学化学疑难辨析 [M]. 南京：江苏教育出版社，2012，94—96.

问题 18　如何认识分子间作用力（范德华力）？

荷兰物理学家范德华（J. D. van der Waals）于 1873 年第一次提出了范德华力。范德华力是固体、液体和气体分子之间普遍存在的一种相互作用力，作用能一般为 2～20 kJ/mol，作用范围通常为 0.3～0.5 nm。这种作用力能使气体分子液化，液体分子固化，一般没有饱和性和方向性。只要分子周围空间条件允许，当分子凝聚时，每个分子总是在它周围尽可能多地吸引其他分子。它的实质是静电作用，依据分子结构及分子电性的来源，分子间作用力可以分为取向力、诱导力、色散力。

1. 取向力

是存在于极性分子与极性分子之间的分子间作用力。在极性分子中，正负电荷中心不重合，分子的一端显正电性（以下简称为正极），一端显负电性（以下简称为负极）。当极性分子相互靠近时，一个分子的正极与另一个分子的负极相互吸引，这种静电吸引力即为取向力，分子极性越强，取向力越大。

2. 诱导力

是存在于极性分子和非极性分子之间以及极性分子和极性分子之间的分子间作用力。非极性分子中正、负电荷的中心本来是重合在一起的，但遇到极性分子时，受到极性分子正负极的诱导作用，非极性分子带正电荷的核被引向极性分子的负极，其核周围的电子云被引向极性分子的正极，结果使得非极性分子的电子云和核发生相对位移，分子发生变形，其正负电荷中心不再重合。同理，正负电荷中心不重合的极性分子，受其他极性分子的诱导会使该极性分子的正负极间距离增大。因此，一个分子受到极性分子的诱导作用，导致正、负电荷中心不重合或距离加大，进而使 2 种分子之间产生吸引力或吸引力增强，这种作用力称为诱导力。

3. 色散力

是广泛存在于分子间的一种分子间作用力。很多人可能认为，非极性分子的正负电荷中心是重合的，因此非极性分子之间不会产生引力。但事实并非如此。对于一些由非极性分子构成的物质，其物理性质表明非极性分子间也存在引力。如室温下苯为液态，碘为固态，低温下的 N_2、O_2、H_2 和稀有气体等都能凝结为液体甚至固体等。事实上，由于每个分子的电子在不停运动，其原子核也在不断振动，对非极性分子来说，其正电荷中心与负电荷中心也会持续性地出现瞬间不重合的情况，因此持续存在正负极。当分子相互靠近时，分子之间就会产生静电引力。基于量子力学可以计算出这种力，其计算公式与光色散公式相似，因此称为色散力。分子越大，分子内的电子越多，分子越容易变形，色散力就越大。

综上所述，分子间作用力来源于取向力、诱导力和色散力。一般来讲，非极性分子之间只存在色散力，极性分子之间存在着取向力、诱导力和色散力，极性分子与非极性分子之间则存在着诱导力与色散力。总的来说，除了极性特别强的极性分子间的范德华力以取向力为主以外，其他分子间的范德华力通常以色散力为主。

分子间作用力（范德华力）会影响物质熔沸点的高低。中学教材中相关的叙述是："相对分子质量越大，范德华力越大；分子的极性越大，范德华力也越大。"从前面关于分子间作用力的分析可知，分子的极性会影响取向力、诱导力等分子间作用力，因此分子的极性越大，范德华力也越大。但是，分子间作用力随相对分子质量的增加而增加的说法是不严谨的，或者说是未深入本质的。我们不妨分析一下这句话的依据。我们知道，大多数分子间的范德华力以色散力为主，组成分子的原子序数越大，分子内的电子越多，分子越容易变形，色散力就越大。也就是说，对于结构相似（电子结构相同）的物质，随着组成原子的电子层数增加，分子电子云的变形性会随之增加，分子间的相互作用会增强。而一般来讲，原子的电子层数增加，其相对原子质量也是增大的，因此才有了分子间作用力随相对分子质量增大而增强的规律。

由此可见，为了便于比较物质的分子间作用力的强弱，直接记忆并套用这个规律是没有问题的。但若要从学科本质解释上述规律，则范德华力随相对分子质量的增加而增大就显得苍白无力。因此，相对分子质量的大小只能帮助我们判断分子间作用力的强弱，并不是分子间作用力强弱的决定因素。

参考文献

[1] 彭笑刚．物理化学讲义 [M]. 北京：高等教育出版社，2012：250.

[2] 张祖德．无机化学 [M]. 合肥：中国科学技术大学出版社，2008：226.

[3] 王磊．普通高中教科书．选择性必修 2 物质结构与性质 [M]. 济南：山东科学技术出版社，2019：67－68.

问题 19 如何理解氢键？

氢键是由已经与电负性很大的原子形成共价键的氢原子与另外一个电负性很大的原子之间的作用力，存在于液体、晶体、气体、溶液等各种状态中。能形成氢键的物质相当广泛，如 HF、H_2O、NH_3、无机含氧酸、醇、酚、有机羧酸、胺、蛋白质、核酸等。

氢键的生成，本质上是一种静电吸引作用。当 H 与电负性很强的原子（如 X）结合时，因极化效应，其共价键间的电荷分布不均，H 的正电性极强，近乎变成了裸露的原子核。此时再与另一电负性很强的原子（如 Y）相遇时，由于 Y 的负电性极强，即发生静电吸引。因此这种结合可视为是以正电性极强的 H 为桥梁而形成的，故称为氢键。通常表示为 X—H…Y，其中 X、Y 是指 N、O、F 等电负性大且原子半径较小的原子。氢键的键能是指断掉 X—H…Y 中的“H…Y”所需的能量，数值一般在 40 kJ/mol 以下。

1. 氨水中存在哪些氢键？哪一种氢键更牢固些？

氨水体系中存在的氢键的类型如表 3－5 所示。

表 3－5　氨水体系中的氢键分类

氨水中分子间氢键类型	实例
不同种分子之间	NH_3 与 H_2O 之间（N—H…O、O—H…N）
同种分子之间	H_2O 与 H_2O 之间（O—H…O）
	NH_3 与 NH_3 之间（N—H…N，稀氨水中此比例很小）

氢键比化学键要弱得多，比分子间作用力稍强，所以人们把氢键看作是一种较强的分子间作用力。氢键的强弱与 X、Y 原子的电负性有关，也与其所处的环境有关，例如冰中的 O—H…O 键能为 18.8 kJ/mol，甲醇、乙醇中的 O—H…O 键能为 25.9 kJ/mol。通常，X、Y 的电负性越大，氢键的键能越大，氢键越强。常见氢键的强弱次序一般为：F—H…F＞O—H…O＞O—H…N＞N—H…N。

2. 如何用氢键解释沸点 $H_2O>HF>NH_3$？

沸点 H_2O(100 ℃)>HF(19.5 ℃)>NH_3(−33.4 ℃)，用氢键如何解释呢？

在液态 HF 中，1 个 HF 分子只能分别用头尾与另外 2 个 HF 分子形成 2 个氢键，均摊后每摩尔 HF 分子只形成 1 mol 氢键；在冰中，每个水分子周围可形成 4 个氢键，均摊后每摩尔 H_2O 形成 2 mol 氢键；在固体氨中，每个氨分子可形成 6 个氢键，均摊后每摩尔 NH_3 形成 3 mol 氢键（见图 3-33）。文献表明，在氨的晶体中，每个氮原子周围 6 个最邻近的氮原子通过不对称的、非线性的氢键连接起来：和中心氮原子键合的 3 个氢原子分别和另外 3 个氨分子的氮原子形成氢键，中心氨分子的氮原子又通过氢键和其他 3 个氨分子的氢原子结合，实际上每个氮原子和 6 个氢原子连接，其中 3 个为正常的共价键，3 个相当于氢键的距离，每个氨分子可以参与形成 6 个氢键（每个氨分子均摊到 3 个氢键）。

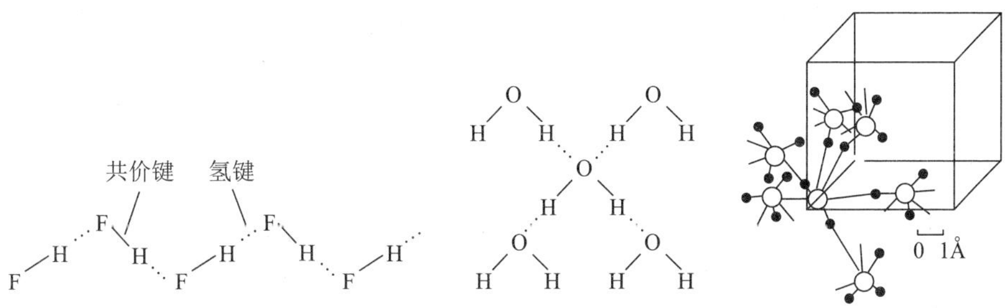

图 3-33 HF、H_2O、NH_3 结构示意图

由于不同氢键的键能大小不同，参考表 3-6 的数据可知：H_2O 中 2 mol 氢键键能>HF 中 1 mol 氢键键能>NH_3 中 3 mol 氢键键能。

表 3-6 某些氢键的键能

氢键 O—H…O	键能/(kJ/mol)	代表性分子
O—H…O	18.8	冰
F—H…F	28.1	$(HF)_n$
N—H…N	5.4	NH_3

另关于三者的熔、沸点问题具体阐述如下：

1) H_2O 的熔、沸点（分别为 0 ℃和 100 ℃）比 HF（分别为−83.1 ℃和 19.5 ℃）高的主要原因有：

(1) 等物质的量的冰比 HF 形成的氢键数目多。

(2) 熔化或气化时两者破坏氢键的程度不同。

通常条件下，液态 HF 和冰中除了有单个的氟化氢分子、水分子存在外，还有通过氢键相连而形成的缔合分子 $(HF)_n$、$(H_2O)_n$（n 可以是 2，3，4……）。

红外光谱及电子衍射实验等研究表明，气态 HF 是单体 HF 和环状六聚体 $(HF)_6$ 的平衡混合物，在一定温度和压力下也可能存在链状二聚体 $(HF)_2$。在冰中，水分子大范围地以氢键互相联结成晶体，在液态水中多个水分子通过氢键结合在一起形成 $(H_2O)_n$，而在水蒸气中并不存在缔合分子，只由单个 H_2O 分子组成。由此可见，液态 HF 汽化并不需要破坏所有的氢键，只需破坏其中一部分，而水汽化要破坏所有的氢键。

虽然从单个氢键来看，键能 F—H…F 大于 O—H…O，但从固态变成液态或液态变成气态所需消耗的总能量来看，H_2O 消耗的能量大于 HF，所以 H_2O 的熔点、沸点要比 HF 高。

2）NH_3 有较低熔、沸点（分别为－77.7 ℃和－33.4 ℃）的原因主要有：

(1) 氨晶体中，虽然每个氨分子可以参与形成 6 个氢键（每个氨分子均摊到 3 个氢键），但 N 的电负性较 O 小，形成的 N—H…N 氢键较弱。

(2) 每个氨分子中只有 1 对孤对电子，不能形成交联网络。

(3) 固态氨熔化、气化时只有部分氢键断裂，液氨和氨气中还存有氢键。

3. 如何判断分子间氢键和分子内氢键？

分子间氢键存在于分子之间，是一个分子的 X—H 键与另一个分子的原子 Y 相结合而成。分子内氢键是一个分子的 X—H 键与它内部的原子 Y 相结合而成。当分子内部 2 个可能发生氢键作用的基团的空间位置、空间距离合适时，才会形成分子内氢键。分子内氢键 X—H…Y 三原子不可能在一条直线上，如邻羟基苯甲醛形成的分子内氢键（如图 3－34 所示）。而对羟基苯甲醛只能形成分子间氢键（如图 3－35 所示），不能形成分子内氢键。

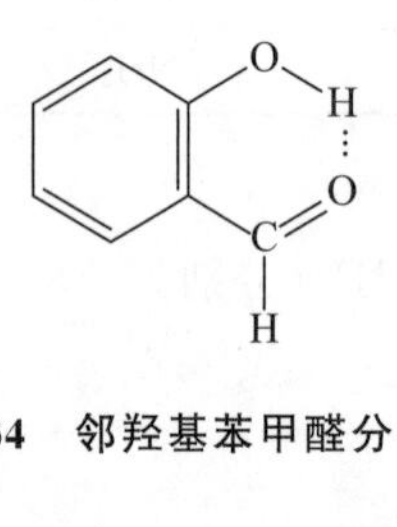

图 3－34　邻羟基苯甲醛分子内氢键

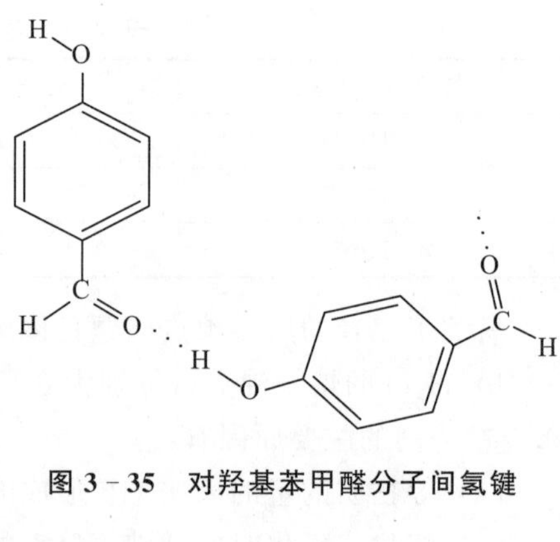

图 3－35　对羟基苯甲醛分子间氢键

4. 氢键对物质性质有哪些影响？

1）对物质熔沸点的影响。如果形成分子间氢键，增强了分子之间的作用力，会使物质的沸点升高，如 H_2O、HF、NH_3 等；如果形成分子内氢键，会弱化分子之间的范德华力，使物质的熔沸点降低，如 HNO_3（如图 3-36 所示）、邻硝基苯酚等。

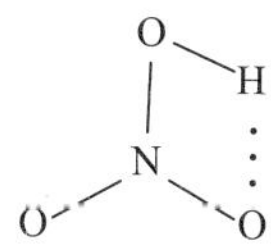

图 3-36 HNO_3 分子内氢键

由于 NH_3、H_2O、HF 存在分子间氢键，这 3 种氢化物的沸点与各自同主族的其他元素的氢化物相比，都表现出反常的升高现象（见图 3-37）。

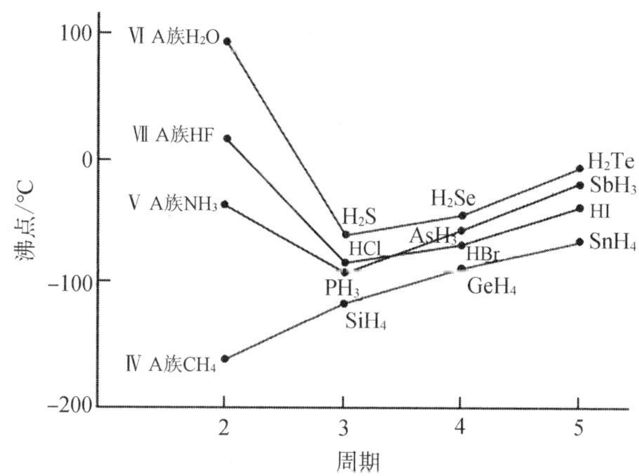

图 3-37 部分氢化物沸点

2）对溶解度的影响。在水等极性溶剂中，如果溶质分子与溶剂分子间可以形成氢键，则溶质的溶解度增大。如乙醇溶于 H_2O 时，由于 C_2H_5OH 与 H_2O 间可形成分子间氢键 $CH_3CH_2O—H\cdots O—H_2$，使得 C_2H_5OH 与水以任意比例互溶，而乙醚不能与水形成氢键，因此在水中的溶解度较小，如果溶质分子内形成氢键，则溶质在极性溶剂里的溶解度减小。例如，对硝基苯酚中羟基能与水分子中的氧原子形成氢键，可促使它在水中溶解，但邻硝基苯酚的羟基通过氢原子与其邻位硝基中的氧原子形成分子内氢键（如图 3-38 所示），这样就不能再与水分子形成分子间氢键，从而使溶解度减小。因此，邻硝基苯酚的溶解度比对硝基苯酚小。

再如，HCO_3^- 可以通过氢键形成双聚离子 $(HCO_3)_2^{2-}$（如图 3-39 所示），这个体积较大的阴离子会与 Na^+ 因极化变形使晶格能增大，从而使 $NaHCO_3$ 溶解度较小。

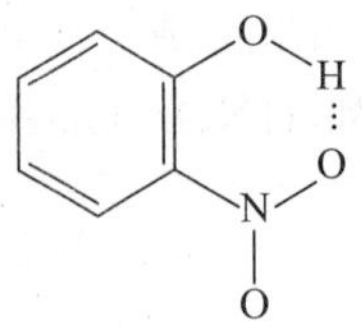

图 3－38　邻硝基苯酚分子内氢键

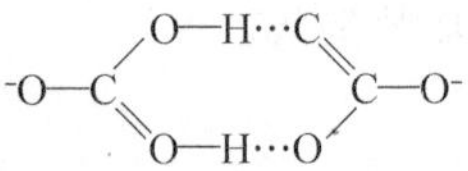

图 3－39　$(HCO_3)_2^{2-}$ 结构

3）对黏度的影响。有分子间氢键的液体一般黏度会增强。例如甘油、浓硫酸等多羟基化合物，分子间可形成较多氢键，通常为黏稠的液体。

4）对密度的影响。分子间形成氢键对物质的密度有影响。如常温液态水中，除了存在简单的水分子外，还存在通过氢键结合而成的缔合分子 $(H_2O)_2$、$(H_2O)_3$ 及 $(H_2O)_n$。当温度降至 0 ℃时，全部水分子间均通过氢键缔合。由于氢键具有饱和性和方向性，每个水分子与周围 4 个相邻水分子按四面体的链接方式形成氢键（如图 3－40 所示），这样冰的微观空间里存在很大空隙，即冰晶体中水分子的空间利用率低，因此冰的密度较小。这就如同学校里上课间操前的学生队伍，学生密集站在一起时，密度大；做操时，学生呈一定的队形排开，这时中间有很大空隙，密度减小。

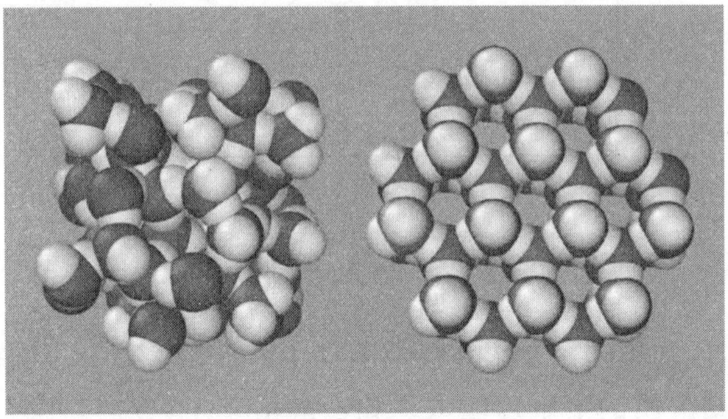

图 3－40　左边为水分子，右边为冰分子

图 3－41　NH_4F 中的氢键（单晓海老师提供）

5. NH_4F 中存在氢键吗？

通常认为 NH_4F 晶体中阴、阳离子之间的作用力是离子键，实际上，F^- 和 NH_4^+ 间还存在氢键。在氟化铵晶体中，以离子键为主，但同时存在非常明显的氢键作用。高温下 NH_4^+ 在晶格中可以自由转动，此时可以认为氢键已经被破坏掉。当温度不高时，NH_4^+ 的 4 个 H 分别与其 4 个方向的 F^- 间形成氢键（如图 3－41 所示），此时 NH_4^+

相当于被固定下来，这时氢键的作用就体现出来了。这里还需要说明的是：分子间作用力（包括氢键和范德华力）是专有名词，它发源于分子间，但不仅限于分子间，在分子内同样存在分子间相互作用，如氟化铵中 F^- 和 NH_4^+ 间的氢键作用。

参考文献

[1] 严业安．对《物质结构与性质》模块教学中疑难问题的解答 [J]．福建教育，2014（03）：52—54.

[2] 严业安．《物质结构与性质》教学中应关注的几个问题 [J]．福建教育，2014（1、2）：106—109.

[3] 吴星．中学化学疑难辨析 [M]．南京：江苏教育出版社，2012：150.

[4] 吴俊明，李建强．"分子中原子相互影响"观念的基础、养成、意义和应用 [J]．化学教学，2015（06）：3—9.

[5] 北京师范大学，华中师范大学，南京师范大学无机化学教研室．无机化学（下册）[M]．4 版．北京：高等教育出版社，2003：104—109.

[6] 课程教材研究所．物质结构与性质教师教学用书 [M]．北京：人民教育出版社，2009：49.

[7] 王庆文．有机化学中的氢键问题 [M]．天津：天津大学出版社，1993：1，5.

问题 20 气体在水中的溶解度是由什么决定的？

NH_3 极易溶于水，CO_2 能溶于水，N_2 难溶于水。气体在水中的溶解度到底是由什么决定的？

气体在水中的溶解度主要由气体性质（内因）决定，除此之外，还受温度、压强等外因的影响。

例如：NH_3 极易溶于水的原因主要有 3 个：①NH_3 能与水反应；②NH_3 与水可形成分子间氢键；③NH_3 与水都是极性分子。根据相似相溶原理，极性分子易溶于极性溶剂。这些因素大大增强了氨气的溶解度。

再如 CO_2、SO_2 这些气体溶于水后，由于部分能与水反应而转化，这样会增强这些气体在水中的溶解度。

而 H_2、O_2、N_2、CO 等气体既不能与水反应，也不能与水形成氢键，它们在水中的溶解度，只能靠气-液平衡关系来维持，由于属于不同相，溶于水中的气体与溶液之间隔有一层气膜，所以气体不能以单个分子的形式均匀地分散在溶液中。这种情况下，气体的溶解度主要就由分压决定了，气体分压越大，溶解度越大。当然，H_2、O_2虽然都难溶于水，但O_2的相对分子质量大于H_2的相对分子质量，O_2分子与H_2O分子间的色散力大于H_2分子与H_2O分子间的色散力，因此压强相同时，O_2在水中的溶解度比H_2在水中的溶解度大。

参考文献

[1] 北京师范大学，华中师范大学，南京师范大学无机化学教研室．无机化学（上册）[M]．4版．北京：高等教育出版社，2003：297－299.

[2] 吴星．中学化学学科理解：疑难问题解析 [M]．上海：上海教育出版社，2020：21.

问题21 为什么硝酸的酸性不如高氯酸强？

含氧酸（H_nRO_m）在水溶液中的酸性强弱取决于酸分子电离出H^+的难易程度，而H^+电离的难易程度又取决于酸分子的中心原子（R）吸引羟基氧原子的电子的能力大小。当R的半径较小，电负性较大，氧化数较高时，R对羟基氧原子的电子吸引力较强，能够有效降低氧原子上的电子密度，使O—H键更易断裂而释放出H^+，表现出较强的酸性。这一经验规则被称为R—O—H规则。

R—O—H规则是定性规则，只考虑了与R相连的羟基对酸强度的影响，没有考虑与R相连的其他原子（特别是非羟基氧原子）的影响。鲍林（Pauling）根据许多实验事实补充为：含氧酸分子［可改写为$H_{n-1}(OH)_1RO_{m-1}$］中非羟基氧原子数l越大，表示分子中R→O配键越多，R的正电性越强，对—OH中氧原子的电子吸引作用越大，使氧原子上电子密度减小的越多，O—H键越弱，酸性也就越强。$HClO_4$非羟基氧原子数（为3）大于HNO_3的非羟基氧原子数（为2），因此$HClO_4$酸性强于HNO_3。

参考文献

北京师范大学，华中师范大学，南京师范大学无机化学教研室．无机化学（上册）[M]．4版．北京：高等教育出版社，2003：615－617.

问题22 如何理解H_2SO_4及SO_4^{2-}的结构？

由价层电子对互斥理论可知，SO_4^{2-}中的硫原子采用sp^3杂化，离子空间构型为正四面体形，SO_4^{2-}源于H_2SO_4分子，可是H_2SO_4结构中4个S—O键却各不相同。那么，如何理解 H_2SO_4分子及 SO_4^{2-} 的结构呢？

通俗地讲，可以从 H_2S 的分子结构入手简单理解 H_2SO_4 分子的结构。H_2S中 S 的 2 个单电子和 2 个 H 原子形成 2 个 σ 键，另外 S 还有 2 对孤对电子，具有配位能力。和 O 配位时，O 空出 1 个空轨道来接受 S 原子的电子对，O 其他 6 个价电子挤占 3 个轨道，同时将 2 个 H 分别换成—OH，这就是H_2SO_4的结构。可是，为什么 H_2SO_4结构中的 4 个 S—O 键会各不相同呢？

详细地说，H_2SO_4分子结构中 4 个 S—O 键不同是因为中心 S 原子采用的是不等性 sp^3 杂化。S 原子的价电子排布为 $3s^2 3p_x^2 3p_y^1 3p_z^1$，在 S 原子杂化后的 4 个 sp^3杂化轨道中，6 个电子占据 4 个 sp^3 杂化轨道，其中有 2 个是单电子轨道、2 个是对电子轨道。2 个单电子轨道分别与 2 个 OH 中的 O 形成 2 个σ 键，2 个对电子轨道和 O 原子配位时，形成 σ 配位键和 d－pπ 配键。具体地说，S 原子和 O 原子配位时，O 原子的电子由 $2s^2 2p_x^2 2p_y^1 2p_z^1$ 重排成 $2s^2 2p_x^2 2p_y^2 2p_z^0$，空出 1 条 p 轨道来接受 S 原子杂化轨道的对电子，这是 σ 配位键；另外，O 原子中 p 轨道的对电子可以反馈入 S 的 3d 空轨道，形成 d－pπ 配键。因此，H_2SO_4结构式中 S 和 O 之间的双键，就是 1 个 σ 配键和 1 对 d－pπ 配键（如图 3－42 所示）。

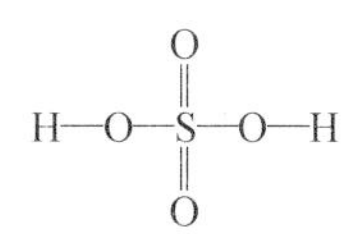

图 3－42　硫酸的分子结构－1

这种不等性杂化的结果，导致 H_2SO_4分子结构中所有键长和键角都不同，因此，也有的书中采用下图方式来表示 H_2SO_4（如图 3－43 所示）。其中，S→O 的键长略短于 S—O。

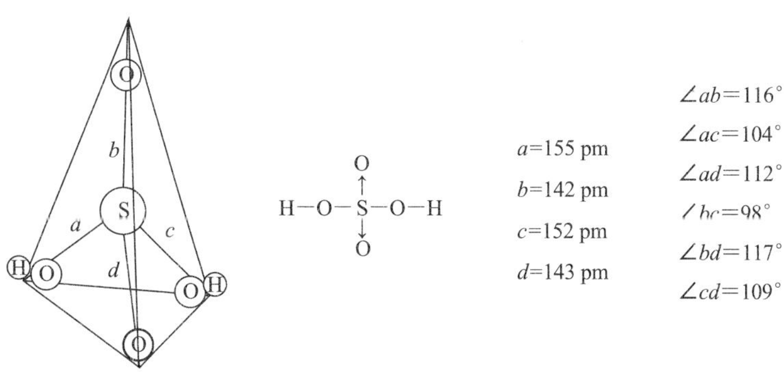

图 3－43　硫酸的分子结构－2

若 H_2SO_4中的 2 个 H 以 H^+ 的形式解离，将共用电子留给原来的体系，形成了 SO_4^{2-}，形成的 SO_4^{2-} 并不改变原来的空间取向趋势（如图 3－44 所示），在 SO_4^{2-} 中，S 原子分别和 4 个 O 原子形成的 4 个 S→O 键变得完全相同，因

此 SO_4^{2-} 空间构型为正四面体形。

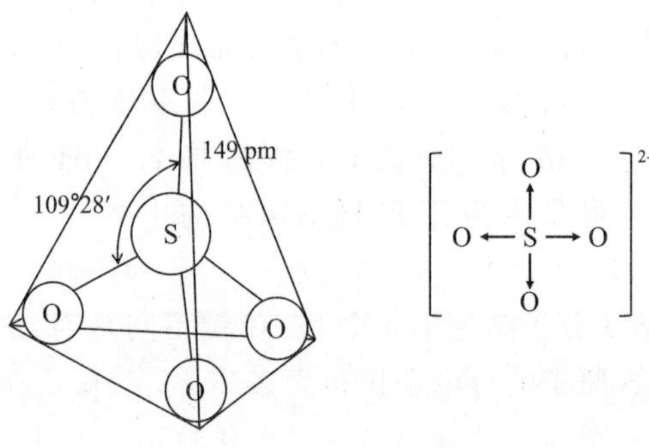

图 3-44　SO_4^{2-} 离子的结构

参考文献

[1] 严宣申．化学原理选讲 [M]．北京：北京大学出版社，2018：218.

[2] 北京师范大学，华中师范大学，南京师范大学无机化学教研室．无机化学（下册）[M]．4 版．北京：高等教育出版社，2003：503—505.

[3] 宋天佑．无机化学教程 [M]．北京：高等教育出版社，2012：500.

三、晶体结构与性质

问题 1　玛瑙是晶体还是非晶体？

2019 人教版高中化学选择性必修 2《物质结构与性质》教材中，关于晶体的内容有如下表述："晶体的自范性即晶体能自发性地呈现多面体外形的性质。所谓自发过程，即自动发生的过程。不过，自发过程的实现，仍需要一定的条件……晶体呈现自范性的条件之一是晶体生长的速率适当。熔融态物质冷却凝固，有时得到晶体，但凝固速率过快，常常只得到肉眼看不到多面体外形的粉末或没有规则外形的块状物，甚至形成的只是非晶态（玻璃态）。最有趣的例子是天然的水晶球。水晶球是岩浆里熔融态的 SiO_2 侵入地壳内的空洞冷却形成的。剖开水晶球，它的外层是看不到晶体外形的玛瑙，内层才是呈现晶体外形的水晶。不同的是，玛瑙是熔融态 SiO_2 快速冷却形成的，而水晶则是熔融态 SiO_2 缓慢冷却形成的。"

教材的这段叙述容易使学生产生"玛瑙是晶体还是非晶体"的困惑：看不到晶体外形的玛瑙，是因为我们用肉眼观察不到，识别不出它是晶体呢？还是由于熔融态 SiO_2 快速冷却，生长的速率不当，确实已不再是晶体？

在大学无机化学中；有这样一句话："紫水晶、玉髓、燧石、玛瑙和碧玉都是含杂质的有色石英晶体。"需要说明的是：实际存在的晶体中，多少都存在一定的缺陷。按几何形式划分可分为点缺陷、线缺陷、面缺陷和体缺陷。如：晶体缺陷反映在晶体中出现空洞、气泡、包裹物、沉积物，等等。

因此，肉眼看不到晶体外形的玛瑙实际上是石英的一种隐晶质变体，定为晶体更为合适。

参考文献

[1] 北京师范大学，华中师范大学，南京师范大学无机化学教研室．无机化学（下册）[M]．4版．北京：高等教育出版社，2003：577.

[2] 周公度，段连运．结构化学基础 [M]．2版．北京：北京大学出版社，1995：328—339.

[3] 课程教材研究所．普通高中教科书（选择性必修2）．物质结构与性质 [M]．北京：人民教育出版社，2019：70.

问题2 如何培养大晶体？

晶体的颗粒大小与结晶条件有关。溶质溶解度越小、溶液浓度越高、溶剂蒸发速度越快、溶液冷却得越快，析出的晶粒就越细小。反之，可得到较大的晶体颗粒。具体而言：保证晶体浓度适当，升高温度，让初生的沉淀与母液一起放置一段时间有利于大晶体的生成。

例：硫酸铜大晶体的制备过程：

方法一：

（1）将硫酸铜晶体溶于水配成 $CuSO_4$ 热饱和溶液，过滤，得到澄清的 $CuSO_4$ 饱和溶液。

（2）选取形状完整的小晶体作为晶种，用头发或细铜丝扎牢捆绑后放入冷却并过滤后的饱和溶液中。

（3）每隔2～3d，把上述晶体和溶液转入另一烧杯中，除去烧杯底部析出的小晶粒。析晶过程中注意防尘防震，取出晶体后应及时清理晶体上的各种突起。

（4）一段时间后晶体不断长大，晶体长大后从溶液中取出，擦干表面后涂上清漆或其他保护层，防止表面风化。

方法二：

1. 仪器和药品

$CuSO_4$ 固体粉末（分析纯）、烧杯、漏斗、滤纸、玻璃棒、培养皿、蒸馏水、铁架台、药匙、镊子。

2. 实验步骤

(1) 将烧杯、漏斗、玻璃棒、培养皿用蒸馏水洗净。

(2) 取 200 mL 蒸馏水于烧杯中，加入约 80 g $CuSO_4$ 粉末，用玻璃棒搅拌直至烧杯内固体不再溶解，过滤。

(3) 将饱和溶液直接过滤于培养皿中。

(4) 在培养皿上盖滤纸防尘、静置。在结晶之前不要使培养皿受到震动。

(5) 约 2d 后有小块单晶析出，当长到合适大小（长边约 5 mm）后取出，作为晶种（培养皿中剩余的溶液可能会在短时间内析出大量碎晶，碎晶回收后可再次使用)。

(6) 再次配制饱和溶液，加入少量蒸馏水，使溶液接近饱和。重复步骤(3)，使溶液几乎注满培养皿。轻轻放入晶核，静置，盖上滤纸防尘。

(7) 根据个人需要待晶体生长到合适大小后取出。

3. 实验注意点

(1) 结晶过程中溶液一定不能受到震动（包括不要把镊子伸进溶液)。

(2) 制作时应戴手套。

(3) 制出的晶体长时间暴露在空气中易风化，建议装入自封袋中保存。

参考文献

[1] 任雪明，吴文中．高中化学教学疑难问题研析［M]．杭州：浙江教育出版社，2015：19—20.

[2] 朱珉晔，徐守兵．硫酸铜单晶的一种新制法［J]．中学化学教学参考，2019（17)：54—56.

问题3 如何理解晶体的各向异性？

“各向异性”通俗地理解就是在不同的方向上性质有差异。日常生活中就有这样的例子。如取一张纸巾，横竖 2 个方向分别去撕，一个方向能从上到下撕到底，换一个方向再撕，就总会偏离。再如，切熟牛肉时，刀要逆着牛肉纹理切（即刀口方向与纹理方向垂直或斜着)，否则牛肉就会碎裂。

晶体的各向异性又该如何理解呢？

晶体的某些性质，如强度、导热性、导电性、光学性质、折射率等，从晶体的不同方向去测定时，常常是不同的，晶体的这种性质称为各向异性。由于晶体内部微观粒子（原子、离子、分子）呈现高度有序排列，它们总是在不同的方向上按照某些确定的规则重复地排列，但各方向排列的疏密程度不尽相同，从而导致晶体在不同方向上的物理性质的差异。

例：观察石墨晶体的层面结构（如图 3－45 所示）。确定一个碳原子为基点，在图示的 5 个方向上，相同距离经过的碳原子个数不同。各方向原子排列疏密程度的不同，决定了石墨晶体在不同方向上物理性质有差异，这就是晶体的各向异性。

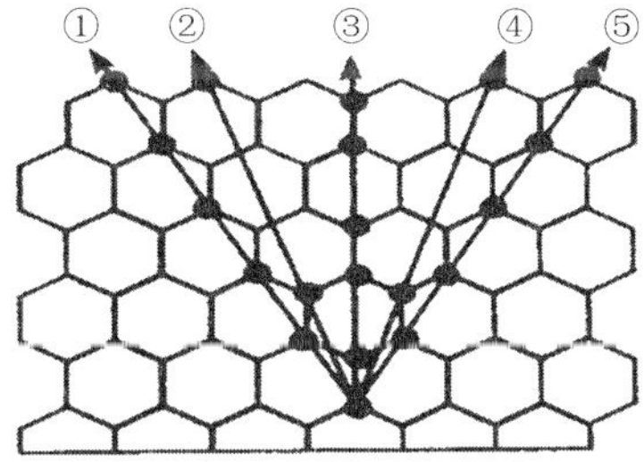

图 3－45　石墨晶体的层面结构

参考文献

[1] 吴丹丹．借力“四镜”在高度俯瞰与深度解析中发展学生素养 [J]．中学化学教学参考，2019（07）：8—11.
[2] 胡宗球．无机化学（上册）[M]．北京：科学出版社，2014：227.

问题 4　晶体的 X－射线衍射实验是由它的周期性结构决定的吗？

X－射线衍射实验于 1912 年问世，是区分晶体和非晶体最可靠的科学方法。晶体的 X－射线衍射实验是由其周期性结构决定的。

晶体的周期性结构可以使晶体对 X－射线、中子流、电子流等产生衍射效应。对应的晶体研究方法分别为 X－射线衍射法、中子衍射法和电子衍射法，这些方法都能获得有关晶体结构可靠而精确的数据。尤其是 X 射线衍射法应用广泛，是人们认识物质微观结构的重要途径。

X－射线是指波长范围为 1～10000 pm 的电磁波，用于测定晶体结构的 X－射线波长为 50～250 pm。这是由于此时晶体结构的周期大小和 X－射线的波长相当，可作为三维光栅，使 X－射线产生衍射效应。晶体的 X－射线衍射实验包括 2 个要素：衍射方向和衍射强度。测定晶体的衍射方向可以求得晶胞的大小和形状；测定晶体的衍射强度可以知道晶胞中的原子分布，可由晶胞中原子的坐标参数表征。据选用晶体不同，有单晶衍射法（作单晶衍射用的晶体一般为直径 0.1～1mm 的完整晶粒）和多晶衍射法（多晶样品为一小块金属，一包晶体粉末等，其中含有无数个小晶粒。它们杂乱无章、取向机遇地聚集在一起，产生的衍射花样和单晶不同）。

非晶体物质没有周期性结构，只能产生散射效应，得不到衍射图像。晶体的 X－射线衍射是了解晶体内部结构的重要实验方法。

实际上，晶体具有的一些共同性质是由晶体内部原子或分子排列的周期性所决定的，如均匀性、各向异性、自范性、固定的熔点、对称性以及晶体对

X-射线的衍射等。

参考文献

周公度，段连运．结构化学基础［M］．3版．北京：北京大学出版社，2002：285—295.

问题5 为什么说化学键与分子间作用力本质上没有区别？

化学键的概念来自实用需要。最初，人们把观察到的原子之间的强烈相互作用称为化学键。但随着电子的发现、原子核的确定、原子模型的建立和量子力学的发展，化学键的概念也逐渐丰富起来。按照现在的传统说法，化学键包括共价键、离子键和金属键。共价键的本质是原子间通过共用电子对形成的相互作用力，当不同原子之间形成共价键时，电子对会发生偏移，此时会涉及电子的重新分配。离子键的本质是带相反电荷离子之间的相互作用，阴、阳离子的形成过程涉及电子得失，也是电子重新分配的过程。金属键的本质是金属阳离子和自由电子间的相互作用力，自由电子来源于金属原子脱落的价电子，此时价电子由原来只属于某个金属原子变成所有原子所共用，也涉及电子的重新分配。综上所述，也可以将化学键定义为有电子重新分配的相互作用。

分子间作用力按实质来说也是静电作用力，包括范德华力和氢键。其中，范德华力包含3种不同的类型：①电荷分布不均匀的极性分子（如HCl、H_2O等）之间以其带异号电荷的一端互相吸引，产生的静电作用使分子按一定的取向排列，从而使体系处于比较稳定的状态，这种静电作用力叫取向力［如图3-46（a）所示］。②电荷分布均匀的非极性分子（如O_2、N_2、CO_2等），由于核外电子的不断运动，分子中电子产生的负电荷中心与原子核产生的正电荷中心瞬时不重合，使分子的电荷分布不均匀，其带异号电荷的一端也互相吸引，这种静电作用力叫色散力［如图3-46（b）所示］。③电荷分布均匀的非极性分子在电荷分布不均匀的极性分子的作用下，导致电荷分布均匀的分子的负电荷中心和正电荷中心不重合，其带异号电荷的一端也互相吸引，产生的静电作用力叫诱导力［如图3-46（c）所示］。氢键是由已经与电负性很大的原子形成共价键的氢原子与另外一个电负性很大的原子之间形成的作用力，表示为X—H…Y（X、Y为N、O、F等电负性大、原子半径较小的原子），此时由于X、Y的电负性很大，所以会带部分负电荷，与X相连的H带部分正电荷，带异种电荷的H和Y之间的静电作用力叫氢键。综上所述，分子间作用力也都可看作是对已存电子分配形式的一种微扰。

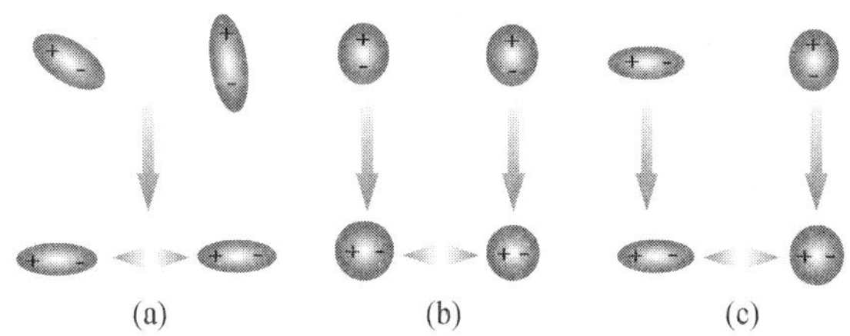

图 3-46　3 种不同的分子间作用力

自然界已知的相互作用可以分为 4 类：万有引力相互作用、电磁相互作用、强相互作用和弱相互作用。按照这样的大类分，化学键和分子间作用力都归属于电磁相互作用。在这个层面上，分子间作用力与化学键没有本质区别。化学键与分子间作用力的差别，在于电磁作用的方式和强度。化学键的形成涉及分子（或原子）间电子的重新分配，强度较大；而分子间相互作用不完全改变已存电子分配形式，而只是对已存电子分配形式的微扰，强度较小。

因此从电磁相互作用的角度分析，化学键与分子间作用力本质上没有区别。

参考文献

[1] 彭笑刚．物理化学讲义 [M]．北京：高等教育出版社，2012：245.

[2] 普通高中课程标准实验教科书．物质结构与性质 [M]．南京：江苏凤凰教育出版社，2014：54.

问题 6　如何理解稀有气体是分子晶体？

元素周期表中零族的 6 种稀有气体元素氦（He）、氖（Ne）、氩（Ar）、氪（Kr）、氙（Xe）、氡（Rn）在 1894—1900 年间陆续被发现，它们占地球大气成分的 1%。在正常的环境下，它们是无色、无臭、无味的单原子气体。在高压电场下，会发出不同颜色的光，可作霓虹灯的光源。

在低温下，稀有气体的球形单原子分子可以堆积形成晶体。晶体中的一个个原子相互隔开，原子之间仅靠微弱的范德华力（主要是色散力）连接。由于范德华力没有方向性，它们的晶体结构与典型的金属晶体结构没有区别，其中 Ne、Ar、Kr、Xe 属于立方最密堆积，而 He 的晶体结构属于六方最密堆积，但都具有分子晶体结构的主要特征，属于分子晶体。

在对化学基本概念的认识上要注意，物质的构成微粒和物质的晶体结构是 2 套系统、2 个概念。前者强调物质组成的基本单元，后者强调这些基本单元之间的空间位置和相互作用特征。稀有气体由原子构成，即其组成是一个个的原子，但不涉及其原子在空间的分布形式。它之所以是分子晶体，是由于其原子间靠分子间作用力——范德华力连接，涉及组成稀有气体的原子在空间的位置关系和相互作用特征，即晶体的结构。

参考文献

钱逸泰．结晶化学导论［M］．3版．合肥：中国科学技术大学出版社，2005：220.

问题7 SiO_2晶体中的Si—O—Si键角是多少?

SiO_2在日常生活、生产和科研等方面有着重要的用途，是制造玻璃、光导纤维、光学仪器、工艺品、单晶硅、芯片和耐火材料等的主要原料。除水之外，二氧化硅是所有化合物中人们研究得最多的一种，已经描述出的物相至少达22个，且已知至少有12种“纯”二氧化硅晶型，天然的二氧化硅的形态大致可分为晶态（如石英、方石英）、非晶态（如硅藻土、蛋白石）、隐晶态（如玛瑙、玉髓）、玻璃态（如黑曜石）等。晶态SiO_2中，又有3种基本结构：石英、鳞石英和方石英，它们都有2～3种变体。如石英有低温石英（α-石英）、高温石英（β-石英）；方石英有低温方石英（α-方石英）、高温方石英（β-方石英）；鳞石英有低温鳞石英、高温鳞石英、中间型鳞石英等。在这些SiO_2晶体中，生活中最常见的是低温石英，遍布海滩河岸的黄沙、带状的石英矿脉、花岗石里的白色晶体以及透明的水晶等都是低温石英。低温石英具有由硅氧四面体SiO_4通过共用顶角氧原子形成的螺旋链状结构（如图3-47所示），单独的螺旋链中没有封闭的环，但相邻的螺旋链之间可以相互连接，通过共用顶角氧原子的方式形成封闭的环。结构中的硅氧四面体几乎是正四面体，Si—O键几乎等长，所有Si—O—Si夹角相等。低温石英具有旋光性，被广泛用作压电材料，如制作电化学装置中的传感器、生活中普遍使用的石英手表等。

其实，不仅是低温石英，各种不同的SiO_2晶体结构均由硅氧四面体共用顶点连接而成。在SiO_2晶体中，每个硅原子采用sp^3杂化，与4个氧原子以单键相连，组成SiO_4四面体（见图3-48），硅原子位于四面体的中心，4个氧原子位于四面体的顶角，四面体间通过共用顶角的氧原子而彼此连接起来，并在三维空间里多次重复，所以SiO_4四面体是SiO_2晶体的基本结构单元。

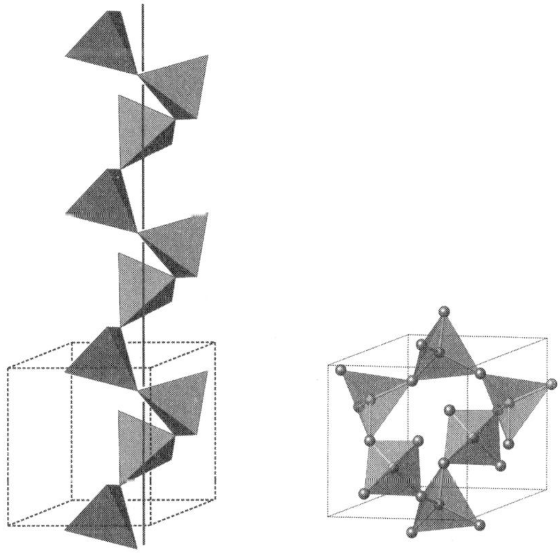

(a)低温石英中的1条螺旋链　　(b)低温石英的晶胞

图 3-47　低温石英的螺旋结构（单晓海老师提供）

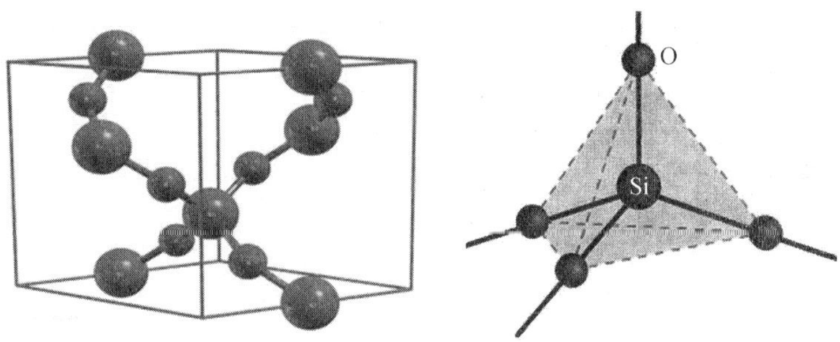

图 3-48　硅酸盐中的 SiO_4 四面体

我们最常见到的和金刚石结构类似的 SiO_2，是高温方石英的结构图（如图 3-49 所示）。中学化学在设计共价晶体 SiO_2 的教学时，通常是从金刚石晶体结构引入的：将金刚石中的 C 换为 Si，即 C—C 键改为 Si—Si 键，就可得到单晶硅（当然键长发生了变化），在单晶硅中的 Si—Si 键之间插入 1 个 O（如图 3-50 所示），就得到了 SiO_2 晶体（构成以氧桥连接的硅氧四面体共价键骨架），这样的引入和表述易于学生理解，但同时会使学生产生“SiO_2 晶体中的∠Si—O—Si 是 180°”的迷思概念，而且许多实物模型和教辅资料所见的图也大抵如此，即图中 Si—O—Si 键均采用了直线表示。但这是一个理想化的处理，实际上氧原子的位置是偏离 Si—Si 键连线的，即 SiO_2 晶体中∠Si—O—Si 的角度不可能为 180°。常压下 SiO_2 的多种晶型中，低温石英的∠Si—O—Si 为

144°，高温石英的∠Si—O—Si 为 155°，低温方石英的∠Si—O—Si 为 147°，硅酸盐中 SiO_4 四面体中的∠Si—O—Si 为 140°。这是因为各种不同的二氧化硅晶体虽然都以氧桥连接形成硅氧四面体，但由于此时氧原子都是 sp^3 杂化，所以不可能是直线形，它们因连接时的扭曲方式不同而出现了不同的对称性，因而键角不同。

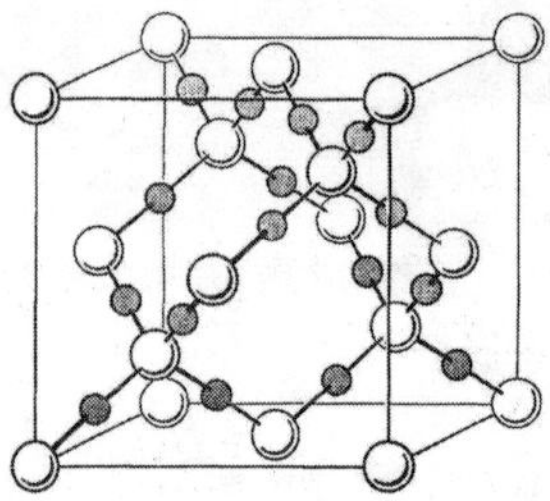

图 3-49　高温方石英结构图

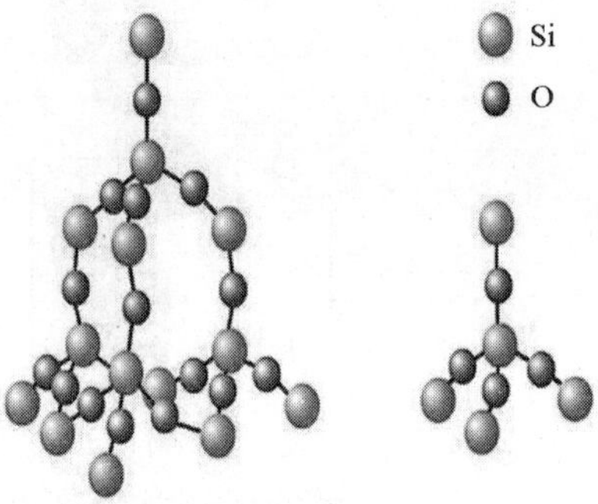

图 3-50　二氧化硅晶体（高温方石英）结构图

需要说明的是：最新的 X-射线衍射实验表明，熔融石英（玻璃）中的∠Si—O—Si 键角的分布范围为 120°～180°，明显比相应的 SiO_2 晶体要宽泛得多（SiO_2 晶体键角分布范围为 125°～160°），且玻璃中的 Si—O 和 O—O 间的距离同相应的晶体几乎没有差别，因此认为 SiO_2 玻璃结构的无规律性主要是由于 Si—Si 距离（∠Si—O—Si 键角）有很大的变动性所导致的。

参考文献

[1] 北京师范大学，华中师范大学，南京师范大学无机化学教研室．无机化学（上、下册）[M]. 4 版．北京：高等教育出版社，2003：161，576.

[2] [英] 格林伍德，厄恩肖．元素化学（上册）[M]. 李学同，译. 北京：高等教育出版社，1996：536－544.

[3] 张青莲．无机化学丛书（第三卷）[M]. 北京：科学出版社，1998：195－200.

[4] [美] 金格瑞，鲍恩，乌尔曼著．陶瓷导论 [M]. 清华大学新型陶艺与精细工艺国家重点实验室，译．2 版．北京：高等教育出版社，2010：58，72，85.

[5] 课程教材研究所．普通高中教科书（选择性必修 2）．物质结构与性质 [M]. 北京：人民教育出版社，2019：81.

[6] 金涌．探索化学化工未来世界：值得为之付出一生 [M]. 北京：清华大

学出版社，2016：94.

问题8 共价晶体键能越大，熔点一定越高吗？

比较共价晶体的熔点时，通常的判断方法是比较共价晶体中共价键键能的人小。键长越短，键能越人，共价键越稳定，破坏共价键所需的能量越多，相应共价晶体的熔点就越高。这种判断方法一般来说没有太大问题，但实际情况往往存在例外。

选取β-方石英（即高温方石英，SiO_2晶体的一种），金刚石，碳化硅，晶体硅（如图3-51所示）这4种较为典型的共价晶体来进行比较：

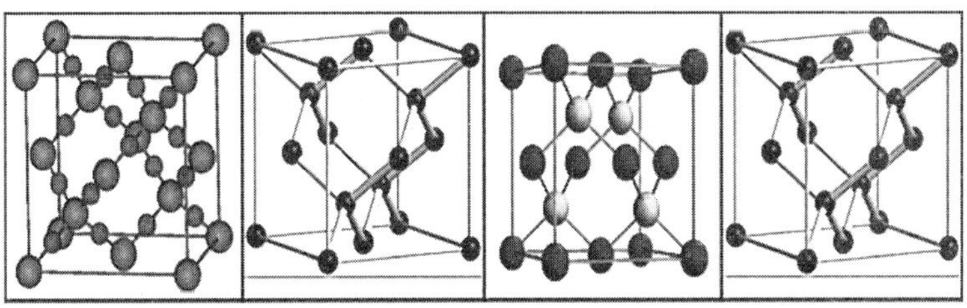

β-方石英　　金刚石　　碳化硅　　单晶硅

图3-51　β-方石英、金刚石、碳化硅、单晶硅晶胞结构图

β-方石英（SiO_2有多种晶体结构，熔点各不相同，这里选取了β-方石英为代表，用其他晶体的数据也不影响后续讨论），金刚石，碳化硅，晶体硅4种共价晶体的熔点、键能、键长数据如表3-7所示：

表3-7　β-方石英、金刚石、碳化硅、单晶硅的比较

共价晶体	β-方石英	金刚石	碳化硅	晶体硅
化学键	Si—O	C—C	Si—C	Si—Si
键能/(kJ/mol)	452	348	318	226
键长/pm	162	154	189	235
熔点/℃	1713	3550	2700	1410

观察上述晶体的晶胞结构图不难发现，金刚石与单晶硅的结构完全相同，只是把Si换成了C；若将金刚石中一半C换成Si，就得到了SiC晶体；而β-方石英则是在晶体Si的基础上，每2个Si之间插入了1个O（图3-51中∠Si—O—Si为155°，并非180°）。

同时还发现，键能、键长的顺序与熔点顺序并不完全一致。金刚石、碳化硅和晶体硅的熔点顺序与键能、键长大小顺序是一致的，问题出在SiO_2晶体，无论据键能或键长推理，SiO_2的熔点都应该高于 SiC，实际却低了近 1000 ℃。

这是因为从键能比较熔点的隐含前提是“熔化即解离为原子”，但事实上某些物质的熔化过程并不需要断开所有的键。这就像将冰融化成液态水后，水分子间的氢键只是部分被破坏，并未完全消失。同理，SiO_2熔化后的结构单元可以是 SiO_4 而不一定是原子，与其他 3 种不同，因此据键能或键长推断出现了错误。这就提醒我们：必须熔化前、后结构，作用力变化相似的晶体，才可以用键能比较熔点，否则就可能出现问题。而忽视特殊性，滥用规律，其实也是教学中产生事实性错误的主要来源之一，应引起注意。

问题 9　石墨和金刚石究竟谁的熔点高?

碳的英文名称为 Carbon，源自拉丁语“carbo”，意为“煤，木炭”。碳在史前就已经被发现，是人类最早接触到的元素之一，也是人类最先利用的元素之一。纯净的碳最常见的 2 种单质是柔软滑腻的石墨和坚硬光亮的金刚石，此外还有碳纳米管、富勒烯等。

石墨的英文名为 graphite，来自希腊文“graphin”，意思是“写”。人类很早就开始使用石墨，但直到 1779 年，瑞典化学家舍勒将其氧化成二氧化碳，才证明它的化学成分是碳。石墨的硬度为 1，是最软的晶体之一，经常被用作润滑材料、坩埚、电极、铅笔芯等。

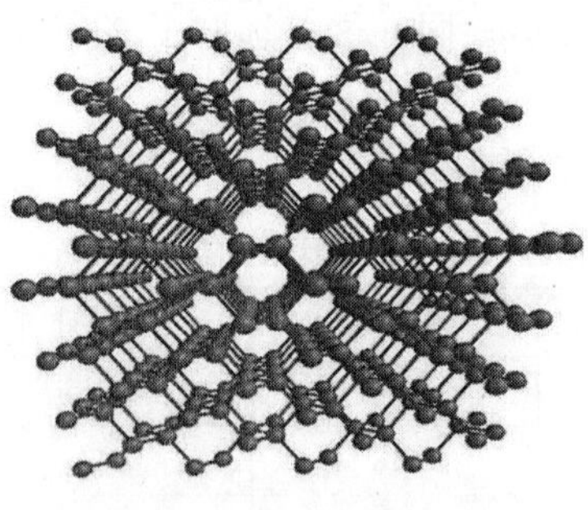

图 3 - 52　金刚石

金刚石（如图 3 - 52 所示）的英文名为 diamond，来自希腊文“adamas”，意思是“无敌”。早在公元前 700 年，人们就知道金刚石很硬，1796 年，S. Tennant 首次将金刚石燃烧成为二氧化碳，证明其化学本质为碳。金刚石的硬度为 10，是硬度最高的物质，除了人类熟知的钻石外，金刚石还被广泛应用于制造钻头、精密仪器和磨削工具等。

关于石墨和金刚石的熔点问题，2019 年鲁科版普通高中化学教科书“物质结构与性质”第 3 章第 2 节明确列出：“金刚石的熔点为 3550 ℃”；同时还指出：“实验测定，石墨的熔点高达 3850 ℃，高于金刚石的熔点”。但是通过查阅资料，会发现许多不同结论（如表 3 - 8 所示均出自相应无机化学“碳元素”正文部分）：部分资料只提供了金刚石的熔点，并未给出石墨的熔点；部分资料指明金刚石熔点更高，与鲁科版教材观点相左；部分资料在特定压强条件下给二者熔点限定了一个范围。另外，查阅《兰氏化学手册》发现，其中只列举了石墨在常压下的沸点为 3930 ℃，金刚石在 63 标准大气压下的熔点为 4000 ℃。本来，在一般情况下，若无特殊说明，文献中各物质的熔点应该是指在 1 个大气压下于敞口容器中测定所得。那么，石墨和金刚石的熔点为什么会出现这样的反常情况呢？

表 3－8 石墨和金刚石的熔点一览表

序号	石墨熔点	金刚石熔点	资料来源
1	4100±100 K（0.9 GPa） 3925～3970 K 升华（常压）	4100±200 K（12.5 GPa）	郝润蓉．无机化学丛书第三卷
2	—	3823 K	天津大学无机化学教研室．无机化学．3 版
3	—	所有单质中最高	严宣申，王长富．普通无机化学．2 版
4	三相点：4764 K（10.3 MPa）； 4098 K 升华	4713 K（12.4 GPa）	宋天佑．无机化学（下册）
5	3773 K	3823 K	张祖德．无机化学
6	3925 K	3823～4273 K	360 百科

丰富多彩的物质是由大量微观粒子聚集而成的，结构决定性质，下面我们通过分析石墨和金刚石的结构来探讨石墨和金刚石的熔点问题。

金刚石是共价晶体，每个碳原子以 sp^3 杂化轨道与另外 4 个碳原子形成共价键，构成正四面体，所有价电子都参与了共价键的形成，晶体中没有自由电子，所以金刚石不导电。金刚石中 C—C 键长为 154 pm，键角为 109.5°，键能为 347 kJ/mol（见图 3－53 所示）。2019 年鲁科版普通高中化学教科书指出："要想熔化金刚石，需要破坏其中的共价键，这需要非常大的能量，因此金刚石是一种熔点很高的物质。"

石墨晶体是层状结构（如图 3－54 所示），碳原子为 sp^2 杂化，层内每 6 个碳原子通过共价键形成 1 个六元环，每个碳原子被 3 个六元环所共用，形成无限的平面六边形网状结构。这些网状结构依靠范德华力形成片层结构。此外，每个碳原子还有 1 个未参与杂化的含 1 个单电子的 p 轨道，这些 p 轨道相互平行且垂直于六元环所在的平面，以肩并肩的形式形成离域大 π 键（π_m^m）。离域电子可以在整个六边形网状平面上运动，因此石墨的大 π 键有部分金属键的性质，且在与层平行的方向上有良好的导电性和导热性。此外，石墨容易沿着与层平行的方向滑动、裂开，因此石墨质软且具有润滑性。综上，石墨晶体中不仅有共价键、范德华力，还有大 π 键的金属键特性，因此石墨属于混合晶体。在石墨晶体中，层内 C—C 键长为 142 pm，键角为 120°，层间距离为 335 pm。

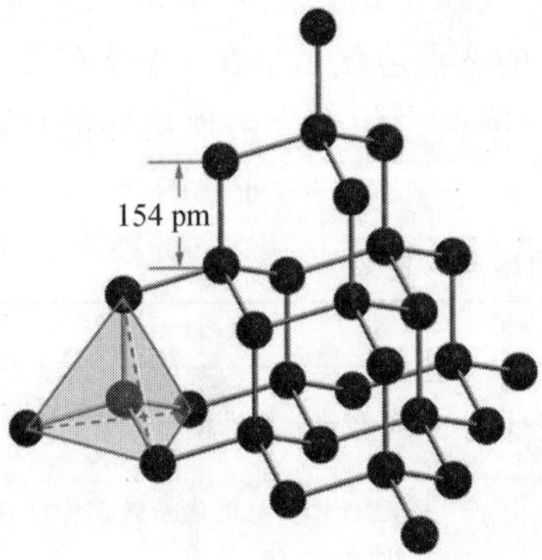

图 3-53　金刚石晶体结构图

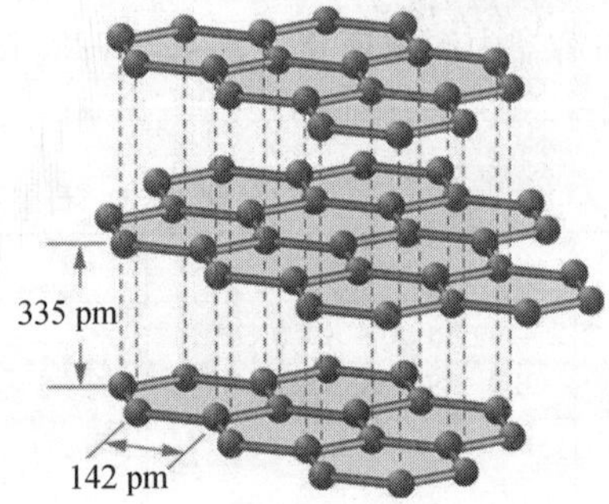

图 3-54　石墨晶体结构图

将金刚石和石墨的相关性质参数汇总列于表 3-9。

表 3-9　石墨和金刚石的性质比较一览表

性质	金刚石	石墨
碳原子杂化方式	sp^3	sp^2
键角	109.5°	120.0°
C—C 键长/pm	154	142
密度/$(g\cdot cm^{-3})$	3.514	2.266
$\Delta_f H_m^\theta$ (298 K) /$(kJ\cdot mol^{-1})$	1.895	0.000
S_m^θ (298 K) /$(J\cdot K^{-1}mol^{-1})$	2.377	5.740
$\Delta_f G_m^\theta$ (298 K) /$(kJ\cdot mol^{-1})$	2.900	0.000

认为石墨比金刚石熔点高是这样进行解释的：石墨晶体中的 C—C 键长为 142 pm，金刚石晶体中的 C—C 键长为 154 pm，同为共价键，键长越短，键能越大，键越牢固，破坏它也就越难，需要提供的能量就更多，所以石墨的熔点高于金刚石。另外，键长和键能有密切的对应关系，但是，通过查阅资料发现，几乎无法查到石墨的 C—C 键能数据。键能是指气态基态原子形成 1 mol 化学键释放的最低能量，故猜测可能由于石墨是混合晶体，除层内 C—C 键外，层间还存在作用力，因此在形成石墨的 C—C 键时，其对应能量还应包括层间作用力，故而无法测得只形成 1 mol C—C 键时所释放的能量。

但是上述通过键长初步推测石墨和金刚石的熔点高低是存在问题的。我们可以结合下面的碳相图来厘清这个问题。

系统中把宏观上化学组成、物理性质和化学性质完全均匀的部分，称为一个“相”。相与相之间在指定的条件下有明显的界面，不同相之间可以相互转化，称为“相变”。物质的存在状态既取决于物质的性质，也与温度、压强有关，气、液、固三相间的相变与温度、压强的关系称为相图。

物质的熔点是指在一定压力下，该物质的纯固态和纯液态呈平衡时的温度。此时若与外界无热交换，固、液两相会稳定存在，相对量保持不变。一般情况下，若无特殊说明，文献中各物质的熔点是指在1个大气压下于敞口容器中测定所得。但是，熔点会随着测定压强的变化而变化，变化趋势可从三相图的固液分界线上读取。

观察"碳的相图"（见图3-55），我们发现碳相图里包含5个区域、4种相。5个区域分别是：固态石墨区、固态金刚石区、固态石墨和固态金刚石共存区、液态碳区和气态碳区；4种相分别是：固态石墨、固态金刚石、液态碳和气态碳。由此可以得知，金刚石和石墨熔化以后实际得到了同一种物质——液态碳。另外，通过横、纵坐标的取值可以看出，研究碳体系相变要在高温高压的条件下进行，这给实验操作带来了巨大困难。因此，在碳的相图中有些区域是以热力学原理外推的，甚至是假设的。

从图3-55中可以看到2个三相点：A点是石墨-液态碳-气态碳的三相点，由此可以得出，石墨在10.8±0.2 MPa的压强下，熔点是4600±300 K，这与表3-8的第4行数据基本贴合；B点是金刚石-石墨-液态碳的三相点，那么这一温度是金刚石和石墨在此压强下的共同熔点吗？据上述熔点的定义，熔点是指在一定压力下，物质的纯固态和纯液态呈平衡时的温度。即熔点对应组成应为纯固态和纯液态，而B点为2种固相和1种液相的交界点，因此，此点不是纯石墨和液态碳的交点，不能算石墨的熔点。同理，也不是金刚石的熔点。

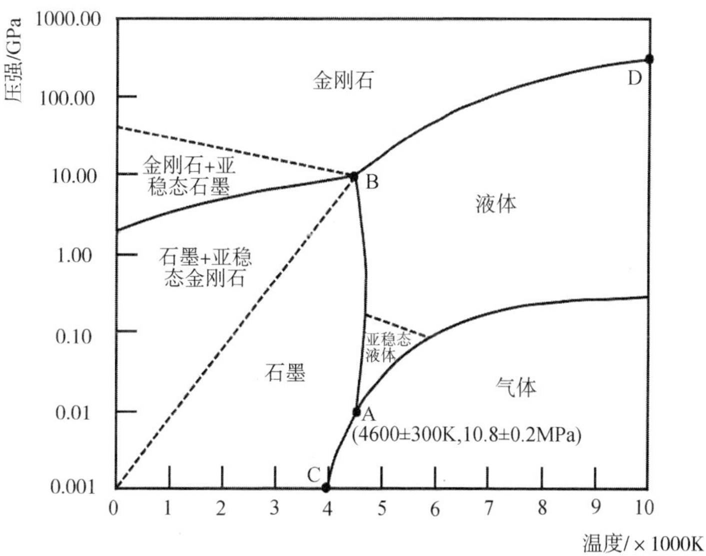

图3-55 碳的相图

除三相点外，图 3－55 中线段 AB 是石墨的固液交界线，因此 AB（不包括 B 点）线上的任意一点都可以读出石墨在该压强下（0.01～10 GPa）的熔点，为 4100～4700 K（估读）；同理，线段 BD 是金刚石的固液交界线，BD（不包括 B 点）线上的任意一点都可以读出金刚石在该压强下（约 10 GPa 以上）的熔点大约为 4100 K 以上（估读）。因此，在未强调压强的情况下，石墨和金刚石的熔点限定一个范围会更加合理。另外，我们可以从图中看出，常压下根本无法测定金刚石和石墨的熔点，也不可能在其他压强下同时测得它们的熔点。也就是说，若资料中同时列出金刚石和石墨的熔点，由于其测定压强不同，数值不同。有时可能金刚石熔点会高于石墨，有时可能情况相反，所以二者熔点高低对比无法判断。

此外，图 3－55 线段 AC 表明，在常压下加热，石墨不会熔化，而是会直接升华。若 C 点继续向下延伸，大致可以读出石墨在常压下的升华温度为 4000 K 左右，与表 3－8 第 1、第 4 行数据基本吻合。那么，金刚石在常压下加热，是否也会像石墨一样升华呢？通过观察相图（图 3－55）可知，图中 4 个区域的交汇点即 B 点是金刚石-石墨-液态碳的三相点，只有在这个点的压强之上，升高温度才有可能使金刚石直接熔化，低于这个压强点加热金刚石，金刚石只会石墨化。也就是说，在常压下，随着温度的升高，金刚石会逐渐转变为石墨。实验已经证明，金刚石在真空中或在惰性气体中加热到大约 1800 K，将会开始石墨化，而且石墨化的速度会随着温度的升高而逐渐加快。而且相图也表明，常温常压下石墨处于稳定状态，金刚石处于亚稳态，即常温常压下金刚石可以自发地转变为石墨，这与“C（金刚石）＝C（石墨）；$\Delta_f H_m^\theta$（298 K）＜0，$\Delta_f S_m^\theta$（298 K）＞0，$\Delta_f G_m^\theta$（298 K）＜0”（见表 3－9），该反应从热力学角度上看可自发进行”相符。但实际上，常温常压下这种转变速度几乎为零，所以金刚石在自然界中才能稳定存在。综上，我们可知，在常压下加热金刚石，首先会石墨化，然后在 4000 K 左右升华，因此常压下金刚石既没有熔点，也不会直接升华。

通过从结构和相图 2 个角度分析石墨与金刚石的熔点高低问题可知，仅从晶体结构的键长方面来判定石墨和金刚石的熔点高低是不合理的，因为石墨和金刚石同属于碳的单质，通过碳相图可知，它们只能在一定条件下存在，并且互相转化，因此抛开压强、温度条件，仅从结构角度探讨石墨和金刚石的熔点问题是不严谨的。另外，比较物质熔沸点应该控制变量，即在同一压强下（通常是常压状态）进行比较，可是碳相图表明，无论是石墨还是金刚石，常压下均没有熔点，若在常压下升温，石墨会升华，金刚石会石墨化后升华，另外也不可能在任意同一压强下同时测定石墨和金刚石的熔点，因此，二者熔点的比较也就无从谈起。所以，对石墨和金刚石进行熔点高低的比较并无价值，中学阶段更应该避免将其与晶体结构联系起来讨论，以免产生错误的结论。

参考文献

[1] 郝润蓉．无机化学丛书（第三卷）[M]．北京：科学出版社，1998：11—16.

[2] 天津大学无机化学教研室．无机化学 [M]．3 版．北京：高等教育出版社，2002：368.

[3] 严宣申，王长富．普通无机化学 [M]．2 版．北京：北京大学出版社，2016：112.

[4] 宋天佑．无机化学（下册）[M]．北京：高等教育出版社，2004：431.

[5] 张祖德．无机化学 [M]．合肥：中国科学技术大学出版社，2008：428.

[6] 傅献彩．物理化学（上册）[M]．北京：高等教育出版社，2005：483.

[7] 陈光定．金刚石、石墨在常压下有熔点吗？[J]．化学教育，1986（04）：51—53.

[8] 王磊．普通高中教科书．选择性必修 2 物质结构与性质 [M]．济南：山东科学技术出版社，2019：96，99.

问题 10　如何理解石墨晶体中的"金属键"？

石墨具有良好的导电性，与金属相似，因此部分学者认为石墨中存在金属键。2004 人教版教材中关于石墨有这样的叙述，"石墨像金属一样有金属键，有导电性"，"石墨晶体中，既有共价键，又有金属键，还有范德华力"。但 2019 人教版教材中删除了上述内容，只保留有"石墨有类似金属晶体的导电性"。2019 鲁科版教材表述为"石墨晶体中既有共价键，又有范德华力，同时石墨晶体还具有金属键的特性"。那么，该如何理解石墨晶体中的"金属键"呢？

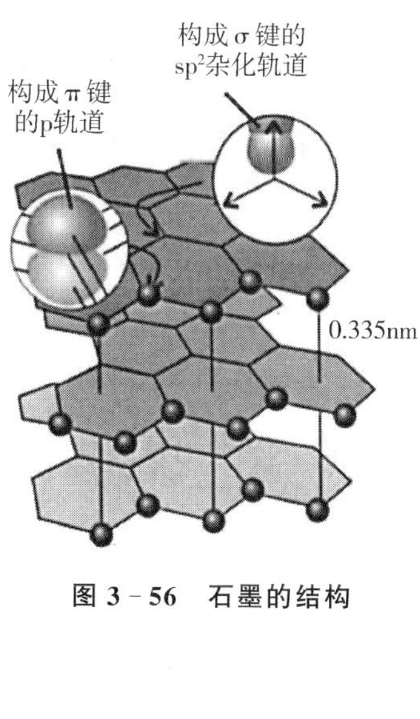

图 3－56　石墨的结构

从石墨的结构来看，石墨晶体为层状结构（如图 3－56 所示），层内碳原子的核间距为 0.142 nm，层间距离为 0.335 nm，层内为共价键，层间靠范德华力维系。石墨晶体中碳原子采用 sp^2 杂化，每个碳原子有 1 个未参与杂化的含 1 个电子的 p 轨道，这些 p 轨道相互平行且垂直于六元环所在的平面，以"肩并肩"的形式形成遍及整个平面的大 π 键（如图 3－57 所示）。未参与杂化的 p 电子可以在整个石墨的六边形网状平面上自由运动。当施加电场时，可以沿电场方向运动，因此石墨具有良好的导电性。

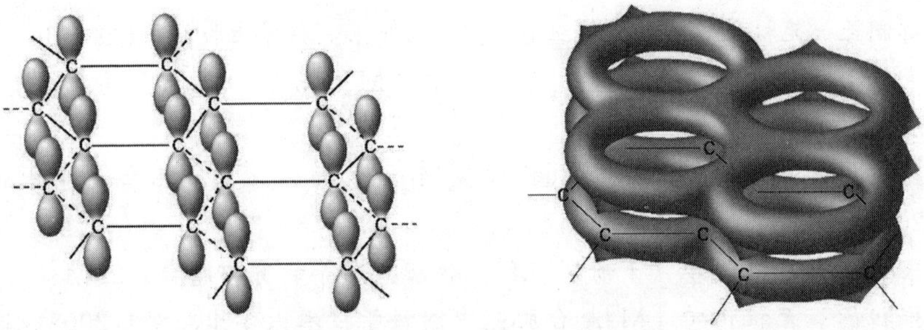

图 3－57　石墨层间大 π 键示意图

2019 鲁科版教材对金属键的描述为："金属键可看作金属阳离子和'自由电子'之间的强的相互作用，而且'自由电子'为整个金属所共有，导致金属键没有饱和性和方向性。"由金属键的定义和特征可知，金属晶体中的微粒——金属阳离子和"自由电子"有赖于金属键维系，金属键没有方向性，金属中的"自由电子"为整个金属所共有，可以沿任意方向导电。而石墨晶体为层状结构，层内微粒间作用力是共价键，与"金属阳离子和自由电子之间的强的相互作用"无关。只是其未参与杂化的 p 电子类似于金属晶体中的自由电子，可以在整个层内自由运动，即使这样，由于相邻碳原子层之间相隔较远，因此这些自由电子也不能从一层运动到另一层，不是任意方向均可导电。综上可见，石墨晶体中并不存在真正意义上的金属键，从高中人教版新、旧教材的变迁也可以得出这一结论。因此只能说石墨有类似金属晶体的导电性，导电的原因类似于金属键。

参考文献

[1] 孙丹，陈阳亨．石墨晶体中化学键类型的探讨［J］．中学化学教学参考，2015（22）：33.

[2] 王磊．普通高中教科书．选择性必修 2 物质结构与性质［M］．济南：山东科学技术出版社，2019：99.

[3] 课程教材研究所．普通高中课程标准实验教科书（选修 3）．物质结构与性质［M］．北京：人民教育出版社，2004：76.

[4] 课程教材研究所．普通高中教科书（选择性必修 2）．物质结构与性质［M］．北京：人民教育出版社，2019：90.

[5] 大连理工大学无机化学教研室．无机化学［M］．5 版．北京：高等教育出版社，2006：332.

问题 11 为什么石墨能导电，白石墨不能导电？

氮化硼（BN）晶体有 3 种晶型：无定形（类似于无定形碳）、六方晶型（类似于石墨）以及立方晶型（类似于金刚石）。其中，六方晶型的氮化硼 $(BN)_n$（见图 3-58）又称为白石墨。

从图 3-58 可以看出，白石墨与石墨一样，都是层状分布，晶体结构非常相似，但石墨具有优良的导电性，而白石墨却不能导电，而且绝缘性能特别好，即使在高温下，它的绝缘性能也超过最耐高温的氧化物。这是为什么呢？

（BN）n 和（C）n 是等电子体系，白石墨结构中的 B—N 基团与石墨结构中的 C—C 基团是等电子体，而且 C、N、B 3 种原子的半径相近，所以白石墨与石墨在结构上很相似。具体体现在：①白石墨同一层内的 B—N 键键长是 144.6 pm，远小于硼原子和氮原子的单键共价半径之和 158 pm，与石墨中同一层内的 C—C 键键长（145 pm）很接近，这一事实说明白石墨层内也有 π 键存在。②白石墨层与层之间的距离为 333 pm，石墨层与层之间的距离为 334.5 pm，也非常接近。二者结构的不同点在于白石墨层与层之间原子的位置是对齐的，但原子种类不同，第 1 层的硼原子正对第 2 层的氮原子，即相同位置上，B、N 交替排列；而石墨相邻层之间，碳原子的位置是互相错开的（见图 3-59）。

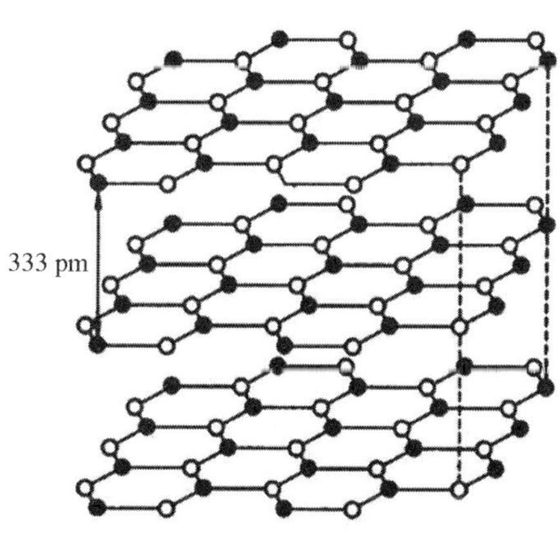

图 3-58 六方相氮化硼（白石墨）

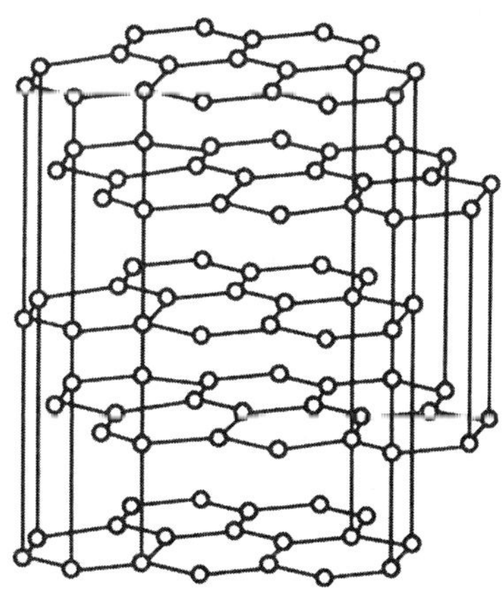

图 3-59 石墨

石墨导电是由于层中存在大 π 键，层内存在离域电子，即“自由移动的电子”。在白石墨中，B 和 N 交替排列，同一层上 B 和 N 都采用 sp^2 杂化轨道“头碰头”重叠形成 σ 键，形成无限延伸的六边形平面网状结构。另外，每个硼原子各有 1 个与六边形平面垂直的空 p 轨道，每个氮原子各有 1 个与六边形平面垂直的含有 1 对电子的 p 轨道，这些 p 轨道肩并肩重叠形成 π 键。白石墨层内虽然有 π 键和 π 电子存在，可这些电子却不是自由的，这是因为白石墨中 N 的电负性较大的缘故。从电负性的角度看，B 和 N 的电负性分别为 2.0 和 3.0，N 的电负性较大，吸引电子的能力强，因此 π 键电子被定域在 N 的周围，不能自由移动，因此无法导电。所以，虽然白石墨和石墨结构相似，石墨能导电，白石墨却是优良的绝缘体。

参考文献

[1] 北京师范大学，华中师范大学，南京师范大学无机化学教研室．无机化学（下册）[M]. 4 版．北京：高等教育出版社，2003：596.

[2] 大连理工大学无机化学教研室．无机化学 [M]. 5 版．北京：高等教育出版社，2006：416.

[3] 宋天佑．无机化学教程 [M]. 北京：高等教育出版社，2012：377.

[4] 张青莲．无机化学丛书（第十一卷） [M]. 北京：科学出版社，1998：257.

问题 12　晶格能和离子键有什么区别？

我们知道，晶格能越大，离子键越强。那么，晶格能和离子键有什么区别呢？

在离子晶体中，离子间的作用力并不仅限于 1 对阴、阳离子之间，而是遍及所有离子。以 NaCl 晶体为例，设 Na^+ 与 Cl^- 的最短核间距为 d，以 1 个 Na^+ 为中心，它与周围相距 d 的 6 个 Cl^- 相互吸引，与相距 d 的 12 个 Na^+ 相互排斥，又与相距 d 的 8 个 Cl^- 相互吸引……整个离子晶体中所有离子的静电吸引力和排斥力的总和构成了离子之间的静电作用力，就是晶格能，又称点阵能。

晶格能（U）定义为：在标准状态下，相互远离的气态阴阳离子形成 1 mol离子晶体释放的能量，或 1 mol 离子晶体解离成相距无穷远的气态阴阳离子时所吸收的能量。如 NaCl 的晶格能就是将 1 mol NaCl(s) 晶体变成1 mol Na^+(g) 和 1 mol Cl^-(g) 所需要吸收的能量。可表示为：

$$NaCl(s) \rightarrow Na^+(g) + Cl^-(g) \quad U = 786\ kJ/mol$$

晶格能大小与离子晶体中离子电荷、离子核间距等因素有关，也与离子晶体中离子的排列方式（结构类型）有关。中学阶段常用晶格能的大小来比较离子键的强度和晶体的稳定性。一般来说，晶格能越大，表明离子晶体中的离子键越稳定，离子晶体的熔点越高、硬度越大。晶格能大小还影响离子晶体在水中的溶解度、溶解热等性质。但是晶格能不能直接测定，需用实验方法或理论方法估算。如果经计算得出某离子晶体的晶格能为负值，则意味着这种离子晶体不可能生成。

离子键是阴阳离子之间通过静电作用形成的化学键，X-射线衍射实验已能够证明离子晶体中确有离子键存在。参照共价键定义，离子键键能（以NaCl为例）是指1 mol气态NaCl离解为气态原子Na（g）和Cl（g）时所需要吸收的能量。从定义上可以明显地发现，晶格能和离了键键能二者数据不一样。由于离子型物质一般以晶体状态存在，气态离子型物质通常较少，离子键键能定义并无实用价值，因此通常用晶格能的大小来衡量离子键的强弱。

在图3-60中，NaCl离子键的键能为第2、第3步热焓变化之和的负值（因反应方向相反），即 $E_i=-(\Delta H_3+\Delta H_2)$。而晶格能 $U=-(\Delta H_1+\Delta H_2-\Delta H_f)$ 或 $U=\Delta H_3+\Delta H_4$。

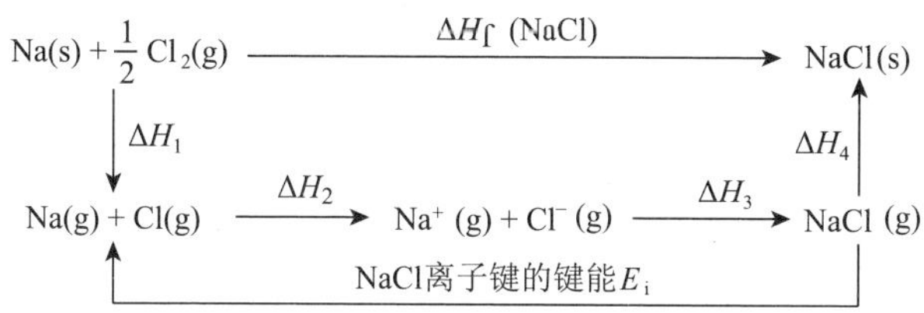

图3-60 NaCl（s）晶格能计算示意图

参考文献

[1] 课程教材研究所．人教版化学选修3教师教学用书［M］．北京：人民教育出版社，2019：80．

[2] 人连理工人学无机化学教研室．无机化学［M］．5版．北京：高等教育出版社，2006：318．

[3] 北京师范大学，华中师范大学，南京师范大学无机化学教研室．无机化学（上册）［M］．4版．北京：高等教育出版社，2003：151—154．

[4] 张祖德．无机化学［M］．合肥：中国科学技术大学出版社，2008：239．

问题13 $MgCl_2$的熔点、沸点为什么比NaCl低？

NaCl和$MgCl_2$是中学常见的2种离子化合物。有的同学发现：按照比较离子晶体熔、沸点的方法，无论从离子所带的电荷数（Na：+1、Mg：+2）或离子半径 $r(Na^+)>r(Mg^{2+})$【$r(Na^+)=95$ pm，$r(Mg^{2+})=65$ pm（鲍林离子半径）】来看，$MgCl_2$的熔点和沸点都应高于NaCl，但真实情况却相反。NaCl的熔点为801 ℃、沸点为1465 ℃，$MgCl_2$的熔点为714 ℃、沸点为1412 ℃，这是为什么呢？

我们知道，离子晶体熔沸点的高低取决于离子键的强弱。一般而言，晶格能越大、离子键越强，晶体的熔沸点越高。但晶格能大小的决定因素除了我们熟悉的离子所带电荷数、离子半径外，还有晶体中离子的排列方式（结构类型）。常见离子晶体的结构类型如表 3－10 所示。其中，NaCl 属于 NaCl 型，$MgCl_2$属于 $CdCl_2$型，二者结构类型并不相同。

表 3－10　常见离子晶体的结构

填隙的类型和分数	ccp（面心立方最密堆积）	hcp（六方最密堆积）
全部八面体空隙	NaCl	NiAs
全部四面体空隙	CaF_2	—
$\frac{1}{2}$四面体空隙	立方 ZnS	六方 ZnS
$\frac{1}{2}$八面体空隙	—	金红石
$\frac{1}{2}$八面体空隙	$CdCl_2$	CdI_2

离子晶体的结构类型和键性因素有关。$MgCl_2$同 NaCl 相比，阴离子相同，阳离子 Mg^{2+} 比 Na^+ 半径更小，离子所带电荷数更高，因此离子极化作用更强（在离子键中，核外电子云会发生形变和交叠，使得离子键中带有共价键的成分，这时离子间距离也会缩短，这种现象叫离子的极化）。离子极化作用增强的结果会减弱离子之间的作用力，加强“离子对”的作用力。即 $MgCl_2$中的离子性减弱，共价性增强。

离子键与共价键并不存在本质的区别，我们可以把离子键和共价键看成是化学键的 2 种极端情况。金属原子与非金属原子之间的化学键几乎既不可能是纯离子键，也不可能是纯共价键，而是属于它们之间的过渡形式。鲍林提出了计算化学键离子性百分数的关系式为：

$$f\text{（i）}=1-e^{-1/4(\chi_A-\chi_B)^2}$$

其中，χ_A和 χ_B分别是 A 和 B 的电负性，当成键两原子电负性差值 $\Delta\chi$ 为 1.7 时，单键 A—B 约有 50％的离子性和 50％的共价性。通常认为成键两元素的电负性差值大于 1.7 时形成离子键，小于 1.7 时形成共价键。在典型离子键与典型共价键之间，存在一类离子性逐渐减少、共价键逐渐增多的过渡键型。成键两元素的电负性差值越小，键的离子性越弱而共价性越强。$MgCl_2$的电负性差值为 1.8，离子性为 55％；NaCl 电负性差值为 2.1，离子性为 63％；$AlCl_3$电负性差值为 1.5，离子性为 43％。从 NaCl→$MgCl_2$→$AlCl_3$，离子性渐弱，共价性渐强。当离子晶体中离子键向共价键过渡时，有的离子晶体在共价性增强后成为小分子（如 $AlCl_3$），导致晶体类型由离子晶体向分子晶体转变，其宏观性质接近于分子晶体，靠较弱的分子间作用力结合。所以其熔、沸点 NaCl（熔点 801 ℃、沸点 1465 ℃）、$MgCl_2$（熔点 714 ℃、沸点 1412 ℃）、$AlCl_3$（熔点 194 ℃、沸点 181 ℃）逐渐下降。

由此可见，由于 NaCl 和 $MgCl_2$ 的晶体结构类型不同、离子键纯粹程度不同，所以简单地采用离子所带电荷数及离子半径来判断它们熔沸点高低是不合适的。

参考文献

[1] 北京师范大学，华中师范大学，南京师范大学无机化学教研室．无机化学（上册）[M]．4 版．北京：高等教育出版社，2003：151—153.

[2] 吴星．中学化学疑难辨析 [M]．南京：江苏教育出版社，2012：119—124.

[3] 周公度，段连运．结构化学基础 [M]．3 版．北京：北京大学出版社，2002：332.

[4] 张祖德．无机化学 [M]．合肥：中国科学技术大学出版社，2008：243.

[5] 钱逸泰．结晶化学导论 [M]．3 版．合肥：中国科学技术大学出版社，2005：254—257.

[6] 张青莲．无机化学丛书（第十一卷） [M]．北京：科学出版社，1998：318.

[7] 课程教材研究所．普通高中课程标准实验教科书（选修 3）．物质结构与性质 [M]．北京：人民教育出版社，2004：79.

问题 14 如何理解离子晶体的结构类型取决于离子键的纯粹程度？

离子晶体结构是一个内涵丰富的概念，其基本内涵是各种离子的空间关系。2004 人教版选修 3 列出决定离了结构的因素有几何因素（晶体中正负离子的半径比 r^+/r^-）、电荷因素（正负离子的电荷比）和键性因素。那么，如何理解“离子晶体的结构类型取决于离子键的纯粹程度（简称键性因素）”呢？

所谓离子键的键性因素和离子的极化作用有关。美国化学家 Fajans 首先提出了离子极化理论。在离子键中，核外电子云会发生形变和交叠，使得离子键中带有共价键的成分，这时离子间距离会缩短，这种现象叫离子的极化（如图 3-61 所示）。离子的极化作用可使典型的离子键向典型的共价键过渡（如图 3-62 所示）。这是因为正、负离子之间的极化作用加强了“离子对”的作用力，削弱了离子对与离子对之间的作用力。

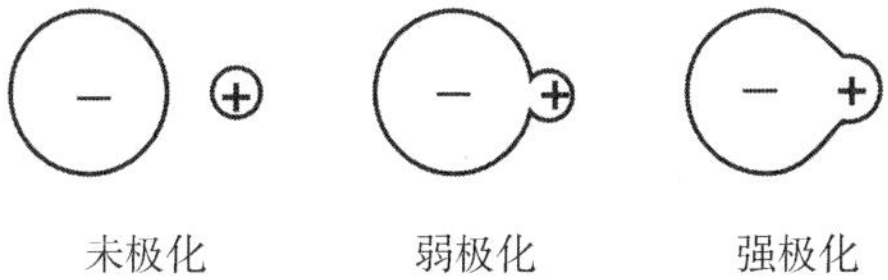

图 3-61 离子的极化

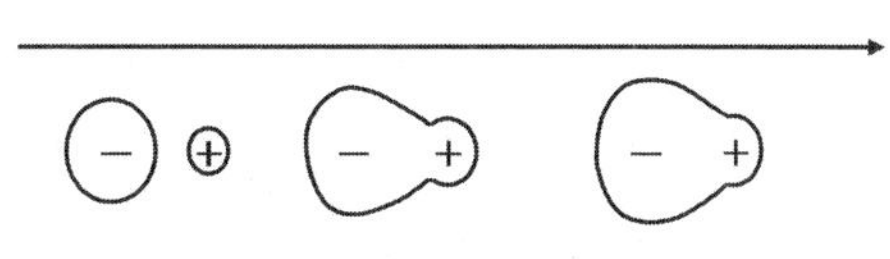

图 3-62 极化作用与键型过渡

键型的过渡既缩短了离子间的距离，也减小了晶体的配位数，改变了晶体的空间结构。如硫化镉（CdS）的离子半径比 r^+/r^- 约为 0.53，按半径比规则应为 6 配位的 NaCl 型，但实际上 CdS 晶体是 4 配位的 ZnS 型。这说明硫化镉晶体此时 $r^+/r^- < 0.414$，其原因就在于 Cd^{2+} 和 S^{2-} 之间存在显著的极化作用，使 Cd^{2+} 部分地钻入 S^{2-} 的电子云中，从而离子距离减小，成为 4 配位的 ZnS 型。需要说明的是，由于离子极化而改变晶型、减小配位数的现象是非常普遍的。

总之，离子键与共价键没有严格的界限，离子键的共价性成分越明显，离子键越会从“无方向性、无饱和性”向“有方向性、有饱和性”转化，这种转化将使离子的配位数下降。还应当指出的是：离子极化是一种人为想象的“过程”，是一种“思维模型”而不是实际过程。

参考文献

[1] 课程教材研究所．人教版化学选修 3 教师教学用书 [M]. 北京：人民教育出版社，2009：77.

[2] 北京师范大学，华中师范大学，南京师范大学无机化学教研室．无机化学（上册）[M]. 4 版．北京：高等教育出版社，2003：147—160.

[3] 大连理工大学无机化学教研室．无机化学 [M]. 5 版．北京：高等教育出版社，2006：323.

问题 15　氧化铝中的化学键是什么类型？

共价键、离子键没有严格的界限，Na_2O、MgO、Al_2O_3、SiO_2 等晶体中的化学键既不是纯粹的离子键，也不是纯粹的共价键（如表 3-11 所示）。这些晶体既不是纯粹的离子晶体，也不是纯粹的共价晶体，是离子晶体与共价晶体之间的过渡晶体。当然，像 SiO_2 这样偏共价晶体的过渡晶体在许多性质上与纯粹的共价晶体接近，因而通常当作共价晶体处理。同理，像 Na_2O 这样偏离子晶体的过渡晶体通常当作离子晶体来处理。

表 3-11　几种氧化物中离子键成分的百分数

氧化物	Na_2O	MgO	Al_2O_3	SiO_2
离子键的百分数/%	62	50	41	33

Al_2O_3 的晶体类型比较多，有 $\alpha-Al_2O_3$、$\beta-Al_2O_3$ 和 $\gamma-Al_2O_3$ 等，晶体结构也非常复杂。

$\alpha-Al_2O_3$ 属于六方密堆积构型，金属铝在氧气中燃烧，将水合氧化铝加热至1273 K以上，灼烧 $Al(OH)_3$、$Al(NO_3)_3$ 和 $Al_2(SO_4)_2$ 能够得到 $\alpha-Al_2O_3$。自然界存在的刚玉是 $\alpha-Al_2O_3$，由于它的密堆积结构，使得晶体中铝离子与氧离子之间的吸引力强，晶格能大，熔点高（2288 K）、硬度大（硬度8.8，仅次于金刚石），是电绝缘体。它不溶于水，也不溶于酸和碱。一般的氧化铝晶体不透明。有些氧化铝晶体基本上是透明的，因含有杂质而呈鲜明的颜色。例如红宝石由于含有极微量铬（Ⅲ）而呈红色，蓝宝石由于含有铁（Ⅱ/Ⅲ）和钛（Ⅳ）的氧化物而呈蓝色，含有少量 Fe_2O_3 的氧化铝称为刚玉粉。刚玉和刚玉粉可作磨料（如牙膏）和抛光剂。人造 Al_2O_3 宝石可用作机器的轴承、手表的钻石和耐火材料等。另外，$\alpha-Al_2O_3$ 纤维因具有结构坚、硬度高、热阻高和质量轻的特点，可作增强复合材料，在汽车制造、航空航天等方面有广泛的应用。

$\beta-Al_2O_3$（实际为 $NaAl_{11}O_{17}$）呈交替密堆积晶格。人们原来以为 $Na_2O\cdot 11Al_2O_3$ 是 Al_2O_3 的一种变体，所以叫 $\beta-Al_2O_3$。但X-射线衍射实验分析证明它是一种近于有缺陷的尖晶石结构。它有离子传导能力，且离子电导很大，因此是制作固体电池的理想材料，在制蓄电池方面有广泛的应用前景。

$\gamma-Al_2O_3$ 属于立方面心密堆积构型，是具有缺陷的尖晶石结构。将氢氧化铝或铝铵矾 $(NH_4)_2SO_4\cdot Al_2(SO_4)_3\cdot 24H_2O$ 加热至723 K可得 $\gamma-Al_2O_3$，$\gamma-Al_2O_3$ 强热至1273 K可转化为 $\alpha-Al_2O_3$。$\gamma-Al_2O_3$ 硬度不高，性质比 $\alpha-Al_2O_3$ 活泼，可溶于酸或碱溶液，粒子小，比表面积很大，具有较高的吸附能力和催化活性，所以又称为活性氧化铝，可以作吸附剂和催化剂。

综上可知，氧化铝有多种晶体，不同类型晶体结构的复杂性决定了其性质的多样性。我们熟悉的 $\alpha-Al_2O_3$ 在许多性质上与纯粹的共价晶体更接近，应为共价晶体。$\beta-Al_2O_3$ 能传导离子，应为离子晶体。$\gamma-Al_2O_3$ 就更难明确地定位了。但无论是哪种晶型，比较准确的说法是：氧化铝属于过渡晶体。

参考文献

[1] 北京师范大学，华中师范大学，南京师范大学无机化学教研室．无机化学（下册）[M]．4版．北京：高等教育出版社，2003：672.

[2] 大连理工大学无机化学教研室．无机化学[M]．5版．北京：高等教育出版社，2006：417.

[3] 张祖德．无机化学[M]．合肥：中国科学技术大学出版社，2008：456.

[4] 张青莲．无机化学丛书（第二卷）[M]．北京：科学出版社，1998：458.

[5] 课程教材研究所．普通高中教科书（选择性必修2）．物质结构与性质[M]．北京：人民教育出版社，2019：89.

问题 16　如何判断离子化合物和共价化合物？

离子键与共价键并不存在本质的区别，因此，离子化合物和共价化合物之间没有严格的界限。一般而言：

（1）离子化合物熔融状态下存在自由移动的离子，可以导电；共价化合物熔融状态下不能导电。

（2）对于二元化合物，2 种元素的电负性（见图 3－63）差值大于 1.7 时，通常认为该化合物为离子化合物，如 AlF_3 为离子化合物；电负性差值小于 1.7，通常认为是共价化合物，如 $AlCl_3$ 为共价化合物。但 NaH、CaH_2 等碱金属、碱土金属的氢化物（铍除外）虽然电负性差值小于 1.7，仍然认为这些化合物是离子化合物。

H 2.1																	He
Li 1.0	Be 1.6											B 2.0	C 2.5	N 3.0	O 3.5	F 4.0	Ne
Na 0.9	Mg 1.2											Al 1.5	Si 1.8	P 2.1	S 2.5	Cl 3.0	Ar
K 0.8	Ca 1.0	Sc 1.3	Ti 1.5	V 1.6	Cr 1.6	Mn 1.5	Fe 1.8	Co 1.9	Ni 1.9	Cu 1.9	Zn 1.6	Ga 1.6	Ge 1.8	As 2.0	Se 2.4	Br 2.8	Kr
Rb 0.8	Sr 1.0	Y 1.2	Zr 1.4	Nb 1.6	Mo 1.8	Tc 1.9	Ru 2.2	Rh 2.2	Pd 2.2	Ag 1.9	Cd 1.7	In 1.7	Sn 1.8	Sb 1.9	Te 2.1	I 2.5	Xe
Cs 0.7	Ba 0.9	La 1.0	Hf 1.3	Ta 1.5	W 1.7	Re 1.9	Os 2.2	Ir 2.2	Pt 2.2	Au 2.4	Hg 1.9	Tl 1.8	Pb 1.9	Bi 1.9	Po 2.0	At 2.1	Rn

图 3－63　元素电负性汇总图

（3）熔点高于 450 ℃的化合物通常为离子化合物，熔点低于 450 ℃的化合物通常为共价化合物。

参考文献

[1] 钱胜．触摸化学的温度：中学化学教学反思 [M]．重庆：重庆出版社，2017：66，150.

[2] 吴星．中学化学疑难辨析 [M]．南京：江苏教育出版社，2012：123.

[3] 大连理工大学无机化学教研室．无机化学 [M]．5 版．北京：高等教育出版社，2006：381.

问题 17　如何理解碳酸盐的热稳定性？

2004 人教版选修 3 教材中指出，碳酸盐的分解是金属阳离子 M^{n+} 结合 CO_3^{2-} 中的 O^{2-}，使 CO_3^{2-} 分解为二氧化碳的结果（如图 3－64 所示）。对于结构相同的碳酸盐，M^{n+}的半径越小，结合O^{2-}的能力越强，碳酸盐受热越易发生分解，因此分解温度越低，碳酸盐越不稳定。

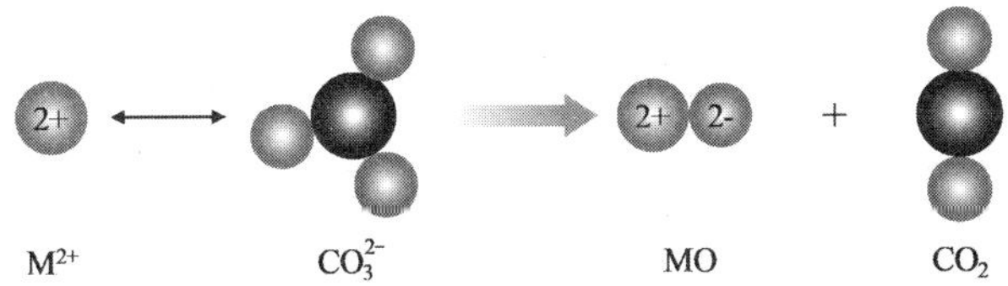

图 3-64 碳酸盐的热分解示意图

具体而言，金属碳酸盐的热分解问题与金属离子的反极化作用有关。在没有外界因素影响时，CO_3^{2-}离子中的C^{4+}对其周围的3个O^{2-}有一定的极化作用，使其产生诱导偶极而变形（见图3-65中的A）。但是在含氧酸或含氧酸盐中，由于CO_3^{2-}周围的H^+或M^{n+}对O^{2-}也有极化作用，所产生的偶极与原来的偶极方向相反，产生了反极化作用。首先最近的1个O^{2-}的原有偶极被抵消（见图3-65中的B），随后诱导偶极超过原有偶极（见图3-65中的C），O^{2-}和C^{4+}之间的键被极大地削弱。随着外界正电场的继续加强和温度的升高，晶体中M^{n+}和CO_3^{2-}的振动加剧，两者距离更近，反极化作用更强，最终引起CO_3^{2-}离子完全破裂（如图3-65中的D所示），分解成MO和CO_2。

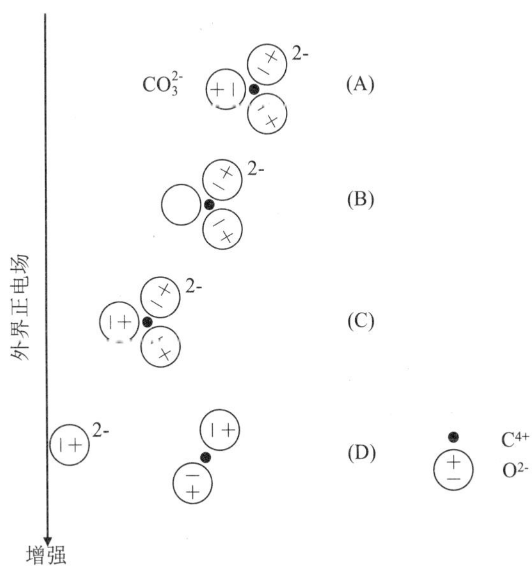

图 3-65 碳酸根离子在电场中的变化

当离子的电子构型相同时，一般来说，正电荷高或半径小的M^{n+}，电场越强，反极化作用越强，碳酸盐的分解温度相对来说较低。因此，碱金属碳酸盐比碱土金属稳定。同一族中，随 M^{n+} 半径增加，碳酸盐的热稳定性增加。

如果有 H^+，如在 H_2CO_3 和 HCO_3^- 中，H^+ 虽然只有 1 个正电荷，但半径小，电荷密度大，电场强，反极化作用大于 M^{n+}，所以，相同 M^{n+} 的酸式碳酸盐不如正盐稳定。同理，含有 2 个 H^+ 的 H_2CO_3 更不稳定。因此，三者之间的热稳定性变化次序为：碳酸＜碳酸氢盐＜碳酸盐。

参考文献

[1] 北京师范大学，华中师范大学，南京师范大学无机化学教研室．无机化学（下册）[M]．4 版．北京：高等教育出版社，2003：569—570.

[2] 课程教材研究所．普通高中课程标准实验教科书（选修 3）．物质结构与性质 [M]．北京：人民教育出版社，2004：79—80.

[3] 大连理工大学无机化学教研室．无机化学 [M]．5 版．北京：高等教育出版社，2006：430.

问题 18　如何判断原子的配位数？

配位数概念存在于晶体学和配位化学中，晶体中 1 个微粒周围最邻近的微粒数或配合物中与中心离子（或原子）配位的原子数叫作配位数。2004 人教版选修 3《物质结构与性质》教材中，有 3 处涉及了配位数：

（1）离子晶体中的配位数，是指 1 个离子周围等距离排列的异电性离子的数目（如表 3－12 所示）。

表 3－12　部分典型离子晶体中离子的配位数

晶体	NaCl	CsCl	CaF_2	ZnS
示意图	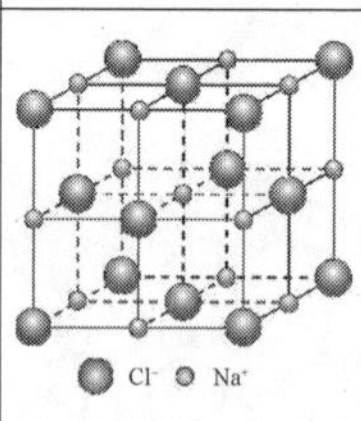	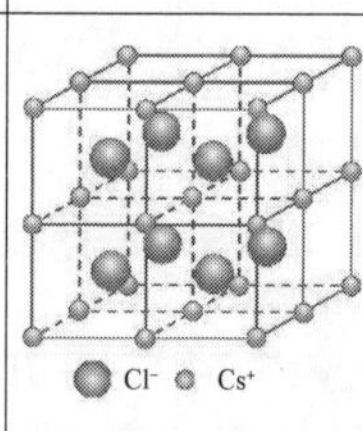	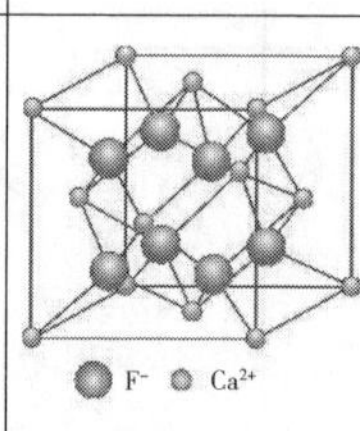	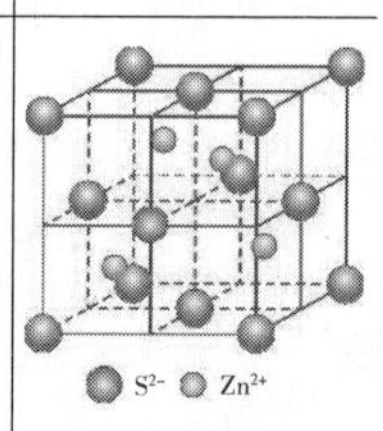
阳离子配位数	6	8	8	4
阴离子配位数	6	8	4	4

（2）金属晶体中的配位数，是指 1 个金属原子周围离它最近的金属原子的数目（如表 3－13 所示）。

表 3 - 13 金属晶体中 4 种堆积模型中原子的配位数

堆积类型	简单立方堆积	体心立方堆积	面心立方最密堆积	六方最密堆积
示意图	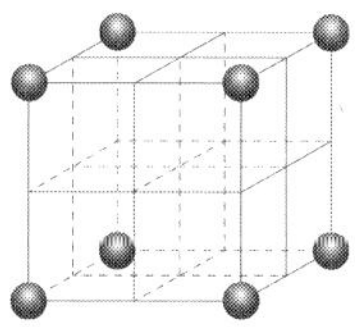	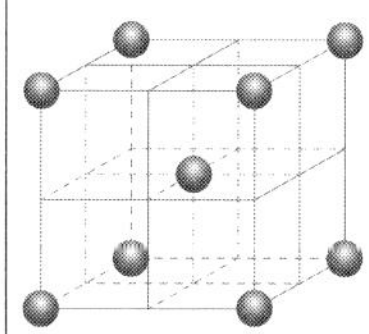	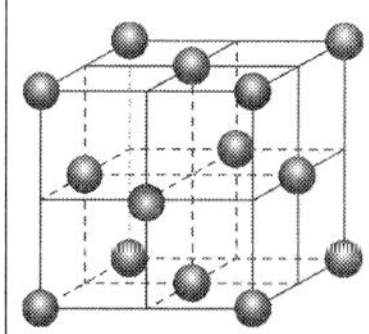	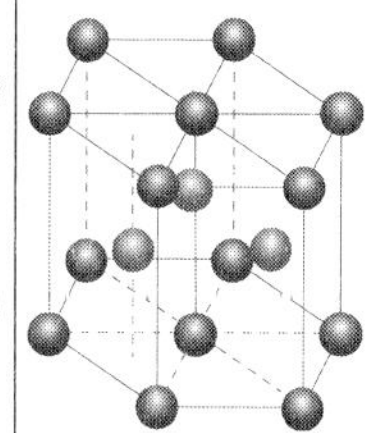
配位数	6	8	12	12

(3) 配合物中的配位数，是指配合物中直接与中心原子（或离子）结合的配位原子的数目，或中心原子（或离子）接受孤对电子形成配位键的数目。中心离子与单齿配体（配体上只有 1 个配位原子，形成 1 个配位键，如 H_2O、NH_3、CO、X^- 等）形成配合物时，配位数等于配位原子数目，即配体数目，如 $K_3[Fe(CN)_6]$ 中，配体 CN^- 有 6 个，Fe^{3+} 的配位数为 6。中心离子与多齿配体［配体上有多个配位原子，可形成多个配位键，如乙二胺（en）、$C_2O_4^{2-}$、EDTA 等］形成配合物时，配位数为配位原子的总数，此时不等于配体数目。如 3 -乙二胺合钴（$[Co(en)_3]^{3+}$）中，由于二齿配体乙二胺（$H_2NCH_2CH_2NH_2$）中有 2 个氮原子作配位原子，因此 1 个乙二胺可以和 Co^{3+} 形成 2 个配位键，虽然配体数目为 3，但对 Co^{3+} 来说，形成了 6 个配位键，因此 Co^{3+} 的配位数是 6。

注意：中心离子的配位数多少与中心离子和配体的性质（如电荷数、体积大小、电子层结构等）以及它们之间的相互影响、配合物的形成条件（如浓度、温度等）有关（详见本书“分子结构与性质”问题 14. 配合物的配位数受哪些因素影响?）。配合物的配位数由 1～14，其中最常见的配位数为 4 和 6。

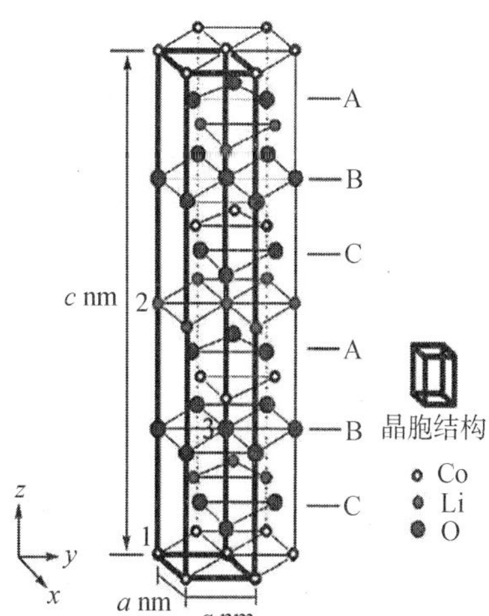

例 1：层状 $LiCoO_2$ 的结构如图所示，Li^+ 和 Co^{3+} 各自位于立方紧密堆积氧层中交替的八面体位置。钴原子的配位数为________。

【解析】本题中，钴原子的配位数应为距离钴原子最近的氧原子的个数。判断时可选择图中最上或最下面的面心来看。以最下面的面心为例，它上一层的氧原子数为 3，则其下一层的氧原子数也为 3（一个是▽，一个是△），因此钴原子的配位数为 6。

例 2：邻氨基吡啶的铜配合物中，Cu^{2+}

的配位数是________。

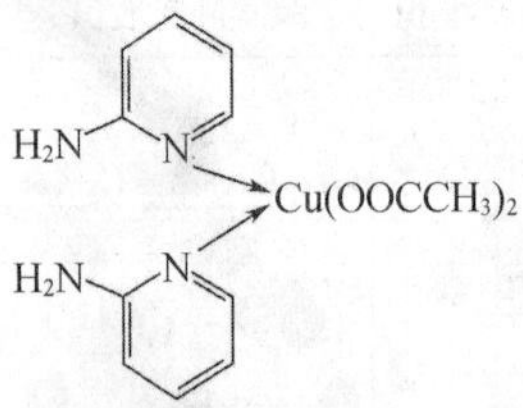

【解析】邻氨基吡啶的铜配合物中，Cu^{2+} 形成 2 个 Cu←N 键，2 个 Cu←O 键，因此 Cu^{2+} 的配位数是 4。

例 3：$AlCl_3$ 中的化学键具有明显的共价性，蒸汽状态下以双聚分子存在。$AlCl_3$ 中 Al 的配位数为________。

【解析】如图 3－66 所示，双聚 $AlCl_3$ 分子中 Al 的配位数为 4。

说明：当中心离子（或原子）同时以共价键与配位键结合时，配位数不等于配位键的键数。如 $[BF_4]^-$、$[B(OH)_4]^-$、$[AlCl_4]^-$、$[Al(OH)_4]^-$ 等配离子中，B、Al 原子均缺电子，它们形成的化学键，与双聚 $AlCl_3$ 分子类似，既有共价键，又有配位键，配位数与配位键的键数不相等，此时配位数均为 4。

其实，无论何种情况，配位数都可以简单看作某原子（或离子）周围距离最近的其他原子（或离子）的数目。

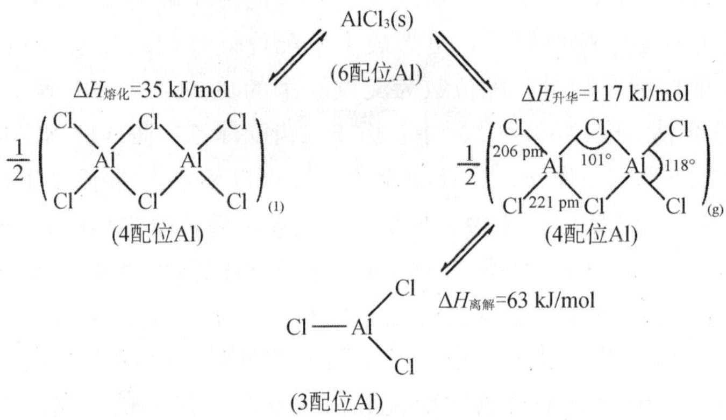

图 3－66　三氯化铝的状态变化和相关结构

参考文献

北京师范大学，华中师范大学，南京师范大学无机化学教研室．无机化学（上册）[M]．4 版．北京：高等教育出版社，2003：168.

问题 19　晶胞中的原子坐标如何确定？

原子在晶胞中的位置，科学的表述是原子坐标。坐标是对应于一个参考系的术语。晶胞参考系的原点习惯取在晶胞的左－后－下顶角上，即采用右手坐标系（如图 3－67 所示），否则利用计算机程序画晶胞时会出现混乱。

原子坐标是用向量中 $x\mathbf{a}+y\mathbf{b}+z\mathbf{c}$ 中的（x，y，z）表达晶胞中原子的分

布。任取晶胞内一点投影到 3 条坐标轴上即可得 x，y，z。例如，原点的坐标是（0，0，0），体心的坐标是（1/2，1/2，1/2）。需要注意的是：x、y、z 3 个数的取值范围是 $1>x(y,z)>-1$，不会等于 1 或大于 1，也不会等于或小于 −1，若等于 1，可以理解为平移到另一个晶胞，与取值为 0 毫无差别。因此，晶胞的 8 个顶角的坐标都是（0，0，0），可以简单地记忆为“1 即是 0”。

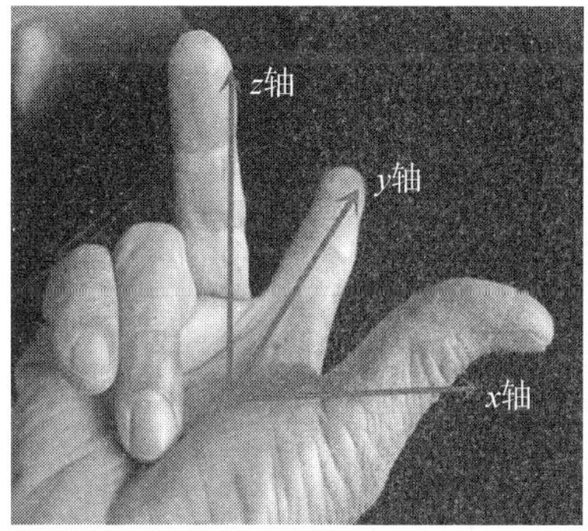

图 3－67　右手坐标系

下面，我们举一些例子来详细说明：

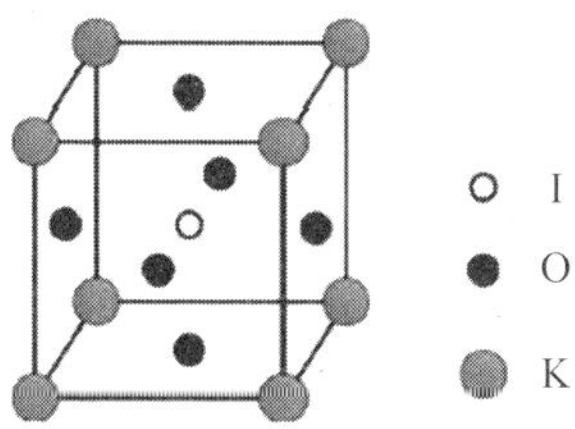

例 1：KIO_3晶胞中 K、I、O 分别处于顶角、体心、面心位置，如下图所示。在 KIO_3 晶胞结构的另一种表示中，I 处于各顶角位置，则 K 处于________位置，O 处于________位置。

在图中，K 原子处于晶胞中 8 个顶角的位置，基于“1 即是 0”，因此，这 8 个 K 原子的原子坐标均为 K（0，0，0）；I 原子处于晶胞中体心的位置，因此其坐标为 I（1/2，1/2，1/2）；O 原子处于晶胞中面心的位置，因此其坐标为左右面心 O（0，1/2，1/2），前后面心 O（1/2，0，1/2），上下面心 O（1/2，1/2，0）；I 如果处于顶角位置，则从体心（1/2，1/2，1/2）移到顶点（0，0，0）相当于±（1/2，1/2，1/2）；那么对 K（0，0，0）和 O（0，1/2，1/2），（1/2，0，1/2），（1/2，1/2，0）做相同操作，即在原坐标基础上±（1/2，1/2，1/2）；则移动后 K 原子坐标变为 K（1/2，1/2，1/2），处于体心；O 原子的坐标分别变为 O（1/2，0，0），（0，1/2，0），（0，0，1/2），分处于 3 条棱的棱心。

例 2：以晶胞参数为单位长度建立的坐标系可以表示晶胞中各原子的位置，称作原子分数坐标。例如图 3－68 中原子 1 的坐标为（1/2，1/2，1/2），判断图 3－68 中原子 2、3 的原子坐标（摘自 2019 新课标Ⅱ卷）。

首先，正确理解“以晶胞参数为单位长度建立坐标系”这句话很重要，即在判断原子坐标时，“晶胞参数”（即 a pm、a pm、c pm）是作为“单位长度”出现的。它们相当于用向量 $xa+yb+zc$ 判断原子坐标时的（a，b，c），所以，书写原子坐标时是不会出现 a、

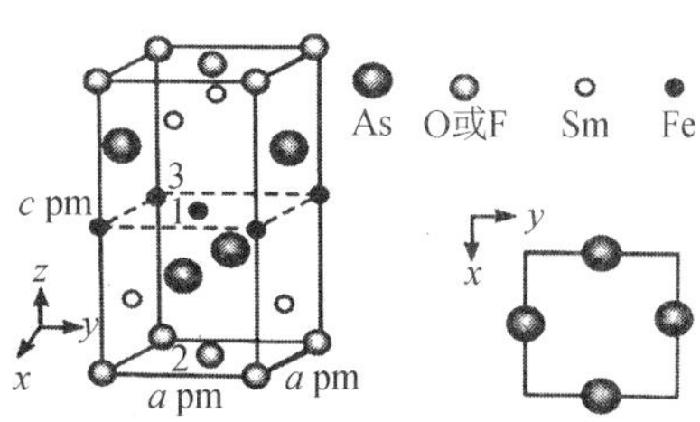

图 3－68　晶胞结构及投影图

b、*c* 这些字母的。

图 3－68 中原子 1 的位置为体心，它在图中的具体位置是（1/2*a*，1/2*a*，1/2*c*），因书写原子坐标时，晶胞参数为单位长度，不会出现 *a* 和 *c*，因此其坐标为（1/2，1/2，1/2）。同理，原子 2 的位置为底面面心，因此其坐标为（1/2，1/2，0），原子 3 的位置为左后棱心，因此其坐标为（0，0，1/2）。

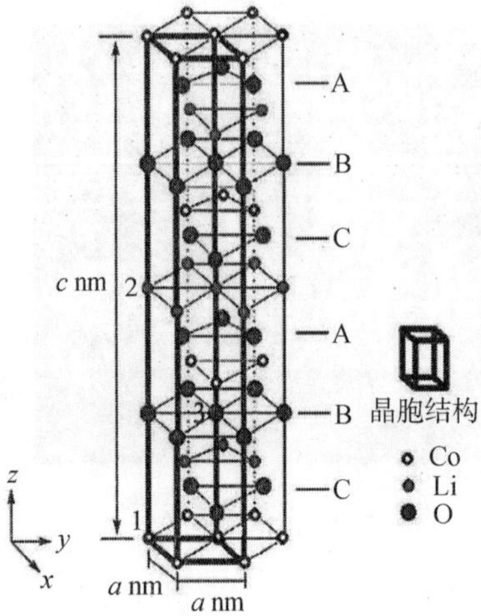

例 3：层状 $LiCoO_2$ 的结构如图所示，以晶胞参数为单位长度建立的坐标系可以表示晶胞中各原子的位置，称作原子分数坐标。例如图中原子 1 的坐标为（0，0，0），则原子 2 和原子 3 的坐标分别为________、________。

图中原子 1 的位置为原点，其坐标定为（0，0，0）；原子 2 的位置为棱心，因此其坐标为（0，0，1/2）；原子 3 的位置为棱心的一半，其坐标为（1，0，1/4），再据“1 即是 0”，因此其坐标为（0，0，1/4）。

参考文献

[1] 课程教材研究所．物质结构与性质教师教学用书［M］．北京：人民教育出版社，2007：67.

[2] 北京师范大学，华中师范大学，南京师范大学无机化学教研室．无机化学（上册）［M］．4 版．北京：高等教育出版社，2003：129—130.

问题 20 如何认识四面体空隙与八面体空隙？

晶体结构中的空隙问题是高中化学学习中的自然生长点，以填隙视角认识晶体结构有助于提高学生的空间思维和推理思维，有利于学生正确理解晶胞的结构特点，从而更好地理解晶体的性质。

下面以离子晶体为例来说明这一问题。离子键既无方向性也无饱和性，因此在离子晶体中通常采取离子尽可能紧密堆积的形式。通常体积较大的离子（经常是阴离子）在晶体中尽可能相互接触，形成一种具体的堆积形式，体积较小的另一种离子（如阳离子）则填充在相应的堆积空隙中。堆积空隙的形式有立方体、八面体、四面体等。现将什么是四面体空隙和八面体空隙举例如下：

（1）NaCl 晶体，位于顶点和面心的 Cl^- 构成面心立方堆积，Na^+ 位于棱心和体心，处于 Cl^- 堆积形成的八面体空隙的中心（如图 3－69 所示）。

（2）ZnS 晶体，半径较大的 S^{2-} 占据顶点和面心位置，为面心立方堆积，半径较小的 Zn^{2+} 填充在四面体空隙中心（如图 3－70 所示）。

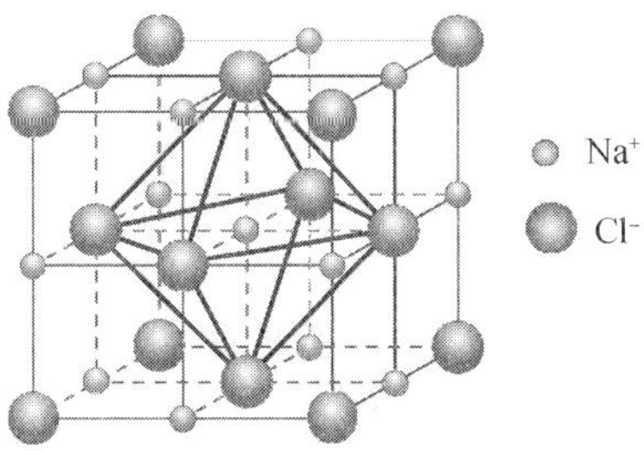

图 3－69　NaCl 晶胞（面心立方中八面体空隙）示意图

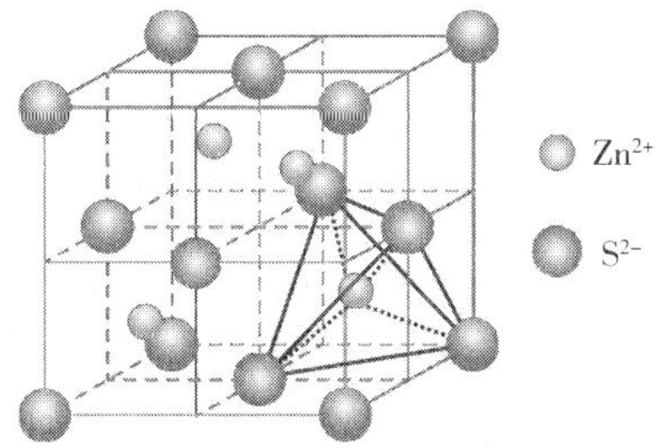

图 3－70　立方 ZnS 晶胞（面心立方中四面体空隙）示意图

（3）CaF_2 晶体，Ca^{2+} 占据顶点和面心位置，为面心立方堆积，F^- 填充在四面体空隙中心（如图 3－71 所示）。

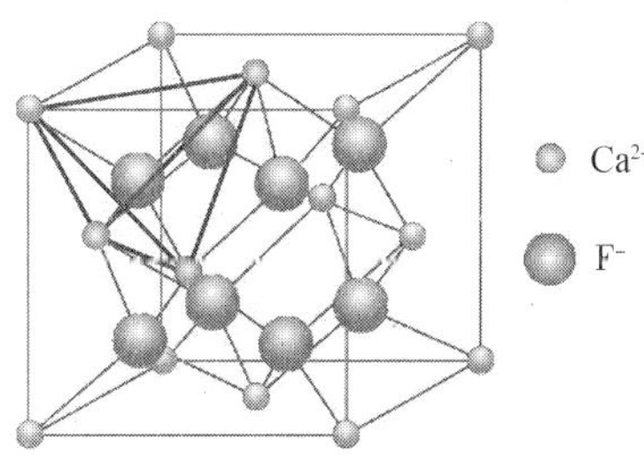

图 3－71　CaF_2 晶胞（面心立方中四面体空隙）示意图

那么，了解了什么是四面体空隙和八面体空隙后，这些不同晶体结构中的四面体空隙和八面体空隙的数目如何判断呢？

在面心立方最密堆积中，八面体空隙位于棱心和体心，因此一共有 4 个［1＋1/4×12（棱）］（如图 3－72 所示）。四面体空隙位于晶胞内部，在每条体对角线的 1/4 和 3/4 这 2 处，因此一共有 4×2＝8 个。如图 3－73 所示。

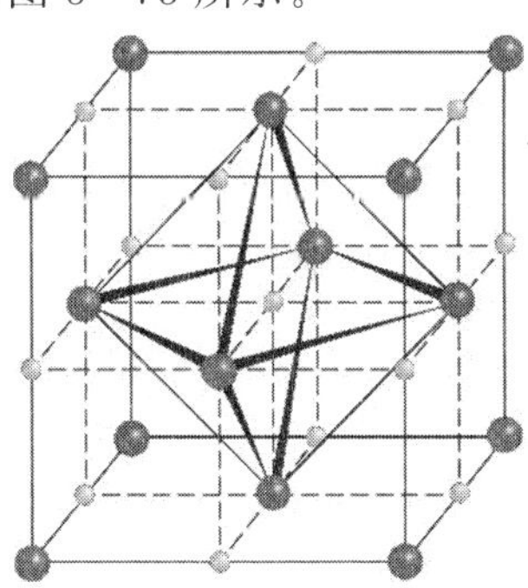

图 3－72　面心立方中八面体空隙

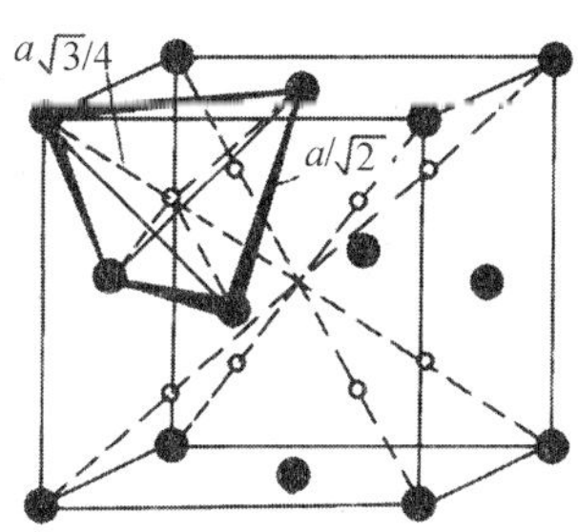

图 3－73　面心立方中四面体空隙

体心立方中，八面体空隙位于面心和棱心，因此一共有 6 个［1/4×12（棱）＋1/2×6（面）］，如图 3－74 所示。四面体空隙都位于面上，因此一共有

12 个 [4 × 1/2 × 6（面)]，如图 3－75 所示。

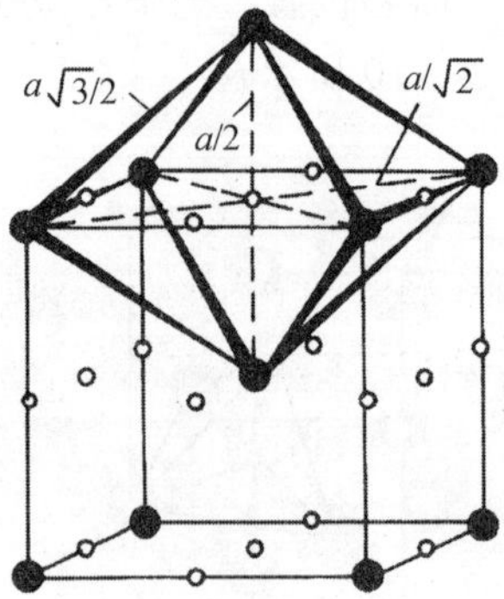

图 3－74　体心立方中八面体空隙

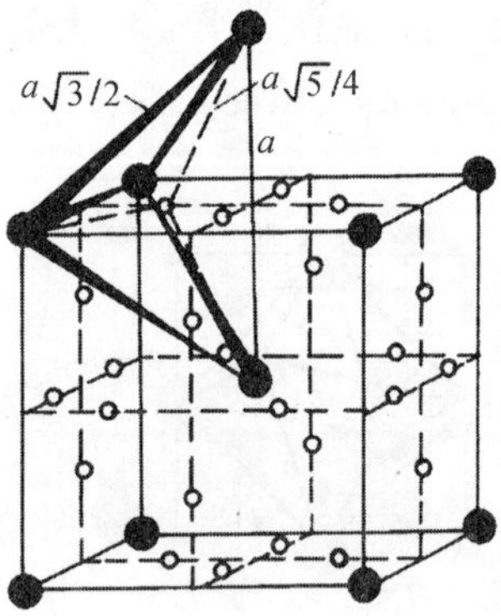

图 3－75　体心立方中四面体空隙

六方最密堆积中，八面体空隙位于晶胞内部，共计 6 个（见图 3－76)。四面体空隙 8 个位于晶胞内部，12 个位于 6 条棱心，因此一共有 8＋12×1/3＝12 个，如图 3－77 所示。

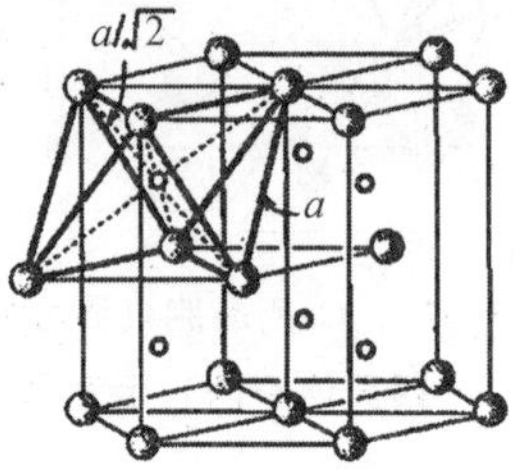

图 3－76　六方中八面体空隙

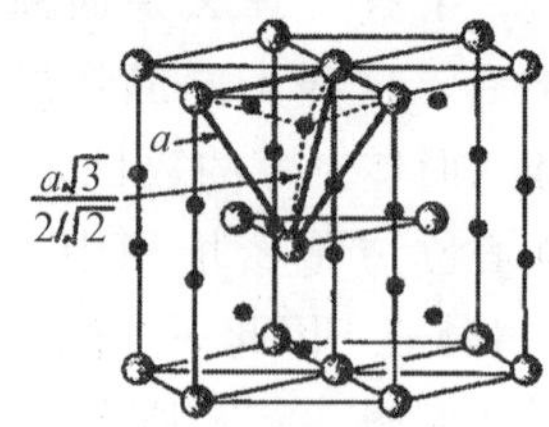

图 3－77　六方中四面体空隙

另：空隙填充率是指填充的四面体（或八面体）空隙数占总四面体（或八面体）空隙数的比率。依此判断：则 NaCl 晶体中空隙填充率为 100%，立方 ZnS 晶体中空隙填充率为 50%，CaF_2晶体中空隙填充率为 100%（如表 3－14 所示)。

表 3－14　典型离子晶体结构类型的堆积填隙模型

结构类型	堆积球	堆积方式	堆积产生的空隙类型	填隙离子	填隙多面体	填隙率
CsCl	Cl^-	简单立方	立方体	Cs^+	立方体	100%
反萤石	F^-	简单立方	立方体	Ca^{2+}	立方体	50%
NaCl	Cl^-	面心立方	八面体和四面体	Na^+	八面体	100%
闪锌矿	S^{2-}	面心立方	八面体和四面体	Zn^{2+}	四面体	50%
萤石	Ca^{2+}	面心立方	八面体和四面体	F^-	四面体	100%
钙钛矿	$O^{2-}+Ca^{2+}$	面心立方	八面体和四面体	Ti^{4+}	八面体	25 %

参考文献

[1] 胡宗球．无机化学（上册）[M]．北京：科学出版社，2014：233—234.

[2] 北京师范大学，华中师范大学，南京师范大学无机化学教研室．无机化学（上册）[M]．4版．北京：高等教育出版社，2003：145—146.

专题四

化学实验

问题1 为什么说化学不再是一门纯粹的实验科学？

在化学界，人们以往只接受“实验”的结果，即化学大厦只认可实验这一根支柱。著名化学家傅鹰曾说“化学是实验的科学，只有实验才是最高法庭”。但是随着时代的变化，我们也需要以辩证发展的观点来重新认识化学是一门实验科学这个观点。当今的化学已进入纳米空间、皮秒时间时代，化学已从原子、分子的水平深入电子层次来研究物质的微观结构。人类对微观世界的研究在不断深入，量子力学作为20世纪最重要的科学发现之一，开创了理论计算化学这一新兴学科，它为我们更好地认识微观世界提供了新思路。过去，我们只能通过实验了解化学反应发生的机理和结果，随着理论计算化学和相应计算机软件的发展，现在，我们仅仅通过计算就可以预测各种化学变化，甚至可以通过分析计算结果获得实验无法测量的资料，为科学研究提供极大便利，掀起了化学界一场伟大的变革。量子化学将化学带入了一个新时代，在这个新时代里实验和理论能够共同协力探讨分子体系的性质，它们共同撑起了化学新时代的大厦，化学不再是一门纯粹的实验科学，而是转变为实验与理论并重的一门科学。

参考文献

陈敏伯．化学不再是纯实验科学［J］．科学，1999（1）：58－61.

问题2 蒸发结晶和冷却结晶的区别是什么？

通常，单一溶质的溶液，一般既可以采用蒸发结晶，也可以采用冷却结晶的方法得到晶体。但如果要得到带有结晶水的晶体，通常采用冷却结晶的方法。如由 $CuSO_4$ 溶液得到 $CuSO_4 \cdot 5H_2O$，需要进行加热浓缩、冷却结晶、过滤、洗涤、干燥等操作。另对于含有多种溶质的溶液（如 KCl 和 KNO_3 的混合物），一般要得到溶解度随温度变化比较大的溶质（KNO_3）时，通常采用冷却结晶的方法；得到溶解度随温度变化比较小的溶质（KCl）时，通常采用蒸发结晶的方法。

当 KCl 中混有少量 KNO_3 时，应采用蒸发结晶的方法，即蒸发溶剂得到晶体。由于硝酸钾溶解度随温度变化较大，它又是少量，因此当温度升高时，硝酸钾仍留在溶液中。而 KCl 的溶解度随温度变化不大，因此在不断蒸发过程中，由于溶剂减少，KCl 会呈晶体析出，此时过滤得到的就是纯净的 KCl。而当 KNO_3 中混有少量 KCl 时，一般采用冷却结晶的方法除杂，即先在较高温度下将混合物溶于水配成浓溶液，再冷却到一定温度。KNO_3 的溶解度随温度降低急剧下降，因此有大量的 KNO_3 晶体析出，而 KCl 的溶解度随温度降低变化不大，它又是少量，因此 KCl 仍留在溶液中。此时，经过滤、洗涤、干燥，即可得到纯度较高的 KNO_3 晶体。当然，如果想进一步提纯，可进行重结晶。

参考文献

王祖浩．普通高中教科书．必修一［M］．南京：江苏凤凰教育出版社，2019：30.

问题3 降温结晶和重结晶的区别是什么？

降温结晶是将热饱和溶液冷却后，溶质以晶体的形式析出，这一过程中晶体由溶质转变为固体。重结晶是指把降温结晶得到的固态物质溶于合适的溶剂，通过改变温度，让溶质重新以结晶形式析出的方法。

降温结晶和重结晶的原理是一样的，即温度升高，物质的溶解度增大，加热可使溶质全部溶解于溶剂中。再降低温度，其溶解度下降，溶质无法再溶解在溶剂中，从而析出结晶。在此过程中，由于被提纯化合物及杂质的溶解度不同，可以分离纯化所需物质。在降温结晶时，经历了“溶质－固体”的过程；重结晶时，经历了“固体（降温结晶所得）－溶质－固体”的进一步纯化的过程。使用重结晶纯化有一个关键因素，就是固态产品溶解度随温度变化越明显越好。否则，在完成溶解过程后，必须大量挥发溶剂以获得可观的产品收益。因此，重结晶主要适用于降温结晶，一般不考虑蒸发结晶。

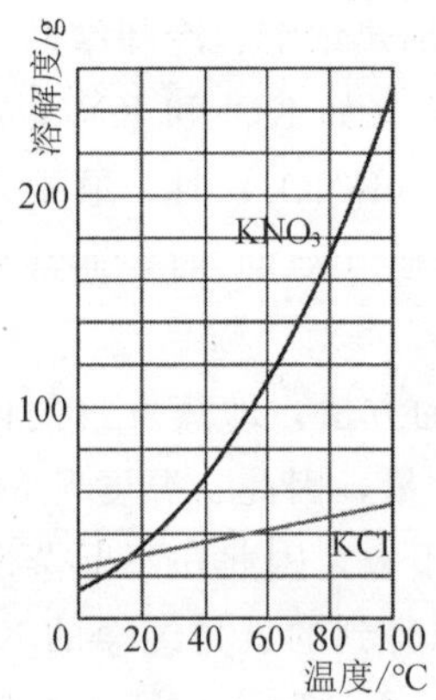

图 4-1　KNO_3、KCl 溶解度随温度变化曲线图

例如：如果要除去 KNO_3 溶液中的少量 KCl，由于 KNO_3 的溶解度随温度上升而急剧增加，而温度升高对 KCl 溶解度影响较小（如图 4-1 所示），所以可在较高温度下将混合物溶液蒸发浓缩，配成热饱和溶液，再冷却时就会有 KNO_3 晶体析出，经过滤、洗涤、干燥，即可得到 KNO_3 晶体，这个过程是降温结晶的过程。但如果结晶所得的 KNO_3 纯度不符合要求（即降温结晶完成后晶体中还有 KCl 杂质），这时需要把降温结晶得到的晶体重新加入一定溶剂，再次进行溶解、蒸发浓缩，冷却热饱和溶液，重新结晶的过程叫作重结晶。重结晶往往需要进行多次，才能获得较好的纯化效果。

参考文献

[1] 彭笑刚．物理化学讲义［M］．北京：高等教育出版社，2012：382.

[2] 王祖浩．普通高中教科书．必修一［M］．南京：江苏凤凰教育出版社，2019：30.

问题 4　如何洗涤晶体或固体？

洗涤固体时，具体的操作方法是：通过玻璃棒引流将洗涤剂加入过滤器中，洗涤剂应浸没固体，静置，待洗涤剂缓缓流下后，重复操作 2～3 次。洗涤中还需要注意不能用玻璃棒进行搅拌，防止搅破滤纸，造成固体损失。

洗涤晶体或固体时常用的试剂一般有以下几种：①蒸馏水；②冰水；③乙醇（或其他有机溶剂）；④该物质的饱和溶液。

一般最常用的洗涤剂是蒸馏水，如洗涤 $BaCl_2$ 和 Na_2SO_4 溶液反应后的 $BaSO_4$ 沉淀。由于 $BaSO_4$ 难溶，可用蒸馏水洗涤以除去可能附着的杂质离子。

在制备固体或晶体实验中，用冰水洗涤可以降低固体或晶体的溶解度，减少因溶解造成的损耗，提高产率。

在实验中通常还用乙醇等有机溶剂作洗涤剂。乙醇作洗涤剂的优点除了可以洗去可溶性杂质和水分外，还可以减少因溶解造成的损耗。如洗涤除去 NaCl 晶体表面附带的少量 KCl 可选用 75％的乙醇，这是因为 75％的乙醇溶液中含有少量的水可以作为溶质电离的溶剂。例如：当温度高于 30℃时，KCl 在水中的溶解度大于 NaCl（见图 4-2），此时 KCl 更易发生电离从而溶解，而它

电离出来的 Cl^- 会抑制 NaCl 的电离，从而达到洗去 NaCl 表面少量 KCl 的目的。此外，乙醇作洗涤剂还有易挥发，晶体易干燥，不易导致盐类水解等优点。

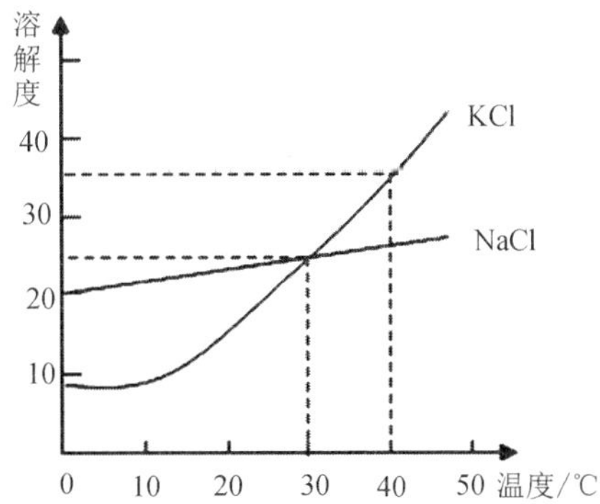

图 4-2 KCl、NaCl 溶解度随温度变化曲线图

洗涤 NaCl 晶体时还可以用饱和 NaCl 溶液，同样可以减少 NaCl 晶体的溶解。另外，对于溶解度随温度升高而降低的物质，还可以用热水洗涤，以减少因溶解造成的损耗。

参考文献

王小莉．盘点化学实验中的“洗涤”问题［J］．中学化学教学参考，2014（13）：27—29．

问题 5　粗盐中能否加入 $Ba(OH)_2$ 既除去 Mg^{2+}，又除去 SO_4^{2-}？

用海水、盐井水和盐湖水进行粗盐提纯时通常需要加入 $BaCl_2$、Na_2CO_3 和 NaOH 除去海水中可溶性的硫酸盐、$CaCl_2$ 和 $MgCl_2$，不少同学提出疑问，能否用 Ba（OH）$_2$ 代替 $BaCl_2$ 和 NaOH 同时除去 Mg^{2+} 和 SO_4^{2-} 呢？

表 4-1 来源于郭琨编著的《海洋手册》，据表中提供的海水中几种主要无机盐的离子含量，将海水中的 SO_4^{2-} 和 Mg^{2+} 的含量分别转化为相应离子的物质的量，则：n（SO_4^{2-}）=0.0277 mol，n（Mg^{2+}）=0.0533 mol。

表 4-1　1 kg 海水中几种主要无机盐的离子含量

微粒名称	Cl^-	Na^+	SO_4^{2-}	Ca^{2+}	Mg^{2+}	K^+
含量/(g·kg^{-1})	19.10	10.62	2.66	0.40	1.28	0.38

由离子反应 $Mg^{2+}+2OH^-$ ═══ $Mg(OH)_2\downarrow$ 和 $SO_4^{2-}+Ba^{2+}$ ═══ $BaSO_4\downarrow$ 可

知：要把 1 kg 海水中的 Mg^{2+} 完全沉淀下来，需要加入 $Ba(OH)_2$ 的物质的量为 0.0533 mol，此时海水中的 SO_4^{2-} 已经完全沉淀了，且加入的 Ba^{2+} 相对于 SO_4^{2-} 而言过量了。要把过量的 Ba^{2+} 再除尽，又要再加入过量的 Na_2CO_3，显然这种做法是不科学的。另就目前而言，$Ba(OH)_2$ 的价格比 $BaCl_2$ 贵，不经济、不实惠。可见，用 $Ba(OH)_2$ 代替 NaOH 和 $BaCl_2$，达不到正好既除去 Mg^{2+}，同时又除去 SO_4^{2-} 的目的。

参考文献

黄金泉．对教学中几个疑问的探讨与思考［J］．化学教学，2015（03）：82－85.

问题 6　检验 Cl^- 时，酸化的 $AgNO_3$ 溶液可以排除 SO_4^{2-} 的干扰吗？

通常检验 Cl^- 的方法是加入 HNO_3 酸化的 $AgNO_3$ 溶液，目的是为了排除 CO_3^{2-} 的干扰。但有不少同学提出疑问：Ag_2SO_4 微溶，加入 HNO_3 可以排除 SO_4^{2-} 的干扰吗？

事实上是可以的。高中阶段通常把 H_2SO_4 当成二元强酸，其实 H_2SO_4 的第二步电离是可逆的，当溶液中存在一定浓度的 HNO_3 时，Ag_2SO_4 会与 HNO_3 反应生成可溶性的 $AgHSO_4$，酸性越强，越不易产生 Ag_2SO_4 沉淀。因此检验 Cl^- 时，加入 HNO_3 酸化的 $AgNO_3$ 溶液可以同时排除 SO_4^{2-} 和 CO_3^{2-} 的干扰。下面我们用数据进行计算说明：

常温下，$K_{sp}(Ag_2SO_4)=1.2\times10^{-5}$。$Ag_2SO_4$ 饱和溶液中有：$c(Ag^+)=2c(SO_4^{2-})$，$c^2(Ag^+)\times c(SO_4^{2-})=1.2\times10^{-5}$。联立二式，解得 $c(Ag^+)=2.88\times10^{-2}\ mol/L$，$c(SO_4^{2-})=1.44\times10^{-2}\ mol/L$。

硫酸的第 2 步电离平衡表达式为：$HSO_4^- \rightleftharpoons H^+ + SO_4^{2-}$，$Ka_2=1.2\times10^{-2}$。

Ag_2SO_4 与 HNO_3 反应生成 $AgHSO_4$ 的离子方程式为：

$$Ag_2SO_4(s)+H^+(aq) \rightleftharpoons 2Ag^+(aq)+HSO_4^-(aq),K \qquad ①$$

$$K=\frac{c^2(Ag^+)c(HSO_4^-)}{c(H^+)}=\frac{Ksp(Ag_2SO_4)}{Ka_2(H_2SO_4)}=1.0\times10^{-3}$$

当 $Q_c<K$，①式平衡向溶解方向移动，即

$$c(H^+)>\frac{c^2(Ag^+)c(HSO_4^-)}{K}=\frac{(2.88\times10^{-2})^2\times(1.44\times10^{-2})}{1.0\times10^{-3}}=0.012\ mol/L$$

也就是说当 $c(HNO_3)>0.012\ mol/L$ 时，就可以使 Ag_2SO_4 溶解。而 0.012 mol/L 这个浓度属于稀 HNO_3 的浓度范围，如与不活泼金属（如铜）反应生成 NO 的稀硝酸浓度为 6～8 mol/L。因此，用酸化的 $AgNO_3$ 溶液可以排除 SO_4^{2-} 的干扰。

参考文献

[1] 徐泓，沈艳，吴宣东，等．由2013年北京理综卷第28（3）题引发的探究和思考［J］．化学教学，2014（07）：93－94，96．

[2] 卢昌柱．SO_4^{2-}是否会对Cl^-的检验产生干扰作用［J］．中学化学教学参考，2013（09）：72．

问题 7 HNO_3能溶解 AgI 吗？

通常，检验溶液中是否存在I^-的方法是向待测液中滴加$AgNO_3(aq)$，有黄色沉淀产生，再滴加稀HNO_3，如果黄色沉淀不溶解则证明溶液中存在I^-。但我们知道，强还原性的I^-和具有强氧化性的HNO_3之间很容易发生氧化还原反应：$8H^+ + 2NO_3^- + 6I^- = 3I_2 + 2NO\uparrow + 4H_2O$。此反应会导致$AgI(s) \rightleftharpoons Ag^+(aq) + I^-(aq)$正向移动，那么，黄色沉淀最后应消失，但实验事实并非如此。这个问题该如何解释呢？

有研究者利用标准电极电位和能斯特方程进行理论推导及实验论证，得出如下结论：

（1）当反应物$c(H^+)$、$c(I^-)$、$c(NO_3^-)$离子浓度均为1 mol/L，NO的分压为100 kPa，温度为298 K时，稀HNO_3可以氧化I^-。

（2）取用AgI饱和溶液（温度298 K），混合液中HNO_3浓度高于3.14 mol/L时，AgI会被硝酸溶解。低浓度硝酸不易溶解AgI，HNO_3浓度越大，AgI越易被溶解；若混合液中$c(I^-)$越小，溶解AgI所需要的HNO_3浓度就越高。

因此，检验溶液中是否存在I^-，为了观察到黄色沉淀不溶于硝酸，一般需加入稍过量的$AgNO_3$以降低$c(I^-)$，或选用浓度低于3.14 mol/L的硝酸。

参考文献

何刚．探究硝酸溶解碘化银的条件［J］．中学化学教学参考，2017（8）：54．

问题 8 “萃取”的真正意义在哪里？

“萃取”（见图4－3）是一种常见的物质分离、提纯方法，包括液-液萃取和固-液萃取。中学涉及的“用CCl_4萃取碘水”属于液-液萃取，是利用溶质在2种互不相溶的溶剂中的溶解性不同，将溶质从一种溶剂转移到另一种溶剂的过程。

学习萃取法分离碘水后，不少学生提出疑问：“用CCl_4将I_2从碘水中提取出来，I_2不是又溶解在CCl_4中了吗？还是没有把I_2分离出来呀？”学生之所以产生

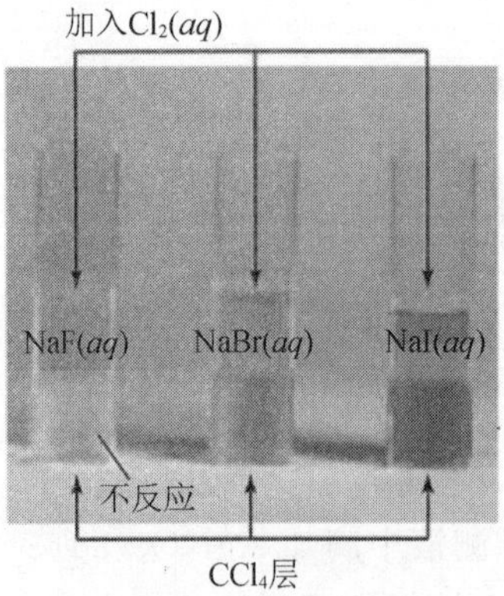

图 4-3 萃取

这样的问题，是因为教材实验体系过于简单，没有凸显萃取的真正价值。

"萃"在现代汉语词典中解释为"聚集"。顾名思义，"萃取"乃"聚集提取"之意。应用萃取可从固体或液体混合物中萃取出所需要的物质。如天然产物中各种生物碱、脂肪、蛋白质、芳香油和中草药的有效成分等都可用萃取的方法从动植物中获得。也可以用于除去产物中的少量杂质，通常称前者为"萃取"或"提取""抽取"，后者为"洗涤"，洗涤也是一种萃取。2004 人教版必修 1 用仅仅一行半的文字介绍了"萃取在天然香料、药物的提取及核燃料的处理等技术中得到了广泛应用"。这一行半文字一般不会引起我们的重视，而恰恰就是这一行半的文字浓缩了萃取的真正价值。在天然香料、药物的提取和核燃料的处理过程中，我们要提取的对象处于一个十分复杂的混合体系中，正是通过萃取才将对象富集、转移到与萃取剂形成的相对简单的体系中，使得最终的提取和分离变得容易进行。因此，萃取的真正意义是把我们需要的物质先从复杂体系中提取出来，方便下一步的分离提纯。教材选择将碘水转化为 I_2 的 CCl_4 溶液，主要是为了概念教学的需要。

另外，"CCl_4 萃取碘水"（液-液萃取）用到的主要仪器是分液漏斗，操作一次往往只能萃取一回待分离物；而用萃取法在植物中提取香料、药物等有效成分时（固-液萃取），一般在索氏萃取器（如图 4-4 所示，在 2019 高考Ⅱ卷中涉及，又称为索氏提取器）中进行，此时萃取剂可以冷凝回流重复利用，采用的是连续萃取操作。这是因为在实际萃取操作中，为了提高生产效益，往往需要提高萃取效率，增加萃取剂的体积虽然能够提高萃取率，但这种做法不够经济。在控制萃取剂等量的条件下，通常采用多次萃取（一般以 3 次为宜）或连续萃取的方法，它们比一次萃取的效率更高，分离效果更好，应用更为广泛。

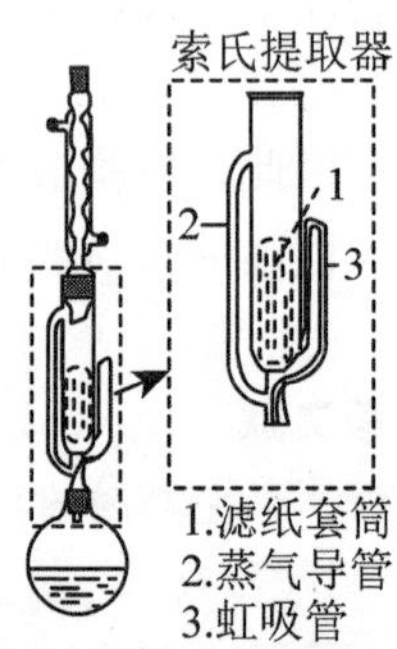

图 4-4 索氏提取（萃取）器

参考文献

[1] 白建娥，白传江．"萃取"的真正意义在哪里［J］．中学化学教学参考，2014（07）：7.

[2] 北京大学化学学院有机化学研究所．有机化学实验［M］．2 版．北京：

北京大学出版社，2002：71—73.
[3] 武汉大学．分析化学 [M]. 6版．北京：高等教育出版社，2016：357—364.
[4] 课程教材研究所．普通高中课程标准实验教科书．化学必修1 [M]. 北京：人民教育出版社，2007：8.

问题9 溴水是什么颜色？

溴是重要的卤族元素，判定部分含溴物质是否发生化学反应的标志之一是观察体系的颜色变化。但在很多现有教材中，关于溴水颜色的描述却是五花八门。如我国高校教材中，通常把溴水的颜色描述为“由黄色变至棕黄色”，早期我国编译的苏联教材中，溴水的颜色为棕色，近年的中学教材又把溴水颜色描述为“橙色”（如表4-2所示）。

表4-2　不同文献描述溴水颜色汇总表

文献名	页码	溴水的颜色
无机化学下册（第四版）北师大等校编2003年高教版	456	从黄色到棕红色
大学化学下册（傅献彩主编）2007年高教版	711	由黄色变至红棕色
高中化学第一册（苏译本）1952年人教版	42	NaBr溶液中加入氯水，生成的溴水呈棕色
无机化学实验（苏译本）1953年商务印书馆出版	106	溴水溶液呈棕红色
高中化学第一册1961年人教版	91	Br_2微溶于水，它的水溶液叫溴水，显橙色
高中化学第一册2002年人教版	25	溴水显橙色

通过实验证明，溴水的颜色与溴水的浓度有关，浓度减小颜色变浅。液溴为深红棕色，饱和溴水与液溴相近，为红色，经过稀释，溴水颜色逐渐变至橙色，最终极稀的溴水颜色为浅黄色（如表4-3所示），因此描述溴水的颜色为橙黄色、黄色到红棕色都有其合理性。

表4-3　液溴稀释不同倍数对应的颜色变化表

试管序号	1	2	3	4	5	6	7	8	9	10
加水稀释倍数	0	1	2	3	4	5	6	7	8	9
稀释后溶液的体积变化	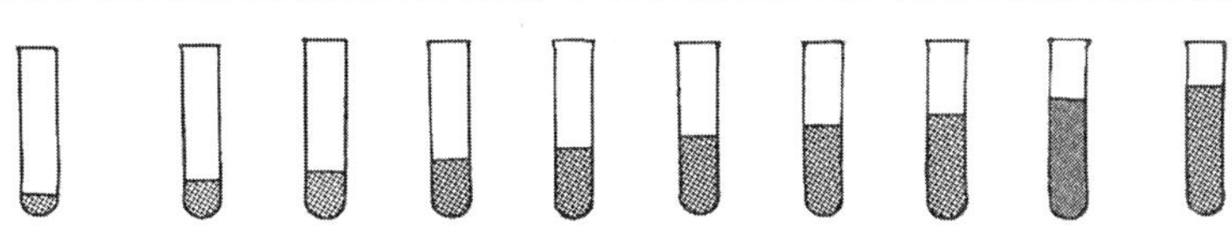									
稀释后溶液的色泽变化	红（饱和溴水）	橙红	橙红	橙黄	橙黄	橙	橙	浅橙	黄	淡黄

参考文献

刘怀乐．溴水是什么颜色——给溴水的颜色加几个注释［J］．教学仪器与实验，2008（04）：29—30.

问题10　I_2和CCl_4能用蒸馏法分离吗？

用CCl_4从碘水中萃取I_2后，能否用蒸馏的方法进一步分离I_2和CCl_4？

CCl_4的沸点是78 ℃，I_2的熔点是113.5 ℃、沸点是184.35 ℃，从理论上来讲似乎是可以的。但I_2极易升华，实验表明，I_2于45 ℃左右开始升华，78 ℃时碘升华管中已充满浓密的紫色I_2蒸气。因此，用蒸馏的方法分离I_2和CCl_4显然是不合理的，因为在达到CCl_4的沸点时，大部分的I_2会随着CCl_4一起蒸出。

常压蒸馏不可以，但减压蒸馏是可以分离I_2和CCl_4的，已经有实验证实了这一点。可是中学实验室中减压蒸馏不太方便操作，工业上操作成本又较高，因此这种方法一般也不常用。

到底选择什么办法可以更好地分离I_2和CCl_4呢？

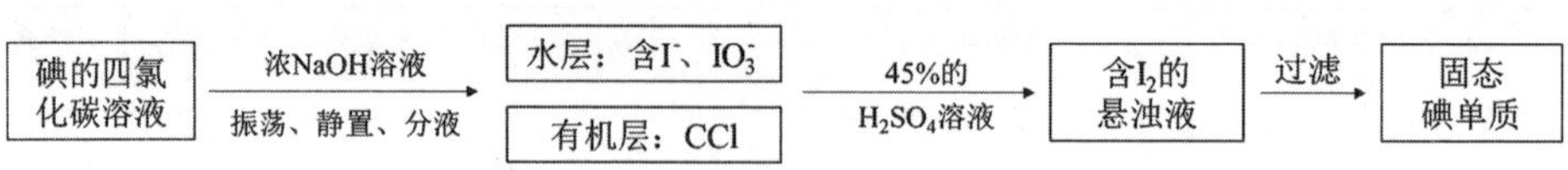

图4－5　反萃取法提取I_2示意图

2019鲁科版介绍了反萃取法提取I_2。这种方法（如图4－5所示）将I_2的CCl_4溶液与NaOH浓溶液混合，发生反应：$3I_2+6NaOH═5NaI+NaIO_3+3H_2O$，反应产物中的NaI和$NaIO_3$进入无机水层中。当有机层中紫红色褪去时，分液，从下口流出的即为CCl_4；上层液体（含有NaI和$NaIO_3$的无机水层）从上口倒出后，向其中加入足量的稀H_2SO_4，当体系变为酸性介质时会发生化学反应：$5NaI+NaIO_3+3H_2SO_4═3Na_2SO_4+3I_2\downarrow+3H_2O$，此时碘元素又转变为$I_2$单质得以回收。像这种将富集在$CCl_4$中的$I_2$单质重新富集在水中的方法称为反萃取法。

参考文献

［1］任雪明，吴文中．高中化学教学疑难问题研析［M］．杭州：浙江教育出版社，2015：1—3.

［2］王磊．普通高中教科书．化学必修第二册［M］．济南：山东科学技术出版社，2019：32.

问题 11 淀粉遇 I_2 为什么会变蓝？

淀粉遇 I_2 变蓝是一个非常灵敏的显色反应。这个显色反应既可以检验 I_2，也可以检验淀粉的存在，因此被广泛用于定性、定量检测中。在纺织工业上，这个反应还可以用来衡量布匹退浆的完全度（纱、线上机织造前为了防止或减少在织造时产生断头，提高工作效率，常将纱、线用淀粉等浆料进行处理以增加其强度，织成面料后为了后续印染加工的方便需要除去所加浆料，叫作退浆）。那么，淀粉遇 I_2 变蓝的原理是什么呢？

我们知道，淀粉属于多糖，由很多葡萄糖单元经过脱水缩合而成。根据碳链的骨架结构，可以把淀粉分为直链淀粉和支链淀粉 2 种（如图 4－6 所示）。直链淀粉分子中含有几百个葡萄糖单元，它的分子量通常为几万到十几万不等；支链淀粉分子中含有几千个葡萄糖单元，它的分子量通常为几十万。大多数淀粉中直链淀粉的含量占 10%～20%、支链淀粉占 80%～90%。其中直链淀粉能溶于热水，而支链淀粉不溶于水，但能在水中涨大而湿润，与热水作用会形成糨糊，所以我们常见到的淀粉溶液一般是直链淀粉的水溶液。

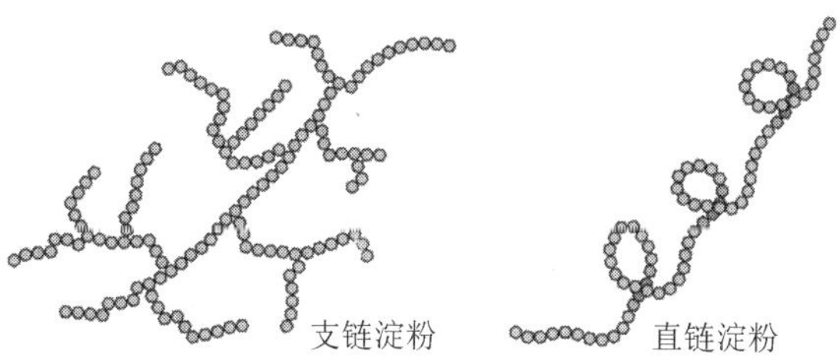

图 4－6 淀粉结构示意图

应用先进的分析技术（如 X－射线、红外光谱等），可以帮助我们了解淀粉遇 I_2 变蓝的原因。我们发现，所谓的直链淀粉，它的构象并不是一条完全舒展的直链，而是一种螺旋状的卷曲链。在这个卷曲链中，平均每 6 个葡萄糖单元可构成 1 个螺旋圈。这个螺旋圈是直链淀粉分子借助分子内的氢键卷曲形成的。由于直链淀粉的分子是由大量葡萄糖单元构成的，因此整个直链淀粉分子的螺旋圈数很大。葡萄糖是一种多羟基醛，当葡萄糖分子缩合成螺旋状长链时，一旦与碘液接触，螺旋所形成的空隙正好能容纳 I_2 进入，I_2 进入螺旋内部后，I_2 单质不再以普通的分子形式存在，而是一个接一个地连接在一起，在包合物骨架中组成一条条近乎直线的长链——I 原子“珠链”。晶体结构数据显示，长链中的 I 原子间距在 0.3054～0.3174 nm 不等，而在 I_2 分子中，2 个 I 原子之间的距离要短得多，只有 0.270 nm。这说明淀粉-碘的包合物（见图

4－7）中并没有独立的I_2分子，而是淀粉与长链I原子形成。包合物的颜色取决于淀粉的聚合度或者说相对分子质量，当直链淀粉的聚合度是200～980或相对分子质量范围是32000～160000时，可以吸收波长范围为400～480 nm的可见光而反射为蓝光，就会呈现出蓝色。这就是淀粉遇碘变蓝的原因。

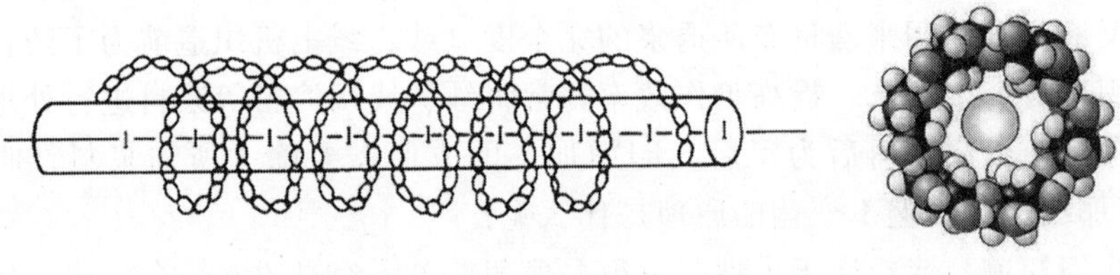

图4－7　碘和淀粉作用形成的包合物

我们了解了淀粉遇碘变蓝的原因，但是这个蓝色包合物的稳定性会受到很多因素的制约。

（1）淀粉的聚合度。包合物呈蓝色和淀粉链的结构是有很大关联的，当直链淀粉的聚合度是200～980时，此时包合物的颜色呈蓝色。但如果淀粉链结构发生变化，吸收光的波长范围也会变化，导致淀粉遇I_2显示出不一样的颜色。例如，若淀粉溶液长期放置，会导致淀粉水解，淀粉的聚合度逐渐减少时，葡萄糖重复单元会越来越少，包合物颜色也会逐渐发生由蓝色、紫色、淡红到橙色的变化，当小于6个葡萄糖单元不能构成螺旋圈时就会呈现出无色。同样的解释适用于支链淀粉，分支很多的支链淀粉，其主链平均聚合度只有20～28，和直链淀粉的聚合度200～980相比，链短且形成的螺旋圈很少，所以支链淀粉遇碘只能呈现红色或者浅红色。因此，淀粉遇I_2变蓝是有一定聚合度的直链淀粉与I原子生成包合物的结果，所以，在进行I_2和淀粉溶液的显色实验时，淀粉溶液最好现配现用。

（2）溶液的酸碱性。淀粉和碘生成的包合物在常温下pH＝4时最稳定，溶液碱性太强时，碘会发生歧化，此时体系不显色；酸性太强时，淀粉会发生水解，使得聚合度减小，造成体系显色不明显甚至不显色，所以显色反应在微酸性溶液中现象最明显。

（3）体系的温度。淀粉和碘的显色反应温度不宜过高，因为淀粉溶液在受热时，淀粉分子中的螺旋卷曲会伸展开，破坏了淀粉的螺旋结构，就无法再形成碘和淀粉的包合物，因而不易观察到蓝色；当冷却时螺旋卷曲又可以恢复，还可以出现显色作用。

（4）I^-的浓度。由于碘是非极性分子，水是极性溶剂，因此碘在水中的溶解度较小。为了增大碘在水中的溶解度，可以向溶液中加入碘化钾，此时会发生反应$I^- + I_2 \rightleftharpoons I_3^-$，使得碘的浓度增大，显色更灵敏。研究表明，在形成蓝色包合物时，决速步骤是在直链淀粉的螺旋体内生成多碘离子的核，比如反应产生的I_{11}^{3-}（$3I_3^- + I_2 \rightleftharpoons I_{11}^{3-}$），因此$I^-$浓度越大，显色的灵敏度越高。实验表明，若$c(I_2)=2\times10^{-5}$ mol/L，当$c(I^-)>4\times10^{-4}$ mol/L时，加入淀粉才能观察到蓝色。

附：1 mol 淀粉水解时为什么消耗n mol 水，而不是（$n-1$）mol 水？

n个葡萄糖分子脱水缩合形成淀粉时会脱去（$n-1$）个水分子，因此理论上1mol淀粉完全水解为葡萄糖也应消耗（$n-1$）mol 水，但我们通常处理为消耗n mol 水。这是因为淀粉的分子式为$(C_6H_{10}O_5)_n$，这样的写法相当于葡萄糖分子在进行脱水缩合时已经把n mol H_2O都脱掉了，没有保留端基。事实上，在n值非常大的情况下，在误差允许的范围内可以简单认为$n\approx n-1$，因此此时纠结消耗n mol 水或（$n-1$）mol 水也就没有意义了。

参考文献

[1] 吴星. 中学化学疑难辨析 [M]. 南京：江苏教育出版社，2012：54—56.
[2] 人民教育出版社化学室. 高级中学课本（试用）化学（甲种本）第三册 [M]. 北京：人民教育出版社，1992：157.

问题12 碎瓷片为什么可以防暴沸？

碎瓷片为什么可以防暴沸？首先我们来了解一下溶液受热时的过程。

溶液在受热时，会有蒸气的气泡形成，出现沸腾现象。气泡的形成需要气化中心，气化中心通常是溶解在液体内部的空气或吸附在容器（如烧瓶）内壁上的空气形成的小气泡，玻璃的粗糙面也会对小气泡的形成起促进作用。这些小气泡（气化中心）可以作为形成大的蒸气泡的核心。当液体达到沸点时，会气化为大量蒸气进入小气泡中，当气泡中心的总压力增加到超过大气压并足够克服由于液体所产生的压力时，蒸气的气泡就会向上运动离开液体，出现沸腾现象。因此，液体中的小气泡（气化中心）越多，液体的沸腾就越平稳、正常。

如果受热容器的内壁十分光滑、洁净，液体中溶解的空气又少，导致没有气化中心，形成气泡就非常困难。加热时，液体由于无法沸腾使得温度超过沸点，从而形成“过热”体系。此时，一旦有一个气泡形成，由于液体内部蒸气压已远远超过大气压，气泡便会迅速增大、上升离开液面，甚至会带着液体溢出瓶外，形成“暴沸”现象。

碎瓷片、沸石、玻璃沸石等物质表面粗糙多孔，可吸附空气。加入这些物质有助于在溶液中形成大量气化中心，因此能保证平稳沸腾，从而起到防止暴沸的作用。除碎瓷片、沸石、玻璃沸石外，用一端封闭的毛细管也可引入气化中心（注意毛细管需有足够的长度，操作时将其封闭的一端放置在蒸馏瓶颈部，开口的一端朝下伸入蒸馏瓶底部）。

另外，常用于有机物分离提纯的减压蒸馏装置（如图 4－8 所示）中，加入沸石对防止暴沸是无效的（沸石只适用于常压蒸馏）。为了保证减压蒸馏时压力稳定，平稳沸腾（避免瓶内液体由于沸腾而冲入冷凝管），常用的方法是拉制 1 根细而柔软的毛细管，尽量伸到蒸馏瓶底部，毛细管的下端应距瓶底 1～2 mm，毛细管的上端连有一段带螺旋夹的橡皮管。螺旋夹用以调节进入空气的量，它可使极少量的空气细流经过毛细管进入瓶底，作为液体沸腾的气化中心，从而使蒸馏平稳进行。

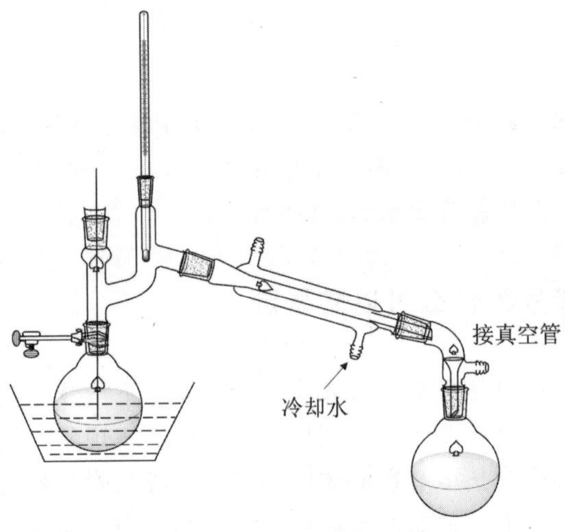

图 4－8　减压蒸馏装置

参考文献

[1] 刘怀乐．格致 求索 鼎新——中学化学教学文集［M］．重庆：重庆出版社，2013：272－273.

[2] 北京大学化学学院有机化学研究所．有机化学实验［M］．2 版．北京：北京大学出版社，2002：51，55，58.

问题 13　用固体配制一定物质的量浓度的溶液时，量筒一定需要吗？

2004、2019 人教版的必修 1 教材在图示 100 mL 1.00 mol/L NaCl 溶液的配制过程中，用到的玻璃仪器有 100 mL 容量瓶、玻璃棒、烧杯、胶头滴管、量筒等。2019 鲁科版必修 1 教材则更明确标明此实验用品有：固体氯化钠，蒸馏水，100 mL 容量瓶，烧杯，量筒，玻璃棒，药匙，胶头滴管，托盘天平，试剂瓶，标签纸。但在实际教学中，因为烧杯本身有刻度，即使没有量筒，溶解和洗涤用水用烧杯也能粗略量取，那么实验中量筒是否还需要呢？

一种观点认为，该实验量筒确实可以不用。从对教材的理解来看，它这样编排的目的不在于是否一定用量筒，而是给了这类实验（一定物质的量浓度的溶液配制）所需要仪器的一个样例。因为在配制一定物质的量浓度的溶液时，还会出现的一种情况是“浓溶液的稀释”，此时就需要用量筒去量取浓溶液。教材的设计者应该考虑的是实验的普适性，而不是仅仅囿于某一个具体的实验。

还有观点认为，该实验不论是固体溶解还是浓溶液稀释，都需要用到量筒。因为量筒常用于液体体积的粗略量取，化学仪器需做到专属专用，因此不宜用烧杯代替量筒估算配制溶液溶解和洗涤时的用水量。

参考文献

[1] 王磊．普通高中教科书．化学必修 1 [M]．济南：山东科学技术出版社，2019：25.

[2] 课程教材研究所．普通高中教科书．化学必修 1 [M]．北京：人民教育出版社，2019：55.

问题 14　量筒量取液体后需要洗涤吗?

在用浓盐酸稀释配制一定物质的量浓度的稀盐酸时，同学们普遍存在疑问：浓盐酸用量筒量取后，是否应洗涤量筒，将洗涤液也倒入烧杯，以免引起溶质的损失呢?

其实，用量筒量取液体后是不需要洗涤的，这与量筒的制造工艺有关。量筒在制作时已经考虑到挂壁（残留液体）现象，因此从量筒中倒出的量就是刻度显示的量，所以量筒不用洗，也不能洗，否则会使所配溶液浓度偏高。

另外，量筒一般只能用于精度不高的实验，比如定性分析或者粗略的定量分析，精确的定量分析是不能使用量筒进行的，因为量筒的半径较大，由液体的表面效应带来的读数误差也就较大。如果需要，此时可用精度更高的移液管或滴定管来代替。

附：玻璃量器可以分为量出式量器和量入式量器。

量出式量器用来测量从其内部排出的液体体积。其原理已考虑到液体的挂

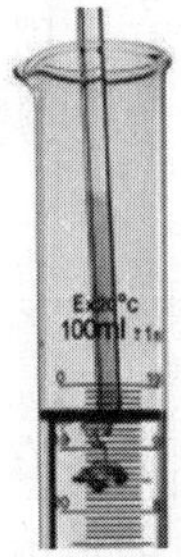

图 4-9 量出式量器——量筒

壁现象，即测量时已将挂壁液体的体积包含在了测量的刻度内，所以量器内的液体体积实际上比刻度显示的多（量筒内液体体积＝刻度显示体积＋挂壁体积）。这种量器在使用时，液体充满到标线后，按一定的要求（量器倒置倾斜 45°，等待 30 s）倒出液体，其体积恰好与瓶上的标示容量相同。量出式量器标有“Ex”（如图 4-9 所示），或没有标注的也为量出式量器。量筒、滴定管、移液管均为量出式量器。

量入式量器用来测量注入量器的液体体积，不考虑挂壁现象，即量器内的液体体积与刻度显示的一致。量入式量器标有“In”，容量瓶属于量入式量器。

参考文献

马娟．化学玻璃仪器上的各种标记介绍［J］．中学化学教学参考，2014（15）：49.

问题 15　容量瓶定容时玻璃棒可以悬空吗？

配制一定物质的量浓度的溶液时，在定容操作中，我们通常关注的要点是视线与溶液凹液面及刻度线平齐，引流时玻璃棒下端应靠在刻度线以下的瓶颈内壁上。

但在实际操作中，往往要根据具体情况调整操作方法。例如，定容时，应用 2 个手指捏住容量瓶刻度线以上部位，利用重力作用让容量瓶自然下垂，并使眼睛与凹液面最低处、刻度线相切，这比把容量瓶放在桌面上而人蹲下定容更准确（桌面可能不平）（同理，滴定管定容时，也不宜夹在铁架台上，也应用手捏住滴定管液面上某一位置，然后刻度线与凹液面最低处相切，眼睛平视刻度线。如果夹在铁架台上，不易保持滴定管处在垂直状态）。另外，转移溶液时，玻璃棒下端硬性要求靠在容量瓶刻度线以下也是不合理的，因为不同容量瓶的刻度线可能在颈部靠上部分、中部或者下部，当在颈下部时，若把玻璃棒下端仍然靠在刻度线以下，无法把烧杯中剩余液体全部倒出，所以此时玻璃棒可以悬空于刻度线以上。

问题 16　滴液漏斗和分液漏斗有区别吗？

2018 年全国新课标Ⅰ卷第 26 题（见图 4-10）考察了仪器 a 的名称。参考答案为“分液（或滴液）漏斗”。这样的说法是否合适？滴液漏斗和分液漏斗有区别吗？

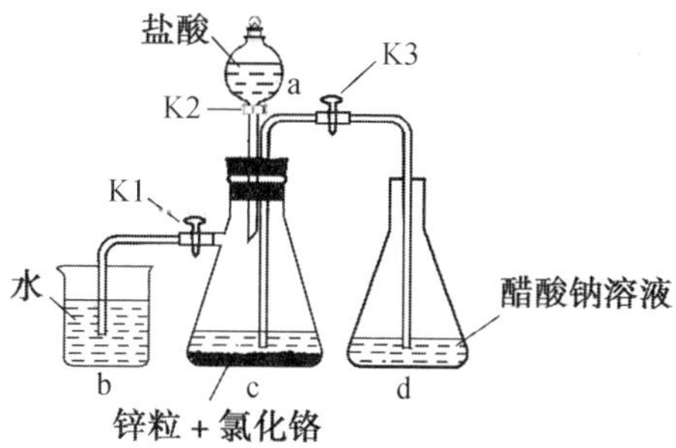

图 4-10 2018 全国新课标Ⅰ卷第 26 题装置图

1. 滴液漏斗

滴液漏斗是气体制备实验中用于滴加液体试剂的实验仪器，容积有 60 mL、125 mL、250 mL、500 mL 等。它包括球形滴液漏斗（如图 4-11 所示）和恒压滴液漏斗（如图 4-12 所示）。

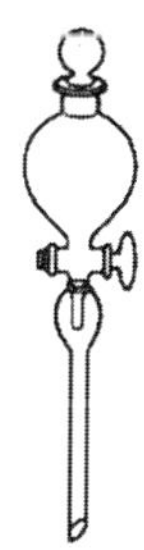

图 4-11 球形滴液漏斗

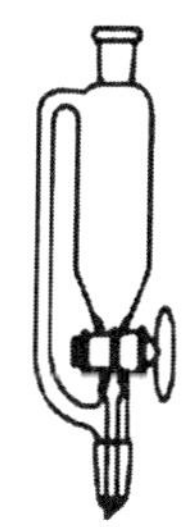

图 4-12 恒压滴液漏斗

1）球形滴液漏斗。球形滴液漏斗的活塞下端为一球形空腔，空腔内有一只小滴嘴，它可以调节液滴的速度和大小。在空腔的下端接有漏斗管柄，便于与反应装置连接。使用时，向滴液漏斗内装入液体试剂，插入反应装置中，按需要逐滴加入即可。如制备 SO_2 气体时，向滴液漏斗（500 mL）中加入 200 mL浓 H_2SO_4，将漏斗插入 1000 mL 的平底烧瓶瓶颈中，在烧瓶内加入 250 g Na_2SO_3，另取一支弯接管，将漏斗内的浓 H_2SO_4 缓缓滴入烧瓶，反应时产生的 SO_2 气体通过弯接管即可被收集。

用途：滴液漏斗适用于气体制备实验，用于逐滴加液。通过活塞下端的球形空腔能清晰地观察到滴液的快慢，可保证反应缓慢持续进行。

2）恒压滴液漏斗。恒压滴液漏斗以圆柱形或梨形玻璃筒作主体，带恒压臂，活塞下端配有三通管柄，可使活塞上下空间连通，平衡气压。

用途：恒压滴液漏斗也常用于气体制备实验添加液体反应物，还能够平衡压强，可以使漏斗内液体顺利流下，同时可以减小增加的液体对气体压强的影响，从而在测量气体体积时更加准确，减少实验误差。

2. 分液漏斗

分液漏斗用于分离互不相溶的液体，也可用于气体制备实验，容积有 60 mL、125 mL、250 mL、500 mL 等。它主要包括厚料球形分液漏斗（a）、球形分液漏斗（b）、梨形分液漏斗（c）、梨形刻度分液漏斗（d）、筒形分液漏斗（e）、筒形刻度分液漏斗（f）等（如表 4－4 所示）。

表 4－4　分液漏斗

厚料球形分液漏斗	球形分液漏斗	梨形分液漏斗		筒形分液漏斗	

(a)	(b)	(c)	(d)	(e)	(f)

不同形状的分液漏斗，有不同的用途。分液漏斗通常可作为在反应操作过程中添加溶液的工具，梨形分液漏斗主要用于液体的分离、洗涤和萃取等操作。

3. 滴液漏斗和分液漏斗的区别

滴液漏斗和分液漏斗虽然同属于瓶斗类玻璃仪器，但存在明显的区别。

（1）构造上的区别。不能把滴液漏斗和分液漏斗混为一谈，它们是具有不同构造的玻璃仪器。所谓“滴液漏斗”，指的是“即便漏斗口伸入液面下，也能观察到液滴滴加的快慢”。因此从结构上看，它必须要有一个可以观察到试液滴加过程的“窗口”（类似于医疗输液管中的“滴斗”“滴壶”装置）。也就是说在“滴液漏斗”中下部，必须要有一个空腔。在空腔处可以观察到试液的滴加速度，而分液漏斗是没有球形空腔的。

（2）用途上的区别。滴液漏斗的用途是在气体制备实验中用于滴加液体试剂；而分液漏斗虽然也可用于气体制备实验添加溶液，但它主要用于液体的分离、洗涤和萃取等。

综上可见，滴液漏斗和分液漏斗是有区别的。在 2018 年全国新课标 I 卷第 26 题所给装置图中，仪器 a 没有画出球形空腔，所以答案应为“分液漏斗”，或更准确地称为“球形分液漏斗”，而不能称为“滴液漏斗”。

参考文献

张金水．化学实验常用的滴液漏斗和分液漏斗［J］．化学教学，2017（03）：63—65．

问题 17　如何配制酚酞溶液？

酚酞［$(C_6H_4OH)_2COC_6H_4CO$］是一种常用的酸碱指示剂，其在 pH＜8.2 的溶液里为无色的内酯式结构，在 pH＞8.2 的溶液中为粉红色的醌式结构。

酚酞的醌式或醌式酸盐，在碱性介质中很不稳定，会慢慢地转化成无色羧酸盐式；遇到较浓的碱液（pH＞12），会立即转变成无色的羧酸盐式。所以，酚酞试剂滴入浓碱液时，酚酞开始变红，很快红色褪去变成无色。酚酞在 0＜pH＜8.2 时为无色，在强酸体中显示橙黄色（如表 4－5 所示）。

表 4－5　酚酞的几种形态

	In^+	H_2In	In^{2-}	$In(OH)^{3-}$
键线式	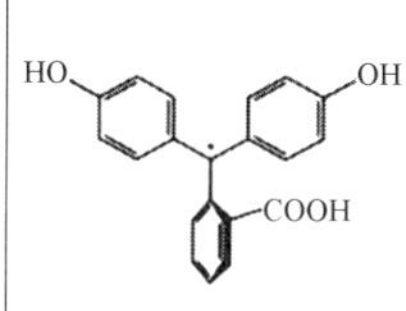	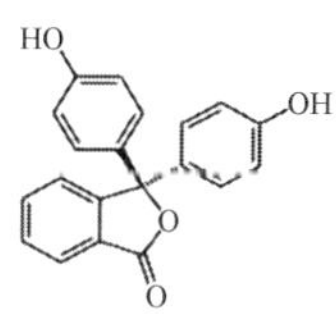	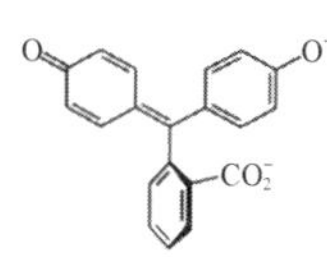	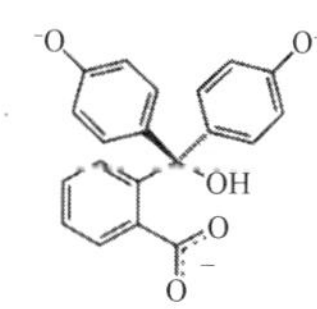
球棍模型	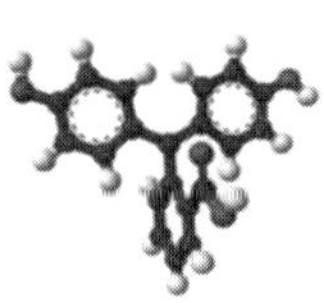	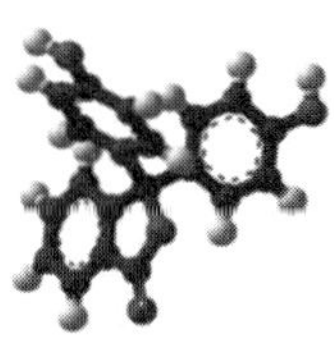	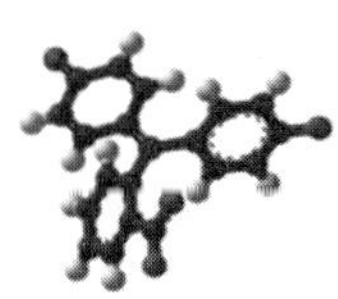	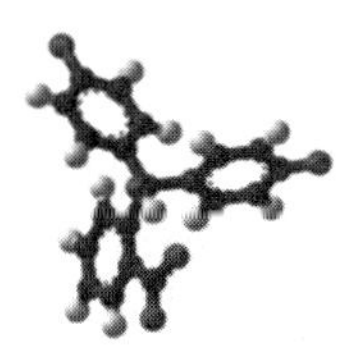
pH	＜0	0～8.2	8.2～12.0	＞12.0
条件	强酸性	酸性、近中性	碱性	强碱性
颜色	橙黄色	无色	桃红色	无色

酚酞易溶于酒精（20 ℃时，20 g/100 g 酒精），微溶于水（20 ℃时，0.2 g/100 g水），且溶解非常缓慢。为了加快溶解速率，配制酚酞溶液时，可在试

管里注入 1～2 mL 酒精，然后用玻璃棒粘取少许酚酞粉末浸入酒精中，稍加震荡，酚酞即全部溶解为无色溶液。将溶液倒入盛水的烧杯中，先看到白色浑浊，瞬间又变澄清，这是由于溶剂发生改变，酚酞先析出又重新溶解的缘故。最后用水冲洗试管和玻璃棒，将残留的洗涤液一并转移至烧杯中，最后在容量瓶中定容至 500 mL，即配成酚酞溶液（酚酞质量分数远远小于 0.01%）。

参考文献

刘怀乐．格致 求索 鼎新——中学化学教学文集 [M]．重庆：重庆出版社，2013：20．

问题 18　什么是缓冲溶液？

缓冲溶液是能够抵抗少量外来强酸或强碱或稀释的影响，而保持溶液 pH 基本不变的溶液。缓冲溶液的组成有 3 种类型（共轭酸碱对）：①弱酸和它的盐，如 HAc－NaAc；②弱碱和它的盐，如 NH_3－NH_4Cl；③多元弱酸的酸式盐和它对应的次级盐，如 KH_2PO_4－K_2HPO_4。缓冲溶液的机理可理解为：浓度相当大的共轭酸碱导致的同离子效应同时抑制了酸式电离和碱式电离，外加少量强酸强碱或适度稀释不致引起共轭酸碱的浓度发生大的变化。

计算公式：$pH=pK_a-\lg(c_{酸}/c_{盐})$，$pOH=pK_b-\lg(c_{碱}/c_{盐})$

缓冲溶液的配制主要要考虑 3 方面问题：选择共轭酸碱对、共轭酸碱对浓度的配比、共轭酸碱对的总浓度。

（1）缓冲溶液都有一定的 pH 缓冲范围要求，pK_a、pK_b 是配制缓冲溶液的主要依据。选择缓冲对时，要使 pK_a 与 pH 相等或相近。表 4－6 列出了几种常用的缓冲溶液。如要配制 pH＝9 左右的缓冲溶液，则可选用 pK_a 为 9.25 的 $NH_3\cdot H_2O$－NH_4Cl 缓冲对。还应注意，所选择的缓冲溶液不能与体系物质发生作用，药用缓冲溶液还必须考虑是否有毒性等。

（2）如果缓冲对的 pK_a 与要求的 pH 不相等，可计算 $c_{酸}/c_{盐}$（或 $c_{碱}/c_{盐}$）。当 $c_{酸}/c_{盐}$（或 $c_{碱}/c_{盐}$）$=1$ 时是最理想的情况，溶液的缓冲能力最大。在实际工作中往往只需控制 pH 于一定范围内而无须控制在某一固定 pH，所以常用缓冲溶液各组分的浓度比最好保持在 $c_{酸}/c_{盐}$（或 $c_{碱}/c_{盐}$）为 0.1～10，其相应的 pH 及 pOH 变化范围为 $pH=pK_a\pm1$，$pOH=pK_b\pm1$，称为缓冲溶液最有效的缓冲范围。

（3）根据实际需要选择共轭酸碱对的浓度，一般在 0.1～1.0 mol/L 为宜。

表 4-6 几种常见的缓冲溶液

配制缓冲溶液的试剂	缓冲组分	pK_a	缓冲范围
HCOOH—NaOH	$HCOOH—HCOO^-$	3.75	2.75～4.75
$CH_3COOH—CH_3COONa$	$CH_3COOH—CH_3COO^-$	4.75	3.75～5.75
$NaH_2PO_4—Na_2HPO_4$	$H_2PO_4^-—HPO_4^{2-}$	7.21	6.21～8.21
$Na_2B_4O_7—HCl$	$H_3BO_3—B(OH)_4^-$	9.14	8.14～10.14
$NH_3 \cdot H_2O—NH_4Cl$	$NH_4^+—NH_3$	9.25	8.25～10.25
$NaHCO_3—Na_2CO_3$	$HCO_3^-—CO_3^{2-}$	10.25	9.25～11.25
$Na_2HPO_4—NaOH$	$HPO_4^{2-}—PO_4^{3-}$	12.66	11.66～13.66

关于缓冲溶液的配制，可参照有关手册和参考书上的配方，详细过程可参阅大学《无机化学》或《分析化学》。

参考文献

[1] 北京师范大学，华中师范大学，南京师范大学无机化学教研室．无机化学（上册）[M]．4 版．北京：高等教育出版社，2003：330.

[2] 胡宗球．无机化学（上册）[M]．北京：科学出版社，2014：110—112.

问题 19 中和滴定时选择酸碱指示剂的一般原则是什么？

酸碱指示剂是指随着溶液 pH 值的改变而伴随着颜色变化的一类物质。溶液 pH 的变化导致指示剂变色的通常原因是指示剂具有不同颜色的“互变异构体”，这类互变异构体具有共轭酸碱对的性质，彼此处于平衡状态，当溶液的 pH 值改变时，便会影响到它们的平衡。平衡移动时，伴有结构的改变，这时指示剂失去质子由酸式转化为碱式，或得到质子由碱式转化为酸式，从而发生颜色改变。因此，这类指示剂也叫“pH 指示剂”。

中学常见的酸碱指示剂有石蕊、酚酞和甲基橙 3 种。中和滴定时选择酸碱指示剂一般有 3 个原则：

(1) 指示剂的变色范围愈窄愈好。指示剂变色区间越小，在化学计量点时，即使 pH 稍有改变，也能使指示剂产生敏锐的颜色变化，有利于提高测定结果的准确度，如石蕊的变色范围（5.0～8.0）明显大于酚酞（8.2～10.0）和甲基橙（3.1～4.4）。因此，石蕊作指示剂不如酚酞和甲基橙准确。

(2) 颜色的区分度要明显。如石蕊的红色—紫色—蓝色 3 种颜色变化区分是不明显的，肉眼难以捕捉，因此石蕊不适合作滴定指示剂。

(3) 终点颜色宜由浅到深。心理学研究证明：人眼对由浅到深的颜色变化更为敏感，所以当溶液颜色由浅变深时易被观察到，反之则不易察觉，容易造成滴定过量，产生误差。

因此，一般情况下：①强酸滴定强碱时，应选甲基橙，因为滴定终点时溶液颜色由黄色变为橙色。②强碱滴定强酸时，应选酚酞，因为滴定终点时溶液颜色由无色变为红色。③强酸滴定弱碱时必须选用甲基橙，因为滴定终点时体系为弱酸性，恰好处在甲基橙的变色范围内。④强碱滴定弱酸时必须选用酚酞，因为滴定终点时体系为弱碱性，恰好处在酚酞的变色范围内。另外，石蕊一般不能作为中和滴定的指示剂，因为石蕊变色范围大、变色不灵敏，易造成较大误差。

还需要注意的是：温度、指示剂的用量、离子强度、溶剂等因素都会影响指示剂的变色范围。

1. 温度

酸碱指示剂中的共轭酸碱对存在化学平衡，温度改变时，指示剂的平衡常数会发生变化，因而指示剂的变色范围也会发生变化。一般情况下，温度升高，指示剂常数 K_{HIn} 增大。例如，甲基橙 18 ℃时 pH 的变色范围为 3.1～4.4，100 ℃时 pH 的变色范围为 2.5～3.7；酚酞 18 ℃时 pH 的变色范围为 8.0～10.0，100 ℃时 pH 的变色范围为 8.0～9.2。因此，滴定通常是在室温下进行的，如果必须加热，则标准溶液的标定也应在同样条件下进行。

2. 指示剂用量

对于双色指示剂（例如甲基橙），用量过多会使色调的变化迟缓，降低指示剂的灵敏性，而且指示剂本身也会消耗一些滴定剂，带来误差；对于单色指示剂（例如酚酞），用量过多不但使指示剂灵敏度下降，而且对其变色范围也有影响。例如用 NaOH 滴定 HCl，若以酚酞为指示剂，在 50～100 mL 溶液中加入 2～3 滴 0.1%酚酞，在 pH 为 9 时，即可观察到微红色；而在同样情况下，加入 10～15 滴 0.1%酚酞，则在 pH 为 8 时就出现微红色。因此对于单色指示剂来说，它的用量多少对分析结果影响更大。总之，指示剂用量的多少，是一个不容忽视的问题。在能看清指示剂颜色变化的条件下，一般用量少一点为佳。

3. 离子强度

指示剂颜色的变化会受到溶液中 H^+ 活度的影响。具有不同电荷的指示剂，其变色点受溶液离子强度的影响也不同，因此 pH 的具体变化要具体分析。

4. 溶剂的影响

溶剂不仅影响指示剂的溶解度，更重要的是影响指示剂的离解常数，致使指示剂的变色范围发生很大变化，例如，甲基橙在水溶液中 $pK_{HIn}=3.4$，在甲醇中 $pK_{HIn}=3.8$，在实际操作中应予以注意。

另外，许多植物的花、果、茎、叶中都含有色素，主要是花青素。比如，紫甘蓝，也叫红甘蓝、赤甘蓝，俗称紫包菜、紫圆白菜，紫甘蓝汁中含有丰富的花青素，花青素随 pH 值的增减能呈现出不同的颜色。因此，紫甘蓝汁是一种具有优良性能的酸碱指示剂。此外，生活中的很多食物也都可用作酸碱指示剂。

参考文献

[1] 曹葵，黄文君．滴定指示剂选择的一般原则 [J]．中学化学教学参考，2015（13）：70.

[2] 张孙玮．现代化学试剂手册 [M]．北京：化学工业出版社，1987：7.

[3] 许晓文．定量化学分析 [M]．天津：南开大学出版社，1996：150—153.

问题 20 化学实验中的安全瓶有什么作用？

在图 4－13 中，B 装置叫缓冲瓶或安全瓶，长玻璃管叫溢流管或安全管。

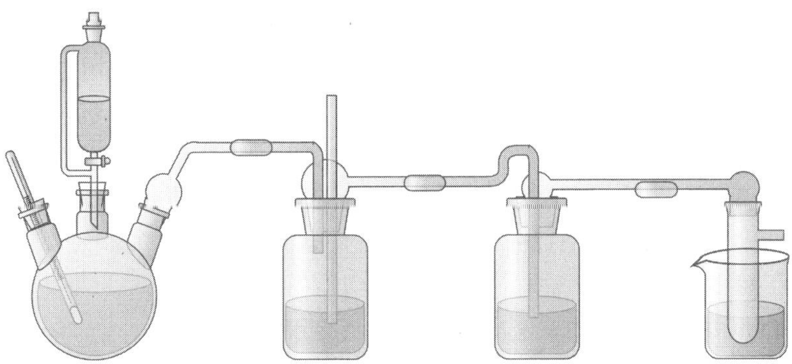

A B C D

图 4－13 实验装置图

实验进行中，若溢流管液面上升，说明装置内部压强过大，此时可通过调节加热温度或控制恒压漏斗的旋塞等措施来减缓反应速率，或检查后续装置是否有堵塞现象。因此该装置有平衡内外压强，预防堵塞，控制气体流速的作用。

安全瓶装置在化学实验中经常可以见到，图 4－14（a、b、c、d）装置中均有或均为安全瓶装置。那么，安全瓶具体用于什么实验中，它有什么作用呢？

图 4－14（a）的安全瓶作用和图 4－13 相同，可以平衡气压，用于缓冲容器内压强和防堵塞。

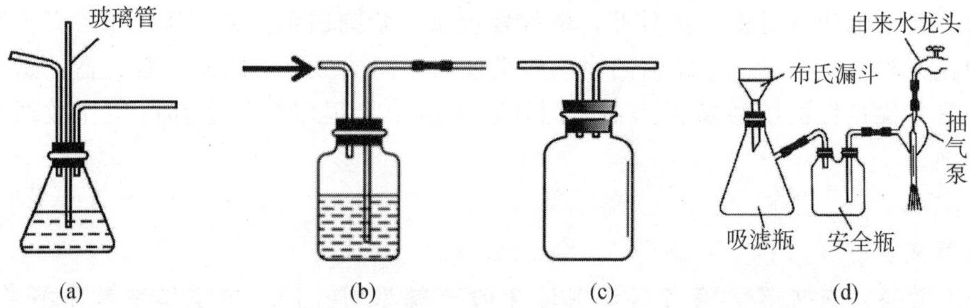

图 4-14 安全瓶

图 4-14（b）和图 4-14（c）的安全瓶可用于防倒吸。某些实验中，气体溶于水后气压减小，一旦发生倒吸现象，水随着导管会倒吸至安全瓶，不会倒吸至反应容器中，以防止冷热不均对反应容器造成损害。作安全瓶时，进入广口瓶中的 2 个导管可以短进长出，或者 2 个都是短管。例如，安全瓶左边连接有需加热的实验发生装置，右边连接有气体的排水收集装置或者检验、除杂装置，为了避免实验操作不当而发生倒吸，可在中间增加 1 个安全瓶。当然，也可不用安全瓶而改用其他防倒吸装置替代（如倒置的漏斗等）。

图 4-14（d）为抽滤（减压过滤）装置，其中安全瓶的作用也是防倒吸。过滤实验中，为了加速过滤常用减压过滤法，又称吸滤或抽滤。吸滤器由吸滤瓶、布氏漏斗和吸滤泵（抽气泵）组成。抽气前，先用清水将滤纸湿润，以便更好地贴合漏斗底部，然后开始抽气，再徐徐倒入待滤清液，接着倒入浊液，用吸滤瓶过滤完毕后应先把吸滤瓶和抽气泵分离，然后再关抽气泵，以防倒吸。更保险的做法是在吸滤瓶和抽气泵之间加 1 个安全瓶，一旦发生倒吸，泵内液体会先进入安全瓶中，避免进入吸滤瓶导致实验失败。

综上可知，使用安全瓶时，防倒吸的作用是最常见的。另外，安全瓶也有平衡气压，用于缓冲和防堵塞的作用。当然，具体作用是什么还要因实验情境具体分析。

问题 21　什么是过饱和溶液？

实际教学中发现，许多教师和学生对过饱和溶液的认识存在偏差，误以为溶液中如果还有未溶解的固体溶质存在，该溶液即为过饱和溶液，这种看法实际上是错误的。那么，什么是过饱和溶液呢？

一定温度、压力下，当溶液中溶质的浓度已超过该温度、压力下溶质的溶解度，而溶质仍未析出的现象叫过饱和现象，此时的溶液称为过饱和溶液。

从上述定义可知，过饱和溶液中其实并没有多余的未溶解的固体溶质，它是溶液而非静置后的“悬浊液”。

从微观上来看，过饱和溶液之所以存在，是因为溶质粒子在溶液中不容易形成结晶中心（即晶核）所致。晶体都是有一定规则排列的，有结晶中心才能使原本无秩序运动着的溶质粒子集合在一起，按该晶体特有的次序排列。当然，不同物质实现规则性排列的难易程度是不同的，有的晶体可能要经过很长的时间才能自行产生结晶中心，这些物质的过饱和溶液表面看起来还是比较稳定的，但应该意识到这种稳定状态是相对的、有条件的稳定。例如，在过饱和溶液中加入溶质晶体或者予以外力振动，那么这时溶液里过量的溶质就会析出，这种转化说明了过饱和溶液没有饱和溶液稳定。也可以说，过饱和溶液的这种状态是一种介稳状态。

不同物质形成过饱和溶液的能力取决于分子的组成，一般固态下含有结晶水的物质，其稳定过饱和溶液更容易生成，如硝酸铜、硝酸锶、醋酸钠等。把高温的饱和溶液急速冷却，就有机会形成过饱和溶液。

分享网上 2 个有关 CH_3COONa 过饱和溶液的有趣小实验。

1. CH_3COONa 过饱和溶液实验（一）

（1）实验用品：铁架台、烧杯、玻璃棒、二水合醋酸钠（或无水醋酸钠）、水。

（2）将水和醋酸钠【130g/100g（醋酸钠/水）】一起加入烧杯中，加热至沸腾。

（3）观察到液面形成一层薄薄的膜即可停止加热。

（4）放入冰箱或置于室温下待其冷却，即可制成 CH_3COONa 过饱和溶液。

（5）用粘有三水合醋酸钠晶体的竹签轻触其表面或投入三水合醋酸钠晶体。

（6）观察现象，发现液体自上而下地“结冰”了。

2. CH_3COONa 过饱和溶液实验（二）

（1）在桌面上撒少许三水合醋酸钠晶体。

（2）向三水合醋酸钠晶体上倾倒 CH_3COONa 过饱和溶液。

（3）液体慢慢地立起来 。

问题 22　沉淀是如何形成的?

2017 年新课标Ⅱ卷 26 题第（3）小问考查了如下内容：

水泥是重要的建筑材料。水泥熟料的主要成分为 CaO、SiO_2，并含有一定量的铁、铝和镁等金属的氧化物。实验室测定水泥样品中钙含量的过程如图所示：

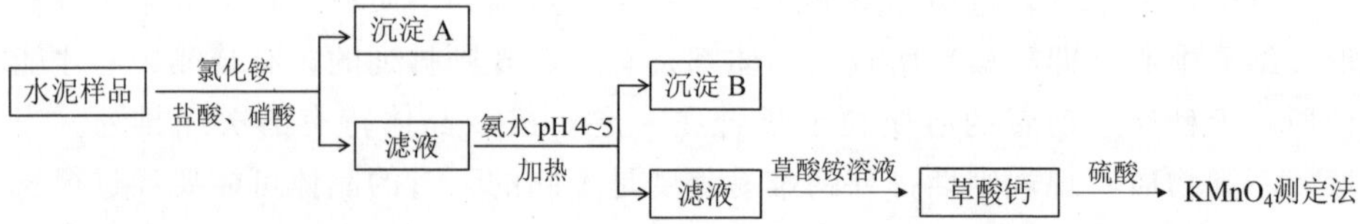

回答下列问题：

加氨水过程中加热的目的是防止胶体生成，易沉淀分离。沉淀 B 的主要成分为$Al(OH)_3$、$Fe(OH)_3$（填化学式）。

关于这一问的解析很多同学存在疑问：为什么加热可以防止胶体生成，使沉淀易于分离？这个问题实际和沉淀的形成有关，下面我们就来了解一下相关内容。

1. 沉淀的类型

沉淀按沉淀颗粒大小可以分为晶型沉淀、凝乳状沉淀和无定型沉淀。其中，晶型沉淀的颗粒最大，直径在 0.1～1 μm 之间。在晶型沉淀内部，离子有规则排列，因此结构紧密，体积小，沉淀形成后易沉在底部，便于过滤和洗涤，而且这类沉淀对杂质的吸附也较少。如 $BaSO_4$、CaC_2O_4 等强极性无机盐，具有较大的定向长大速率，易形成晶型沉淀。

在沉淀中，无定型沉淀的颗粒是最小的，它的直径小于 0.02 μm，由许多微小的沉淀颗粒疏松地聚集在一起形成。沉淀颗粒的排列杂乱无序，又常含大量水分及其他杂质，所以是疏松的絮状沉淀。因此，这种沉淀也称为非晶型沉淀或胶状沉淀。无定型沉淀体积庞大，不能很好地沉降，且在过滤时易穿透滤纸或堵塞滤纸孔隙，过滤速度很慢，不易洗涤。因此，应尽可能避免形成这类沉淀。常见的高价金属离子的氢氧化物、硫化物，如 $Fe_2O_3 \cdot nH_2O$、$Al_2O_3 \cdot nH_2O$、Ag_2S 等定向速度小，聚集速度大，都易形成无定型沉淀。

凝乳状沉淀颗粒大小介于晶型沉淀和无定型沉淀之间，其直径在 0.02～0.1 μm 之间。性质上也介于二者之间，属于过渡态。AgCl 属于这一类沉淀。

生成的沉淀属于哪种类型，固然取决于沉淀的性质，然而与沉淀形成的条件和后处理也有密切的关系。例如，在一般情况下，从稀溶液中沉淀出来的 $BaSO_4$是晶型沉淀。但是，如以乙醇和水为混合溶剂，将浓的 Ba（SCN）$_2$溶液和 $MnSO_4$溶液混合，得到的是凝乳状的 $BaSO_4$ 沉淀。因此，了解各类沉淀的形成过程以及控制沉淀的条件非常重要。

2. 沉淀的形成过程

在含待沉淀离子的试液中加入沉淀剂，当溶液中的构晶离子（组成沉淀的离子）浓度的乘积超过溶度积时，就有可能生成沉淀。沉淀的形成过程一般如图 4－15 所示：

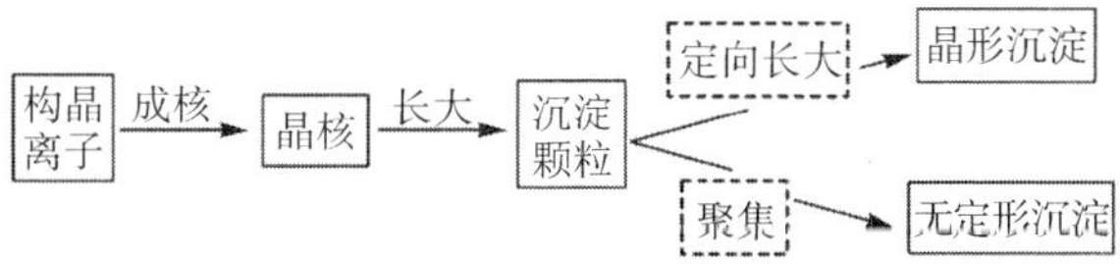

图 4－15 沉淀的形成过程

从上图可知，溶液中沉淀的形成过程包括晶核的形成（成核作用）和沉淀颗粒的长大 2 个阶段：①成核过程。即形成晶核的过程，晶核可通过 2 种来源获得：均相成核和异相成核。在过饱和溶液中，构晶离子在彼此碰撞和相互作用下，聚集成极小的群体。当群体含有的离子达到一定数目时就形成一个晶核。晶核不再是液相的一部分，而是能与溶液区分的固相，这个过程称为成核过程。晶核非常小，通常由 4～8 个构晶离子组成（或 2～4 个离子对组成）。例如 $BaSO_4$ 的晶核就是构晶离子先缔合成离子对，进而缔合成三离子聚集体、四离子聚集体，直至缔合成八离子聚集体，就形成了一个 $BaSO_4$ 的晶核。不同沉淀的晶核所含的构晶离子数目不同。在上述成核过程中，构晶离子聚集，自发形成晶核，这种成核作用称为均相成核作用。一般而言，均相成核的能力（形成晶核的数目）是随过饱和程度的增加而增大的。另外，在进行沉淀的介质和容器中，不可避免地存在大量肉眼看不见的固体微粒。例如，即使由化学纯试剂配制的溶液每毫升大约含有至少 10 个不溶性微粒，烧杯壁上会附有许多 5～10 nm 的“玻璃核”。这些外来的杂质也能诱导晶核的形成或起着晶种的作用。如 $BaSO_4$ 也可以是在一个“外来”的固体微粒的周围聚集 4 个 Ba^{2+} 和 4 个 SO_4^{2-} 后（仍由 8 个构晶离子）组成一个晶核，这种构晶离子借助第二相而形成晶核，称为异相成核作用。异相成核作用是难以避免的，且其作用的大小只与“外来”固体微粒的多少有关，与溶液的过饱和程度无关。②在过饱和溶液中有了晶核之后，溶液中的构晶离子在晶核上沉积并逐渐长大成沉淀微粒。沉淀微粒仍然很小（肉眼看不见），但它有 2 种可能的发展趋势：一种是构晶离子定向有序地排列，成长为晶型沉淀；另一种是沉淀微粒来不及定向排列就以较大速度无序地聚集在一起，形成无定型沉淀。例如，金属氢氧化物的定向速度一般很小，而且金属离子价态愈高，定向速度愈慢。如 $Fe(OH)_3$ 的溶度积很小，当加入氨水使 Fe^{3+} 沉淀时，过饱和度非常高，所以聚集速度很快，但定向速度又非常慢，所以一般情况下容易形成无定型的 $Fe(OH)_3$ 沉淀。而对于 $BaSO_4$、$MgNH_4PO_4$ 等极性较强的盐类，即使在过饱和度相当高的条件下进行沉淀，在形成的聚集体内，离子也能较快地定向排列，故沉淀仍有晶型结构，不致形成无定型沉淀。

3. 沉淀的形成条件

得到大颗粒晶型沉淀的条件有：①在适当稀的溶液中沉淀，尽量降低相对过饱和程度。②慢慢滴加沉淀剂，并快速搅拌，以降低局部过饱和程度。避免大量晶核的产生。③在热溶液中进行沉淀。④沉淀完毕后，让沉淀和母液一起放置一段时间，加热并经常搅动溶液，这样更有利于得到大颗粒沉淀和完整的晶体。

无定型沉淀的沉淀条件为：①在较浓的溶液中沉淀，沉淀时不断搅拌。②在热溶液中沉淀。在热溶液中，离子的水化程度小，利于得到含水量少、结构紧密的沉淀；加热还可促进沉淀微粒的凝聚，防止胶溶，又可降低沉淀对杂质的吸附。基于相同的原因，无定型沉淀宜趁热过滤。③沉淀完毕后及时过滤，不要放置。④加入电解质。电解质能中和胶体微粒的电荷，降低胶体微粒间的排斥力，有利于胶体微粒的凝聚、沉降，可有效地防止胶溶。

通过上述分析，我们也就不难理解 2017 年新课标Ⅱ卷 26 题中的解析了，因为生成沉淀 B 的主要成分 $Al(OH)_3$ 和 $Fe(OH)_3$ 均为无定型沉淀，所以加氨水时加热就可以抑制胶体的形成，有利于生成的沉淀更加密实，避免穿透或堵塞滤纸，使沉淀更易于分离。

另外，在中学化学中与此相关的还有许多内容。如：①用 AgI 人工降雨的原理，其实就是提供晶核的过程。②过饱和溶液之所以存在，是由于溶质不容易在溶液中形成结晶中心（即晶核）所致。③NH_4Cl 溶液中混有 Fe^{3+}，加入氨水调 pH 为 7～8（不是 pH＝4），目的就是使 Fe^{3+} 更易生成 $Fe(OH)_3$ 除去。

参考文献

[1] 课程教材研究所．人教版化学选修 4 [M]. 北京：人民教育出版社，2019：62.

[2] 许晓文．定量化学分析 [M]. 天津：南开大学出版社，1996：392－406.

[3] 武汉大学．分析化学 [M]. 4 版．北京：高等教育出版社，2000：185－196.

[4] 傅献彩．大学化学（上册）[M]. 北京：高等教育出版社，1999：279－311.

问题 23　量气装置如何调压？

高中化学常用的定量实验方法有：体积法、重量法和滴定法。体积法以测定气体体积为代表。

下图是测定气体体积的常见装置。我们在使用这类装置时，测定的气体体积是常温常压下气体的体积，因此，在每次读数之前要进行调压，以保证气体的体积是大气压下的体积。

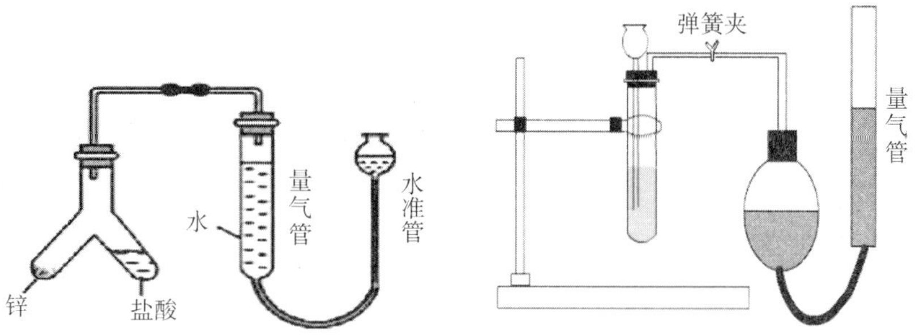

量气装置一　　　　量气装置二

图 4－16　量气装置

图 4－16 量气装置一、二均由量气管、水准管和乳胶软管组成，左右两边液面相平时表示装置内压强和外界大气压相同，此时测得的体积即为我们所需的常温常压下的气体体积。以装置一为例：若水准管液面高于量气管液面，则量气管内的压强等于外界压强和液柱差之和（即 $P_{内}=P_{外}+\rho g\Delta h$），说明量气管内压强大于常压。由于 $PV=nRT$，在 T 和 n 一定时，PV 为定值，所以此时量气管内的气体体积偏小。所以，需要减小量气管内的压强来调节左右液面相平。

那么，具体如何操作呢？此时水准管是应该上移还是下移呢？我们经过简易实验装置验证和征询了多位化学专家及物理专家的意见后，认为只有将右端的水准管往下移动，才能减小左端量气管内的压强，进一步实现左右液面相平。

1. 实验验证

实验装置（如图 4－17 所示）：简易量气实验装置可以采用 2 根碱式滴定管（去掉尖嘴）和 1 根乳胶软管组装而成；也可以用球形干燥管（便于用橡皮塞塞紧）和碱式滴定管（去掉尖嘴），中间用乳胶软管相连组装而成。

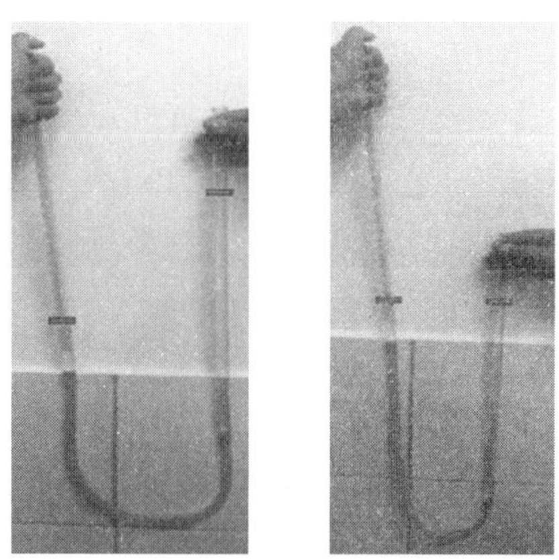

图 4－17　简易量气实验装置

实验操作及现象：先加入一定量的水使左右两管液面相平，然后通过向左管中吹气的方式在左管上方收集一定量的气体，马上用拇指堵住左管上方，此时右管液面高于左管液面。左管内气体压强大于外界压强，说明测量出的左管内气体体积是偏小的。此时将右管下移，可使左右液面相平。同时实验中还发现：当右管下移时，左管液面会同时缓慢下降；当右管上移时，左管液面会同时缓慢上升（注意，此时乳胶软管的最低点位置是有变化的）。

实验结论：右管液面高于左管液面时，右管下移，可使左右液面相平。同时，右管下移时，左管液面会同时缓慢下降；若右管上移，左管液面会同时缓慢上升。

结论分析：当图 4－16 装置一中右端水准管液面高于左端量气管液面时，此时左端压强大于右端压强，量气管内测得气体的体积偏小，所以若使左端量气管内气体体积增大，则左端液面必须下降。但由于乳胶软管的最低端位置在移动中发生了变化，当右管下移时，左管液面会同时下降（但比较缓慢）；右管上移时，左管液面会同时上升（缓慢上升）。此时须将右管下移，才可实现左管液面下降，最终实现左端量气管内气体体积增大，同时左右液面相平的目的。

2. 理论推导（太原谢鸿雁、徐少飞老师提供）

设起始两侧液面相平（如图 4－18 所示），高度设为 0，右侧管径为左侧的 a 倍。左侧封闭，原有气体体积为 V_0，右侧连通大气，显然此时 $P_{左0}=P_{右0}=P_{大气}$。

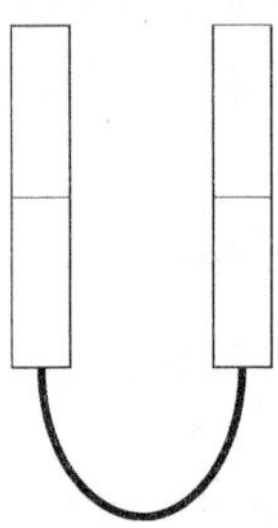

图 4－18　量气装置简化图

将右侧管提高 h_1，此时右侧液面高度为 h_1，左侧仍为 0，两侧产生液面差，即产生压强差为 ρgh_1，右侧压强大，液体会向左侧移动，设右侧液面下降 h_2 达到平衡，由于右侧管径为左侧的 a 倍，则左侧液面上升 ah_2。则平衡时：

左侧：液面高度 ah_2，气体体积减少 ah_2S，体积变为 $V\text{-}ah_2S$，根据 Boyle 定律：

$$P_{左0}\cdot V=P_{左1}\cdot\ (V\text{-}ah_2S)$$

$$P_{左1}=\frac{P_{左0}\cdot V}{V-ah_2S}=\frac{P_{大气}\cdot V}{V-ah_2S}$$

右侧：液面高 h_1-h_2，气压为 $P_{右1}=P_{大气}$。两侧液面差为 $h_1-(a+1)h_2$，则：

$$P_{左1}=P_{右1}+\rho g[h_1-(a+1)h_2]$$

带入上式：

$$\frac{P_{大气}\cdot V}{V-ah_2S}=P_{大气}+\rho g[h_1-(a+1)h_2]$$

$$\frac{P_{大气}\cdot ah_2S}{V-ah_2S}=\rho g[h_1-(a+1)h_2]$$

由于 $V\text{-}ah_2S$ 为左侧剩余体积，显然>0，即上式左侧>0，则可知两侧液面差：

$$h_1-(a+1)h_2>0$$

结论：起始两侧液面相平，左侧封闭，右侧连通大气，将右侧管提高一定高度，最终右侧比左侧高；起始两侧液面不相平，左侧封闭，右侧连通大气，右管液面高于左管液面时，右管下移，可使左右液面相平。

问题24 如何判断化学中的非整数数量级？

2017年全国Ⅰ卷第13题考查了如下内容：

常温下将 NaOH 溶液添加到己二酸（H_2X）溶液中，混合溶液的 pH 与离子浓度变化的关系如图所示：

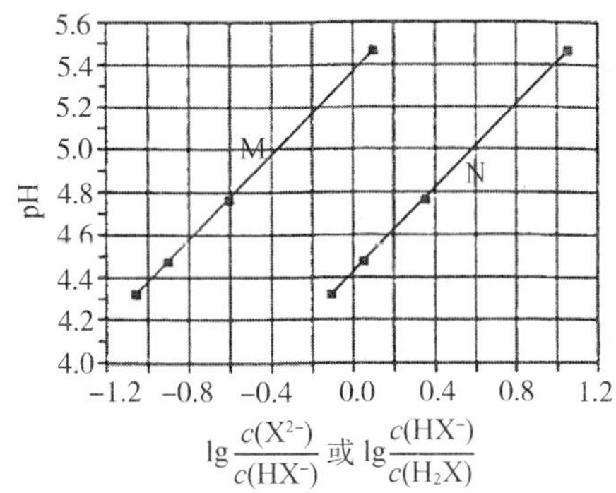

其中：由图可读出 $K_{a_2}(H_2X)=1.0\times10^{-5.4}$，则 $K_{a_2}(H_2X)$ 的数量级为 10^{-6}。那么，如何判断化学中的非整数数量级呢？

化学中的非整数数量级的判断可结合科学记数法来说明。

科学记数法是指把一个数表示成 $a\times10^n$ 的形式（$1\leqslant a<10$，n 为整数）。这样表示后，10^n 即是它的数量级。

举例如下：$10^{5.2}$、$10^{5.7}$、$10^{-4.5}$、$10^{-5.7}$ 的数量级分别是多少？

首先按照科学计数法，把每个数表示成 $a\times10^n$（$10^0\leqslant a<10^1$，n 为整数）的形式。则上述数据可分别改写为 $10^{5.2}=10^{0.2}\times10^5$，$10^{5.7}=10^{0.7}\times10^5$，$10^{-4.5}=10^{0.5-5}=10^{0.5}\times10^{-5}$、$10^{-5.7}=10^{0.3-6}=10^{0.3}\times10^{-6}$，因此这些数字的数量级分别为：$10^5$，$10^5$、$10^{-5}$、$10^{-6}$。由此，也就不难推出：$K_{a_2}(H_2X)=1.0\times10^{-5.4}$，则 $K_{a_2}(H_2X)$ 的数量级为 10^{-6}。

问题25 如何判断有效数字的位数？

有效数字是指在分析工作中实际能够测量到的数字，包括能够测量到的最后一位估计的、不确定的数字。具体来说，我们把通过直读获得的准确数字叫作可靠数字，把通过估读获得的数字叫作存疑数字，把测量结果中能够反映被测量大小的带有一位存疑数字的全部数字叫有效数字。在数学中，有效数字是指一个数中，从该数的第一个非零数字起，直到末尾数字止（包括零）。在估读数据时往往需要“四舍五入”，以避免报告微不足道的数字。

在试题中，如果给出的数据其有效数字位数各不相同，则答题时通常不需要考虑结果保留位数的问题。但如果给出的数据均为相同位数的有效数字，则应书写有相同位数的有效数字的结果。如 2.310、2.200、0.02300、0.001230 均为 4 位有效数字。

这里需要注意的是：有效数字位数的意义是精度，而精度的意义是：表示观测值与真实值的接近程度。4 位有效数字意味着千分之一的精度，如果已经有 3 位有效数字，首位是 8 或 9，其精度就可以和 4 位有效数字媲美，所以可自动多算 1 位，因此 0.0980 是 4 位有效数字。

问题 26　如何认识电导、电导率、电导滴定？

近年来，在中学化学中开始出现和电导、电导率、电导滴定相关的内容，如 2004、2019 鲁科版教材中均提及“电导法”是测定化学反应速率的物理方法之一。那么，如何认识电导、电导率、电导滴定呢？

1. 电导和电导率

物体的导电能力常用电阻 R 表示，但对于电解质溶液，其导电能力则用电阻的倒数，即电导来表示。而电导率，也可以称为导电率，它可以用数字表示溶液传导电流的能力，其数值与电解质的种类、浓度和温度等因素有关。因此，电导、电导率都是和溶液导电能力相关的概念。

电解质溶液的导电能力与离子的电迁移速率相关，单位场强下离子迁移的速率也叫离子的淌度。当电解质溶液通电后，溶液中的阴、阳离子在外电场的作用下分别向阳、阴两极移动，这就是离子的电迁移。离子的迁移速率越快，电解质溶液的导电能力越强。影响离子的电迁移速率因素众多，中学阶段涉及的主要因素有离子的本性、温度、浓度等。

(1) 离子的本性。例如：在相同条件下，水溶液中 H^+、OH^- 由于其迁移方式特殊（认为水溶液中质子的传导是通过质子在水分子间转移，而不是质子本身从溶液的一端迁向另一端，这就类似于田径中的接力，而非跑完全程，OH^- 离子传导机理与其类似，只是运动方向相反），所以，H^+ 和 OH^- 在电场力的作用下运动速率特别快，导电能力一般是其他离子导电能力的 5～8 倍（见表 4-7）。因此，H^+、OH^- 具有比其他离子更高的淌度。另外，相同条件下，离子半径大的离子导电能力较强。例如同浓度的 NaCl 和 KCl，K^+ 的半径比 Na^+ 大，其水合离子半径反而小，所以 K^+ 迁移速率快，因此 KCl 的导电能力比 NaCl 强；还有，离子所带电荷越多，离子电迁移速率越快，离子导电性越强。

表 4－7　298.15 K 时一些离子在无限稀释水溶液中的离子电迁移率

阳离子	$\frac{(u_+^\infty \times 10^8)}{m^2 \cdot s^{-1} \cdot V^{-1}}$	阴离子	$\frac{(u_-^\infty \times 10^8)}{m^2 \cdot s^{-1} \cdot V^{-1}}$
H^+	36.30	OH^-	20.5
K^+	7.62	SO_4^{2-}	8.27
Ba^{2+}	6.59	Cl^-	7.91
Na^+	5.19	NO_3^-	7.40
Li^+	4.01	HCO_3^-	4.61
NH_4^+	7.63	Br^-	8.09
Ag^+	6.24	I^-	7.96
Cu^{2+}	5.56	CO_3^{2-}	7.46
Zn^{2+}	5.47	CH_3COO^-	4.24

（2）温度。温度升高时，粒子热运动加剧、溶液的黏度降低、离子水化作用减弱，这些均会使离子迁移速率加快。离子的迁移速率越快，电解质溶液的导电能力越强。

（3）浓度。离子在电场中运动受到其他离子的影响，浓度增加，粒子间相互作用增加，离子运动的速率减小。在无限稀释的溶液中，粒子之间的相互作用可忽略，此时离子独立移动。故在无限稀释溶液中，可以用离子淌度反映离子本身的迁移速率。强电解质溶液的电导率随浓度的增大（即导电粒子数的增多）而增大，但当浓度增大到一定程度以后，由于阴、阳离子之间的相互作用力增大，因而离子的运动速率降低，电导率反而减小。弱电解质溶液的电导率随浓度的变化不如强电解质溶液的变化显著，因为浓度增大，其电离度减小，所以溶液中离子数目变化相对较小。

2. 电导滴定

分析化学中用滴定法测定溶液中某物质的浓度时，常用指示剂的变色来指示滴定终点，若将滴定与电导测定相结合，在滴定过程中，滴定剂与溶液中被测离子生成水、沉淀或难离解的化合物，从而使溶液的电导发生变化，而在二者恰好完全反应时滴定曲线出现转折点，指示滴定终点，这种过程称为电导滴定。

（1）强碱（NaOH）滴定强酸（HCl）。在滴加氢氧化钠溶液之前，系统中的电解质主要是 H^+、Cl^-，溶液中因 H^+ 具有较高的淌度而表现出较高的电导。滴加 NaOH 溶液过程中，由于 H^+ 和 OH^- 结合成 H_2O，其效果与用淌度较低的 Na^+ 代替淌度较高的 H^+ 一样，溶液总电导将逐渐降低，到达终点时，溶液的电导应为最低，继续滴加 NaOH 溶液，由于有过量的 NaOH 存在，而且其中 OH^- 的淌度又较大，故溶液的电导又急剧升高。结果如图 4-19（1）所示。

（2）强碱（NaOH）滴定弱酸（HAc）。滴定过程的离子方程式为：$HAc + OH^- = Ac^- + H_2O$，滴定开始时，HAc 为弱酸，电离度小，H^+ 不多，故电导较小。加入 NaOH 溶液生成 NaAc 后，由于 NaAc 完全电离，故电导随 NaOH 溶液的加入而逐渐增大。当恰好完全反应后，由于 NaOH 溶液过量，OH^- 的淌度又较大，因而溶液的电导迅速增大，得到直线 B′C′，而转折点 B′ 即为恰好完全反应的点。整个变化过程如图 4-19 的曲线（2）所示。

（3）强碱（NaOH）滴定混合酸。电导滴定也可应用于混合酸、碱溶液的实验。例如用 NaOH 溶液滴定 HCl 和 HAc 的混合溶液时，其滴定曲线如图 4-20 所示。相应求出 2 个恰好完全反应的点（等当点），第 1 个是 HCl 完全反应的点，第 2 个是 HAc 完全反应的点。当混合酸是 2 个弱酸时，恰好完全反应的点就不那么清楚，但只要离解常数相差大于 10 倍，这 2 个点还是可以测定出来的。

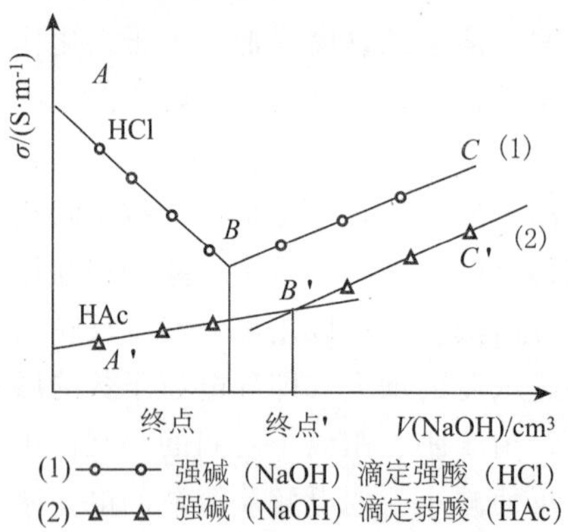

图 4-19 电导滴定图像

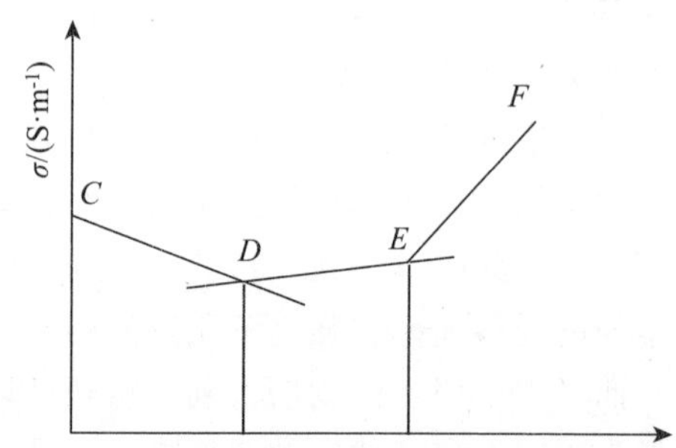

图 4-20 强碱（NaOH）滴定混合酸的曲线

参考文献

[1] 俞青芬．电导滴定曲线 [J]．青海师专学报，2001（06）：75—76，90.

[2] 傅献彩．物理化学（下册）[M]．5 版．北京：高等教育出版社，2006：14—29.

[3] 印永嘉．化学原理（下册）[M]．北京：高等教育出版社，2007：154—167.

问题 27 冷凝管在使用时，必须采取逆流方式吗？

常见的冷凝管有 3 种（如图 4－21 所示）：直形冷凝管、球形冷凝管和蛇形冷凝管。

（1）直形冷凝管：由内外组合的直玻璃管构成，多用于蒸馏操作，馏出的蒸气温度通常小于 140 ℃（防止高温蒸气与冷凝水骤然接触引起仪器破裂），不可用于回流。在其外管的上下两侧分别有连接管接头，用作进水口和出水口。使用方法：使用时，一般倾斜放置，将靠下端的连接口以塑胶管接上水龙头，当作进水口。因为进水口处的水温较低而被蒸气加热过后的水温度较高；较热的水因密度降低会自动往上流，有助于冷却水的循环。

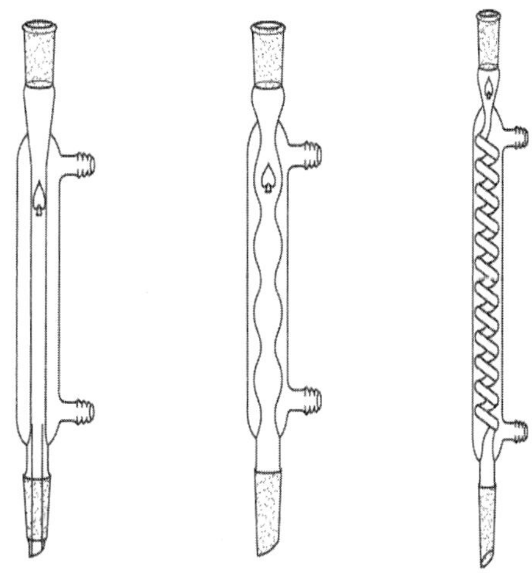

图 4－21　冷凝管装置图（从左到右依次为直形冷凝管、球形冷凝管、蛇形冷凝管）

（2）球形冷凝管：内管为若干个玻璃球连接起来，在有机制备实验中用于冷凝回流，一般直立放置，多用于反应物沸点较低，反应较缓慢，转化率较低的化学反应。由于冷凝面积较直形冷凝管的大，因此冷凝效率稍高。

（3）蛇形冷凝管：内芯管长度大、冷凝面积大，冷凝效率高。一般也用于有机制备实验的冷凝回流，适用于回流沸点较低的液体。

综上所述，直形冷凝管用于蒸馏冷凝，球形冷凝管和蛇形冷凝管用于回流冷凝（如图 4－22 所示）。

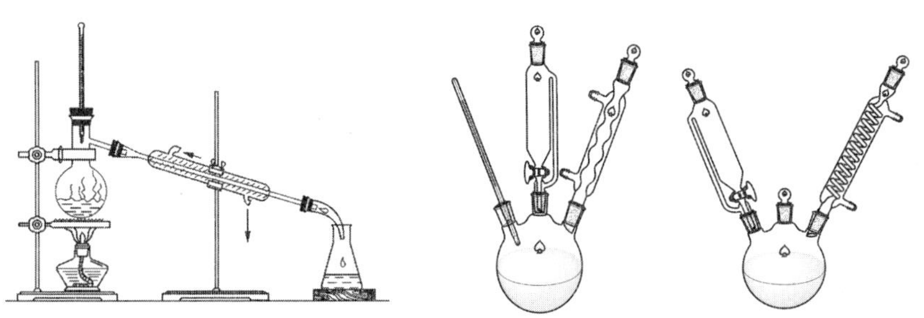

图 4－22　直形冷凝管、球形冷凝管和蛇形冷凝管的冷凝装置图

相同点：蒸馏冷凝和回流冷凝进水口在下方，出水口在上方，这样可以让水在进入冷凝管后缓慢地上升到出水管，然后再排出，达到充分冷凝的效果。另外，如果回流冷凝水上进下出，水是不易充满冷凝管的（如同往一个破了的试管中加满水是不容易实现的），而未充满水的地方会因冷热不均损坏冷凝管，且冷凝效率不高。

不同点：蒸馏时冷凝水下进上出，是逆流冷凝；回流时冷凝水下进上出，是顺流冷凝。由此可见：冷凝管使用时，不一定采取逆流方式。

那么，顺流冷凝和逆流冷凝操作结果有什么不同呢？

运用传热学基本原理进行理论分析可知，顺流、逆流操作时冷热流体沿程温度变化（如图 4-23 所示）的曲线（忽略了冷热流体的相变，相变流体温度保持不变）是存在区别的。

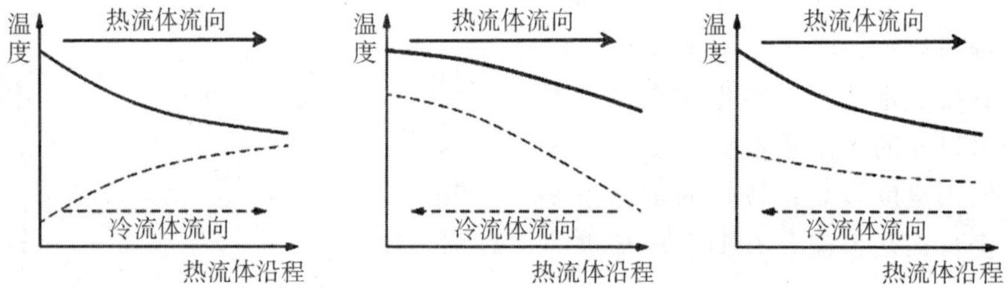

（a）顺流　（b）逆流：$(cm)_{热}>(cm)_{冷}$　（c）逆流：$(cm)_{热}<(cm)_{冷}$

图 4-23　顺流、逆流沿程温度变化规律

顺流冷凝时，沿程前段具有较好的冷却效率，后段逐渐降低。逆流冷凝时，沿程全段具有比较接近的冷却效率，几乎不会出现反向传热的可能。冷、热流体在顺流和逆流 2 种不同流动方式下的工作参数对比研究表明，采用逆流交换方式，换热面积更小，冷却水用量更小，工作效率更高。由此可见，顺流、逆流操作决定了不同的工作效率，采用逆流冷凝的原因是为了更好地提高热交换效率、减小换热面积和冷凝水的用量。

参考文献

[1] 肖修锋．冷凝管不“冷”[J]．教学仪器与实验，2015，31（02）：46—48.

[2] 林海斌，郑菊平，梁凌志．对冷凝管中水流方向及相关内容教学的思考[J]．化学教学，2019（07）：90—96.

问题 28　如何区别焙烧、煅烧、烧结与灼烧？

近年来高考化学化工流程题以及实验探究题中多次出现了“焙烧、煅烧、烧结、灼烧”这些词意相近的词语，它们的浅表语义都有加热的意思，但是在真实情景中却存在着差别，下面结合近年高考主观题辨析一下“焙烧、煅烧、烧结、灼烧”的具体含义。

1. 焙烧

是将矿石、精矿（精矿是选矿中分选作业的产物之一，是其中有用目标组分含量最高的部分，操作方法有放射性分选、重力法选矿、浮选等）在空气、氯气、氢气、甲烷、一氧化碳或二氧化碳等气流中不加或配加一定物料，加热至低于炉料的熔点，发生氧化、还原或其他化学变化的过程。焙烧大多是为后续的熔炼或浸出等主要冶炼作业做准备，因而在冶炼流程中常常作为炉料准备工序。此外，焙烧有时也可以作为金属矿物精炼的过程。焙烧过程根据反应性质可分为氧化焙烧、还原焙烧、硫酸化焙烧、挥发焙烧、氯化焙烧等，近年来高考主观题多次以上述焙烧操作创设问题情境，考查学生原料预处理反应方程式的书写和影响预处理速率的因素等问题。

1）氧化焙烧。在焙烧操作中应用最为广泛，是指在氧化气氛中低于焙烧物料熔点对原料进行处理，目的是把金属元素氧化为金属氧化物，同时除去易挥发的砷、锑、硒、碲等杂质（若砷、锑、硒、碲是目标产物的核心元素，这种将矿石在空气中加热，使提取对象变为挥发性氧化物呈气态分离出来的方法叫作挥发焙烧），以便后续处理，并把矿石中的硫元素转化为二氧化硫等物质，用于工业生产硫酸，或生产亚硫酸盐制备造纸厂蒸煮液等。硫铁矿、硫化铜、硫化锌、辉钼矿（MoS_2）等矿石的预处理主要采取氧化焙烧，例如 2018 年新课标Ⅱ卷第 26 题即采用了氧化焙烧处理闪锌矿。

（2018 新课标Ⅱ卷—26）我国是世界上最早制得和使用金属锌的国家。一种以闪锌矿（ZnS，含有 SiO_2 和少量 FeS、CdS、PbS 杂质）为原料制备金属锌的流程如图所示：

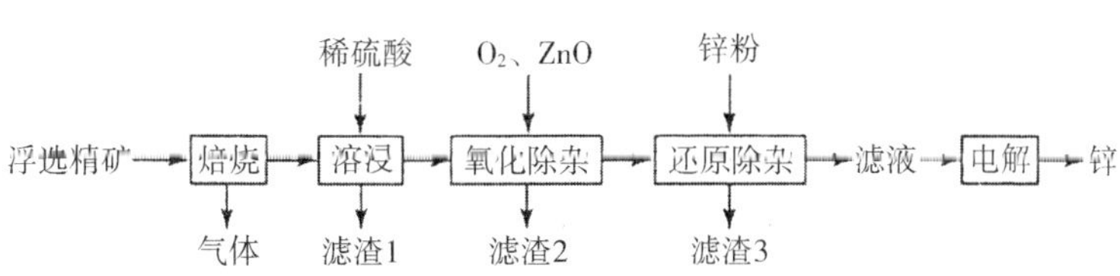

（1）焙烧过程中主要反应的化学方程式为____________________。

【答案】$2ZnS+3O_2 \xlongequal{\text{焙烧}} 2ZnO+2SO_2$

锌在现代工业中占有举足轻重的地位，10～11 世纪，我国就开始大规模生产锌，现在锌被广泛应用于钢材结构表面镀层、制备锌合金以及电池材料等。目前大多数湿法炼锌厂在操作前，都先将锌精矿在沸腾炉内通过氧化焙烧脱硫，从而尽可能地将硫化物转化成氧化物、少量的硫酸锌和含硫烟气等。焙烧结束后，焙烧渣尘进入湿法炼锌，烟气送去制硫酸，以实现工业效益的最大化。

湿法炼锌在进行精矿预处理时，除了氧化焙烧，还通常用到硫酸化焙烧。硫酸化焙烧是指将某些金属硫化物氧化为易溶于水的硫酸盐的焙烧过程，此时闪锌矿主要发生如下反应：$ZnS+2O_2\xlongequal{焙烧}ZnSO_4$。此法可以直接利用精矿中的硫元素形成硫酸盐，水浸后形成水溶液以便后续湿法处理。操作中，通常控制较高的SO_2气氛及较低的焙烧温度，有利于生成硫酸盐；反之，则易生成氧化物，成为氧化焙烧。

此外，氧化-钠化焙烧也属于氧化焙烧的一种，是指在氧化气氛中向矿石里添加适量钠化剂（如Na_2CO_3、NaCl、Na_2SO_4等），焙烧后生成易溶于水的钠盐的过程。例如工业上在用湿法提钒的过程中，常常添加钠化剂在回转炉中进行焙烧，此时三价钒会被氧化成五价的偏钒酸钠形成焙砂，溶于水后再进行进一步处理。

2）还原焙烧。是指将氧化矿预热至一定温度，然后用还原性气体（含CO、H_2、CH_4等）或粉煤、焦炭等还原矿物中部分或全部高价金属的过程。2019新课标Ⅱ卷第26题即采取了还原焙烧工艺。

（2019新课标Ⅱ卷－26）立德粉$ZnS\cdot BaSO_4$（也称锌钡白），是一种常用白色颜料。（2）以重晶石（$BaSO_4$）为原料，可按如下工艺生产立德粉：

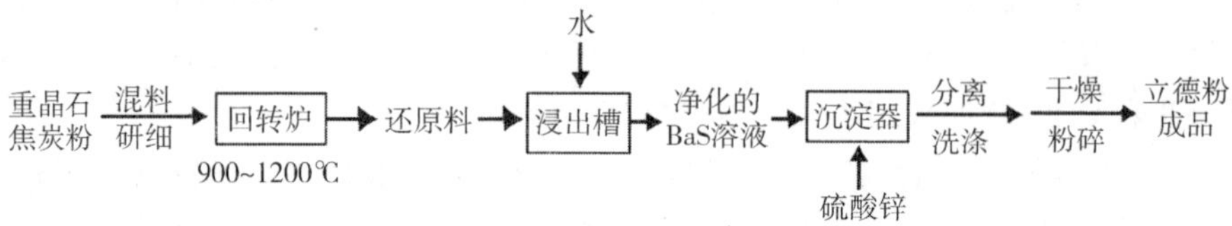

①在回转炉中重晶石被过量焦炭还原为可溶性硫化钡，该过程的化学方程式为________________。

【答案】$BaSO_4+4C\xlongequal{焙烧}BaS+4CO\uparrow$

重晶石是制取碳酸钡、硫酸钡等钡盐的重要原料，由重晶石制取钡盐最经典的预处理方法是在碳或无烟煤的作用下于回转炉中进行还原焙烧，使重晶石中的主要成分硫酸钡转化为水溶性的硫化钡（俗称黑灰），再进一步加工为各种钡盐产品。此外，也可用H_2、CH_4、天然气等还原性气体代替煤粉进行还原焙烧，在悬浮炉中还原重晶石，该法可强化还原过程。

此外，2018年江苏卷第16题采用氧化焙烧兼还原焙烧法对高硫铝土矿进行处理。

（2018江苏卷－16）以高硫铝土矿（主要成分为Al_2O_3、Fe_2O_3、SiO_2，少量FeS_2和金属硫酸盐）为原料，生产氧化铝并获得Fe_3O_4的部分工艺流程如下：

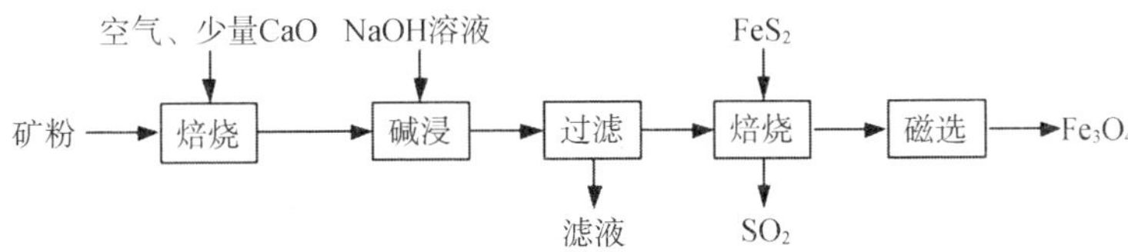

（1）焙烧过程均会产生 SO_2，用 NaOH 溶液吸收过量 SO_2 的离子方程式为______________。

（2）添加 1%CaO 和不添加 CaO 的矿粉焙烧，其硫去除率随温度变化曲线如图所示。

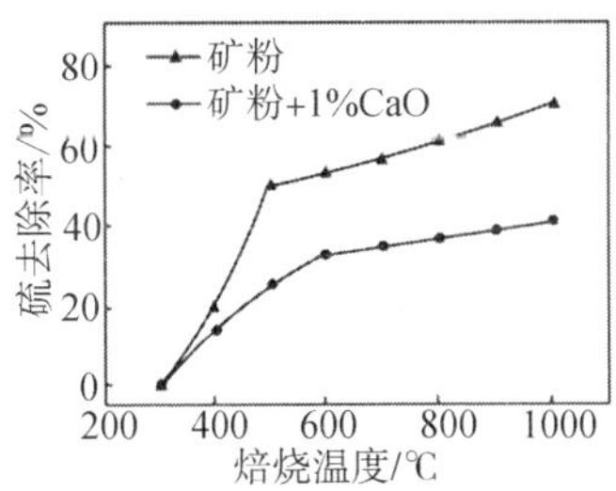

已知：多数金属硫酸盐的分解温度都高于 600 ℃

$$硫去除率=\left(1-\frac{焙烧后矿粉中硫元素总质量}{焙烧前矿粉中硫元素总质量}\right)\times 100\%$$

①不添加 CaO 的矿粉在低于 500℃ 焙烧时，去除的硫元素主要来源于______________。

②700℃焙烧时，添加 1%CaO 的矿粉硫去除率比不添加 CaO 的矿粉硫去除率低，其主要原因是______________。

（3）向“过滤”得到的滤液中通入过量 CO_2，铝元素存在的形式由______________（填化学式）转化为______________（填化学式）。

（4）“过滤”得到的滤渣中含大量的 Fe_2O_3。Fe_2O_3 与 FeS_2 混合后在缺氧条件下焙烧生成 Fe_3O_4 和 SO_2，理论上完全反应消耗的 $n(FeS_2):n(Fe_2O_3)=$______________。

【答案】（1）$SO_2+OH^-=\!=\!=HSO_3^-$ （2）①FeS_2 ②硫元素转化为 $CaSO_4$ 而留在矿粉中 （3）$NaAlO_2$ $Al(OH)_3$ （4）1∶16

我国高硫铝土矿资源丰富，日渐成为拜耳法生产氧化铝的主要原料之一。高硫铝土矿中的硫主要以硫化物（FeS_2）和硫酸盐的形式存在，由于其在工业生产中会产生极大危害：①拜耳法中需用碱将氧化铝溶出，进而制备纯氧化铝。但铝土矿中的硫在高温下会与碱反应，使碱耗增加。②与碱反应生成的 S^{2-}、$S_2O_3^{2-}$ 等随氧化铝一起溶出并与铁反应，腐蚀设备，进而导致溶液中铁含量升高，氧化铝产品质量下降。③随着碱浓度升高，Na_2SO_4结晶析出，会导致换热设备表面结垢，传热系数降低。且频繁的清洗和检修将降低整个生产系统的运转率，严重影响生产。因此，在用高硫铝土矿生产氧化铝时必须先进行脱硫处理，本题即采用添加氧化钙的空气氧化焙烧法脱硫。而且焙烧时会产生 SO_2，可以增大矿石内孔，有利于进一步提升后续碱浸溶出效率。此外，本题（2）中的折线图表明，添加了氧化钙的矿石由于焙烧时会生成硫酸钙，使硫去除率降低，这是因为铝土矿中硫的危害主要来源于硫化物，氧化焙烧过程会将硫化物氧化至二氧化硫，添加氧化钙后，可以与生成的二氧化硫反应，起到固硫作用，有利于环境保护。另外，FeS_2中的铁元素经氧化焙烧后会转化为 Fe_2O_3，无法被氢氧化钠溶液溶出，从而形成红色固体沉淀下来，被称作“赤泥”。此时赤泥中还存在水合铝硅酸钠固体，为了提纯其中的铁元素，通常需要加入 FeS_2等还原剂进行还原焙烧，目的是将弱磁性的 Fe_2O_3还原为强磁性的磁铁矿（Fe_3O_4），以便于磁选分离。这一方法也可称为磁化焙烧。

3）氯化焙烧。是指借助氯化剂（可用氯气、HCl 等气体作氯化剂，也可用 $CaCl_2$、NaCl、$MgCl_2$、$FeCl_3$等固体作氯化剂，固体氯化剂在氯化焙烧过程中，会全部或大部分转化成氯气或 HCl 等气体氯化剂再起作用）使物料中某些组分转变为气态或凝聚态的氯化物，从而与其他组分分离。通常，矿石中的金属硫化物、氧化物等在一定条件下都可与化学活性很强的氯发生反应，生成的金属氯化物具有熔点低、易挥发、溶解性好、易被还原等特点，因此工业上往往借助氯化焙烧来有效实现金属的分离、富集、提取与精炼等目的。例如2017 年北京卷第 26 题即采取了氯化焙烧处理钛精矿制备纯 $TiCl_4$，以便进一步制备 Ti。

（2017 北京卷－26）$TiCl_4$是由钛精矿（主要成分为 TiO_2）制备钛（Ti）的重要中间产物，制备纯 $TiCl_4$的流程示意图如下：

资料：$TiCl_4$及所含杂质氯化物的性质

化合物	$SiCl_4$	$TiCl_4$	$AlCl_3$	$FeCl_3$	$MgCl_2$
沸点/℃	58	136	181（升华）	316	1412
熔点/℃	－69	25	193	304	714
在 $TiCl_4$ 中的溶解性	互溶	—	微溶		难溶

氯化过程：TiO_2与 Cl_2难以直接反应，加碳生成 CO 和 CO_2可使反应得以进行。

已知：$TiO_2(s)+2Cl_2(g)=TiCl_4(g)+O_2(g)$　$\Delta H_1=+175.4\ kJ/mol$

$2C(s)+O_2(g)=2CO(g)$　$\Delta H_2=-220.9\ kJ/mol$

沸腾炉中加碳氯化生成 $TiCl_4(g)$ 和 $CO(g)$ 的热化学方程式：________。

【答案】$TiO_2(s)+2Cl_2(g)+2C(s)=TiCl_4(g)+2CO(g)$　$\Delta H=-45.5\ kJ/mol$

钛精矿是从钛铁矿或钛磁铁矿中经过采选而得，常用于制作高钛渣、钛白粉、四氯化钛等。氯化焙烧是处理钛精矿的主要方向。具体操作流程是先用空气在沸腾炉中使干燥的矿粉流态化，并加热至 650 ℃左右，然后加入焦炭粉，待温度升至 900℃时，用氯气替代空气入炉，此时发生反应：$TiO_2+2C+2Cl_2\xlongequal{焙烧}TiCl_4+2CO$。从氯化焙烧炉出来的气体除 $TiCl_4$ 外，还含有 $FeCl_3$、$AlCl_3$、$SiCl_4$、$MgCl_2$ 等杂质。当气体冷却到 200℃左右时，大部分杂质发生冷凝并在炉灰上沉降（如 $FeCl_3$、$MgCl_2$），剩余气体经过进一步冷凝可得到液态粗 $TiCl_4$。由于 $TiCl_4$ 的沸点与 $FeCl_3$、$AlCl_3$、$SiCl_4$ 等杂质的沸点不同，可采用精馏法将粗 $TiCl_4$ 进行提纯，最终得到高浓度的液态 $TiCl_4$。

2. 煅烧

是指将物料在低于熔点的适当温度下加热，使其分解并除去所含结晶水、CO_2 或 SO_2 等挥发性物质的过程，所以煅烧过程的反应物通常是固体，生成物是另一种固体和气体。煅烧在工业上可用于制备固体（或气体）原料，如煅烧石灰石制备生石灰，同时得到副产物 CO_2；还可以用于生产产品，如侯氏制碱法最终通过煅烧 $NaHCO_3$ 固体制备 Na_2CO_3 等。例如 2016 年新课标Ⅲ卷第 28 题和 2013 年新课标Ⅱ卷第 27 题均采用煅烧法生产目标产品。

（2016 新课标Ⅲ卷－28）以硅藻土为载体的五氧化二钒（V_2O_5）是接触法生产硫酸的催化剂。从废钒催化剂中回收 V_2O_5 既避免污染环境，又有利于资源综合利用。废钒催化剂的主要成分为：

物质	V_2O_5	V_2O_4	K_2SO_4	SiO_2	Fe_2O_3	Al_2O_3
质量分数/%	2.2～2.9	2.8～3.1	22～28	60～65	1～2	<1

如图是一种废钒催化剂回收工艺路线：

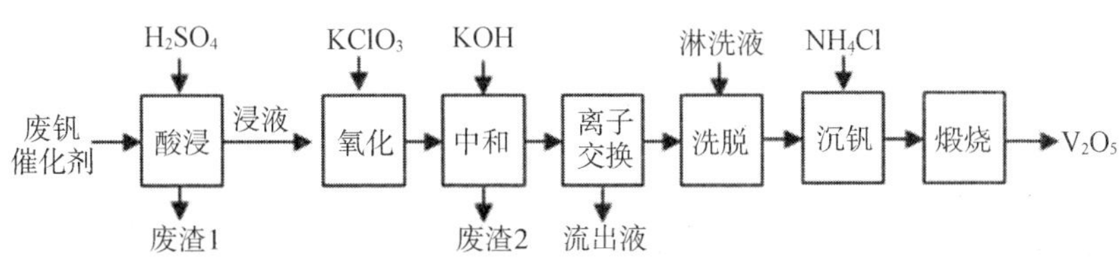

“沉钒”得到偏钒酸铵（NH_4VO_3）沉淀，写出“煅烧”中发生反应的化学

方程式________________。【答案】$2NH_4VO_3 \xlongequal{煅烧} V_2O_5 + H_2O\uparrow + 2NH_3\uparrow$

接触法制 H_2SO_4 的过程中，钒催化剂由于物理失活、化学失活等原因，运行一段时间后，会发生衰老或中毒现象，进而影响生产效率，所以必须定时更换新的催化剂。弃掉的催化剂中还含有许多有经济价值的金属，可以进行回收利用。本题采用酸浸手段进行废钒催化剂的湿法回收，经过一系列转化后可从溶液中得到偏钒酸铵沉淀，经过煅烧失去 NH_3 和 H_2O 后即可制得再生钒催化剂。

（2013 新课标Ⅱ卷—27）氧化锌为白色粉末，可用于湿疹、癣等皮肤病的治疗。纯化工业级氧化锌［含有 Fe(Ⅱ)、Mn(Ⅱ)、Ni(Ⅱ) 等杂质］的流程如下：

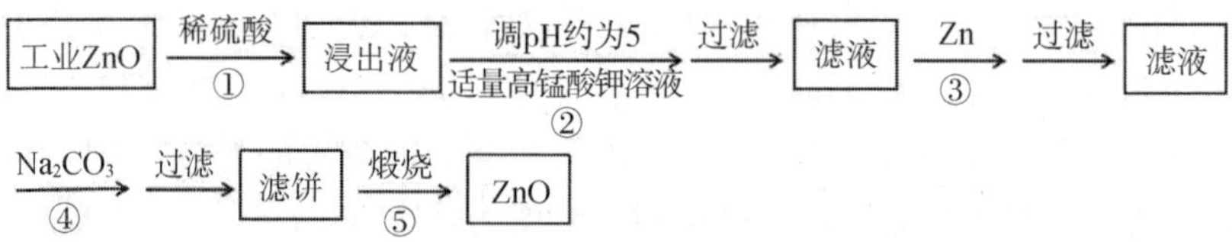

反应④中产物的成分可能是 $ZnCO_3 \cdot xZn(OH)_2$。取干燥后的滤饼 11.2g，煅烧后可得到产品 8.1g，则 x 等于________________。【答案】1

氧化锌，俗称锌白，工业生产的 ZnO 通常以燃烧锌或焙烧闪锌矿的方式制取，所以通常含有杂质。本题采取酸浸法进行湿法纯化，最终在水溶液中生成 $ZnCO_3 \cdot Zn(OH)_2$ 沉淀，过滤制成滤饼后经过煅烧分解释放出 CO_2 和 H_2O 即可得到纯 ZnO。

3. 烧结

是指把粉状物料转变为致密体的过程，是粉末冶金、陶瓷、耐火材料、超高温材料等工业生产的重要工序。通常在固相化学矿物中配加其他氧化剂或还原剂，并添加助熔剂，在高于炉料熔点的适当温度下发生化学反应并促使其结块。例如 2017 年新课标Ⅲ卷第 27 题即采取烧结措施进行了原料的预处理。

（2017 新课标Ⅲ卷—27）重铬酸钾是一种重要的化工原料，一般由铬铁矿制备，铬铁矿的主要成分为 $FeO \cdot Cr_2O_3$，还含有硅、铝等杂质。制备流程如图所示：

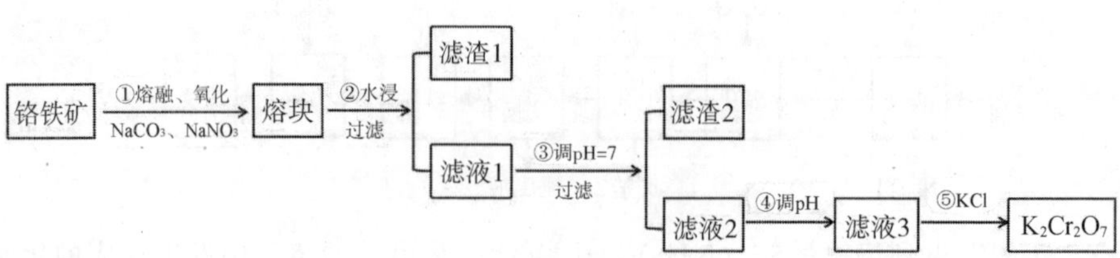

步骤①的主要反应为：

$$FeO \cdot Cr_2O_3 + Na_2CO_3 + NaNO_3 \xrightarrow{\text{高温}} Na_2CrO_4 + Fe_2O_3 + CO_2\uparrow + NaNO_2,$$

反应配平后 $FeO \cdot Cr_2O_3$ 与 $NaNO_3$ 的系数比为________。【答案】2∶7

铬铁矿指的是自然界里的铬与铁共生形成的铬铁尖晶石（$FeO \cdot Cr_2O_3$），我国铬铁矿资源中粉矿约占 80%，且品位（指矿石中有用成分或有用矿物的含量）较高。但是粉矿在冶炼过程中会导致炉料透气性差、炉况翻渣等问题，严重影响各项技术经济指标，所以冶炼前需将铬铁矿造块。氧化、钠盐化烧结是铬铁矿造块的主要工业方法。铬铁尖晶石的熔点很高，加入钠盐可以显著降低其熔点，便于熔融结块，且在有钠盐存在的条件下，稳定的铬铁矿极易被氧化，有助于转化为易溶于水的铬酸钠熔块。烧结后的铬铁矿具有强度高、粒度均匀、高温电阻率大等优势，可以有效节约能源、改善炉料透气性等。

4. 灼烧

将固体物质加热到高温以达到脱水、分解或除去挥发性杂质、有机物和铵盐等目的的操作称为灼烧。灼烧通常指的是实验室里对固体进行的高温操作，加热仪器有酒精灯、煤气灯或电炉等，如海带提碘实验中通过灼烧除去有机物，大学实验室里还常用到电加热套、管式炉和马弗炉等。2018 年 4 月浙江卷第 27 题即通过灼烧来确定化合物组成。

（2018 年 4 月浙江卷—27）某同学用含结晶水的正盐 X（4 种短周期元素组成的纯净物）进行了如下实验：

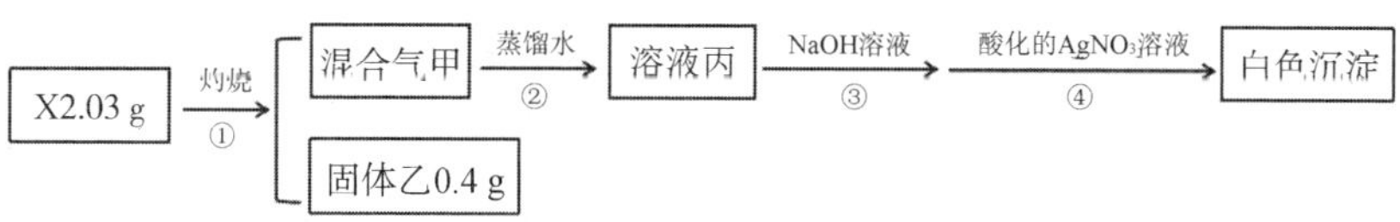

实验中观测到：混合气甲呈无色并被蒸馏水全部吸收；固体乙为纯净物；在步骤③中，取 1/10 溶液丙，恰好中和需消耗 0.00200 mol NaOH；另取一定量的溶液丙，加入少量 K_2FeO_4 固体，产生黄绿色气体。

X 的化学式是__________，步骤①的化学方程式是__________。

【答案】$MgCl_2 \cdot 6H_2O$　$MgCl_2 \cdot 6H_2O \xlongequal{\text{灼烧}} MgO + 2HCl\uparrow + 5H_2O\uparrow$

此外，2018 新课标Ⅱ卷第 28 题虽未提及灼烧，实质也为灼烧法测定化合物热分解产物。

（2018 新课标Ⅱ卷—28）$K_3[Fe(C_2O_4)_3] \cdot 3H_2O$（三草酸合铁酸钾）为亮绿色晶体，可用于晒制蓝图。

某小组为探究三草酸合铁酸钾的热分解产物，按下图所示装置进行实验。

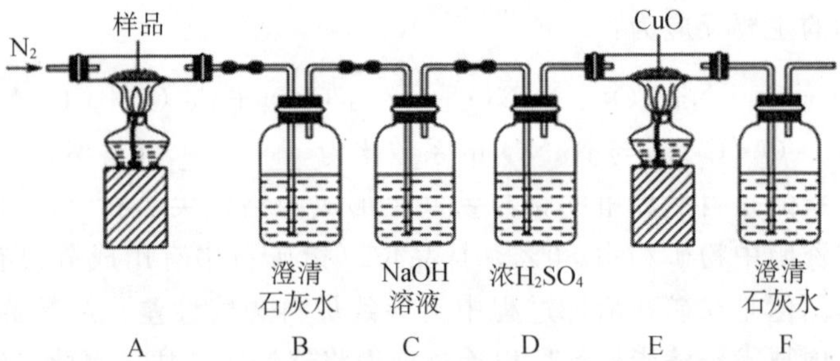

实验中观察到装置 B、F 中澄清石灰水均变浑浊，装置 E 中固体变为红色，由此判断热分解产物中一定含有________、________。【答案】CO_2 CO

（2019 新课标Ⅰ卷－27）硫酸铁铵［$NH_4Fe(SO_4)_2 \cdot xH_2O$］是一种重要铁盐。为充分利用资源，变废为宝，在实验室中探究用废铁屑来制备硫酸铁铵：

采用热重分析法测定硫酸铁铵晶体样品所含结晶水数，将样品加热到 150℃时，失掉 1.5 个结晶水，失重 5.6%。硫酸铁铵晶体的化学式为________。

【答案】$NH_4Fe(SO_4)_2 \cdot 12H_2O$

通过上文举例论述，“焙烧、煅烧、烧结、灼烧”虽均有加热的含义，用法却并不相同。其中，“焙烧、煅烧、烧结”指的是工业生产中的操作，“灼烧”指的是实验室里加热固体除去试样中有机物、铵盐或其他挥发性组分的过程。“焙烧、煅烧、烧结”用法又有所区别，烧结是物料在熔融状态下的化学转化，目的是将物料结块，便于后续操作；焙烧和煅烧是在低于炉料熔点的高温下进行炉料处理的过程，其中焙烧指的是原料与空气、Cl_2、H_2 等气体或添加剂发生化学反应，而煅烧仅是通过高温使物质发生分解，是一种固体生成另一种固体和若干种气体的过程。基于以上考虑，我们再来审视 2 道高考题：

（2019 新课标Ⅰ卷－26）硼酸（H_3BO_3）是一种重要的化工原料，广泛应用于玻璃、医药、肥料等工艺。一种以硼镁矿（含 $Mg_2B_2O_5 \cdot H_2O$、SiO_2 及少量 Fe_2O_3、Al_2O_3）为原料生产硼酸及轻质氧化镁的工艺流程如下：

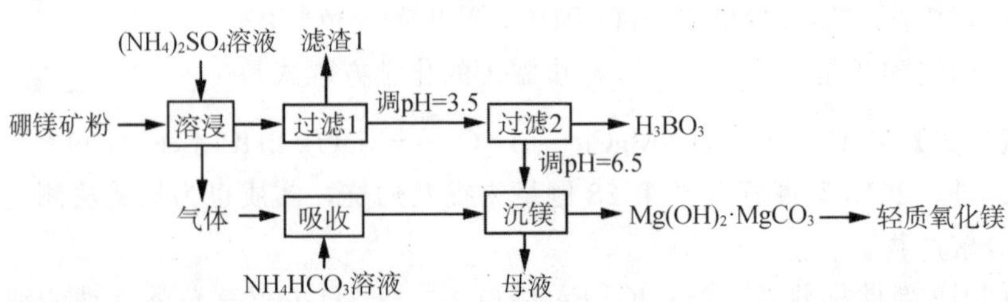

由碱式碳酸镁制备轻质氧化镁的方法是________。【答案】高温焙烧

本题中，由碱式碳酸镁制备轻质氧化镁的化学方程式为：$Mg(OH)_2 \cdot MgCO_3 \xlongequal{高温} 2MgO + H_2O\uparrow + CO_2\uparrow$，是一种固体经过高温分解成其他固体和

气体的过程，所以此空答“高温煅烧”更为合理。

（2017新课标Ⅰ卷—27）$Li_4Ti_5O_{12}$ 和 $LiFePO_4$ 都是锂离子电池的电极材料，可利用钛铁矿（主要成分为 $FeTiO_3$，还含有少量 MgO、SiO_2 等杂质）来制备。工艺流程如下：

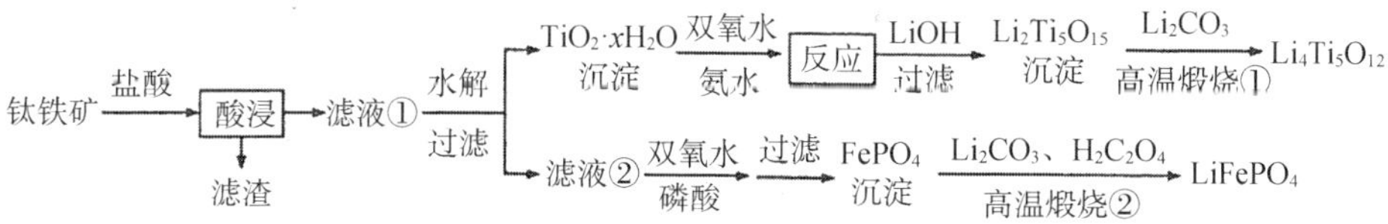

写出“高温煅烧②”中由 $FePO_4$ 制备 $LiFePO_4$ 的化学方程式________。

【答案】$2FePO_4+Li_2CO_3+H_2C_2O_4\xlongequal{高温}2LiFePO_4+H_2O\uparrow+3CO_2\uparrow$

本题最后制备目标产物 $Li_4Ti_5O_{12}$ 和 $LiFePO_4$ 时，均采取了添加辅助剂进行高温操作的措施。焙烧通常指的是将原料在空气、Cl_2 等气流中不加或配加一定物料发生氧化、还原变化的过程，而煅烧往往不需添加其他物质，以分解反应居多，所以这一过程改为“高温焙烧”可能会更加合适。

参考文献

[1] 浙江大学，华东理工大学．化学工艺学［M］．2版．北京：高等教育出版社，2008：248—267.

[2] 周开敏，陈兴亚，丁雁波．锌精矿沸腾炉富氧焙烧的可行性分析［J］．硫酸工业，2017（09）：5—8.

[3] 袁达源．不纯重晶石还原焙烧过程的探讨［J］．广州化工，1998（04）：18—21.

[4] 王鸿雁．高硫铝土矿脱硫精矿拜耳法溶出氧化铝试验研究［J］．湿法冶金，2019，38（04）：263—266.

[5] 徐继胜．高硫铝土矿脱硫研究现状与进展［J］．化工管理，2018（36）：86—87.

[6] 胡小莲，陈文汨，谢巧玲．高硫铝土矿氧化钙焙烧脱硫研究［J］．轻金属，2010（01）：9—14.

[7] 刘彬，于少明，张颍，等．废钒催化剂综合回收利用技术的研究［J］．无机盐工业，2012，44（11）：57—59.

[8] 尚衍．氧化锌生产方法的研究［J］．科技创新导报，2012（08）：134.

[9] 朱德庆，李建，潘建，等．铬铁矿粉烧结试验研究［J］．钢铁，2007（08）：7—11.

专题五 有机化学

一、有机化学（必修）

问题1 CH_4和Cl_2在加热条件下可以发生反应吗？

3套中学化学教材（2019人教版、2019苏教版、2019鲁科版）均有提及“在光照的条件下，甲烷可与氯气发生取代反应”的叙述。但教学过程中，也有学生联想后提出了新问题：CH_4和Cl_2在加热条件下可以发生反应吗？

要厘清这个问题，需要我们对有机化学反应及其分类进行更深入的了解。

CH_4和Cl_2的反应属于有机反应。在一定条件下，有机化合物分子中的成键电子重新分布，原有的化学键断裂，新的化学键形成，从而使原有分子中原子间的组合发生了变化，产生新分子，这种变化过程称为有机反应。

有机反应按反应物和生成物的结构关系，可分为取代反应、加成反应、消去反应、氧化还原反应、聚合反应、重排反应、酸碱反应等；按反应时化学键断裂和生成的方式，可分为自由基型反应、离子型反应和协同反应。有时还可进行更细致的分类或将2种分类方法结合起来。如离子型反应分为亲电反应与亲核反应；取代反应包括卤化反应、硝化反应、磺化反应等。还可以分为自由基取代反应、离子型取代反应等。

1. 自由基型反应

有机反应中，化学键断裂时成键的1对电子平均分给2个原子或基团，这种断裂方式称为均裂（见图5-1）。均裂时生成的原子或基团各带有2个孤电子，用黑点表示，带有孤电子的原子或原子团称为自由基（或游离基），它是电中性的。多数自由基只能瞬间存在，是活性中间体的一种。如果一个反应是由于分子经过均裂后产生自由基而引发的，则称为自由基型反应。

$$A:B \longrightarrow A\cdot + B\cdot$$

图 5-1　均裂

2. 离子型反应

有机反应中，化学键断裂时原来的一对成键电子为某一原子或基团所占有，这种断裂方式称为异裂（如图 5-2 所示）。异裂会产生正离子和负离子，如果一个反应是由于分子经过异裂后生成离子而引发的，则称为离子型反应。

$$A:B \longrightarrow A^{+} + :B^{-}$$

图 5-2　异裂

3. 协同反应

在有机反应过程中，如果旧键的断裂和新键的形成都相互协调地在同一步骤中完成，这个反应称为协同反应（如图 5-3 所示）。协同反应往往有一个环状过渡态，它是一种基元反应。

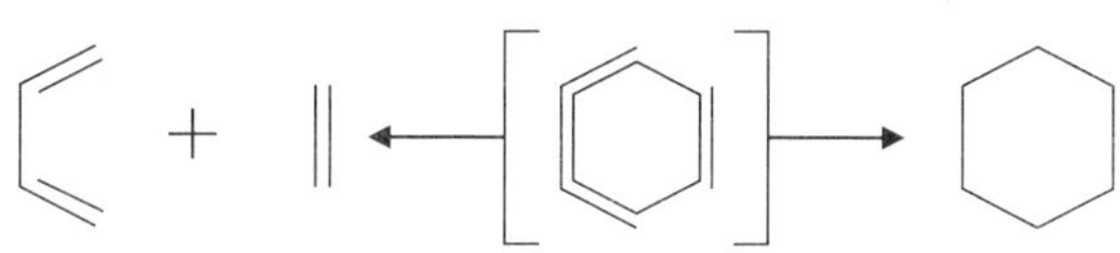

环状过渡态

图 5-3　协同反应

CH_4 和 Cl_2 的反应属于自由基取代反应。自由基反应存在一些共性的特点：①反应机理包括链引发、链增长（或称链转移、链传递）、链终止 3 个阶段；②反应必须在光、热或自由基引发剂的作用下发生；③溶剂的极性、酸或碱、催化剂对反应无影响；④O_2 是自由基反应的抑制剂。自由基反应的一个显著特点是通过自由基而进行的，因此一切有利于自由基的产生和传递的因素都有利于反应进行，反之则不利于反应进行。例如，在反应体系中，如果有 O_2 或其他杂质存在，它们能与自由基结合成更为稳定的自由基，使反应减慢或停止，这种物质称为抑制剂。抑制剂常用来抑制不希望发生的自由基反应，或以此来判断反应是否为自由基反应。CH_4 和 Cl_2 反应存在以下事实：①在室温暗处不发生反应；②高于 250 ℃可发生反应；③在室温有光作用下能发生反应；④用光引发反应时，吸收一个光子就能产生几千个氯甲烷分子；⑤若有氧或有一些能捕捉自由基的杂质存在，反应有一个诱导期（使反应减慢或停止的时间），诱导期时间长短与这些杂质的多少有关。基于这些事实特点判断，CH_4

和 Cl_2 的反应是一个由自由基引发的取代反应。事实上，烷烃的多数反应都是通过自由基机理进行的。

CH_4 与 Cl_2 的取代反应中，链引发阶段为：

$$Cl_2 \xrightarrow[\text{或 300～400 ℃}]{\text{光照}} 2Cl\cdot$$ （产生高能量的自由基，引发反应）

链引发阶段是产生高能量自由基的阶段。由于键的均裂需要能量，所以链引发阶段需要加热或光照。有实验事实表明：CH_4 在紫外光或加热（250～400 ℃）作用下，与 Cl_2 反应可得到各种氯代甲烷（如图 5-4 所示）。

$$CH_4 \xrightarrow[-HCl]{Cl_2,\ 300\sim400\ ℃} CH_3Cl \xrightarrow[-HCl]{Cl_2,\ \triangle} CH_2Cl_2 \xrightarrow[-HCl]{Cl_2,\ \triangle} CHCl_3 \xrightarrow[-HCl]{Cl_2,\ \triangle} CCl_4$$

图 5-4　甲烷与氯气的反应

因此，CH_4 和 Cl_2 在加热条件下是可以发生反应的。还需要说明的是，实际上在漫射光、加热或某些催化剂作用下，CH_4 可进行能够控制的卤化反应，但却很难停留在一元取代阶段。

参考文献

邢其毅．基础有机化学（上册）[M]．4 版．北京：北京大学出版社，2017：116－125.

问题 2　CH_4 易溶于 CCl_4 吗？

CH_4 易溶于 CCl_4 吗？这个问题目前尚无定论。

物质的溶解，从微观角度来看，是固体溶质或液体溶质的结构单元（离子或分子）在溶解时彼此分离，它们之间的空隙被溶剂分子所占据的过程。像熔融和沸腾一样，物质在溶解时必须提供能量以克服离子间和分子间的作用力。这种断裂溶质质点之间的键所必需的能量是由溶质质点和溶剂分子之间键的形成来提供的。也就是说，物质的溶解是用新的吸引力代替原有吸引力的过程，而具体过程则与溶质和溶剂化合物类型有关。

CH_4 和 CCl_4 均属于非离子型化合物。非离子型化合物的溶解性主要取决于它们的极性。非极性或极性弱的化合物溶于非极性或极性弱的溶剂；极性强的化合物溶于极性强的溶剂，即“相似相溶”规律。依此规律，由于 CH_4 和 CCl_4 均属于分子结构高度对称的非极性分子，因此，CH_4 溶解于 CCl_4，是 CH_4 分子间的结合力和 CCl_4 分子间的结合力（范德华力）被 CH_4 分子和 CCl_4 分子之间的非常类似的结合力所代替的过程，所以，从这个角度来看，CH_4 有

易溶于 CCl_4 的可能性。

但是也有学者提出了不同的看法，依据是 CH_4 的沸点（−161.5 ℃）太低，很容易逸出，CCl_4 和 CH_4 既不反应，二者之间也无氢键存在，仅凭微弱的范德华作用力不足以维系 CH_4 分子留在溶剂中，因此这里不能生搬硬套"相似相溶"规律。所以认为 CH_4 在 CCl_4 中的溶解度不会很大。

所查大学教材表述为"烷烃可溶于非极性溶剂如四氯化碳、烃类化合物中"，或"甲烷溶解于四氯化碳"。

另外，报道有老师做过实验，将制得的 CH_4 分别通入自来水和 CCl_4 中，目测观察，未发现二者冒泡存在差别，所以很难说明其溶解度大小。

2012 年 9 月的《光谱学与光谱分析》杂志发表了"四氯化碳萃取辅助的水中甲烷拉曼探测技术研究"一文。该文章用 CCl_4 萃取水中微量的 CH_4，这说明 CH_4 在 CCl_4 中有一定的溶解度。

综上所述，我们认为只能说 CH_4 溶于 CCl_4，但易溶的可能性不大。

参考文献

[1] 杜增丰，张文娟，侯华明，等．四氯化碳萃取辅助的水中甲烷拉曼探测技术研究 [J]．光谱学与光谱分析，2012，32 (09)：2442−2446.

[2] ［美］莫里森．有机化学（上册）［M］．2 版．北京：科学出版社，1992：25.

[3] 邢其毅．基础有机化学（上册）［M］．4 版．北京：北京大学出版社，2017：116.

问题 3　乙烯与氯气还是氯水发生加成反应？常温下能进行吗？

卤素一族中，除碘以外，均能与烯烃发生加成反应。碘与烯烃加成是一个可逆反应，但该平衡利于生成烯烃的一边，因此一般很难进行。氟与烯烃的加成反应过于激烈，反应放出的大量热会使碳碳键断裂，使烯烃分解，所以反应需在特殊条件、特殊仪器中进行。因此，烯烃与卤素的加成主要是烯烃和溴或氯的加成。

氯与烯烃的加成比溴容易，但反应一旦开始，就比较剧烈不易控制。因此，氯与烯烃的加成反应和氟与烯烃的加成反应一样，在实验室内不宜应用，只有溴与烯烃的加成反应适合在实验室进行。

工业上，氯与烯烃的加成反应常采用既加溶剂稀释又加催化剂的办法，使该反应顺利进行。例如，工业上用乙烯和 Cl_2 发生加成反应，大量生产 1，2-二氯乙烷时，就是在无水情况下，用 1，2-二氯乙烷作稀释剂、$FeCl_3$ 作催化剂，温度控制为大约 40 ℃，来保证此反应顺利进行的。

乙烯与 Cl_2 和水也可发生加成反应。Cl_2 与水作用生成次氯酸，氧原子的电负性较强，使分子极化成 HO—Cl，与乙烯反应后生成 2-氯乙醇：

$$CH_2=CH_2+Cl_2+H_2O \longrightarrow CH_2(OH)CH_2Cl\ (2\text{-氯乙醇})$$

综上可知，乙烯与 Cl_2 或氯水均可发生加成反应，但加成产物不同，与 Cl_2 加成生成 1，2-二氯乙烷，与氯水加成生成 2-氯乙醇。

还需要特别说明的是，乙烯可以使溴水和溴的四氯化碳溶液褪色。但乙烯和溴水、溴的四氯化碳溶液的反应分别是：

$$CH_2=CH_2+Br_2 \xrightarrow{H_2O} BrCH_2CH_2Br+BrCH_2CH_2OH$$

$$CH_2=CH_2+Br_2 \xrightarrow{CCl_4} BrCH_2CH_2Br$$

同时有观点分析反应机理认为，乙烯在干燥的溴的 CCl_4 溶液中快速发生化学反应的可能性非常小，因此这里所说的溴的 CCl_4 溶液并非完全无水环境。

参考文献

[1] 尹冬冬．有机化学（上册）[M]．2 版．北京：高等教育出版社，2004：75.

[2] 邢其毅．基础有机化学（上册）[M]．4 版．北京：北京大学出版社，2017：346—347.

[3] 李景宁．有机化学（上册）[M]．5 版．北京：高等教育出版社，2011：58.

[4] 吴星．中学化学学科理解：疑难问题解析 [M]．上海：上海教育出版社，2020：256.

问题 4　无水酒精是怎么得到的？

乙醇的工业生产主要有 2 类：以糖类、淀粉和纤维素等碳水化合物为原料的发酵法和以乙烯为原料的水合法。无论用发酵法或乙烯水合法，制得的乙醇通常都是乙醇和水的共沸物（指当 2 种或多种不同成分的均相溶液，以一个特定的比例混合时，在固定的压力下，仅具有 1 个沸点，此时这个混合物即称作共沸物）。共沸物中含乙醇 95.57%（质量分数）和水 4.43%，沸点是 78.15 ℃，比纯乙醇的沸点（78.5 ℃）低。这是一种恒沸点混合物，把这种混合物蒸馏时，气相和液相的组成是相同的，也就是乙醇和水始终以这个混合比率蒸出，不能通过蒸馏制得再高于此浓度的酒精。市售的无水乙醇就是这种含乙醇 95.57%的共沸物。

如果需要纯度更高的乙醇，还要进一步脱水制备。在实验室制备无水酒精时，是在95.57%酒精中加入生石灰（CaO）煮沸回流，使酒精中的水与CaO反应，生成不挥发的Ca（OH）$_2$来除去水分，然后再蒸馏，这样可以得到99.5%的无水酒精。如果还要去掉残留的少量水，可以进一步加入金属Mg或金属Na来处理，最终制得100%的乙醇，被称为绝对酒精。制取绝对酒精时，由于无水乙醇有很强的吸水性，因此操作过程中必须防止一切水汽侵入仪器中，所用的仪器必须事先干燥、使用时操作也必须迅速，以免吸收空气中的水分。

工业上如果想获得更高纯度的乙醇则必须采用其他方法，如萃取精馏、共沸精馏、膜分离、减压精馏等。

萃取精馏法是将95%的乙醇加入萃取精馏塔，在萃取精馏塔中加入乙二醇（萃取剂）。由于萃取剂的沸点大大高于进料组分，萃取剂和进料的混合物不可能形成共沸物，这样，只需普通的精馏便可回收萃取剂，在精馏塔中乙醇可提纯至99%以上。之后，乙二醇和水经回收塔后，乙二醇可循环使用。

共沸精馏法是向乙醇溶液中添加夹带剂进行精馏的方法。在普通酒精中加入一定量的苯（常见夹带剂），再进行蒸馏，此时混合体系可于64.9 ℃沸腾，蒸出苯、乙醇和水的三元恒沸混合物（比例为74.0：18.5：7.5），这样可将水全部蒸出。继续升高温度，可于68.3 ℃蒸出苯和乙醇的二元混合物（比例为67.6：32.4），这样可将苯全部蒸出。最后升高温度到78.5 ℃，此时蒸出的是无水乙醇。由于苯有剧毒，因此共沸精馏法得到的无水乙醇只能用于非食品级、非药品级无水乙醇的生产。

膜分离法是采用分子筛作为膜层材料，利用膜的孔道和压强差来实现不同组分间的分离。膜两侧分别为进料侧和渗透侧，将95%的乙醇预热后进入膜的进料侧，采用抽真空方式使渗透侧维持低压环境。进料侧中的水分子在膜两侧压强差的推动下通过膜进入渗透侧并汽化为水蒸气，膜进料侧出口则可得到无水乙醇。膜分离法的缺点是，膜组件投资太高，达总投资的一半以上；膜的寿命较短，使得后期的投入较大。

减压精馏法是利用真空条件下酒精-水恒沸物向酒精浓度增大的方向进行，达到一定真空度就能精馏得到无水酒精的方法。乙醇和水的混合物在不同压力条件下共沸点不同，共沸物的组分也不同。当压力降至9.3 kPa时，精馏时可获得无水乙醇。减压精馏法不会对产品造成污染，在食品级、药品级无水乙醇的制备上有一定的市场潜力，但其生产技术目前尚未完全成熟，还有待于进一步研究。

总之，关于乙醇的提纯方法取决于想要达到的目的。如果实验时只要求95%的乙醇，直接蒸馏即可；若需99%的乙醇，则需加入生石灰后蒸馏（不能用过滤除杂的原因是石灰此时会乳化，过滤会直接透过滤纸）；若需 99.9% 的乙醇，由于乙醇吸水能力极强，空气中或仪器中的微量水干扰都极大，所以需要用金属 Na 或 Mg 反复回流后，再蒸馏。

参考文献

[1] 课程教材研究所．化学 2 必修教师教学用书［M］．北京：人民教育出版社，2007：55－56.

[2] 陈红梅．无水乙醇制备工艺探讨［J］．山东化工，2015，44（20）：48，51.

[3] 北京大学化学学院有机化学研究所．有机化学实验［M］．2 版．北京：北京大学出版社，2002：285－286.

问题 5　酒精浓度越高，杀菌效果越好吗？

日常生活中，在药店可以买到 75% 和 95%（体积分数）2 种浓度的酒精，不同浓度的酒精在生活中的用途是不一样的。

95%的酒精在医院常用于擦拭紫外线灯，家庭中则可用于相机镜头的清洁；70%～75%的酒精用于消毒，其中 75%的酒精消毒效果最好；40%～50%的酒精可预防褥疮，按摩时使用 40%～50%的酒精擦拭患者受压部位，能达到促进局部血液循环，防止褥疮形成的目的；25%～50%的酒精可用于物理退热，用酒精擦拭高烧患者的皮肤，能使患者体表温度降低，达到降温退烧的目的。

那么，为什么采用 70%～75%的酒精消毒呢？如果使用浓度更高的酒精来消毒，效果会更好吗？

酒精之所以能消毒是因为乙醇有非常强的吸水力，能够吸收细菌蛋白的水分，破坏细菌内蛋白质的胶状状态，使其因脱水变性凝固，从而达到杀灭细菌的目的。酒精浓度越高，吸水力越强，使蛋白质凝固的作用越强。可是，如果使用过高浓度的酒精，脱水过于迅速，会使细菌表面蛋白质首先变性凝固，形成一层坚固的包膜，酒精反而不能很好地渗入菌体内部，不够彻底杀菌，待到适当时机，细菌内部没能被彻底杀死的细胞将冲破包膜重新复活，影响其杀菌能力；如果酒精浓度过低，虽然渗透性强，可以进入细菌内部，但低浓度酒精变性能力弱，不能将细菌体内的蛋白质凝固，也不能将细菌彻底杀死。

体积分数为 75%的医用酒精正好与细菌的渗透压相近，既不会形成包膜，还可以在细菌表面蛋白未变性前就很好地向细菌体内部渗入，从而使所有细菌蛋白脱水后变性凝固，最终杀死细菌，因此杀菌效果最好。

问题6 乙醇与 Na 的反应是置换反应还是取代反应?

乙醇和金属 Na 的反应是置换反应还是取代反应?

观点一：置换反应。因为取代反应是分子反应而置换反应是离子间反应，确切地讲是离子和原子间的反应；取代反应生成产物都是化合物，而置换反应则一个是单质、一个是化合物。因此乙醇和 Na 的反应是置换反应。2004、2019 人教版《化学 2》和 2014、2019 苏教版《化学 2》中有叙述为：“在乙醇与金属钠的反应中，金属钠置换了羟基中的氢，生成了氢气和乙醇钠”“乙醇分子中羟基上的氢原子能被金属钠置换生成氢气”。从这些中学教材的表述中可以看出，其默认该反应为置换反应。

观点二：取代反应。因为取代反应是常见的有机反应类型，置换反应是无机基本反应类型。乙醇与 Na 的反应是有机反应，因此应归为取代反应。2004 人教版选修 5《有机化学基础》中有叙述为：“由于在醇分子中，氧原子吸引电子的能力比氢原子和碳原子强，O—H 键和 C—O 键的电子对都向氧原子偏移，因而醇在起反应时，O—H 键容易断裂，氢原子可被取代，如乙醇和钠反应”（这段话在 2019 人教版的选择性必修 3《有机化学基础》中已删去）。另大学教材《有机化学核心教程》中提到醇中羟基氢具有酸性，能被金属取代。

综上可以看出，这些叙述存在一定的矛盾，但从人教社教材的变更来看，其更倾向于置换反应。

观点三：取代反应和置换反应都可以。因为乙醇与 Na 的反应既符合取代反应，又符合置换反应的定义。

这 3 种观点都有一定的道理。

中国哲学自古以来就推崇理性思辨精神，在这类问题的处理中也应秉承理性思维。生活中，人们往往过于纠缠某些似是而非的解释而忽视了对事实本质的概括，实际上，化学事实是头等重要的东西，没有必要对此过分纠结。

参考文献

[1] 裴伟伟．有机化学核心教程 [M]. 北京：科学出版社，2008：211.

[2] 课程教材研究所．人教版化学 2（必修）[M]. 北京：人民教育出版社，2019：78.

[3] 普通高中课程标准实验教科书．化学 2 [M]. 南京：江苏凤凰教育出版社，2014：69.

[4] 课程教材研究所．普通高中课程标准实验教科书（选修 5）．有机化学基础 [M]. 北京：人民教育出版社，2004：50.

问题 7 乙醇是电解质还是非电解质？为什么乙醇羟基中氢原子的活泼性不如水？

这个问题的关键在于对电解质概念定位的理解。电解质的本质特征是化合物本身在水溶液或熔融状态下能够电离出自由移动的阴、阳离子。乙醇可以与 Na 反应，乙醇钠呈强碱性，这些实验事实说明乙醇是可以电离的。实际上，某化合物能否电离是相对的，绝对不电离的化合物是极少的，但通常认为电离程度比水大的化合物是电解质。通过比较 Na 分别和乙醇、水反应的剧烈程度，可得知乙醇的羟基氢不如水中的氢活泼，因此乙醇的电离程度比水小，所以认为乙醇是非电解质。

此外，通过电离平衡常数也可以佐证这一点。在液态水、乙醇以及液氨等物质中，都存在自耦电离。如：

$$2H_2O \rightleftharpoons H_3O^+ + OH^-,\ K_W = 1.0\times10^{-14}\ (25\ ℃)$$

$$2NH_3 \rightleftharpoons NH_4^+ + NH_2^-,\ K = 1.9\times10^{-33}\ (-50\ ℃)$$

$$2CH_3CH_2OH \rightleftharpoons CH_3CH_2OH_2^+ + CH_3CH_2O^-,\ K = 1.0\times10^{-19.1}\ (25\ ℃)$$

综上可知，乙醇和氨的电离程度都比水小，所以乙醇和氨都是非电解质。

那么，乙醇为什么比水难电离呢？

乙醇虽然是非电解质，但乙醇中存在微弱的电离，乙醇电离的过程实际上就是乙醇羟基中氧氢键断裂的过程。乙醇羟基中氢原子的活泼性不如水，说明水分子羟基中氧氢键的断裂比乙醇羟基中氧氢键的断裂更容易。对比乙醇分子和水分子的结构，因为乙醇中乙基的给电子作用导致了羟基中氧氢键的共用电子对更趋近于氢原子，使得乙醇羟基的极化程度明显减小，乙醇中的氧氢键更不易断裂，所以乙醇羟基中氢原子的活泼性不如水。

参考文献

[1] 北京师范大学，华中师范大学，南京师范大学无机化学教研室．无机化学（下册）[M]. 4 版．北京：高等教育出版社，2003：520.

[2] 吴星．中学化学学科理解：疑难问题解析 [M]. 上海：上海教育出版社，2020：70.

[3] 许晓文等．定量化学分析 [M]. 天津：南开大学出版社，1996：204.

[4] 严宣申，王长富．普通无机化学 [M]. 2 版．北京：北京大学出版社，2016：83.

问题8 如何改进乙醇的催化氧化实验？

人教版（2004、2019版）教材乙醇的催化氧化实验中乙醛的生成是通过闻“有刺激性气味的气体”来证明的。但在该实验中由于乙醇也易挥发，会对挥发出的乙醛气味产生干扰，因此该方法存在缺陷，实际教学中可补充实验证明乙醛的生成，使结果更加科学可靠。

教材实验：向1支试管中加入3～5 mL乙醇，取1根10～15 cm长的铜丝，下端绕成螺旋状，在酒精灯上灼烧至红热，插入乙醇中，反复几次。注意观察反应现象，小心闻试管中液体产生的气味。

补充实验1：提供信息：希夫试剂（被亚硫酸漂白的品红试剂）遇醛基反应呈紫红色，该显色反应非常灵敏，可用于鉴别醛类化合物。

实验操作：取1 mL反应液加入1滴希夫试剂，观察现象。

补充实验2：分别取1 mL反应后的溶液、1 mL无水乙醇、1 mL乙醛于3支试管中，向3支试管中分别加入1 mL 1% $K_2Cr_2O_7$溶液（用10%硫酸进行酸化），用橡胶塞塞住试管，振荡。结果发现盛有无水乙醇的试管由橙黄色变成浅绿色的速度最慢，反应液次之，乙醛最快。以上对照实验说明反应液中同时存在乙醇和乙醛，证明确有乙醛生成。有关方程式为：

$$3C_2H_5OH+2Cr_2O_7^{2-}+16H^+ \xlongequal{} 3CH_3COOH+4Cr^{3+}+11H_2O$$

$$3CH_3CHO+Cr_2O_7^{2-}+8H^+ \xlongequal{} 3CH_3COOH+2Cr^{3+}+4H_2O$$

另外，还可以用新制氢氧化铜悬浊液或银氨溶液等试剂检验乙醛的生成。

参考文献

肖中荣．开发教材实验　促进知识生成[J]．中学化学教学参考，2015（05）：24－26.

问题9 乙酸乙酯制备中的问题。

1. 酯化反应的机理是什么？

在中学有机化学的酯化反应教学中，酯化反应的机理表述为“酸提供羟基，醇提供氢原子（形成水），其余部分结合成酯”。这种表述对乙酸和乙醇的酯化反应是正确的，但并不符合所有酸、醇的酯化反应。多种实验（如同位素示踪实验）表明：在大多数情况下，羧酸与一级、二级醇发生酯化反应，符合“酸脱羟基醇脱氢”的机理。乙醇与乙酸发生酯化反应的具体反应机理见图5-5：

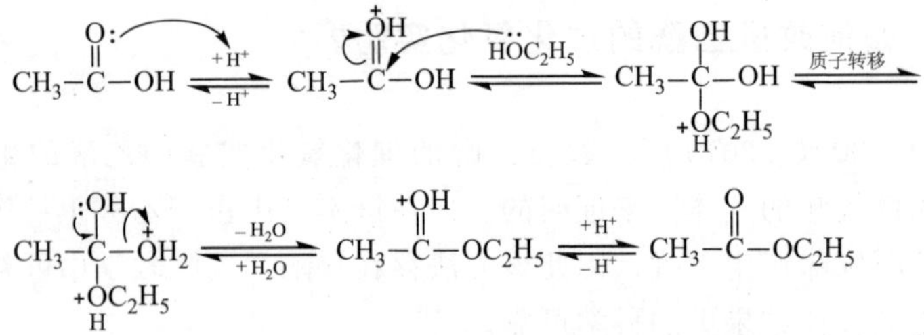

图 5-5　乙酸与乙醇发生酯化反应的机理

首先，酸的羰基质子化形成活化的羰基，然后醇对活化的羰基碳亲核加成形成四面体中间体，这一步是决速步骤。接着经过质子转移、消除水，四面体中间体又恢复成平面结构，形成质子化的酯，最后去质子得到酯。此反应的机理（称为加成-消除机理）中发生了酰氧键断裂失水的过程，而这分子水就是由羧酸提供羟基、醇提供氢形成的。

但是，当羧酸与三级醇发生酯化反应时，由于三级醇的体积较大，不易形成四面体中间体，而三级醇碳正离子又较易形成且很稳定，因此这类酯化反应是经碳正离子机理完成的（如图 5-6 所示）。

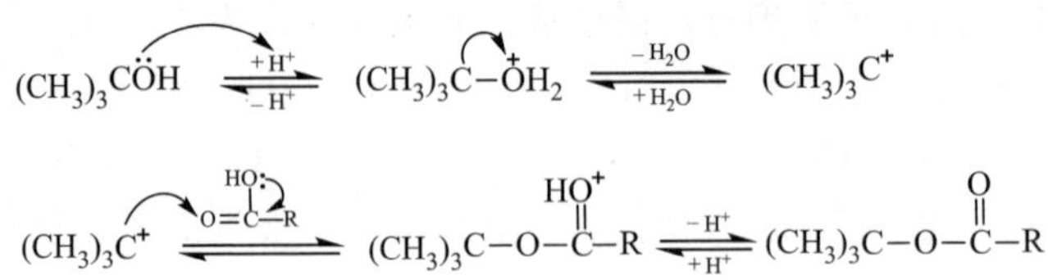

图 5-6　三级醇与酸发生酯化反应的机理

首先，三级醇在酸催化下形成质子化的醇，接着失水生成碳正离子，然后羰基的 π 键异裂，羰基氧与正碳结合形成烷氧键，而羟基氧利用孤电子对形成新的 π 键，生成质子化的三级醇酯，最后去质子形成酯。该反应机理中烷氧键断裂生成碳正离子的一步是决速步骤。从其结果来看，该反应形成酯时脱掉的水相当于“由酸提供羟基氢，醇提供羟基”，这一反应机理也已被同位素示踪法所证实：

$$CH_3-\overset{\overset{\displaystyle O}{\|}}{C}-OH+(CH_3)_3C-{}^{18}OH\xrightleftharpoons{+H^+}CH_3-\overset{\overset{\displaystyle O}{\|}}{C}-OC(CH_3)_3+H_2{}^{18}O$$

实际上，酯化反应除加成-消除机理、碳正离子机理外，还有第 3 种反应机理（酰基正离子机理）。具体按哪种机理发生反应与羧酸和醇的结构有关。综上可见，在教学中，涉及酯化反应的机理时，表述为“通常情况，在酯化反应中，酸提供羟基，醇提供氢原子（形成水），其余部分结合成酯”更为科学。

参考文献

[1] 邢其毅，裴伟伟．基础有机化学（上册）[M]．3 版．北京：高等教育出版社，2005：577.
[2] 赵生平．让化学课堂充满“科学味”——刍议中学化学若干教学问题的处理 [J]．中学化学教学参考，2015（Z1）：45－46.
[3] 裴伟伟．有机化学核心教程 [M]．北京：科学出版社，2008：330.

2. 酯化反应中药品的添加顺序是什么？

1995 人教版教材关于酯化反应的药品添加顺序有 2 种，分别是“在试管里先加入 3 mL 乙醇，然后一边摇动，一边慢慢地加入 2 mL 浓硫酸和 2 mL 冰醋酸”，和“在一个试管里注入乙醇、乙酸各 2 mL，再慢慢加入 0.5 mL 浓硫酸”。这 2 种不同添加顺序的叙述分别出现在旧教材（1995 版）正文的演示实验和课本最后的“学生选做实验”中。2004 年人教版《必修 2》和《实验化学》（选修 6）教材中，均有关于酯化反应的实验操作，药品的添加顺序均为先加入乙醇，再慢慢滴加浓硫酸和乙酸，且在《实验化学教师教学用书》中说明：“浓硫酸不宜最后滴加，以免在滴加浓硫酸的过程中乙酸与乙醇过早发生反应。”

通常浓硫酸与其他液体涉及添加顺序的时候，一般都是浓硫酸加入其他液体中（可避免因浓硫酸稀释大量放热，造成液体外溅的安全问题）。这里既然“浓硫酸不宜最后滴加”（避免乙酸与乙醇过早发生反应），且不能最先滴加（安全原因），所以试剂加入顺序只能是“①乙醇②浓硫酸③乙酸”和“①乙酸②浓硫酸③乙醇”二者之一了。那么，可不可以是“①乙酸②浓硫酸③乙醇”的顺序呢？

在乙酸中直接加入浓硫酸，会散发出强烈的刺激性酸味，使人难以忍受。另研究证实，酯化反应中浓硫酸的作用是催化剂和吸水剂，但在该反应中真正起催化作用的实质上是 H^+。有实验表明，H_2SO_4 在水溶液中是强酸，若在冰醋酸中则为弱酸，不能够完全电离：$H_2SO_4 + HAc \rightleftharpoons H_2Ac^+ + HSO_4^-$，$pKa=8.2$。酯化反应时如果先加冰醋酸，再加浓硫酸，浓硫酸在冰醋酸中难以电离出 H^+，就有可能不能很好地发挥催化作用（该实验中硫酸溶液的最佳浓度是 10 mol/L），所以“①乙酸②浓硫酸③乙醇”的滴加顺序是不可取的。另外，除上述原因外，先加乙醇还考虑到乙醇的密度小，再加浓硫酸和乙酸时有益于溶液的充分混合，这对酯化反应也是有利的。因此，酯化反应中药品的添加顺序应为“①乙醇②浓硫酸③乙酸”。

但也有观点以为，在实际操作此实验时，酯化反应的顺利进行其实与上述试剂的添加顺序并无明显关联，也无证据证明因投料顺序不同会导致酯化反应进行时 $c(H^+)$ 会有所不同，因此酯化反应中药品的添加顺序完全可以多样化，只要浓硫酸不是第 1 个加都是可行的。所以，认为关于酯化反应中药品添加顺序及其原因的讨论是没有现实意义的。

参考文献

[1] 课程教材研究所．人教版化学选修 6 教师教学用书 [M]．北京：人民教育出版社，2007：38.

[2] 宋天佑．无机化学（上册）[M]．北京：高等教育出版社，2008：232.

[3] 毛杨林．课本重要实验的复习视角与价值——以乙酸乙酯的制备实验为例 [J]．中学化学教学参考，2015（05）：34－36.

[4] 人民教育出版社化学室．高级中学课本化学（必修）第二册 [M]．北京：人民教育出版社，1995：149，186.

3. 制取乙酸乙酯时能否用饱和 $NaHCO_3$ 溶液代替饱和 Na_2CO_3 溶液？

制备乙酸乙酯的实验需要用饱和 Na_2CO_3 溶液对产物进行分离提纯，其中饱和 Na_2CO_3 溶液的作用通常表述为：溶解醇、中和酸、降低酯的溶解度，便于酯的分层和闻到酯的香味，即“碱性除酸、饱和液易分层”。

可是，饱和 Na_2CO_3 溶液为什么能降低乙酸乙酯的溶解度呢？原因可以用相似相溶原理来解释：有机物的极性通常较小，Na_2CO_3 溶于水后，使水溶液的极性增强，故有机物在其中的溶解度降低。同理，不仅 Na_2CO_3 溶液可以降低乙酸乙酯的溶解度，其他的盐溶液也可以，只是这里饱和 Na_2CO_3 溶液还有中和乙酸的作用。但是，Na_2CO_3 溶液呈碱性，乙酸乙酯会不会在此条件下发生水解呢？实验表明，饱和 Na_2CO_3 溶液的 pH 约为 10.6，不加热，乙酸乙酯不会发生水解反应。

那么，该实验中能否用饱和 $NaHCO_3$ 溶液代替饱和 Na_2CO_3 溶液呢？

答案是否定的。由于 $NaHCO_3$ 的溶解度小，即使是饱和 $NaHCO_3$ 溶液，盐的浓度也较小，导致水溶液的极性还不够大，无法有效降低乙酸乙酯在其中的溶解度，不利于酯的分层。

另外，在乙酸乙酯的制备中，为了便于观察乙酸乙酯与饱和 Na_2CO_3 溶液的分层界面，常在饱和 Na_2CO_3 溶液中滴加酚酞。当在红色的 Na_2CO_3 溶液表面出现一层油状液体时，若将试管轻轻震荡，红色会消失，但试管中液体的分层现象仍然存在。Na_2CO_3 溶液中红色消失的原因是什么呢？

实验表明，若用吸有无色酚酞的长尖嘴胶头滴管穿过乙酸乙酯层向无色的

Na_2CO_3溶液中滴加酚酞时，溶液又会变红，这说明 Na_2CO_3 还存在。因此，不能认为是挥发出的乙酸中和了 Na_2CO_3，导致溶液红色消失。若吸取一定体积的试管上层的乙酸乙酯，将其溶解在一定量的乙醇中，再滴入几滴 NaOH 溶液，会发现溶液变红，这说明上述导致 Na_2CO_3 溶液红色消失的原因是乙酸乙酯萃取了酚酞引起的。

参考文献

[1] 束长剑．那桶水真的很需要 [J]．中学化学教学参考，2015 (19)：52.

[2] 毛杨林．课本重要实验的复习视角与价值——以乙酸乙酯的制备实验为例 [J]．中学化学教学参考，2015 (05)：34—36.

问题 10　甲酸的沸点为什么比乙醇高?

甲酸和乙醇的相对分子质量相同，且二者均能形成分子间氢键。为什么甲酸的沸点（100.7 ℃）比乙醇（78.5 ℃）高?

甲酸属于羧酸类，羧酸分子中的羧基（—COOH）是高度极化的官能团，由羰基（C=O）和羟基（—OH）组成。羟基的存在使羧酸分子间能形成氢键，羧酸分子间的氢键是通过羧基中羟基上带部分正电荷的氢原子与另一羧酸分子羰基中带部分负电荷的氧原子形成的，而不是与羟基中带部分负电荷的氧原子形成。在甲酸分子中，由于羟基与羰基直接相连，受羰基吸电子的影响，羟基氧原子上的孤电子对向羰基偏移，使羟基氧原子上的电子云密度降低，而O—H 间的电子云会更靠近氧原子（如图 5-7 所示），使 O—H 键的极性增强（因此羧基有酸性，醇羟基没有酸性），这有利于羧酸分子的氢原子形成更强的氢键。通过甲酸和乙醇分子间氢键的键能也能佐证这一点（甲酸分子间氢键键能为 30 kJ/mol，乙醇分子间氢键键能为 25 kJ/mol）。因此，甲酸的分子间氢键键能更大，破坏它更难，所以甲酸的沸点高于乙醇。

此外，冰点降低法测定相对分子质量实验以及 X-射线衍射实验表明，羧酸可以通过氢键形成环状二缔合体。在固态及液态时，羧酸以二缔合体的形式存在，甚至在气态和烃的稀溶液中，相对分子质量较小的羧酸如甲酸、乙酸亦以二缔合体存在（见图 5-8）。二缔合体有较高的稳定性，且由于二缔合体的存在，使得甲酸相当于相对分子质量增大，因而沸点比分子量相近的醇、醛、酮和卤代烃都高。

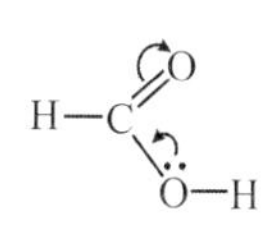

图 5-7　甲酸分子电子云偏移情况

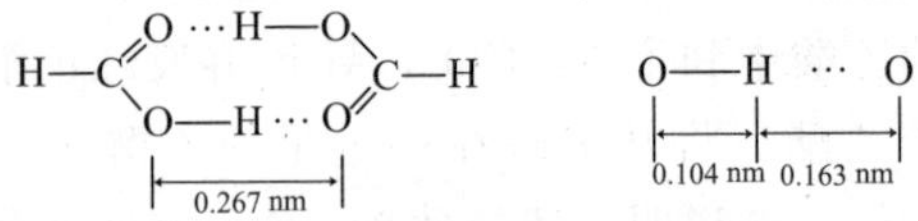

图 5-8 甲酸分子的二缔合体

综上，从氢键的强度和相对分子质量方面都可以解释甲酸的沸点高于乙醇。

参考文献

[1] 王庆文．有机化学中的氢键问题［M］．天津：天津大学出版社，1993：29，44．

[2] 李景宁．有机化学（下册）［M］．5版．北京：高等教育出版社，2011：2，5．

[3] 邢其毅．基础有机化学（上册）［M］．4版．北京：北京大学出版社，2017：522．

问题 11 无机物存在同分异构现象吗?

1822 年魏勒发现的异氰酸银（AgNCO）和 1823 年李比希发现的雷酸银（AgONC）是人类发现的第一个同分异构体，瑞典化学家柏则里把这种分子式相同而结构不同的现象称为同分异构现象。有机化合物中普遍存在同分异构现象，其中有因分子中原子的连接次序不同和化学键的键合性质不同而引起的构造异构，如碳链异构、位置异构、官能团异构、互变异构、价键异构等；还有因分子中的原子或基团在空间的排列不同而引起的构型异构（也称为立体异构），如几何异构、旋光异构和构象异构等。那么，无机化合物中存在同分异构现象吗?

答案是肯定的，正如最早发现的异氰酸银（AgNCO）和雷酸银（AgONC）就是无机物的同分异构。但是，大多数无机物结构单一，所以无机物的同分异构现象主要出现在配合物（又称络合物）中。无机配合物中的同分异构现象主要包括结构异构和立体异构，具体如下：

1）结构异构。所有组成相同而配合物（包括络离子）结构不同的异构现象统称为结构异构。如：

(1) 键合异构。通常指两可配体（具有 2 个或多个配位原子，但在一定的条件下仅有 1 种配位原子与中心离子配位）在形成配合物时，可以通过不同的配位原子进行键合而形成不同的配合物。例如—NO_2（硝基，配位原子为 N）

与 [O—N=O]$^-$（亚硝酸根，配位原子为 O）；SCN^-（硫氰根，配位原子为 S）与 NCS^-（异硫氰根，配位原子为 N）； $[(OC)_5Mn—SCN]^+$ 与 $[(OC)_5Mn—NCS]^+$（分别以 S 和 N 为配位原子与 Mn^{2+} 配位）。

（2）解离异构。指组成相同但在溶液中电离出不同离子的异构体。一般是配位化合物内界与外界微粒之间的交换。如红色的 $[Co(SO_4)(NH_3)_5]Br$ 与紫色的 $[CoBr(NH_3)_5]SO_4$。在这 2 种配合物中，SO_4^{2-} 和 Br^- 在内界和外界的分配恰好相反，在水溶液中的电离方式完全不同，因而性质各异，如前者加 $AgNO_3$ 溶液可得浅黄色的 AgBr 沉淀，后者加 $BaCl_2$ 溶液可得白色的 $BaSO_4$ 沉淀。

$$[Co(SO_4)(NH_3)_5]Br \longrightarrow [Co(SO_4)(NH_3)_5]^+ + Br^-$$

$$[CoBr(NH_3)_5]SO_4 \longrightarrow [CoBr(NH_3)_5]^{2+} + SO_4^{2-}$$

水合异构也是一种解离异构，是由水分子在内、外界的数量不同而造成的异构现象。如紫色的 $[Co(H_2O)_6]Cl_3$、亮绿色的 $[CoCl(H_2O)_5]Cl_2 \cdot H_2O$ 和暗绿色的 $[CoCl_2(H_2O)_4]Cl \cdot 2H_2O$，在这些异构体中，内界中的水分子数依次减少。

（3）配位异构。通常指 2 个配位单元的中心离子互换配体所得到的配位化合物，如 $[Co(en)_3][Cr(ox)_3]$ 与 $[Co(ox)_3][Cr(en)_3]$，其中配体 en（乙二胺）与 ox（草酸根）进行了互换。

2）立体异构。可分为几何异构和对映异构。

（1）几何异构：是组成相同的配合物的不同配体在空间几何排列不同而导致的异构现象。如呈现平面四边形构型的配合物二氯·二氨合铂（$PtCl_2(NH_3)_2$）中存在顺反异构（如图 5－9 所示）。

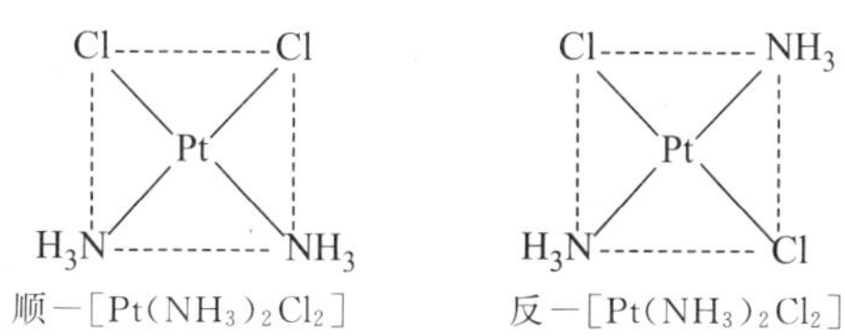

图 5－9 $Pt(NH_3)_2Cl_2$ 的顺、反异构体

实验证明，在上述 2 种 $PtCl_2(NH_3)_2$ 的结构中，顺－$Pt(NH_3)_2Cl_2$ 呈棕黄色，有极性，有抗癌活性，是结构最简单且药理明确的抗癌药；反－$Pt(NH_3)_2Cl_2$ 呈淡黄色，无极性，无抗癌活性。顺反异构的现象在平面四边形和八面体配合物中非常常见。

（2）对映异构：又称手性异构、旋光异构、光学异构或镜像异构，是不同于几何异构的另一种立体异构现象。它是指 2 种化合物的组成和相对位置均相同，好比左右手一样，互为镜像却不能在三维空间中重合（见图 5－10），对映异构体的熔点、折光率、溶解度、热力学稳定性等都毫无差别，但光学活性有差异，即我们常说的左旋和右旋。

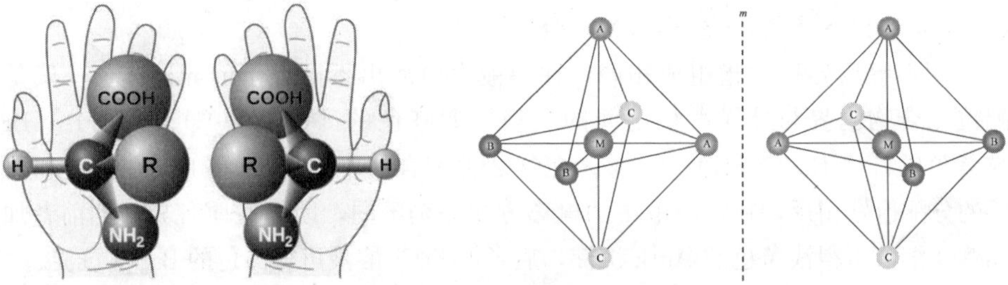

图 5－10　有机物和无机物中的手性异构

参考文献

[1] 胡宗球．无机化学（上册）[M]．北京：科学出版社，2014：251—254.

[2] 裴伟伟．有机化学核心教程 [M]．北京：科学出版社，2008：7—10.

[3] 北京师范大学，华中师范大学，南京师范大学无机化学教研室．无机化学（上册）[M]．4 版．北京：高等教育出版社，2003：172—178.

问题 12　高级脂肪酸是如何界定的？

油脂是重要的营养物质，是油和脂肪（如图 5－11 所示）的统称。它的成分是高级脂肪酸甘油酯，即高级脂肪酸与甘油（丙三醇）发生酯化反应得到的产物。那么，什么是高级脂肪酸呢？高级脂肪酸可用 RCOOH 表示，通常指含6～26 个碳原子的一元直链羧酸，基本不溶于水，能被碱性溶液溶解。

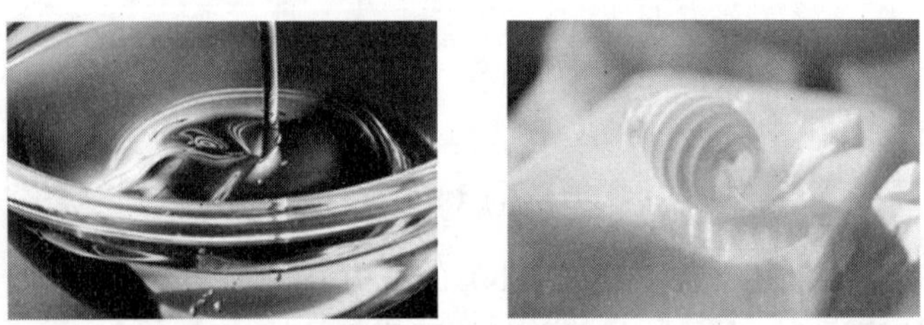

图 5－11　油和脂肪

高级脂肪酸在早期主要是从动植物油脂中提取的，后来随着现代石油化工的发展，也可以通过合成法生产。比如美国、日本现在还是采用以天然油脂为主要原料的生产路线，同时辅以烯烃为原料；而我国和俄罗斯以及东欧等国家主要以石油烃为原料，即通过石蜡氧化法精制分离出各种等级的脂肪酸。用动植物油脂生产的脂肪酸称天然脂肪酸，其绝大多数为偶数直链的羧酸。碳链中不含碳碳双键的为饱和脂肪酸，含有碳碳双键的称为不饱和脂肪酸。现从油脂水解得到的有 C_4～C_{26} 的各种饱和脂肪酸和 C_{10}～C_{24} 的各种不饱和脂肪酸。此外，高级脂肪酸还可以从松香、木浆浮油中提取。

直链饱和高级脂肪酸的用途主要是制作肥皂；带支链的高级脂肪酸热稳定性高、难皂化，适于制涂料和树脂；不饱和高级脂肪酸可以与氢气发生加成反应生成饱和脂肪酸后再利用，也可直接作涂料的原料。另外，天然高级脂肪酸是用绿色植物油等原料开发的可再生资源，最重要的用途是生产绿色表面活性剂。

参考文献

[1] 钱胜．触摸化学的温度：中学化学教学反思 [M]．重庆：重庆出版社，2017：108.

[2] 李景宁．有机化学（下册）[M]．5版．北京：高等教育出版社，2011：18.

二、有机化学（选修）

问题1 环烷烃是饱和烃吗？能发生加成反应吗？

现行中学教材（2004 人教版、2004 鲁科版、2006 苏教版）对环烷烃是否属于饱和烃没有明确表述，但新人教版（2019 版）化学必修 2 指出："分子中的碳原子之间只以单键结合，剩余价键均被氢原子'饱和'的烃称为饱和烃，即烷烃。"并在烃的分类中（如图 5－12 所示）明确指出环状烷烃属于饱和烃。

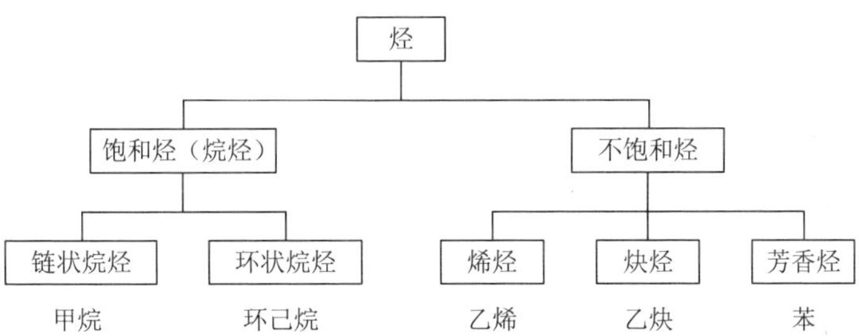

图 5－12 烃的分类

环烷烃既然属于饱和烃，那环烷烃能发生加成反应吗？

环烷烃的化学性质与烷烃相似，主要表现在能发生取代反应和氧化反应。但小环化合物和部分普通环化合物（环烷烃可以按环的大小分类：三元、四元环为小环、五～七元环为普通环；八～十一元环为中环；十二元以上的环为大环）除具有与烷烃相似的性质外，还可以发生加成反应，形成相应的链状化合物。加成后由于环发生了破裂，因此该反应也叫开环反应。开环的反应活性为：三元环＞四元环＞五元环（通常，环戊烷必须在较激烈的条件下加成，环己烷即使在相当强烈的条件下也不能加成）。

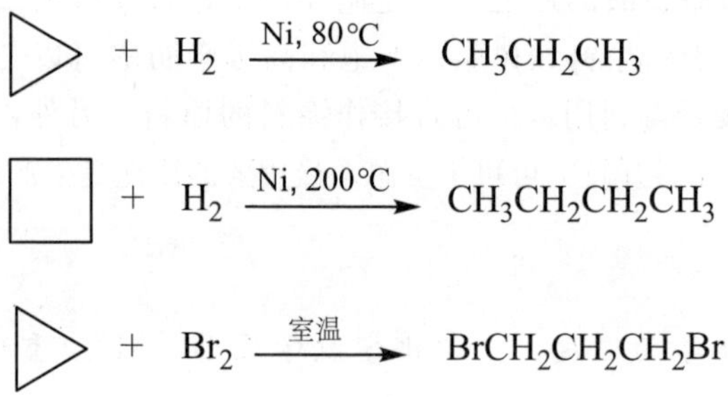

小环化合物和部分普通环化合物能加成的原因与其结构的不稳定性有关。我们知道，从现代价键理论来看，饱和烃中的碳原子是采取 sp^3 杂化的，∠C—C—C 为 109°28′左右。这样可使 2 个成键碳原子的 sp^3 杂化轨道的对称轴处于同一条直线上，从而使电子云达到最大程度的重叠，生成稳固的化学键。但现代物理实验方法证实，环丙烷分子中的 3 个碳原子处在同一平面上，环丙烷∠C—C—C 为 104°，∠H—C—H 为 114°。这样 2 个成键碳原子的 sp^3 轨道在重叠时，对称轴就不可能位于同一条线上，而是以弯曲的方式重叠（如图 5－13所示），这会导致电子云的重叠程度较小，形成共价键的稳定性降低。也就是说，由 sp^3 杂化轨道形成的∠C—C—C 理论上为 109°28′，但在环丙烷中键角被压缩至 104°，这时分子内部就会产生一种力图恢复正常键角的内在力量，称为"角张力"。角张力使环丙烷分子易于开环，从而发生加成反应。同理，环丁烷分子中也存在着角张力，比环丙烷略小，因此环丁烷也能发生开环反应，但它的稳定性大于环丙烷。随着成环碳原子数目的增加，环戊烷、环己烷中的∠C—C—C 越来越趋近 109°28′，角张力逐渐减弱，实验证明它们环中的碳原子已经不在同一平面上，开环反应也越来越难以进行。

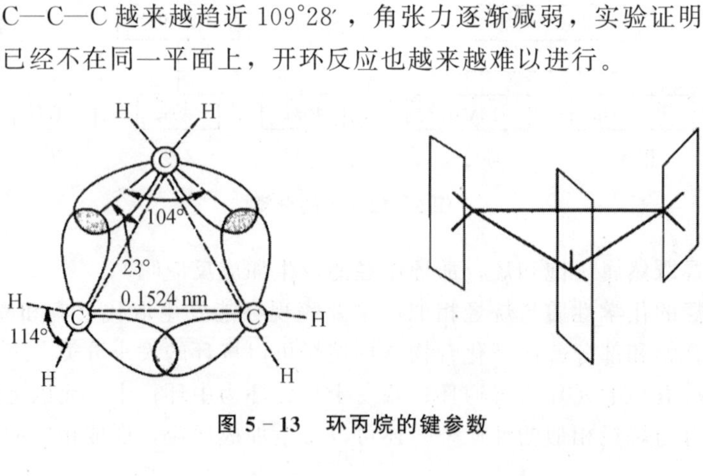

图 5－13　环丙烷的键参数

小环的不稳定性还可从燃烧热的数据得以佐证。燃烧热是指 1 mol 化合物完全燃烧生成二氧化碳和水时所放出的热量。由热化学实验测得：含碳原子数不同的环烷烃中，每个 CH_2 的燃烧热是不同的。从环丙烷到环己烷，每个 CH_2 的燃烧热量逐渐降低，说明环愈小内能愈大，故愈不稳定。而六元以上的中级环和大环，每个 CH_2 的燃烧热基本相同，说明大环是稳定的。另通过 X 射线分析近年来制备的许多大环化合物发现，大环化合物分子呈皱折状，碳原子不在同一平面内，碳原子之间的键角接近正常键角，由 2 条平行碳链组成，是无张力环（如图 5－14 所示），都是稳定的化合物。因此，它们和环己烷等中、大环环烷烃一样，都是不能发生加成反应的。

图 5－14　无张力环的环烷烃

参考文献

[1] 课程教材研究所．人教版化学必修 2 [M]．北京：人民教育出版社，2019：69—70.

[2] 李景宁．有机化学（上册）[M]．5 版．北京：高等教育出版社，2011：108—114.

问题 2　卤代烃的水解实验能否用碳酸钠溶液代替氢氧化钠溶液？

卤代烃代表物溴乙烷的水解方程式为：

$CH_3CH_2Br + NaOH \xrightarrow[\triangle]{水} CH_3CH_2OH + NaBr$。卤代烃水解时为什么是氢氧化钠水溶液，可以是碳酸钠溶液吗？要解决这个问题，首先要厘清卤代烃水解反应的机理及 NaOH 在其中的作用。

卤代烃的水解反应是典型的亲核取代反应，卤代烃中的卤素原子电负性很强，因此 C—X 键的 1 对电子偏向卤原子，使碳原子带部分正电荷，容易受到亲核试剂的进攻（亲核试剂可以是带有孤电子对的中性分子，也可以是带负电荷的离子），然后 C—X 键发生异裂，卤素原子（离去基团）带 1 对电子离开生成 X^-。由于这个反应是亲核试剂进攻带正电荷的碳原子，因此称为亲核取代反应。

以教材中出现的溴乙烷为例。实验表明，将一定量的溴乙烷与蒸馏水混合，并加热一段时间，冷却后取上层清液滴加 $AgNO_3$ 溶液，充分振荡，未见明显现象，说明溴乙烷与水不发生取代反应或程度微弱；若将蒸馏水换成氢氧化钠溶液，加热一段时间冷却后先加稀硝酸酸化，再滴加 $AgNO_3$ 溶液，充分振荡，可见到浅黄色沉淀生成，说明发生了取代反应，生成了 NaBr 和乙醇。

由此可知：溴乙烷在带有孤电子对的 H_2O 和带负电荷的 OH^- 同时存在的试剂环境中，亲核能力更强的 OH^- 可直接进攻与 Br 相连的带部分正电荷的 C，使 Br 以 Br^- 的形式离去，发生了 S_N2 亲核取代反应。那么，S_N2 亲核取代反应是什么意思呢？

卤代烃的水解有 2 种不同的反应机理：

1. 双分子亲核取代（S_N2）

以溴甲烷的水解为例，溴甲烷在碱性条件下水解时（如图 5－15 所示），亲核试剂（OH^-）直接从离去基团（Br）的背面逐渐接近带部分正电荷的碳原子，慢慢形成 O—C 键。同时，溴原子逐渐远离碳原子，C—Br 键慢慢削弱，直至体系达到能量最高状态即过渡态。随后，旧键（C—Br）完全断裂，新键（C—O）完全形成，体系释放能量形成产物。

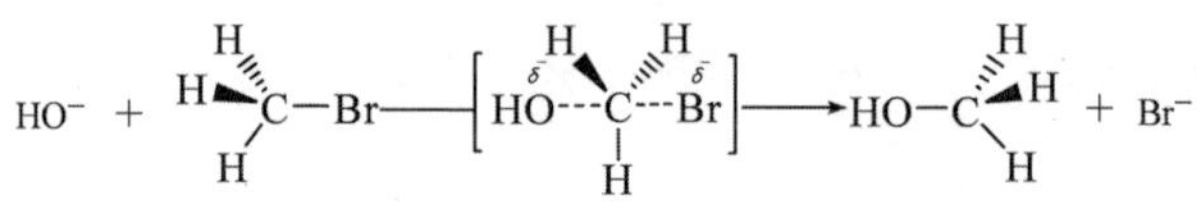

图 5－15　溴甲烷的碱性水解机理

通过测定溴甲烷的碱性水解速率发现，该反应速率与溴甲烷的浓度和碱的浓度均成正比。这种关系可表示为：$v=k\,[CH_3Br]\,[OH^-]$，其中，v 是水解反应速率，k 是速率常数，$[CH_3Br]\,[OH^-]$ 分别是溴甲烷和碱的平衡浓度。这证明溴甲烷在碱性条件下的水解是一步反应。如图 5－16 所示，反应物（溴甲烷和氢氧根）形成过渡态时需要吸收能量，是整个水解反应的决速步骤，因此，水解反应的速率与溴甲烷和氢氧根的浓度均有关系。在有机化学中，将有 2 种分子参与决速步骤的亲核取代反应称为双分子亲核取代反应（S_N2）。因此，溴甲烷的碱性水解是 S_N2 机理。

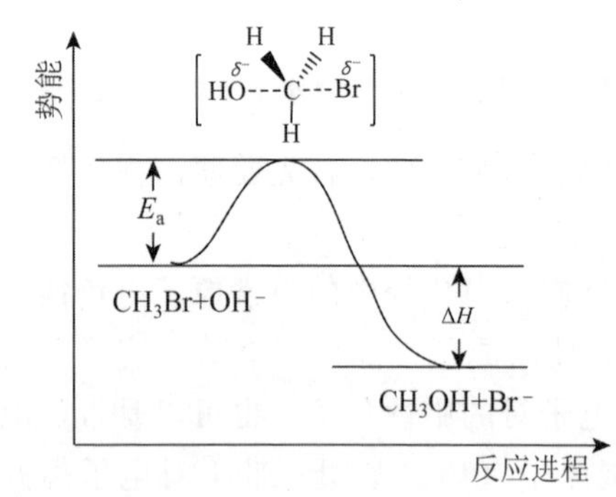

图 5－16　溴甲烷 S_N2 反应的势能变化示意图

溴乙烷与溴甲烷类似，其在碱性条件下的水解也是一步反应，发生 S_N2 亲核取代，速率与溴乙烷和碱的浓度的乘积成正比关系，即：

$$OH^- + CH_3CH_2Br \rightarrow CH_3CH_2OH + Br^-,\quad v=k\,[CH_3CH_2Br]\,[OH^-]$$

而另一些卤代烃，如三级溴丁烷（叔丁基溴）在碱性条件下的水解反应，经测定其水解速率只与卤代烃的浓度成正比，而与碱的浓度无关，此时发生的是 S_N1 亲核取代反应。

2. 单分子亲核取代（S_N1）

三级溴丁烷（叔丁基溴）在碱性条件下的水解反应分 2 步进行（如图 5－17 所示），在第 1 步反应中，首先 Br（离去基团）与中心碳原子的距离逐渐增大，形成过渡态 1，这一阶段需要吸收能量（如图 5－18 所示）。该步反应活化能较大，反应速率较慢，是整个水解反应的决速步骤。然后碳卤键异裂，形成不稳定的碳正离子和 Br^-，体系能量略有下降。在第 2 步反应中，OH^-（亲核试剂）先与碳正离子逐渐接近，形成过渡态 2，这步反应活化能较小，反应速率较快。最后新键完全形成，释放能量得到产物。

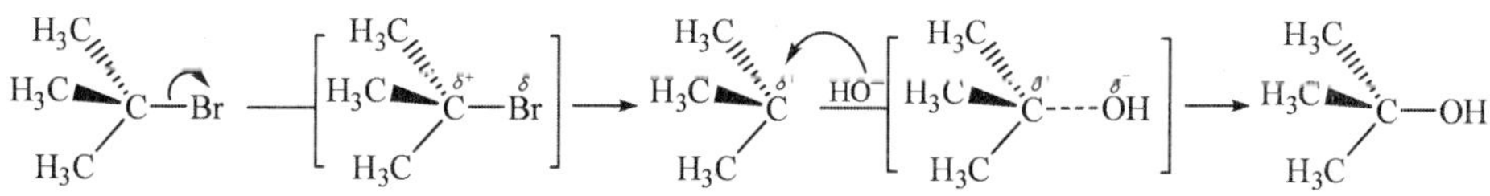

图 5－17　三级溴丁烷的碱性水解机理

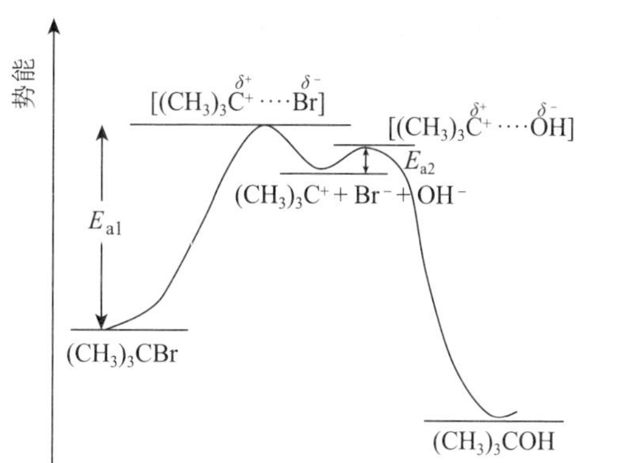

图 5－18　三级溴丁烷碱性水解反应的势能变化示意图

三级溴丁烷的碱性水解第 1 步反应是决速步骤，该步只有三级溴丁烷一种分子发生了共价键的断裂。在有机化学中，将有一种分子参与决速步骤的亲核取代反应称为单分子亲核取代反应，用 S_N1 表示。所以，三级溴丁烷的碱性水解是 S_N1 反应机理。

实验测定结果也可以佐证上述结论。实验表明，三级溴丁烷的碱性水解速率只与三级溴丁烷浓度的一次方成正比，与亲核试剂的浓度无关。这种关系可表示为：$v = k[(CH_3)_3CBr]$，其中，v 是水解反应速率，k 是速率常数，

$[(CH_3)_3CBr]$ 是三级溴丁烷的平衡浓度。

如果分别将溴乙烷和三级溴丁烷与 $AgNO_3$ 的乙醇溶液混合，振荡，由于三级溴丁烷的 C—Br 易于解离发生 S_N1 型亲核取代，则立即反应产生溴化银沉淀；而溴乙烷难以解离，实验中若不加热几乎不反应。

总之，大量事实表明：卤代烃的亲核取代反应是按照不同历程进行的，卤代烃的烃基结构、离去基团、试剂的亲核性、溶剂等都会影响卤代烃的亲核取代反应机理，而反应条件的选择则与其历程密切相关。发生 S_N2 时，亲核试剂的浓度越大，反应速率越快；发生 S_N1 时，反应速率只取决于卤代烃中 C—X 键的解离难易程度，与亲核试剂的性能无关。溴乙烷发生的是 S_N2 过程，只有在氢氧化钠溶液的强碱性条件下，S_N2 亲核取代反应才可发生，碳酸钠碱性远远不够。对仲和叔卤代烷来说，碱性条件下除了会发生水解反应，还存在消去反应，为了避免其在碱性条件下发生消去反应失去卤化氢生成烯烃，这类卤代烃在水解时常用像 Na_2CO_3、悬浮在水中的氧化银等这类较缓和的碱性试剂。还需要说明的是，在一般情况下，醇比卤代烃容易得到，因此，通常用醇来合成卤代烃。只有在相应的卤代烃比醇容易得到时才采用卤代烃的水解反应合成醇。例如，由烯丙基氯在 Na_2CO_3 溶液中合成烯丙醇。

$$CH_2=CH-CH_2Cl \xrightarrow{Na_2CO_3\text{ 溶液}} CH_2=CH-CH_2OH$$

由此可见，由于卤代烃水解的机理不同，水解时选用的试剂也不同。某些卤代烃（如仲和叔卤代烷）水解时适合用碱性较缓和的碳酸钠溶液，但中学所学卤代烃的代表物溴乙烷的水解反应只能是氢氧化钠水溶液，不能用碳酸钠溶液代替。

参考文献

[1] 裴伟伟．有机化学核心教程［M］．北京：科学出版社，2008：108－118.

[2] 李景宁．有机化学（下册）［M］．5 版．北京：高等教育出版社，2011：257－266，298.

问题 3　如何看待新旧教材中卤代烃消去反应的变更？

卤代烃可以发生取代反应，也可以发生消去反应。卤代烃的消去反应是其在强碱作用下失去小分子（HX）得到不饱和烃的过程。同亲核取代反应一样，消去反应也有单分子（E1）和双分子（E2）2 种机理，因此卤代烃的这 2 类反应有 4 种机理：S_N2，S_N1，E2，E1，这些不同机理的反应可以在同一体系中以竞争的方式同时发生。反应物和试剂的结构、试剂亲核性和碱性的强弱、溶剂的种类和特性、反应条件等都会影响反应的途径，一般规律是：在浓度大的强碱作用下，绝大多数的卤代烃均以 E2 反应为主。此外，一级（伯）卤代烃（如溴乙烷、1-溴丙烷或 1-溴丁烷等）空间位阻较小，当试剂亲核性较强、碱性不强时以 S_N2 反应为主（如表 5-1 所示）。二级（仲）卤代烃（如 2-溴丙烷）在低极性溶剂、强亲核试剂情况下，有利于发生 S_N2 反应；在低极性溶剂、强碱性试剂情况下，有利于发生 E2 反应（如表 5-2 所示）。三级（叔）卤代烃（如叔丁基溴）在无强碱存在时，一般同时发生 S_N1 和 E1 反应，2 种反应的比例取决于烷基的结构，空间位阻大，有利于 E1 反应；空间位阻小，有利于 S_N1 反应。

表 5-1　一级卤代烷在乙醇钠的乙醇溶液中取代产物与消去产物的百分比

溴代烷	温度/℃	S_N2 产物/%	E2 产物/%
CH_3CH_2Br	55	99	1
$CH_3CH_2CH_2Br$	55	91	9
$CH_3(CH_2)_2CH_2Br$	55	90	10

表 5-2　2-溴丙烷在有乙醇钠和无乙醇钠时取代产物与消去产物的百分比

卤代烷	C_2H_5ONa	取代产物/%	消去产物/%
$(CH_3)_2CHBr$	0	97	3
$(CH_3)_2CHBr$	0.05mol/L	29	71
$(CH_3)_2CHBr$	0.20mol/L	21	79

高中化学 3 套教材（2004 人教版、2006 苏教版、2004 鲁科版）均选取了溴乙烷作为卤代烃的代表物来介绍取代反应与消去反应，且人教、苏教版教材还安排有溴乙烷消去反应的相关演示实验。但大量实践证明，溴乙烷消去反应是一个很难成功的实验，该方案在教学上不具有可操作性，这是因为溴乙烷的沸点较低（38.4℃），在常温或接近其沸点时 E2 消去反应速率非常慢，得到的乙烯极少；温度较高时，溴乙烷又会因挥发而离开反应体系，致使消去反应难以发生，但溴乙烷与亲核试剂发生 S_N2 取代反应的速率却很快。结合表 5-1 数据可知，在乙醇钠的乙醇溶液中、55 ℃的条件下，溴乙烷的消去产物——乙烯仅占比 1%，取代产物——乙醇占比 99%，因此，设计实验检验消去反应的产物——乙烯的生成很难成功。正因如此，新人教版（2019 版）在介绍了溴乙烷的消去反应后，将卤代烃的消去反应实验试剂改为了 1-溴丁烷；2014 苏教版将卤代烃的代表物溴乙烷删去，直接换成了 1-溴丙烷和 2-溴丙烷；新鲁科版（2019 版）和原来相比没有变化，还是选取溴乙烷作为卤代烃的代表物来介绍取代反应与消去反应，但没有安排溴乙烷消去反应的相关实

验。由此可见，大部分新教材对卤代烃消去反应内容的变更是对旧教材选材不当的一种修正，体现了一种实事求是、科学严谨的思维和态度。但是，还需要说明的是，如果选取一级卤代烃如 1 -溴丙烷、1 -溴丁烷作为卤代烃的代表物来介绍消去反应，虽然消去反应比例已大大高于溴乙烷（在乙醇钠的乙醇溶液中、55 ℃的条件下，溴乙烷消去产物占比 1%，1 -溴丙烷消去产物占比 9%，1 -溴丁烷消去产物占比 10%），在课堂演示实验时也具备了保证实验成功的可操作性，但是从有机反应方程式的书写角度来看，有机反应方程式表达的应是生成主产物的方程式，而一级卤代烃无论是溴乙烷、1 -溴丙烷，还是 1 -溴丁烷，在强碱（无机强碱和有机强碱）的乙醇溶液中显然主要发生的还是取代反应，即使我们能体会教材这样处理的目的只是为了引出一种新的反应类型——消去反应，但仍然有失偏颇。如果像苏教版（2014 版）那样换成二级卤代烃——2 -溴丙烷，此时消去反应的产物比例在上述条件下已高达 70%～80%，成为该条件下的主反应。显然，这样的处理更符合科学事实。

参考文献

[1] 邢其毅．裴伟伟．基础有机化学（上册）[M]．3 版．高等教育出版社，2005：291.

[2] 赵生平．让化学课堂充满“科学味”——刍议中学化学若干教学问题的处理 [J]．中学化学教学参考，2015（1—2）：45—46.

[3] 裴伟伟．有机化学核心教程 [M]．北京：科学出版社，2008：127.

[4] 刘怀乐．慎选卤代烃消去反应实验代表物 [J]．化学教学，2019，(5)：93—96.

[5] 田博文，刘怀乐．溴乙烷的消去反应实验产物何以踪影难觅 [J]．中学化学教学参考，2017，(8)：69—70.

[6] 王磊．普通高中教科书．选择性必修 3．有机化学基础 [M]．济南：山东科学技术出版社，2019：100.

[7] 王祖浩．普通高中课程标准实验教科书．有机化学基础 [M]．南京：江苏凤凰教育出版社，2014：62—64.

[8] 课程教材研究所．普通高中教科书．选择性必修 3．有机化学基础 [M]．北京：人民教育出版社，2019：54.

问题 4　甲酸钠和甲酸与银氨溶液、甲酸钠和甲醛与新制氢氧化铜反应的客观事实是怎样的？

人教版选修 5《有机化学基础》教材（2004 版），第 58 页“学与问”栏目要求“写出甲醛与新制 $Cu(OH)_2$反应的化学方程式”。在配套的教师用书中也有相应的说明：“甲醛氧化后生成的甲酸（HCOOH）还含有醛基，因此在碱性条件下，还能发生与银氨溶液、新制 $Cu(OH)_2$的反应，最终甲醛被氧化成碳酸（HOCOOH 即 H_2CO_3），因此 1 mol 甲醛相当于含有 2 mol 醛基，能还原 4 molAg^+或 4mol $Cu(OH)_2$。”教材也编制了相应的课后习题：“在硫酸铜溶液中加入适量的氢氧化钠溶液后，再滴入适量甲醛溶液（福尔马林），加热……反应的化学方程式为________。”在配套的教师用书中给出答案：

$$2Cu(OH)_2 + HCHO + NaOH \xrightarrow{\triangle} HCOONa + Cu_2O\downarrow + 3H_2O。$$

教材与教师用书的观点：①甲酸钠与银氨溶液、新制 $Cu(OH)_2$反应均生成 Na_2CO_3；②少量甲醛与新制 $Cu(OH)_2$反应生成 Na_2CO_3和 Cu_2O；③过量甲醛与新制 $Cu(OH)_2$反应生成甲酸钠和 Cu_2O。查阅相关文献及研究发现，上述观点是错误的，详述如下。

1. 甲酸钠不能与银氨溶液反应

1）添加 NaOH 的银氨溶液发生的银镜反应。取 2 支试管 A、B，分别加入 5 mL 10% $AgNO_3$ 溶液、2 滴 10% NaOH 溶液，再滴加 10%氨水配制成银氨溶液。A 管再加1 mL 1 mol/L 的甲酸钠溶液，然后将 2 支试管置于沸水浴中加热几分钟，2 支试管生成的银镜亮度相同（如图 5-19 所示）。

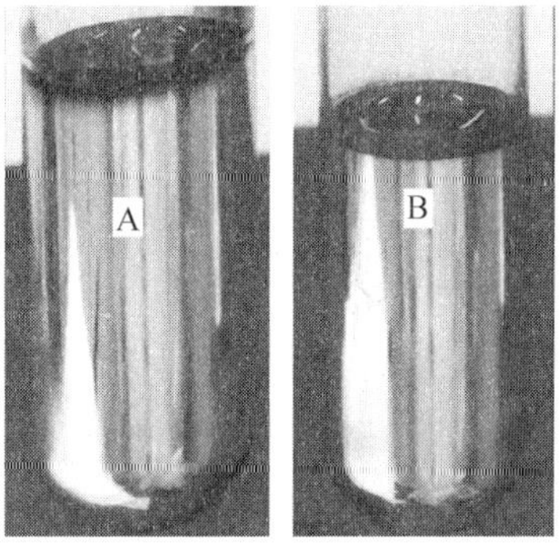

图 5-19　银镜反应对照实验图

（A 试管加甲酸钠，B 试管未加甲酸钠）

结论：甲酸钠没有参与银镜反应，成镜与甲酸根离子无关。

2）反应前后甲酸根离子浓度的测定。配制 1.000 mol/L 基准甲酸钠溶液。取基准甲酸钠溶液 10 mL 于 100 mL 容量瓶中，再加适量 NaOH 溶液、银氨溶液，定容。取适量混合溶液于试管中，置于 93 ℃热水浴中加热几分钟，得到光亮白色的银镜，再加热 20 min 后冷却。用色谱法测定反应前后甲酸根离子的浓度，测定结果如表 5-3 所示。

表 5-3　色谱法测定甲酸根离子浓度反应前后对照表

实验序号	被测溶液	甲酸根离子的峰面积	甲酸根离子浓度/($\times10^{-3}$mol/L)
1	稀释至 1000 倍的基准甲酸钠溶液	3.9468	1.000
2	稀释至 100 倍的反应前溶液	3.9189	0.993
3	稀释至 100 倍的反应后溶液	3.9424	0.999

结论：反应前后甲酸根离子浓度不变，甲酸根离子没有参与银镜反应。

3）银镜是怎样生成的。综上可知，上述银镜反应的发生与甲酸钠无关，只要用浓度大于6％的硝酸银溶液和氨水，并添加适量NaOH溶液来配制银氨溶液，置于90～100 ℃水浴中加热，均能在较短时间内生成银镜，且随着水浴时间的延长，银镜会变白变厚。那银镜到底是怎样生成的呢？研究发现：添加NaOH的银氨溶液水浴加热，发生自身成镜反应，其反应机理为 $2[Ag(NH_3)_2]^+ + 2OH^- + 3H_2O \xrightarrow{\triangle} Ag_2O\downarrow + 4NH_3 \cdot H_2O$，$Ag_2O$ 在沸水浴中不分解，再与 NH_3 反应生成银镜。

结论：添加NaOH的银氨溶液可发生自身成镜反应，成镜与甲酸根离子无关。

2. 甲酸可与银氨溶液反应

取6％$AgNO_3$溶液，滴加25％的氨水，至产生的沉淀完全溶解，再滴加适量的88％甲酸，立即析出大量白色闪亮的晶体。紧接着白色晶体变黑变小，无色溶液随之变为黑色悬浊液（如图5－20所示），放置一段时间后得到灰白色沉淀。

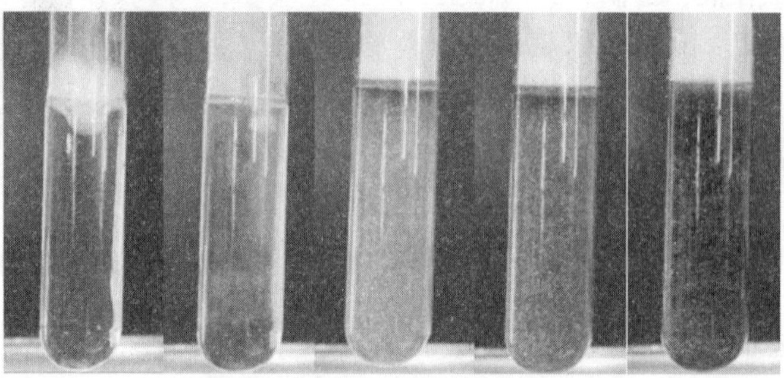

图5－20　甲酸与银氨溶液的反应

结论：甲酸与银氨溶液反应生成甲酸根离子与银离子，反应物浓度大时会有白色甲酸银晶体析出：$2HCOOH + Ag(NH_3)_2^+ \longrightarrow 2HCOO^- + Ag^+ + 2NH_4^+$；甲酸根离子与银离子可进一步反应生成 CO_2 和单质银：$2HCOO^- + 2Ag^+ \longrightarrow CO_2\uparrow + HCOOH + 2Ag\downarrow$。

总论：甲酸钠、甲酸均不能发生银镜反应。

3. 甲酸钠不能与新制 $Cu(OH)_2$ 反应

向4 mL 20％的NaOH溶液中滴入10滴2％的 $CuSO_4$ 溶液，再加适量的甲酸钠溶液，加热至沸腾，无明显实验现象；加入碎瓷片，继续加热煮沸，溶液浓缩，蓝色变深，冷却后补加水，溶液恢复原状。

结论：甲酸钠不能与新制 $Cu(OH)_2$ 反应，新制 $Cu(OH)_2$ 不能鉴别甲酸根离子。

文献表明，甲酸根离子之所以不能被银氨溶液和新制氢氧化铜氧化是由于甲酸根离子中存在 p－π 共轭体系，发生电子离域现象（如图 5－21 所示），导致甲酸根离子中的 2 个碳氧键趋于平均化。且 X 射线数据表明：甲酸根中碳氧双键和碳氧单键的键长均为 0.127 nm，即不存在典型的醛基（甲醛中碳氧双键键长为 0.120 nm，甲醇中碳氧单键键长为 0.142 nm），因此甲酸钠不会被银氨溶液和新制氢氧化铜氧化。

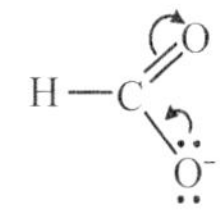

图 5－21 甲酸根离子中的 p－π 共轭

4. 甲醛与新制 $Cu(OH)_2$ 反应

1）少量甲醛与新制 $Cu(OH)_2$ 反应。因甲酸钠与新制 $Cu(OH)_2$ 不反应，少量甲醛与新制 $Cu(OH)_2$ 反应生成甲酸钠和 Cu_2O，反应式为 $2Cu(OH)_2 + HCHO + NaOH \xrightarrow{\triangle} HCOONa + Cu_2O\downarrow + 3H_2O$。

2）过量甲醛与新制 $Cu(OH)_2$ 反应。取 1 支试管，依次加入 12 mL 20% NaOH 溶液、8 mL 0.5 mol/L $CuSO_4$ 溶液、6 mL 37%～40% 甲醛溶液（过量），摇匀后置于 65 ℃水浴中加热。几分钟后，试管中有红色沉淀生成，同时有气泡产生，用排水法收集到气体约 70 mL。反应液最终无色、澄清。

甲醛与新制 $Cu(OH)_2$ 反应，甲醛被 $Cu(OH)_2$ 氧化生成甲酸钠，甲酸钠可能继续被氧化生成 Na_2CO_3；$Cu(OH)_2$ 被甲醛还原生成 Cu_2O，Cu_2O 可能继续被还原生成单质 Cu；反应体系中元素守恒，且为碱性介质，实验生成的气体可能是 H_2 或 CO。

那么，甲醛被氧化生成甲酸钠还是 Na_2CO_3，$Cu(OH)_2$ 被还原生成 Cu_2O 还是单质 Cu？生成的气体是 H_2 还是 CO？实验检验如下：①反应液加入足量盐酸中，未见气泡生成，则反应液不含 CO_3^{2-}；②红色固体加入浓盐酸中，固体没有明显溶解，则红色固体是单质铜（Cu_2O 易溶于浓盐酸生成无色的 $[CuCl_2]^-$，$[CuCl_2]^-$ 被空气中 O_2 氧化生成少量黄色的 $[CuCl_4]^{2-}$，见图 5－22）；③将气体连续通过炽热 CuO、无水硫酸铜和澄清石灰水，实验时黑色 CuO 变成红色，无水硫酸铜由白色变为蓝色，澄清石灰水中无明显现象，则气体是 H_2。

氢气来源分析：文献认为，在强碱性溶液中甲醛会发生康尼查罗反应，生成甲醇和甲酸钠，$2HCHO \xrightarrow{\triangle} CH_3OH + HCOONa$；在活性 Cu 催化剂作用下，甲醇发生催化脱氢反应，生成甲醛和 H_2，$CH_3OH \xrightarrow[\triangle]{活性铜} HCHO + H_2\uparrow$。

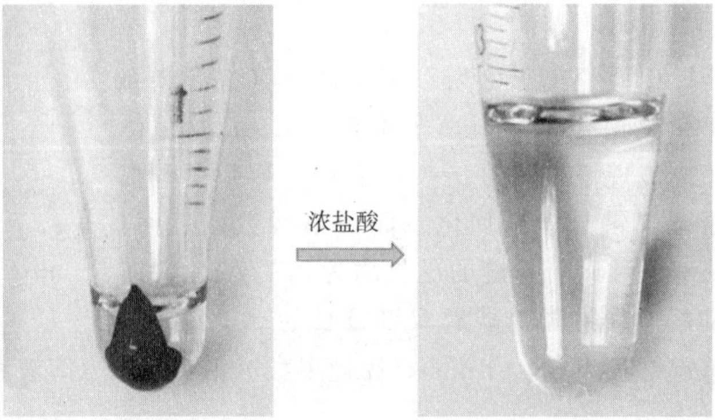

Cu_2O(氧化亚铜)　　　　$[CuCl_2]^-$

图 5－22　Cu_2O 溶于浓盐酸

图 5－23　甲醛与氧化亚铜的反应

取 1 支试管，依次加入红色的 Cu_2O、NaOH 溶液、甲醛，酒精灯加热，生成暗红色单质铜（生成的单质铜较细，颜色偏黑），同时放出 H_2，H_2 在暗红色单质铜表面生成（如图 5－23 所示）。此实验说明：过量的甲醛与新制 $Cu(OH)_2$ 反应生成单质铜，活性铜催化甲醇生成 H_2。

结论：过量甲醛与新制 $Cu(OH)_2$ 反应时，甲醛可进一步还原 Cu_2O 生成 Cu，主要产物为甲酸钠和 Cu；甲酸钠与新制 $Cu(OH)_2$ 不反应。

主反应式为 $Cu(OH)_2+HCHO+NaOH\xrightarrow{\triangle}HCOONa+Cu\downarrow+2H_2O$，副反应式为 $2HCHO+NaOH\xrightarrow{\triangle}CH_3OH+HCOONa$ 和 $CH_3OH\xrightarrow[\triangle]{\text{活性铜}}HCHO+H_2\uparrow$。

（本文由浙江省温州市瓯海区第一高级中学伍强老师供稿）

参考文献

[1] 宋心琦．普通高中课程标准实验教科书．有机化学基础 [M]. 2 版．北京：人民教育出版社，2007：58－59.

[2] 宋心琦．普通高中课程标准实验教科书．有机化学基础教师教学用书 [M]. 北京：人民教育出版社，2004：62－63.

[3] 伍强．鉴别甲酸根离子实验的研究 [J]. 化学教学，2016 (01)：55－57.

[4] 伍强，杜金玲，杜明桂．甲酸银镜反应实验的探究 [J]. 化学教学，2017 (11)：68－70.

[5] 伍强，李豪富，唐瑜．甲酸酯银镜反应实验的探究 [J]．化学教学，2019（03）：69—71.
[6] 伍强，蔡益．甲醛与新制氢氧化铜反应实验的研究 [J]．化学教学，2015（06）：77—80.
[7] 赵妍，任红艳．甲醛与新制氢氧化铜反应实验的商榷及思考 [J]．化学教育，2020，41（07）：86—91.
[8] 邢其毅．基础有机化学上册 [M]．3版．高等教育出版社，2005：550—553.

问题5 羧基可以看成是羰基和羟基构成的双官能团吗？

在中学有机化学教学中，学习完醇、醛、羧酸后，很多同学会产生疑问：既然酯化反应是羧基中的羟基和另一分子醇提供的氢原子形成酯的过程，那羧基可以看成是由羰基和羟基构成的双官能团吗？如果可以，为什么羧基有较强的酸性而醇没有？对于羧酸的教学，需要更进一步去深刻理解。

（1）羧基的酸性是羰基和羟基互相作用的结果，而不是二者的简单加和。

从羧酸的结构可以看出，羧基中虽然既含有羰基又含有羟基，但羧基并不是羰基和羟基的简单加和。用物理方法测定甲酸中C=O和C—O的键长表明，甲酸中C=O键的键长为0.1245 nm，比普通羰基的C=O键（0.122 nm）略长一点；C—OH键中的C—O键键长为0.131 nm，比醇中的C—O键（0.143 nm）短得多。这表明羧酸中的羰基与羟基间发生了相互影响，导致羧酸的酸性比醇的酸性要强得多。

在羧酸分子中（如图5-24所示），羧基碳原子以sp^2杂化轨道分别与烃基的碳原子和2个氧原子形成3个σ键，这3个σ键处在同一平面上，剩余的1个p电子与羰基氧原子p轨道上的单电子形成π键，羧基中羟基氧上有1对孤电子可与π键形成p-π共轭体系。

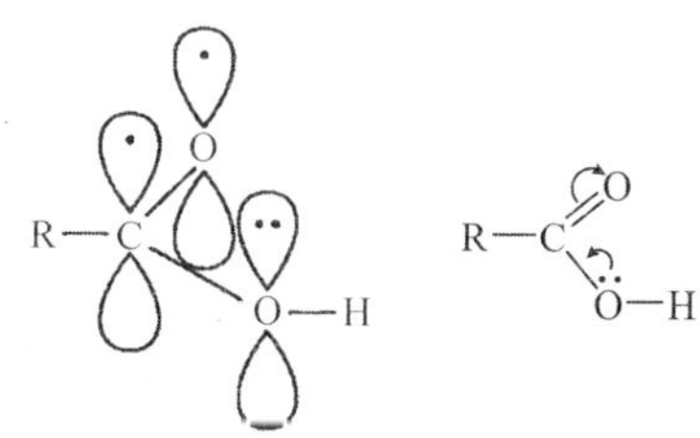

图5-24 羧酸分子结构示意图

由于p-π共轭效应，使碳氧双键失去了典型的羰基性质，也是由于p-π共轭效应，羟基氧原子上的孤电子对向羰基偏移，因此C—O的键长减小，使羟基氧原子上的电子云密度降低，O—H间的电子云更靠近氧原子，增强了O—H键的极性，有利于氢原子解离成H^+，使羧酸的酸性增强。因此，在羧基中既不存在典型的羰基，也不存在典型的羟基，而是相互影响的统一体。

（2）羧酸和其他官能团的反应是羧基整体作用的结果，而不是羰基或羟基的单独作用。

以中学所学酯化反应为例，从生成物的角度看，同位素示踪法证实，酯化反应可以看成是羧基中的羟基和另一分子醇提供的氢原子形成酯的过程，但是从反应机理角度来看，该酯化反应的机理是：在酸的催化作用下，氢离子先和羧酸中的羧基结合，这样就使羧基的碳原子带有更高的正电性，有利于亲核试剂醇（ROH）的进攻，然后失去一分子水，再失去氢离子，即成酯。因此，羧基中的羰基实际上参与了整个反应的历程（如图 5 - 25 所示）。

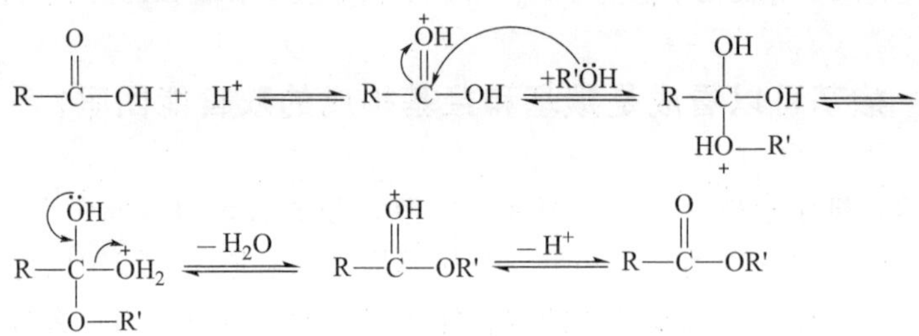

图 5 - 25　酯化反应的一般机理

综上可知，羧基不能简单地视为羰基和羟基的加和，由于基团间的互相影响，羧酸已经具有与醛、酮或醇不同的化学性质，因此不可把羧基看成是羰基和羟基构成的双官能团。

参考文献

[1] 吴星．中学化学学科理解：疑难问题解析［M］．上海：上海教育出版社，2020：116—118.

[2] 李景宁．有机化学（下册）［M］．5 版．北京：高等教育出版社，2011：5—6，9.

问题 6　碳碳双键和醛基共存，加入氧气氧化，二者都会反应吗？

无机化学通常根据电子的得失或化合价的升降判断是否发生氧化还原反应，同样的原则也可用于有机化学中。但是，由于多数有机化合物结构复杂，每个原子所处的环境不同、价态也不同，而且计算原子平均价态也比较麻烦，通常还会出现分数。因此，在有机反应中，可以把有机分子得氧、失氢的反应叫作氧化反应，将失氧、得氢的反应叫作还原反应。例如，乙醇在催化剂的作用下与氧气反应生成乙醛，由于反应前后有机物分子中少了氢原子，所以属于乙醇的催化氧化反应。

我们知道，碳碳双键和醛基都可以发生氧化反应。那么，当碳碳双键和醛基共存时，加入氧气氧化，二者都会反应吗？

来比较一下二者发生氧化反应的条件：

（1）烯烃的氧化反应。烯烃可被氧化剂 $KMnO_4$、OsO_4（四氧化锇）、RCOOOH（过氧酸）、臭氧等氧化。臭氧氧化时，可通过条件控制烯烃的氧化产物为醛或酮。另外，烯烃中的碳碳双键很容易发生催化氧化。工业上用 Ag 或 Ag_2O 作催化剂，在 250 ℃的条件下，乙烯可以被空气中的氧气直接氧化，双键中的 π 键打开，生成环氧乙烷；若温度超过 300 ℃，双键中的 σ 键也会断裂，生成 H_2O 和 CO_2。

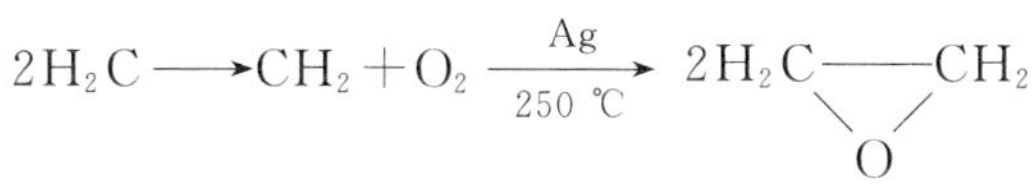

$$H_2C \longrightarrow CH_2 + 3O_2 \xrightarrow[300\ ℃]{Ag} 2CO_2 + 2H_2O$$

一般情况下，除了乙烯和丙烯在此条件下断裂 π 键生成环氧化合物，其他烯烃在此条件下易发生 σ 键断裂。

（2）醛的氧化反应。醛极易被氧化，许多醛如苯甲醛、乙醛在空气中就能被氧化成苯甲酸和乙酸，其他常见氧化剂如 $KMnO_4$、$K_2Cr_2O_7$、H_2CrO_4、过氧酸、双氧水、氧化银和溴水等都能将醛氧化成酸，弱氧化剂斐林（Fehling）试剂（碱性铜络离子）能将脂肪醛氧化成酸，但芳香醛不发生反应，弱氧化剂托伦（Tollens）试剂（银氨溶液）也能将醛氧化成酸，发生银镜反应。这里需要说明的是，醛易被氧化成羧酸，实际上是醛基中的 C—H 键上加氧使醛基变成羧基的过程，因此只有在与能提供氧元素的氧化剂反应时，醛才有可能被氧化成酸，如 $KMnO_4$、$K_2Cr_2O_7$、H_2CrO_4、过氧酸、双氧水、氧化银、氧气、银氨溶液、新制氢氧化铜等。溴虽然也是强氧化剂，但因分子中不含氧元素而不能将醛氧化成酸，而溴水可以。这是因为溴水中的 HBrO 含氧，醛与溴水中的 HBrO 发生氧化反应而转化成羧酸。同理，醛不能使溴的 CCl_4 溶液褪色。因此，在检验柠檬醛 $(CH_3)_2C=CHCH_2CH_2=CHCHO$ 中的碳碳双键时，只需要溴的 CCl_4 溶液就可以，不需要先加足量的银氨溶液或新制的 $Cu(OH)_2$ 使醛基氧化成羧基，然后再检验碳碳双键。

综上可知，碳碳双键和醛基共存时，如果只是通入氧气，碳碳双键不会反应；但如果是加入氧气催化氧化，那么碳碳双键可以反应。要想碳碳双键不被氧化，可选择氧化性比较弱的斐林试剂或托伦试剂去氧化醛基（斐林试剂只能氧化脂肪醛）。另外，工业上还有其他选择性氧化剂，能实现只氧化醛基而不氧化碳碳双键的目的。

参考文献

[1] 裴伟伟．有机化学核心教程 [M]．北京：科学出版社，2008：169—173，297.

[2] 李景宁．有机化学（上册）[M]．5版．北京：高等教育出版社，2011：62—65，355.

问题7　不粘锅（聚四氟乙烯）何以不粘？它是怎么涂上去的？

不粘锅涂层的成分是聚四氟乙烯（Poly tetra fluoroethylene，简写为PTFE），别称特氟隆，是一种白色或淡灰色的固体，平均相对分子质量为 $(4\sim10)\times10^6$，是一种非常稳定的塑料，能够耐高温而不易老化，可在100～300 ℃范围内使用，号称“塑料王”；能耐强酸强碱，甚至在“王水”中煮沸也没有变化；有极好的绝缘性能和良好的不黏附性，是一种非常有用的工程和医用塑料。聚四氟乙烯分子的外围是氟原子（如图5-26所示），它是导致特氟隆表面不粘的秘密。

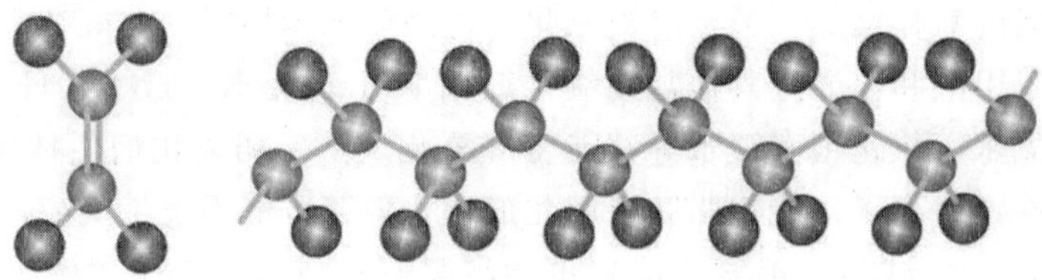

图5-26　四氟乙烯结构和聚四氟乙烯的结构

聚四氟乙烯之所以不粘的原因可以从以下几个方面进行分析：

1）黏附物通常借助范德华力吸附在物体表面，范德华力包括取向力、诱导力和色散力。聚四氟乙烯结构高度对称，属于非极性高分子化合物，而且由于其外围的F是电负性最强的元素，具有极强的吸引电子的能力，这使得氟原子非常难被极化，因此在聚四氟乙烯的非极性表面，不具备形成取向力和诱导力的条件，只能形成较弱的色散力，因而聚四氟乙烯黏附性能较差。

2）聚四氟乙烯表面能低，表面张力小。物质的表面张力与其性质有很大关系，由于聚四氟乙烯的高度对称性和氟原子极大的电负性，聚四氟乙烯是目前已知表面能最小的一种固体材料，表面张力仅有0.019 N/m，几乎所有的固体材料都不能黏附在其表面。而且聚四氟乙烯材料的表面液滴接触角 θ 大（如图5-27所示，接触角是衡量液体对固体材料表面润湿性能的重要参数，一般接触角越大，液体在固

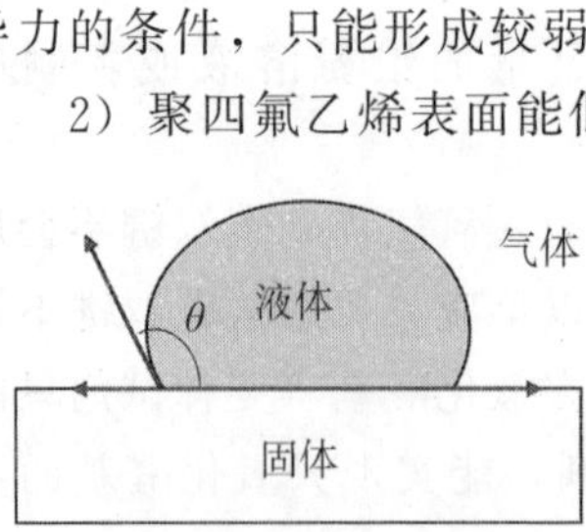

图5-27　聚四氟乙烯表面液滴形状与接触角

体表面的铺展就越差，润湿程度越小，润湿性越差），黏附物不能充分润湿PTFE，从而不能很好地黏附在其表面。

3）聚四氟乙烯化学稳定性好，当黏附物涂在PTFE表面时，很难发生高聚物分子的互相扩散和缠结，不能形成较强的黏附力。

综上所述，既然任何黏附物对特氟隆的黏附性都很差，那特氟隆是怎样粘在不粘锅上的呢？目前有以下技术可以让特氟隆附着在各种锅的表面：

（1）“高温烧结法”。将特氟隆加热到很高的温度，然后将其结实地压在待附物质的表面。我们常见的不粘锅，很多都是由PTFE经过高温烧结而成。

（2）先将聚四氟乙烯喷涂在锅的表面，再加热固化。这种方法的缺点是不粘涂层附着不牢靠。

（3）对聚四氟乙烯材料的表面进行处理，如加入石墨、石墨烯等材料，以增加该材料的黏附性。

我们知道，含卤素原子的物质使用不当可能会对人体产生危害，那么不粘锅里的聚四氟乙烯会对人体造成伤害吗？

答案是否定的。聚四氟乙烯是很稳定的物质，化学性质极不活泼，具有抗酸抗碱、抗各种有机溶剂的特点，几乎不溶于所有溶剂，即使有痕量的聚四氟乙烯进入人体，也不会在人体内发生反应，对人体造成伤害。杜邦公司（一家以科研为基础的全球性企业，涉及食物与营养、家居及建筑、电子及交通等生活领域）的资料显示，使用聚四氟乙烯不粘涂层的炊具在低于260 ℃时不会发生任何变化，当温度超过260 ℃时，涂层会逐渐向不稳定状态转变，当温度超过350 ℃时会发生分解，分解后生成的物质可能对人体健康和环境带来不好的影响。但在日常的烹饪方式中，温度较高的爆炒通常也只能达到200 ℃左右，即使采用油炸的方式，油温一般也不会超过250 ℃。因此在正常的烹调中，不必担心涂层分解释放有害物质。目前看来，不粘锅可以安全使用。

另外，家用不粘锅里的聚四氟乙烯本身是无害的，真正有害的含氟物质是全氟辛酸（PFOA）。在聚四氟乙烯材料的早期生产过程中，会用到PFOA作乳化剂，但在加工过程中PFOA会被烧掉，不会大量出现在不粘锅的涂层里。现在，聚四氟乙烯材料的生产已禁用PFOA，换成了其他替代品，因此不会对人体产生危害。

参考文献

[1] 魏锐．不粘锅中的化学问题[J]．中学化学教学参考，2004（12）：55－56．

[2] 李景宁．有机化学（上册）[M]．5版．北京：高等教育出版社，2011：274．